Eberhard Rosenke

Sackgassengespräche

über
naturwissenschaftliche Ungereimtheiten
philosophische Denkfallen
und die Folgen

München 2024

Bibliografische Information der Deutschen Nationalbibliothek:
Die Deutsche Nationalbibliothek verzeichnet diese Publikation in der Deutschen Nationalbibliografie; detaillierte bibliografische Daten sind im Internet über http://dnb.d- nb.de abrufbar.

E- Post: eberhard.rosenke@t-online.de
Gestaltung: Eberhard Rosenke
ISBN: 978-3-7693-5372-3
Verlag: BoD · Books on Demand GmbH, Überseering 33,
22297 Hamburg, bod@bod.de
Druck: Libri Plureos GmbH, Friedensallee 273, 22763 Hamburg

Inhalt

Prolog.....................................5
Dissonante Einstimmung..............6
    Auftakt.......................................6
    Wozu Philosophie?......................7
    Spekulation.................................9
    Neuzeitliche Wissenschaft............13
    Tautologien................................16
    Raumzeit...................................20
Zwiespältige Begrifflichkeiten.....22
Das Eine und das Andere................22
    Veränderung...............................22
    Grenze......................................24
    Einheit......................................25
Raum und Körper...........................28
    Raum..28
    Körper......................................30
    Dimensionen und Koordinaten.......31
Zeit und Bewegung.......................33
    Ereigniszeit................................33
    Jetzt...35
    Uhrzeit......................................36
Zweierlei Unendlichkeit.................38
    Unendliche Teilung......................38
    Diagonale..................................40
    Kreis..43
    Das diskrete Kontinuum...............44
    Örter..46
    Der erstarrte Pfeil.......................47
    Infinitesimale Manöver.................49
Wissenschaftliches Panoptikum. 51
Die Zurichtung der Bewegung.........51
    Bewegung und Kraft....................51
    Die Spur der Bewegung................53
    Medium und Vakuum...................55
    Selbstbewegung.........................57
Die Zerbröselung der Materie.........60
    Stoff und Form...........................60
    Atom und leerer Raum.................63
    Materie und Feld........................65
    Teilchenzoo................................68
Die Verkrümmung des Raumes.......71
    Kraft und Trägheit......................71
    Nah- und Fernwirkung.................74
    Euklidisch oder nicht...................77
    Gerade oder krumm.....................80
    Trägheitssysteme........................83

Die Verzerrung der Zeit..................86
    Lichtgeschwindigkeit....................86
    Gleichzeitigkeit...........................89
    Umrechnungen...........................90
    Grenzfälle..................................92
    Gravitation.................................95
    Theoriekosten............................98
Der Zufall als Notwendigkeit.........102
    Überleben.................................102
    Mutation und Selektion...............104
    Höherentwicklung......................107
    Lebende Systeme.......................110
    Denken und Bewußtsein..............114
    Der nackte Affe.........................117
    Sein und Sollen.........................120
Die Auflösung der Welt.................124
    Die Welt als Buch......................124
    Die Welt als Räderwerk..............128
    Die Entgrenzung.......................131
    Die Explosion............................135
    Die Welt als Höhle.....................140
Mit uns zieht die neue Zeit..........143
Dem Morgenrot entgegen.............143
    Per aspera ad astra....................143
    Deus mutabilissimus...................144
    Abwertung der Natur...................148
    Entzauberung............................152
    Mechanisierung.........................156
    Experiment...............................157
    Sachlichkeit..............................161
    Tabula rasa...............................165
    Fortschrittsglaube......................167
    Arbeitskult................................169
    Wissensgesellschaft...................174
    Frankensteins Kinder..................177
Tot oder lebendig.......................179
Außen oder innen........................179
    Metaphysik...............................179
    Körper und Geist.......................183
    Wahrnehmung...........................186
    Die kleinen schlauen Zellen.........190
    Künstliche Intelligenz.................194
Zufall oder Absicht.....................198
    Subjekt....................................198
    Zwei Naturen.............................201
    Sichtweisen..............................205

Fehler...208

Täuschung..................................212

Zufall..215

Im Lichte der Vernunft.................218

Experiment Mensch....................218

Mündigkeit..................................222

Selbstwiderlegung......................224

Antikunst-Kunst..........................228

Diesseits und Jenseits..................232

Verwunderung.............................232

Etwas oder nichts.......................234

Anfang und Ende.......................237

Gott und Mensch........................240

Deus absconditus.......................243

Daseinsbestimmung...................245

Epilog..250

Prolog

Wir, die Dachkammergesellschaft, wurden gefragt, woher wir die vielen philosophischen Gespräche hätten. Darauf antworten wir: die hier aufgezeichneten Diskussionen wurden auf unserem Trockenboden zwischen Laken und Hemden ausgefochten.

Auf die Frage, ob wir die Diskussionen auf Tonträgern aufgezeichnet hätten, antworten wir: Nein, aber wir lauschten aufmerksam und filterten sie aus den Tiefen des Kosmos heraus. Das hätten wir nicht gekonnt, wenn nicht alles, was jemals geschah, gedacht, getan wurde, weiterwirken würde. Wer das nicht glaubt, müßte akzeptieren, daß das, was jetzt ist, nicht wirklich ist, weil es irgendwann einmal nicht mehr gewesen sein wird.

Die herausgefischten Gespräche konnten wir nicht mehr den einzelnen Teilnehmern, sondern nur philosophischen Tendenzen zuordnen: einer wissenschaftsfreundlichen, die von Otto, einer wissenschaftsskeptischen, die von Karl, und einer gelehrten, um Ausgleich bemühten, die von Leo repräsentiert wird.

Worum es geht? Natürlich um das ewige Thema: Einheit und Vielheit.

Dissonante Einstimmung

Auftakt

OTTO: Womit fangen wir an?

KARL: Wie wär's mit dem Anfang?

OTTO: Das geht nicht. Über den Anfang gibt es nichts zu sagen.

KARL: Was du nicht sagst!

OTTO: Ja, weil es den Anfang nicht geben kann. Gäbe es ihn, dann müßte er selbst einen Anfang haben. Und der ebenfalls. Und so weiter.

KARL: Wenn es keinen Anfang geben kann, dann sind wir am Ende, ehe wir angefangen haben.

OTTO: Das geht auch nicht. Ohne Anfang kein Ende.

KARL: Keine Sorge, es gibt einen Anfang. Denn es gibt ja nicht n i c h t s , sondern e t w a s . Und alles, was es gibt, ist geworden, hat also mal angefangen.

OTTO: Aber wo? Im Nichts? N i c h t s kann es nicht geben, weil es dann e t w a s wäre. Also muß es auch keinen Anfang von e t w a s gegeben haben.

KARL: Es muß nicht, aber es kann!

OTTO: Dann muß etwas dagewesen sein, das angefangen hat. Nein, nach einem Anfang suchen heißt, ihn vorauszusetzen, und das ist paradox.

LEO: Wieso? Die Bibel sagt: „Suchet, so werdet ihr finden".

OTTO: Was man voraussetzt, braucht man nicht zu suchen.

KARL: Umgekehrt! Etwas, das ich nicht voraussetze, kann ich nicht suchen. Denn ich wüßte nicht, wonach ich suchen soll.

LEO: Beruhigt euch. Immanuel Kant hat in seiner *Kritik der reinen Vernunft* gezeigt, daß wir weder auf einen Anfang noch auf einen Nicht-Anfang bauen können.

OTTO: Eine unmögliche Situation.

KARL: Wenn die Logik versagt, bleibt uns ja noch die praktische Vernunft.

OTTO: Bitte laß uns an ihr teilhaben.

KARL: Gern. Etwas anzufangen ist doch unser täglich Brot. Woher haben wir denn einen Begriff vom Anfangen, wenn nicht aus eigener Erfahrung?

OTTO: Und welchen Begriff haben wir?

KARL: Jeder Anfang ist eine Selbstbewegung.

OTTO: Selbstbewegung ist nur ein anderes Wort für „Anfangenkönnen". Aber alle Bewegungen sind Wirkung anderer Bewegungen.

KARL: Und unsere Selbsterfahrung? Schließlich fangen wir doch ständig etwas an.

OTTO: Da täuschst du dich. In Wahrheit bist du in die Bewegungsabläufe eingebunden und tust, was du mußt. Das ergibt sich aus jeder Rekonstruktion vermeintlicher Handlungen.

KARL: Aber nur, weil du voraussetzt, daß die Handlungen mit Notwendigkeit ablaufen, also keine Handlungen, sondern Geschehnisse sind. Damit schließt du Anfänge von vornherein aus.

LEO: Ich seh' schon: wir drehen uns im Kreise.

OTTO: Ich habe euch gewarnt: mit dem Anfang wird es nichts.

KARL: Es ist aber doch etwas geworden: wir haben ein Gespräch über den Anfang angefangen. Und das läßt sich nicht bestreiten.

Wozu Philosophie?

OTTO: War das eben eine philosophische Diskussion?

KARL: Ja.

OTTO: Mal ehrlich: Lohnt es sich, über so etwas nachzudenken?

KARL: Was verstehst du unter „sich lohnen"?

OTTO: Nun, es soll doch dabei etwas herausspringen, z.B. eine Wissenserweiterung. Man will seine Zeit nicht sinnlos verbraten. Das Streitgespräch hat mich etwas verwirrt. Ein klares Ergebnis kann ich nicht erkennen.

KARL: Was also sollen wir tun? Schweigen?

OTTO: Nein, den Fachmann fragen. Heutzutage gibt es auf allen Gebieten Profis: ob für kaputte Geräte, für Politik, für Wissen.

KARL: Du meinst, wir sollen unseren Verstand an der Garderobe abgeben?

OTTO: Quatsch! Ich sehe nur keinen Sinn darin, mir unnütz den Kopf zu zerbrechen oder schwierige Bücher zu lesen. Wozu haben wir Spezialisten!

LEO: Dann empfehle ich Immanuel Kant (1724-1804), einen Spezialisten für philosophische Fragen. Er meint:

> Faulheit und Feigheit sind die Ursachen, warum ein so großer Teil der Menschen gerne zeitlebens unmündig bleiben; und warum es anderen so leicht wird, sich zu deren Vormündern aufzuwerfen. Es ist so bequem, unmündig zu sein. Habe ich ein Buch, das für mich Verstand hat, einen Seelsorger, der für mich Gewissen hat, einen Arzt, der für mich die Diät beurteilt usw.: so brauche ich mich ja nicht selbst zu bemühen. Ich habe nicht nötig zu denken, wenn ich nur bezahlen kann; andere werden das verdrießliche Geschäft schon für mich übernehmen. [Kant: *Beantwortung der Frage: Was ist Aufklärung*]

OTTO: Du zitierst da einen Text, in dem bemängelt wird, daß du ihn zitierst, statt selber zu denken, haha.

LEO: Wolltest du nicht den Rat eines Denk-Spezialisten? Das ist sein fachmännisches Urteil über das Sichverlassen auf den Fachmann.

OTTO: Daß ein Anhänger der Aufklärung davon abrät, Aufklärung bei Spezialisten, d.h. bei aufgeklärten Zeitgenossen zu suchen, finde ich schlimm.

LEO: Wieso? Fachleute sind häufig unterschiedlicher Meinung, sie können irren.

OTTO: Trotzdem ist der Fachmann unverzichtbar. Er ist am ehesten in der Lage zu durchschauen, was der Fall ist und Abhilfe zu schaffen.

KARL: Du meinst, er stellt den richtigen Sachverhalt her?

OTTO: Nein, daß der Sachverhalt besteht, ist eine Tatsache. Aber er kann am ehesten durchschauen, was dazu gehört und was nicht.

KARL: Das bedeutet doch, daß ein Sachverhalt nichts Gegebenes, sondern etwas Hergestelltes ist - je nach dem Zweck, um den es geht. Ein Sachverhalt entsteht immer erst im Lichte eines bestimmten Problems.

OTTO: Meinetwegen. Aber letzten Endes liegt die Entscheidung bei mir: entweder ich befolge den Rat des Fachmanns oder ich befolge ihn nicht.

KARL: Genau so ist es mit unlösbaren Problemen - wie das Problem des Anfangs.

OTTO: Unbeantwortbare Fragen sind offenbar falsch gestellt, der Sachverhalt wird verkannt.

LEO: Das glaube ich nicht: Philosophie gibt es seit mehr als 2500 Jahren. Wären ihre Probleme lösbar, so gäbe es keine Philosophie mehr.

OTTO: Und wüßte man, daß ihre Probleme unlösbar sind, dann gäbe es ebenfalls keine Philosophie mehr.

LEO: Der Philosoph Ludwig Wittgenstein (1889-1951) zog daraus den Schluß, philosophische Probleme seien „Verhexung unseres Verstandes durch die Mittel der Sprache". Er meinte, wir müßten uns von ihnen befreien wie von einer Geisteskrankheit, und zwar durch Analysieren der Sprache.

KARL: Typisch Ingenieur! Die Sprache als falsch eingestellte Maschine, die repariert werden muß. Die Reparatur ist gelungen, wenn wir philosophische Probleme nicht mehr formulieren können.

OTTO: Oder wenn wir sie nicht mehr formulieren wollen.

LEO: Wer sich von der Sprache verhexen läßt, der denkt nicht selbst, sondern benutzt Denkschablonen, die von anderen hergestellt wurden. Er ist also unmündig. Mündigkeit wäre für Wittgenstein erreicht, wenn wir die philosophischen Probleme durch Sprachhygiene losgeworden sind.

KARL: Aber indem er die Sprache zum Gegenstand seines Nachdenkens macht, also gleichsam aus ihr heraustritt und sie vor sich hinstellt, philosophiert er. Können wir Philosophie durch Philosophieren loswerden?

LEO: Über die Sprache nachdenken kann er nur i n und m i t der Sprache.

KARL: Dann ist sein Kampf gegen die Verhexungen selbst eine Verhexung.

LEO: Das ist die typische Situation des Philosophen: das, worüber er nachdenkt, ist nicht unabhängig von ihm. Der Philosoph ist immer Teil des philosophischen Problems. Über die Sprache nachdenken kann er nicht ohne die Sprache; denkt er über die Welt nach, kann er nicht davon absehen, Teil der Welt zu sein.

KARL: Trotzdem bin ich froh, daß es auch nach über 2000 Jahren nicht gelungen ist, die philosophischen Probleme *ad acta* zu legen. Denn sonst gäbe es ja nur noch „heilige" Bücher oder Lehrbücher, die dir sagen, was ist, wie es sich verhält, was du zu tun und zu lassen hast! Es gäbe keine Entdeckungsreisen des Geistes auf eigene Faust, kein Staunen, keine Freiheit.

OTTO: Du bringst mich auf den rettenden Gedanken: Philosophie ist Begriffslyrik, also eine Kunstform! Dem einen gefällt diese, dem anderen jene Philosophie, wie es ja auch bei Gedichten, Musikstücken oder Bildern der Fall ist.

KARL: Du möchtest Philosophie in die Wunderkammer nutzloser Dinge abschieben? Es geht nicht um Gefallen oder Nichtgefallen, sondern um den Anspruch auf Wahrheit.

OTTO: Ansprüche stellen kann jeder. Erfüllt hat sie die Philosophie nicht, im Gegensatz zur Naturwissenschaft. Die löst nämlich Probleme, indem sie sich ihre Fragen von der Natur beantworten läßt: durch Experimente.

LEO: Ja, damit genügen die Aussagen der Naturwissenschaft dem Kriterium der „Sachhaltigkeit", was man von philosophischen Aussagen nicht behaupten kann.

Insbesondere der Philosoph Rudolf Carnap (1891-1970) verwarf alle Aussagen als sinnlos, die dieses Kriterium nicht erfüllen.

OTTO: Ein Philosoph, der mir aus der Seele spricht.

KARL: Auch so ein Spezialist der Philosophie, der mit seiner Philosophie die Philosophie abschaffen wollte – was natürlich nicht gelingen kann.

OTTO: Warum denn nicht?

KARL: Der Ärger fängt doch schon mit der Frage an, durch welches Wahrheitskriterium das Kriterium der Sachhaltigkeit – und erst recht das Experiment – beglaubigt sei. Hat sich das Kriterium der Sachhaltigkeit als sachhaltig erwiesen? Für viele Sätze der theoretischen Physik trifft das jedenfalls nicht zu.

OTTO: Wozu dann überhaupt Philosophie, wenn man keinen festen Boden unter die Füße kriegt?

KARL: Weil es keinen festen Boden gibt. Aber du kannst versuchen, dich durch Selberdenken - wie einst Münchhausen an den eigenen Haaren - aus dem Schlamassel herauszuziehen.

OTTO: Bisher bin ich gut über die Runden gekommen, ohne zu philosophieren. Ich kann die Leute verstehen, die nichts für Philosophie übrig haben. Sie fühlen sich irritiert und angegriffen, weil das ihnen Selbstverständliche in Frage gestellt wird.

KARL: Die Philosophie kann niemandem das Selberdenken ersparen. Das mag lästig sein, hat aber auch praktischen Nutzen: Philosophie befördert nicht nur die Denkdisziplin und spielt Denkfallen durch, in die man so gerne tappt, sondern du lernst andere Denksysteme zu durchschauen, Ideologien abzuwehren.

OTTO: Trotzdem - das ist mir zu lebensfern.

LEO: Lebensfern? Der Antrieb zur Philosophie nährt sich gerade aus einer Beunruhigung durch das Leben.

KARL: Überlassen wir das letzte Wort Christian Morgenstern:

Geburtsakt der Philosophie

Erschrocken staunt der Heide Schaf mich an,
als säh's in mir den ersten Menschenmann.
Sein Blick steckt an; wir stehen wie im Schlaf;
mir ist, ich säh' zum ersten Mal ein Schaf.

Spekulation

OTTO: Philosophisches Denken läßt sich empirisch nicht erhärten, ist somit Spekulation.

KARL: Und was ist eine Spekulation? Ein hypothetischer, über die erfahrbare Wirklichkeit hinausgehender Gedankengang.

OTTO: Ich denke eher an die Machenschaften der Finanzhaie oder ans Glücksspiel.

KARL: Kein Wunder, daß die Spekulation in Verruf geraten ist – auch die philosophische.

LEO: Dabei wird vergessen, daß jede Innovation eine Spekulation ist: eine Wette auf den Erfolg eines neuen Produkts oder einer neuen Produktionsweise. Jeder neue Forschungsansatz in der Wissenschaft ist eine Spekulation auf neue Erkenntnisse. Und wenn du für nächste Woche eine Verabredung triffst, dann spekulierst du darauf, daß nichts dazwischenkommt.

OTTO: Wetten sind Voraussagen, die Wett-Teilnehmer zu riskanten Maßnahmen verleiten, in der Hoffnung auf zukünftigen Erfolg. Die Chancen stehen um so besser, je mehr Wissen in die Voraussage eingeflossen ist. Und da schneiden Finanzspekulationen und erst recht Glücksspiele schlecht ab.

LEO: Finanzspekulationen sind keine reinen Glücksspielwetten, und selbst das Glücksspiel ist nicht ganz unabhängig vom Wissen und anderen Fähigkeiten des Wettenden. Schneiden sie schlechter ab als Innovationen in Wissenschaft und Technik? Auch bei denen spielen Glück und Zufall eine Rolle.

OTTO: Das Roulette-Spiel ist jedenfalls vollständig unabhängig vom Wissen und den Fähigkeiten des Wettenden.

KARL: Es gibt Gegenbeispiele. Jack London erzählt in einer Goldgräbergeschichte, wie einem Mann namens Alaska-Kid auffiel, daß sich das Rad des Roulette-Spieltischs, der in der Nähe des Ofens stand, etwas verzogen hatte, so daß die Kugel bestimmte Nummern bevorzugte. Er gewann aufgrund seines Scharfsinns einen Haufen Gold.

OTTO: Aber Innovationen in Wissenschaft und Technik sind auf Wertschöpfung ausgerichtet, Finanzspekulationen und Glücksspielwetten nicht.

KARL: An welche Werte denkst du?

OTTO: An Produkte, die der Allgemeinheit zugute kommen: neue Erkenntnisse, neue Geräte, neue Arbeitsplätze usw.

KARL: Und das philosophische Denken?

OTTO: Du willst doch wohl nicht behaupten, die philosophische Spekulation sei wertschöpfend?

LEO: Warum nicht? Blaise Pascal (1623-62), französischer Philosoph und Mathematiker, war vom Wert einer Wette auf die Existenz Gottes überzeugt.

OTTO: Tatsächlich? Gibt es da etwas zu gewinnen?

LEO: Entscheide selbst: Wettkumpan A hält die Wette für sinnlos. B erwidert:

B: Ja, aber es muß gewettet werden, das ist nicht freiwillig, Ihr seid nun mal im Spiel und nicht wetten, daß Gott ist, heißt wetten, daß er nicht ist. Was wollt Ihr also wählen? Laßt uns erwägen: was Euch am wenigsten wert ist. Ihr habt zwei Dinge zu verlieren, die Wahrheit und das Glück, und zwei Dinge zu gewinnen, eure Vernunft und Euren Willen, Eure Erkenntnis und Eure Seligkeit... Wette denn, daß er ist, ohne dich lange zu besinnen, deine Vernunft wird nicht mehr verletzt, wenn du das eine als wenn du das andre wählst... Und eure Seligkeit? Wir wollen Gewinn und Verlust abwägen: setze aufs Glauben, denn wenn du gewinnst, gewinnst du alles, wenn du verlierst, verlierst du nichts. Glaube also, wenn du kannst.

A: Das ist wunderbar, ... aber ich wage vielleicht zu viel.

B: Wir wollen sehen. Weil gleiche Wahrscheinlichkeit des Gewinns und Verlusts ist, ... ist hier eine Unzahl von unendlich glücklichen Leben zu gewinnen mit gleicher Wahrscheinlichkeit des Verlustes und des Gewinnes und was du einsetzt [= dein Leben], ist so wenig und von so kurzer Dauer, daß es eine Tollheit wäre, es bei dieser Gelegenheit zu sparen. [PASCAL: *Gedanken über die Religion*]

OTTO: Das Zitat ist nicht der Rede wert, denn inzwischen ist Gott verstorben.

LEO: Ich wollte nur zeigen, daß die philosophische Spekulation wertschöpfend sein kann. Mit dem Wort „Gott" ist ja das Gute verbunden. Das hat so manchen dazu gebracht, seine Tugenden zu trainieren und den inneren Schweinehund zu bekämpfen, und das ist etwas wert.

OTTO: Die Spekulation, daß diese metaphysische Wette zum Erfolg führen könnte, zeigt nur die mangelnde Bodenhaftung der Philosophie.

KARL: Sagen wir es doch positiv: die philosophische Spekulation ist ein Denken, das nicht am Boden klebenbleibt. Und das macht natürlich allen Spießern Angst, denen Sicherheit und Nutzen oberste Gebote sind.

OTTO: Darum geht es nicht. Philosophische Spekulation ist Begriffslyrik, die nur Verwirrung stiftet.

KARL: Nein, sie ist Detektivarbeit: sie späht hinter die Erfahrungs- und Sinnenwelt und sucht zu ergründen, was dahinter steckt.

OTTO: Dafür haben wir die Naturwissenschaft. Die erklärt uns sehr überzeugend, was hinter der Erfahrungs- und Sinnenwelt steckt. Sie kann es sogar beweisen. Wozu dann noch Philosophie?

KARL: Die Wissenschaft steht ja selbst auf den Fundamenten einer philosophischen Spekulation: der wissenschaftlichen Weltanschauung.

OTTO: Wenn das eine Spekulation ist, dann offenbar die richtige: eine, die den Menschen von Vorurteilen, Aberglauben, Illusionen befreit, eine, die ihm Macht über die Natur verschafft. Ihr Name ist Aufklärung.

LEO: Aufklärung ist kein Zuckerlecken: der Ärmste muß mindestens drei Kränkungen der Menschheit verkraften, die Sigmund Freud erkannt haben will: die kosmologische durch Kopernikus, die biologische durch Darwin und die psychologische durch Freud. Die erste katapultiert den Menschen aus dem Mittelpunkt des Kosmos an den Rand, die zweite versetzt ihn ins Tierreich und die dritte mutet ihm die Einsicht zu, daß das Ich nicht Herr im eigenen Haus ist.

KARL: Wieso Kränkungen? Ist er etwa unglücklich, nicht mehr als „Krone der Schöpfung" und „Ebenbild Gottes" im Rampenlicht des Kosmos zu stehen? Ist er nicht viel lieber ein nackter Affe, der sich ganz seiner Natur hingeben darf? Und daß er nicht mehr Herr über sich selbst ist, erlöst ihn von der lästigen Verantwortung. Was konnte ihm also Besseres passieren, als von diesen Illusionen befreit zu werden!

LEO: Der Molekularbiologe und Nobelpreisträger Jacques Monod (1910-76) hätte für deine Ironie kein Verständnis. Als Existentialist glaubt er, der Mensch werde, wenn er „endlich aus seinem tausendjährigen Traum" erwacht ist,

> seine totale Verlassenheit, seine radikale Fremdheit erkennen. Er weiß nun, daß er seinen Platz wie ein Zigeuner am Rande des Universums hat, das für seine Musik taub ist und gleichgültig gegen seine Hoffnungen, Leiden oder Verbrechen. [Jacques Monod: *Zufall und Notwendigkeit*]

KARL: Das klingt viel zu edel. Franz Moor aus Schillers Theaterstück *Die Räuber* ist drastischer:

> Der Mensch entstehet aus Morast, und watet eine Weile im Morast, und macht Morast, und gärt wieder zusammen in Morast, bis er zuletzt an den Schuhsohlen seines Urenkels unflätig anklebt. Das ist das Ende vom Lied - der morastige Zirkel der menschlichen Bestimmung.

OTTO: Polemisch, aber nicht von der Hand zu weisen, besonders wenn ich das Wort „Morast" durch das Wort „Materie" ersetze.

KARL: Das Wort „Materie" klingt viel zu mütterlich, denn die wissenschaftliche Materie ist ja nur noch totes, von außen bewegtes Material, einschließlich des Menschen.

OTTO: Genauer gesagt ist der Mensch ein hochkomplexes, in Millionen Jahren zufällig entstandenes materielles System, das aus etwa 46 Liter Wasser, 12 kg Eiweiß, 7,5 kg Fett, 0,7 kg Zucker und 3,8 kg Salzen besteht. Mit 75 Jahren hat er etwa das 500-fache des eigenen Körpergewichts an Nahrung verdaut, fast 3000 kg ausgeschieden, 3500 Rollen Toilettenpapier verbraucht und 36.000 kg Müll hinterlassen. Das ist die nackte Wahrheit.

LEO: Aus dir spricht der „gemeine Empiriker", von dem Schiller sagt:

> Der gemeine Empiriker unterwirft sich der Natur als einer Macht und mit wahlloser blinder Ergebung. Auf das Einzelne sind seine Urteile, seine Bestrebungen beschränkt; er glaubt und begreift nur, was er betastet; ... Er ist daher auch weiter nichts, als was die äußern Eindrücke zufällig aus ihm machen wollen; seine Selbstheit ist unterdrückt, und als Mensch hat er absolut keinen Wert und keine Würde. Aber als Sache ist er noch immer etwas, er kann noch immer zu etwas gut sein. Eben die Natur, der er sich blindlings überliefert, läßt ihn nicht ganz sinken; ihre ewigen Grenzen schützen ihn, ihre unerschöpflichen Hülfsmittel retten ihn, sobald er seine Freiheit nur ohne allen Vorbehalt aufgibt... Es gibt Menschen genug, ... die in diesem verächtlichen Zustande leben...[Schiller: *Über naive und sentimentalische Dichtung*]

OTTO: Als ob der Mensch nicht auch Natur wäre! Ist nicht ein Zustand, der sich über oder gegen die Natur erhebt, viel verächtlicher und lächerlicher als einer, der die Tatsachen, die uns die Wissenschaft vermittelt, anerkennt?

KARL: Das wissenschaftliche Weltbild ist eine philosophische Spekulation. Es gleicht der Vorlage eines Puzzlespiels, das aus unendlich vielen Teilen besteht. Zu Spekulationen gibt es immer Alternativen, sonst wären es keine.

LEO: Sehr richtig. Und deswegen ist die Bestimmung des Menschen als „nackter Affe" oder „Gen-Maschine" keine wissenschaftliche Erkenntnis, sondern eine persönliche Entscheidung. Jeder hat das Recht auf geistige Selbstverstümmelung - für Schiller eine Kapitulation vor dem Menschsein.

OTTO: Mir ist das Mißtrauen gegenüber dem wissenschaftlichen Weltbild schleierhaft.

KARL: Die wissenschaftlichen Weltbilder kommen und gehen. Ein Sprichwort sagt: Die wissenschaftliche Wahrheit von heute ist der Irrtum von morgen.

OTTO: Das wissenschaftliche Weltbild verändert sich natürlich mit zunehmendem Wissen, das Netz der Funktionalitäten wird immer enger geknüpft, die Strukturen immer komplexer ausgestaltet. Aber die Grundprinzipien der Wissenschaft -

ihre Vorgehensweise, ihr Zugang zur Natur - haben sich bewährt und sind unverändert gültig.

KARL: Auch Prinzipien sind Spekulationen, vor allem das Prinzip, daß die Naturvorgänge determiniert sind: daß alles, was geschieht und alles, was ist, die notwendige Wirkung von etwas anderem ist, das wieder Wirkung von etwas anderem ist usw. - bis zu einer allerersten Ursache, Urknall genannt.

LEO: Der Urknall fällt aus dem Rahmen. Er könnte wie der biblische Gott zu Mose - auf dessen Frage nach seinem Namen – sagen: „Ich bin, der ich bin".

OTTO: Das versteh ich nicht.

LEO: Das heißt, daß der Urknall – wie Gott - nicht Wirkung einer Ursache oder Nachkomme eines Vorfahren ist, sondern er selbst: absoluter Anfang. Aus ihm gehen Raum, Zeit, Materie und Kraft hervor.

OTTO: Das ist ja das, was das wissenschaftliche Weltbild darstellt. Und dazu gibt es keine Alternative.

KARL: Doch, denn im wissenschaftlichen Weltbild ist der Urknall der einzige Aktivist. Warum kann die Welt nicht viele Aktivisten haben?

OTTO: Weil damit der kausale Zusammenhang aller Naturvorgänge geleugnet würde.

KARL: Nein, nur relativiert. Und du könntest Schiller eine Freude machen, indem du zugibst, daß dir deine Selbsterfahrung nahelegt, Selbstbewegung zu besitzen.

OTTO: Ich könnte also ebenfalls sagen: Ich bin, der ich bin? Hahaha.

KARL: Selbstverständlich. Zwar stammst du von anderen Menschen ab und bist äußeren Einflüssen ausgesetzt, aber der göttliche Funken der Selbstbewegung ist in dir installiert. Auch du hast die Fähigkeit, eine neue Kausalkette zu beginnen. Und wenn das für das Naturwesen Mensch gilt, dann kann es auch für die gesamte Natur gelten. Im übrigen kommen erst bei Anerkennung der Selbstbewegung Phänomene wie Leben, Freiheit, Willen, Gut und Böse usw. in den Blick.

OTTO: Also der ganze Rattenschwanz der Metaphysik? Nein danke!

Neuzeitliche Wissenschaft

LEO: Die klassische - um nicht zu sagen, die natürliche - Auffassung versteht Natur als einen symbiotischen Zusammenhang natürlicher Wesen.

KARL: Die Auffassung gefällt mir.

OTTO: Dabei wird die Natur vermenschlicht. Alle Vorgänge werden so gedeutet, als wären es menschliche, z.B. Gewitter als Wutausbruch einer übermenschlichen Macht. Menschliches Denken, Fühlen und Handeln werden auf Außermenschliches übertragen. Das ist anthropomorphes Denken, Märchenstunde!

LEO: Ja, seit der Mensch glaubt, sich nicht mehr auf göttliches Wohlwollen oder Mutter Natur verlassen zu können, steht er der Natur als ein Fremder gegenüber. Seitdem ist das Etikett „anthropomorph" ein Schimpfwort.

KARL: Sich der Natur als Fremder entgegenstellen zu wollen ist Größenwahn. Die Natur hat den Menschen gemacht, und sie ist so, wie sie ihn gemacht hat. So wie ich meinen Hund verstehe, verstehe ich den Kreislauf der Jahreszeiten und alles andere, denn ich bin mit allem verwandt. Diese Sicht der Dinge hatte immerhin ein paar tausend Jahre Bestand.

LEO: Die Natur ist selbst anthropomorph.

OTTO: Das anthropomorphe Denken ist teleologisch, es sieht in den Vorgängen der Natur Absichten am Werke, wie sie der Mensch von seinesgleichen kennt. Daß es in der Natur zielgerichtete Vorgänge gibt, läßt sich aber nicht beweisen.

LEO: Deshalb eliminierte Descartes das teleologisches Denken aus der Wissenschaft. Er war so rigoros, alle Aussagen aus einem Zweck, den sich Gott oder die Natur bei ihren Hervorbringungen gesetzt haben könnte, für Hybris zu erklären. Der Mensch dürfe sich nicht anmaßen, Einblick in die Absichten Gottes mit der Welt erlangen zu wollen.

KARL: Man kann nur staunen, wie schnell mancher bereit ist, anderen das Maul zu verbieten, indem er sich auf Gott beruft! Welches Denken ist denn noch erlaubt?

LEO: Es bleibt nur die kausalmechanistische Betrachtungsweise übrig.

KARL: Ob d i e der Natur gerecht wird, bezweifle ich.

OTTO: Sie ermöglicht aber die Rekonstruktion von eindeutigen, wiederholbaren Geschehnissen.

KARL: Ja, aber die müssen erst mal geschehen sein. Um die erwünschten Geschehnisse aus der Natur herauszupräparieren, kann die Naturwissenschaft auf das Zweckdenken gar nicht verzichten.

OTTO: Das glaube ich nicht.

KARL: Man spricht verschämt von Teleonomie statt von Teleologie. Dabei werden pro forma - entgegen der Wissenschaftsideologie - Zwecke in der Natur vorausgesetzt, um funktionale Zusammenhänge zu ermitteln, z.B. die Wirkungsweise von menschlichen Organen. Die gewonnenen Erkenntnisse werden dann kausalmechanistisch umformuliert.

LEO: Das Naturwesen Mensch geht aber trotzdem seinen Zielen und Zwecken nach. Eines dieser Ziele ist es, Macht über die Natur zu erringen, und zu diesem Zweck treibt er Naturwissenschaft.

KARL: Ein guter Witz! Die Naturwissenschaft verbietet das teleologische Denken, um dem teleologischen Denken zum Erfolg zu verhelfen.

OTTO: Stopp! Die Naturwissenschaft schlägt zwei Fliegen mit einer Klappe: sie erringt nicht nur Macht, sondern auch Erkenntnisse über die Natur.

KARL: Aber die Erkenntnisse sagen nichts darüber aus, w a s die Natur mit den Geschehnissen bezweckt, sondern nur, w i e sie kausalmechanistisch ablaufen, und dieses „Wie" dient dem Zweck, die Natur zu nutzen. Das Interesse der Wissenschaft an der Natur beschränkt sich auf maschinenartig ablaufende Prozesse.

OTTO: Beschränkt es sich? Gesetzmäßig ablaufende Prozesse machen das aus, was wir „Natur" nennen. Das Neue an der neuzeitlichen Naturwissenschaft ist ja die Hochschätzung des Experiments, das Einsicht in diese gesetzmäßigen Abläufe ermöglicht, ohne über Naturzwecke spekulieren zu müssen.

LEO: Die Hochschätzung des Experiments ist nicht neu. Schon Francis Bacon (1561-1626) entwickelt in seinem Werk *Novum Organum* den Gedanken, daß der Mensch die Natur allen möglichen Einschränkungen unterwerfen müsse, wenn er zu neuem Wissen kommen wolle. In seinem Werk *Novum Organum* schreibt er:

> Wie im gewöhnlichen Leben die Denkart und Gemütsbeschaffenheit eines Menschen sich leichter offenbart, wenn er in Leidenschaft geraten ist, so enthüllen sich auch die Verborgenheiten der Natur besser unter den Quälungen der Kunst, als wenn man die Natur in ihrem Gange ungestört läßt.

OTTO: So ist es. Die Beschaffenheit der Natur offenbart sich im Experiment. Das Experiment legt die Anatomie der Natur bloß und verschafft uns überprüfbare, also sichere Erkenntnisse.

KARL: Anders gesagt: Mit Hilfe des Experiments „macht" der Mensch Erfahrungen und „erwirbt" Wissen. Nicht durch Beobachtung der ungestörten Natur, sondern durch ihre peinliche Befragung, d.h. mittels Folter.

OTTO: Naturerfahrung kann man nicht „machen" - im Sinne von „herstellen".

KARL: Aber ja. Was denn sonst!

LEO: Mit diesem Problem hat sich schon Immanuel Kant herumgeschlagen. Er hat den Gedanken Bacons weiterentwickelt und kopernikanisch umgestülpt:

> Die Vernunft muß mit ihren Prinzipien, nach denen allein übereinkommende Erscheinungen für Gesetze gelten können, in einer Hand, und mit dem Experiment, das sie nach jenen ausdachte, in der anderen, an die Natur gehen, zwar um von ihr belehrt zu werden, aber nicht in der Qualität eines Schülers, der sich alles vorsagen läßt, was der Lehrer will, sondern eines bestallten Richters, der die Zeugen nötigt, auf die Fragen zu antworten, die er ihnen vorlegt. [Kant: *Vorrede zur Kritik der reinen Vernunft*]

KARL: Wenn die Vernunft nur einsieht, was sie selbst nach ihrem Entwurf hervorbringt, dann verstehe ich das so, daß Naturerkenntnis nicht vermittelt, sondern hergestellt wird. Und daraus folgt, daß Erkenntnisse nicht mehr eine Einsicht in die Natur als solche sind, sondern eine Antwort auf die Frage, wie Naturphänomene im Rahmen unserer Vorgaben und unseres Handelns funktionieren.

OTTO: Aber die Naturvorgänge sind tatsächlich vorhanden. Es geht darum, ihre Wirkungszusammenhänge zu erkennen. Dazu muß das Kuddelmuddel der ineinander verfilzten Naturvorgänge entflochten werden.

KARL: Daraus ergibt sich eine technische Sicht auf die Natur, die ein einseitiges Bild ergibt, weil es eine Labor-Natur ist. Die Naturvorgänge oder Stoffe werden aus ihrem natürlichen Kontext herausgelöst, denn nur in reiner Form sind sie beherrschbar. Das gelingt nur im Labor. Was du „entflechten" nennst, ist in Wirklichkeit ein Herauspräparieren „nach dem Entwurf der Vernunft", also im Hinblick auf die jeweilige Theorie.

LEO: Für diese Methode steht der Name Galileo Galilei (1564-1642). Er hatte in den Arsenalen von Venedig als Ingenieur gearbeitet und seine Arbeitsweise auf die Naturforschung übertragen. Galilei ist der Prototyp des heutigen Naturwissenschaftlers.

OTTO: Ja, ihm verdanken wir das Experiment als Prüfstein der Wahrheit.

KARL: Dann wäre jedes Experiment eine Wette auf die Wahrheit. Wahrheit wäre ein zukünftiges Ergebnis, etwas, das man herstellen kann und das es erst gibt, wenn es hergestellt ist: ein technisches Produkt.

LEO: Darum hat der Philosoph Karl Popper (1902-1994) den Experimentator zum Weltenrichter ernannt, denn Theorien stehen und fallen seiner Ansicht nach mit der Verifikation bzw. Falsifikation durch das Experiment.

OTTO: Er hat recht. Das Experiment ist unser „Sesam-öffne-dich" zum Schatz der Naturkräfte.

KARL: Und was ist der Preis? Eine tote Natur.

OTTO: Tot? Das ist Naturlyrik.

KARL: Aristoteles unterschied Selbstbewegung von Fremdbewegung. Mit Abschaffung der Teleologie verschwand die Selbstbewegung, die Natur wurde zum Material menschlicher Zwecke degradiert. Das meine ich mit „tot".

OTTO: Damit können wir leben.

KARL: Wer weiß!

Tautologien

KARL: Es ist komisch: Um zu demonstrieren, daß die Natur eine Sache bzw. Maschinerie ist, wird die Natur dem Experiment ausgesetzt, also einer objektiven, d.h. auf Sachen bezogenen, maschinenartigen Untersuchungsmethode, um dann als Erkenntnis verkünden zu können: die Natur ist eine Sache.

LEO: So etwas nennt man Tautologie.

KARL: Ebenso operiert man mit dem Begriff der Determiniertheit. Wie wird bewiesen, daß die Natur determiniert ist? Dadurch, daß man experimentell nachweist: jeder untersuchte Vorgang ist determiniert - oder er ist kein Vorgang. Man setzt also Determiniertheit schon voraus.

LEO: Das nennt man einen Zirkelschluß: *circulus vitiosus*. Das, was bewiesen werden soll, ist schon - implizit oder explizit - in den Voraussetzungen enthalten, von denen der Beweis ausgeht.

KARL: Ja, und eben das ist eine Tautologie: eine taube Nuß.

LEO: Unser Lexikon übersetzt das griechische Wort „Tautologie" mit: „dasselbe sagen". Es heißt also soviel wie „doppelt gemoppelt". Beispiele: „weißer Schimmel" oder „kleines Kerlchen".

KARL: Mark Twain meinte sogar:

Die Schöpfung des Menschen war eine gute und originelle Idee, aber dann auch noch das Schaf zu erschaffen war eine Tautologie.

OTTO: Aber „Tautologie" nennt man auch Aussagen wie diese: „Entweder heute regnet es oder es regnet nicht."

LEO: Tautologien sagen nichts Falsches aus, aber auch nichts Neues.

KARL: Dann können wir ja das „Ockhamsche Rasiermesser" wetzen und alles Tautologische wegschneiden. Wenn wir „Schimmel" sagen statt „weißer Schimmel", oder wenn wir gar nichts sagen statt: „Entweder heute regnet es oder es regnet nicht", dann sagen wir mit weniger Aufwand dasselbe.

OTTO: Ockham? Wer ist das?

LEO: Wilhelm von Ockham war ein berühmter englischer Gelehrter und Franziskanermönch (†1350). Er lehrte, daß die Welt aus Einzeldingen zusammengesetzt sei,
daß es nur Individuen gäbe, daß der menschliche Geist, um sich in der Welt zu-
rechtzufinden, Konzepte entwickeln müsse, in der Hoffnung, daß sie der Realität
entsprächen. Das müsse man halt ausprobieren.

OTTO: Was er da lehrte, sind doch Selbstverständlichkeiten.

LEO: Ja, heute! Damals waren es revolutionäre Gedanken. Und weil es niemand
mit seiner Geistesschärfe und dialektischen Gewandtheit aufnehmen konnte,
wurde er der *doctor invincibilis* - der unbesiegbare Doktor - genannt. Wir stehen
noch immer unter seinem Bann.

OTTO: Dann erkläre mir mal, wie eine Welt aussehen könnte, die nicht aus Einzeldingen zusammengesetzt ist.

LEO: Tja - nehmen wir mal an, daß ein Weltgeist die Natur geordnet hat. Unserer
Erfahrung nach ist die Natur ja in allen ihren Bestandteilen bis ins kleinste sinnvoll strukturiert. Da der Mensch ein Bestandteil der Natur ist, wirkt dieser Weltgeist auch im Menschen, d.h. der menschliche Geist ist Teil des Weltgeistes. Daraus können wir schließen, daß sich im menschlichen Denken - seiner Logik, seiner Begrifflichkeit - die Struktur des Weltgeistes und damit der Welt widerspiegelt.

OTTO: Soso. Und was hätte diese Annahme für Konsequenzen?

LEO: Wir können eine Begriffspyramide - den sogenannten *arbor porphyrii* - konstruieren, indem wir die Einzeldinge unter allgemeineren Begriffen zusammen-
fassen, diese unter noch allgemeineren Oberbegriffen usw.

OTTO: Ja, wir abstrahieren. Und?

LEO: Die sprachliche Begriffshierarchie verweist auf eine reale Hierarchie der Wesen. Dabei steht das Individuum auf der niedrigsten - bzw. überhaupt keiner - Hi-
erarchiestufe, Gott oder das Sein als abstraktester Begriff auf der höchsten.

OTTO: Hat man solchen Unsinn tatsächlich geglaubt? Typisch Mittelalter!

LEO: Einen Moment! Genau diese Analogie zwischen Welt und Sprache leugnet
Ockham, der ebenfalls im Mittelalter lebte.

OTTO: Ach so. Aber er war seiner Zeit voraus. Er hat mit solchen Katerideen aufge-
räumt und den Blick auf die Realität, wie sie an sich ist, freigelegt.

LEO: Das ist deine Ansicht. Ockham ging es um ganz etwas anderes: er wollte der
kirchlichen Lehre die Sicherheit ihrer rationalen Begründung entziehen, um den
Glauben ganz auf den unergründlichen Willen Gottes zu konzentrieren.

KARL: Daß die von ihm vertretene Auffassung von der Welt als Summe einzelner
Dinge nach seiner eigenen Lehre ebenfalls ein Konzept - ein Weltmodell - ist, fiel
ihm wohl nicht auf?

OTTO: Wieso?

KARL: Wenn seine Lehre wahr ist, dann ist sie ebenfalls ein Konzept, also nicht
wahr.

OTTO: Man muß eben ausprobieren, ob das Konzept der Realität entspricht.

KARL: Das Ausprobieren setzt die Gültigkeit des Konzepts voraus, d.h. es setzt voraus, was bewiesen werden soll.

LEO: Wenn wir also - im Namen der Denkökonomie - mit dem „ockhamschen Rasiermesser" alles logisch Überflüssige wegsäbeln, dann säbeln wir das Weltmodell selbst weg, denn es erweist sich als zirkulär, als tautologisch. Deshalb sollten wir mit dem Wegsäbeln vorsichtig sein.

OTTO: Wieso? Tautologien bringen keinen Erkenntnisgewinn, sie sind überflüssig.

KARL: Vielleicht bringen ja Tautologien einen Gewinn anderer Art. Andernfalls können wir die gesamte Mathematik und Logik in ihrer modernen, axiomatisierten Form wegsäbeln.

OTTO: Unsinn!

KARL: Nein: alle Sätze der formalisierten Mathematik und der formalen Logik werden durch Umformungen aus anderen Sätzen gewonnen - letzten Endes aus den Axiomen. Sie zeigen also nur, was explizit oder implizit in den Axiomen steckt. Und die Axiome selbst sind sinnleer.

OTTO: Das ist absurd! Einerseits gelten Mathematik und formale Logik als ein Bereich genialster Geistestaten, andererseits sollen diese Geistestaten nur Tautologien sein? Das kann nicht stimmen.

KARL: Die Paradoxie löst sich auf, wenn du bedenkst, daß die Tautologie erst entsteht, wenn der Erkenntnisgewinn schon eingefahren ist. Die Tautologie ist gleichsam der abgestorbene Baum der Erkenntnis.

OTTO: Das verstehe ich nicht.

KARL: Die Schlußfolgerungen, die der Mathematiker aus mathematischen Sätzen ziehen kann, sind zunächst nur Möglichkeiten. Um aus ihnen einen Beweis werden zu lassen, muß er versuchen, seine Vermutungen durch bestimmte Operationen mit den Ausgangssätzen zu bestätigen. Diese Operationen sind nicht tautologisch.

LEO: Ach so, er muß die für den Beweis nötigen Prämissen aus den möglichen Folgerungen, die den Axiomen innewohnen, herausfinden und in geeigneter Weise miteinander kombinieren.

KARL: Jeder Wissenschaftler muß natürlich eine Vorstellung von dem haben, womit er es zu tun hat. In der Geometrie etwa muß er wissen, was Punkte, Geraden, Kurven, Ebenen, Körper usw. sind, um die Möglichkeiten zu erkennen, welche diese Gegenstände der „reinen Anschauung", wie Kant sagen würde, bieten.

LEO: Andererseits muß er sich vergewissern, daß seine Erkenntnisse wahr sind, er muß sie begründen. Und da wird's ungemütlich.

OTTO: Wieso? Er braucht doch immer nur „warum" zu fragen. Nehmen wir an, er hat bewiesen, daß eine bestimmte Aussage wahr ist. Warum ist sie wahr? Weil die Voraussetzungen, auf die sie zurückgreift, als wahr gelten und weil die Schlußfolgerungen, die aus den Voraussetzungen gezogen wurden, logisch korrekt sind. Die Voraussetzungen gelten als wahr, weil sie ihrerseits auf Voraussetzungen gründen, die als wahr gelten usw. Dieses Verfahren setzt er fort, bis er auf unbezweifelbare Voraussetzungen stößt. Das sind die Axiome seiner Wissenschaft.

KARL: Aber gibt es überhaupt Axiome? Sie müssen nicht nur evident, d.h. unmittelbar einsichtig, sondern auch unabhängig voneinander und vollständig sein. Und sie dürfen keine Widersprüche enthalten.

OTTO: Das kann man alles prüfen.

KARL: Wirklich? Entweder es gibt Axiome, oder das Verfahren geht bis in alle Unendlichkeit weiter, man nennt das den *regressus in infinitum*. Leider gibt es keine unbezweifelbaren Voraussetzungen, und auf Evidenz will man sich - nach unangenehmen Erfahrungen - nicht mehr verlassen. Darum müssen auch Grundbegriffe wie z.B. Punkt oder Gerade definiert werden, aber weil man dazu Begriffe braucht, die ihrerseits definiert werden müßten, gerät man abermals in den *regressus in infinitum*.

OTTO: Die Mathematiker wissen auch ohne Definition, was sie tun und womit sie es zu tun haben.

KARL: Manchmal eben nicht. Deshalb verzichten manche Mathematiker darauf zu sagen, was die Grundphänomene - Punkt, Gerade, Ebene,... - sind. Der Mathematiker David Hilbert (1862-1943) behauptete:

> Man muß jederzeit an Stelle von „Punkten, Geraden und Ebenen" „Tische, Stühle, Bierseidel" sagen können.

LEO: Ach so, indem man die Grundbegriffe und damit die Axiome formalisiert, verlieren diese jede Anschaulichkeit, ja jeden Inhalts.

KARL: Aber man trickst den *regressus infinitum* aus, denn wo kein Inhalt mehr vorliegt, hat Begründung keinen Sinn. Was übrigbleibt, ist ein logischer Kalkül, ein mathematisches Skelett, abgestorbene Mathematik.

LEO: Und damit der Zirkelschluß, d.h. die Tautologie.

KARL: Es ist wie bei einem Buch, das ja, als Sache betrachtet, nur ein Bündel Papier ist, bedruckt mit schwarzen Krakeln, ein lebloses Objekt. Lebendig wird das Buch erst, wenn ihm Geist eingehaucht, d.h. wenn es gelesen wird.

OTTO: Es sind Naturwissenschaftler und Techniker, die mathematische Kalküle zum Leben erwecken, indem sie diese als Hilfsmittel benutzen, um die quantitativen Zusammenhänge in ihren Forschungsbereichen zu beschreiben. Welches formale mathematische System sie benutzen, ist eine Frage der Zweckmäßigkeit, der Mathematiker hat die passenden Kalküle „auf Vorrat" in der Schublade.

LEO: Dann ist ein mathematischer Kalkül ein Modell mit der Tautologie als notwendigem Kennzeichen.

KARL: Ist der Kalkül nicht sogar das Modell eines Modells? Ein Modell des wissenschaftlichen Modells, dessen Urbild der mathematische Kalkül ist?

OTTO: Der Naturwissenschaftler oder Techniker, der für seinen Forschungsbereich ein Modell erstellen will, verleiht also den inhaltsleeren, abstrakten Bausteinen des Modells - je nach seinen Zwecken - einen konkreten Sinn.

KARL: Es scheint also nur zwei Möglichkeiten zu geben: entweder ein Modell ist eine rein formale Konstruktion, dann können wir die Tautologie nicht vermeiden. Oder das Modell beruht auf inhaltlichen Grundlagen, also auf Metaphysik, dann hängt seine Wahrheit von der subjektiven Überzeugung ab.

LEO: Also entweder Ideologie: dann keine Tautologie, aber Wahrheit durch Überzeugung. Oder Wissenschaft: dann Tautologie, aber keine Wahrheit, sondern Richtigkeit. Haben wir nur die Wahl zwischen zwei Übeln?

Raumzeit

LEO: Das umfassendste naturwissenschaftliche Modell dürfte das Raum-Zeit-Modell sein, das Aristoteles ersonnen hat und das immer noch in Gebrauch ist: der originale Raum wird durch eine Art Schachtel mit verschiebbaren und unendlich verdünnbaren Wänden ersetzt, die originale Zeit durch eine Ortsbewegung.

KARL: Daß dieses geometrische Modell auch heute noch in Gebrauch ist, verdanken wir der Infinitesimalrechnung, durch die es arithmetisiert und operationalisiert wurde und die Berechenbarkeit von Bewegungen ermöglicht. Und dieses Modell ist auch tautologisch. Denn Raum und Körper bedingen sich gegenseitig - wie Henne und Ei: Der Raum ist Bedingung dafür, daß es Körper gibt, und der Körper ist Bedingung für den Raum. Ähnliches gilt für Zeit und Bewegung, aber auch für das Gewicht: es ist Bedingung dafür, daß es Schwerkraft gibt, Schwerkraft wiederum ist die Bedingung dafür, daß es Gewicht gibt.

OTTO: Trotz der Genialität dieses Modells gab es natürlich Philosophen, die dagegen angestänkert haben, wie z.B. Zenon und sein Lehrer Parmenides. Glücklicherweise haben sie sich damit nur lächerlich gemacht.

LEO: Da verwechselst du etwas: Parmenides (um 540-470) und Zenon lebten früher als Aristoteles (384-324), und Aristoteles entwickelte sein Raum-Zeit-Modell im Bewußtsein ihrer Kritik. Aber du hast insofern recht, als sie ihre Kritik weiter aufrechterhalten hätten.

OTTO: Das verstehe ich nicht. Es ist doch ganz einfach, sie zu widerlegen. Diogenes, auch ein Philosoph, tat es, indem er einfach auf und ab ging und so Zenons Behauptung, daß Bewegung nicht möglich sei, ad absurdum führte.

KARL: Er offenbarte damit nur seine Blindheit für das eigentliche Problem. Zenon kämpfte nämlich nicht gegen das Modell, sondern gegen die Verwechslung von Modell und Wirklichkeit.

LEO: Und zwar ganz im Sinne des Parmenides, der sich von einer Göttin über die Meinungen der Sterblichen, also die öffentliche Meinung, belehren läßt:

Ohnmacht lenkt in ihrer Brust ihren schwankenden Verstand, und sie treiben dahin so taub als blind, blöde, verdutzte Gaffer, unterscheidungslose Haufen, bei denen Sein und Nichtsein dasselbe gilt und nicht dasselbe...

OTTO: Der Philosoph hält also die große Mehrheit seiner Zeitgenossen für unfähig, zwischen Meinung und Wahrheit, d.h. Bild und Wirklichkeit zu unterscheiden. Warum beschäftigt er sich dann überhaupt mit Meinungen, wenn sie falsch sind?

LEO: Weil die Göttin rät:

Diese scheinbare Weltordnung schildere ich dir nun vollständig, damit keine Meinung der Sterblichen dich überflügele.

KARL: Mit anderen Worten: Die Meinungen zu durchschauen, ist nicht so einfach, sie sind suggestiv, täuschen vor, daß sie die Erfahrung auf ihrer Seite haben.

Nicht Zenon leugnet die Bewegung, wie Diogenes glaubt, sondern Diogenes, also der „gesunde Menschenverstand", leugnet den Raum.

OTTO: Das ist eine groteske Unterstellung. Aber wahrscheinlich bin ich - nach dem Maßstab des Parmenides - selbst taub, blind und blöd.

LEO: Aber Zenon nötigt uns zu dieser Schlußfolgerung! Nehmen wir seine Aporie vom fliegenden Pfeil: Wie kommt der Pfeil von einem Ort zum anderen? Ein Übergang ist nicht möglich. Denn wo könnte der Pfeil sein, wenn er einen Ort verlassen hat? In der Ortlosigkeit? Das kann nicht sein, denn zwischen je zwei Orten gibt es keine Leerstellen. Andererseits ist Bewegung ohne Übergang nicht möglich, d.h. wer den Ort voraussetzt, muß auch die Leere - die Ortlosigkeit - voraussetzen, damit Bewegung möglich wird.

KARL: Die Aporie vom fliegenden Pfeil faßt Bewegung als Ortsveränderung auf. Ortsveränderung setzt den als Körper aufgefaßten Raum - die Gesamtheit aller Örter - voraus, in dem sich nichts bewegen kann. In Wirklichkeit gibt es aber keine Örter. Ein Ort ist eine Gedankenkonstruktion, ein nichtexistentes Zwischending zwischen Körper und Raum, so etwas wie ein entkörperlichter Körper oder enträumlichter Raum.

OTTO: Wie kommt es dann, daß das Modell so erfolgreich ist? Hat nicht Zenon bewiesen, daß es keine Bewegung geben kann, weil der Raum zum Körper gemacht wurde? Wie meistert das Modell die Bewegung?

KARL: Was dem Raum-Zeit-Modell letztlich aus der Patsche hilft, ist die Mathematik, speziell die Infinitesimalrechnung mit dem Begriff des Grenzwerts und den Verfahren, unendliche Zahlenmengen in den Griff zu bekommen.

LEO: Unser Modellbauer benötigt als Rahmen seiner Konstruktion den Raum als Schachtel mit verschiebbaren Wänden. Jede Raumstelle innerhalb der Schachtel ist ein Ort. Die Kanten der Schachtel sind die Koordinatenachsen für die Ortsbestimmung, sie können, je nach Geometrie, gerade oder gekrümmt sein. Der Schnittpunkt der Achsen ist der Koordinaten-Nullpunkt, der an einem beliebigen Ort installiert werden kann und als Vergleichsbasis dient, auf die alle Orte bezogen werden.

OTTO: Um die Ortsveränderung eines Körpers in der Raum-Schachtel zu erfassen, brauchen wir noch die Zeit.

KARL: Ja, die Zeit kommt als vierte Koordinate hinzu. Sie wird als Maß der Bewegung definiert, die Bewegung als Maß der Zeit. Um Zeit messen zu können, wird eine bestimmte Ortsveränderung als Uhr, also als absolut gleichmäßige Bewegung definiert. Uhren sind z.B. der Umlauf der Sonne oder die Lichtgeschwindigkeit.

OTTO: Aber woher will man wissen, ob die Bewegung, auf die man sich als Uhr geeinigt hat, wirklich absolut gleichmäßig verläuft?

KARL: Man weiß es nicht, man hat es so definiert. Messen läßt es sich nicht, denn dazu brauchte man ja wiederum eine Uhr.

OTTO: Und wie will man eine Bewegung, die nach Zenon gar nicht ablaufen kann, in ihrer Bahn und Geschwindigkeit erfassen?

KARL: Wie schon gesagt: durch die Differential- und Integralrechnung. Die Bewegung von Ort zu Ort, die im Modell nicht vollziehbar ist, wird durch einen technischen Trick überbrückt: man vergewissert sich mit einem mathematischen Verfahren, daß es zwischen zwei Orten beliebig viele weitere Orte gibt, sozusagen eine Brücke von Orten, und erklärt diese Brücke für lückenlos.

LEO: Man denkt die Bewegung immer vom abgeschlossenen Vollzug her.

OTTO: Aber man berechnet doch auch Bewegungen im voraus.

LEO: Indem man sie berechnet, denkt man sie sich als vollzogen.

OTTO: Na, dann ist ja alles in Ordnung. Anscheinend lassen sich die Differenzen zwischen Modell und Wirklichkeit überwinden.

KARL: Ja, technisch. Ein krasses Beispiel dafür, daß man Modell und Wirklichkeit nicht verwechseln sollte, bietet die Quantentheorie, die ja auch mit diesem Raum-Zeit-Modell arbeitet. Der Gegensatz von „Welle" und „Korpuskel", der den einen ein Ärgernis, den anderen Anlaß zu wilden Spekulationen - z.B. über Freiheit - ist, erklärt sich aus der Konstruktion des Raum-Zeit-Modells.

OTTO: Tatsächlich? Wie denn?

KARL: Das Modell hat zwei Gesichter, die sich gegenseitig ausschließen: ein kontinuierliches: Welle bzw. Feld, und ein diskretes: Korpuskel bzw. Atom. Ein Beispiel: Das Vakuum m u ß sein, weil es im Atommodell nur Teilchen und das Leere gibt. Das Vakuum k a n n   n i c h t sein, da Bewegung sich kontinuierlich in einem Medium, dem „Feld", vollzieht.

LEO: Mit anderen Worten: Das eigentliche Problem, das sich hinter den Antinomien verbirgt, ist das Verhältnis von Einheit und Vielheit, von Kontinuum und Diskretum.

KARL: Ja. Zenon bewies, wie wir sahen, daß Bewegung unmöglich ist, wenn man die Einheit aus Raum und Zeit als Vielheit von Raum-Zeit-Punkten auffaßt.

OTTO: Mit der Wahrheit des Parmenides läßt es sich eben nicht leben.

KARL: Und ohne sie nur mit technischer Hilfe. Leider vergißt der Mensch allzu gern, daß das Raum-Zeit-Modell nicht mehr als eine „scheinbare Weltordnung" ist.

Zwiespältige Begrifflichkeiten

Das Eine und das Andere

Veränderung

KARL: Eines steht fest.

OTTO: Was denn?

KARL: Das sich alles verändert.

OTTO: Wenn sich alles verändert, dann steht auch nichts fest.

KARL: Bis auf dies: daß sich alles verändert.

OTTO: Du widersprichst dir.

KARL: Dann sage ich eben: Alles verändert sich, nur die Erkenntnis, daß sich alles verändert, verändert sich nicht.

OTTO: Wenn du die Erkenntnis „Alles verändert sich" abänderst in die Erkenntnis „Alles verändert sich, nur die Erkenntnis, daß sich alles verändert, verändert sich nicht", dann hat sie sich aber verändert.

KARL: Na gut, aber dann gilt erst recht, was ich anfangs feststellte: Alles verändert sich. Wir sind uns also einig.

LEO: Nein, sind wir nicht, weil die Erkenntnis, daß sich alles verändert, eine Feststellung ist, also etwas Unveränderliches.

KARL: Das sage ich doch die ganze Zeit!

OTTO: Wir drehen uns im Kreise. Wenn du feststellst, daß sich alles verändert, dann ist das einzig Feststehende die Veränderung. Daß sich alles verändert, verändert sich nicht.

KARL: Ja, das steht fest. Alles ist veränderlich, sogar das Unveränderliche. Deshalb hat man in alten Zeiten das Kreisen der Planeten als unveränderlich angesehen.

OTTO: Das Unveränderliche zeigt sich am Veränderlichen. Jede Veränderung ist in sich unterschieden, sonst ist sie keine. Was sich unterscheidet, ist voneinander abgegrenzt, die Abgrenzung ist das Unveränderliche.

KARL: Die Unterschiede und Abgrenzungen verändern sich ebenfalls.

OTTO: Die Grenze verändert sich ständig, bleibt aber als Grenze unveränderlich. Egal, wo sie sich befindet und wie sie aussieht, sie bleibt Grenze.

KARL: Ich sag's ja: die Grenze ist das Unveränderliche, das sich ständig verändert. Mit anderen Worten: Alles verändert sich.

OTTO: Umgekehrt! Nichts verändert sich, denn wie du betonst, steht ja sogar fest, daß sich alles verändert. Die Frage ist nur: Kann es dann überhaupt etwas geben?

KARL: Ja, natürlich - das, was sich verändert.

OTTO: Etwas, das sich verändert, ist nicht. Denn es bleibt nicht, was es ist. Nur das, was sich nicht verändert, also feststeht, ist.

KARL: Wenn feststeht, daß sich alles verändert, gibt es das sich Verändernde. Das, was sich verändert, ist ja etwas und nicht nichts. In seinem Sichverändern bleibt es unverändert.

OTTO: Wir stehen also vor der traurigen Alternative, daß es das Sichverändernde entweder nicht gibt - oder es ist unveränderlich. Beides ist unmöglich.

Regressus in infinitum

KARL: Ebenso unmöglich wie ein Unveränderliches, das sich verändert.

OTTO: Aber wie kann dann überhaupt etwas sein?

KARL: Anscheinend brauchen wir das Unveränderliche, und da wir es nicht haben, müssen wir es herstellen. Wir müssen, aber wir können nicht.

OTTO: Aber wir tun es doch. Wir sprechen von Substanz und Akzidens, von Notwendigkeit und Zufall, von Erbgut und Umwelteinflüssen.

KARL: Der Preis, den das Unmögliche kostet, ist unsere ständige Anstrengung, den Schein zu wahren.

OTTO: Mit allgemeiner Veränderlichkeit können wir nicht leben, weil das kein Leben ist. Mit Unveränderlichkeit können wir nicht leben, weil sie das Leben kostet.

KARL: Bravo. Ein würdiger Schluß!

Grenze

KARL: Das Veränderliche ist nicht denkbar ohne das Unveränderliche, von dem es sich abgrenzt.

OTTO: Klar, ohne Abgrenzungen könnte man nichts unterscheiden.

KARL: Etwas Abgegrenztes ist eine Einheit, nennen wir sie X. Durch die Abgrenzung unterscheidet sich X von allem übrigen.

OTTO: „Alles übrige" wäre dann ebenfalls eine Einheit, nennen wir sie Y.

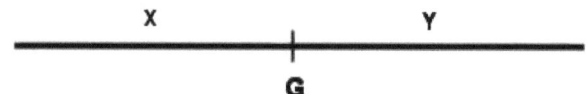

KARL: Dann sind X und Y gegeneinander abgegrenzt, die Grenze sei G. Nun frage ich dich: Gehört G zu X oder zu Y?

OTTO: G gehört sowohl zu X wie zu Y.

KARL: Nein. X und Y sind voneinander abgegrenzt, es gibt keine Gemeinsamkeit.

OTTO: Wieso? X und Y sind durch die gemeinsame Grenze G verbunden.

KARL: Oder getrennt.

OTTO: Eben nicht! Wären sie getrennt, dann könnten wir X und Y voneinander entfernen. Wir ziehen X nach links, Y nach rechts. Gehört dann G zu X oder zu Y?

KARL: Weder noch. G ist jetzt selbst zu einer Einheit geworden, die an X und Y grenzt.

OTTO: Dann bleibt das Problem dasselbe: Gehört die Grenze zwischen G und X zu G oder zu X? Dasselbe kann man für Y fragen.

KARL: Dann überlege mal, was sich ergibt, wenn die Grenze G zu X gehört.

OTTO: Wenn G zu X gehört, dann hat Y keine Grenze. Das heißt: wohin wir uns auch bewegen, wir befinden uns immer in Y. Also kann Y keine Einheit sein.

KARL: Und X ebenfalls nicht. Es bleibt also nur die Möglichkeit, daß Y eine eigene Grenze G1 hat. Aber wie wir gesehen haben, können beide Grenzen nicht identisch sein. Es muß daher zwischen ihnen einen Bereich geben, der weder zu X noch zu Y gehört. Das geht nicht: G und G1 sollen ja Grenzen zwischen beiden Einheiten sein.

OTTO: Das ist absurdes Theater. Es muß doch eine vernünftige Lösung geben! X und Y müssen begrenzt sein, und die Grenzen müssen sich in G berühren. Die Grenze von X ist die eine Seite von G, die Grenze von Y die andere Seite. Die eine Hälfte von G gehört zu X, die andere zu Y.

KARL: Wenn X und Y Linien sind, dann ist G ein Punkt. Sind X und Y Flächen bzw. Körper, dann ist G eine Linie bzw. eine Fläche. Ein Punkt hat keine Hälften oder Seiten, eine Linie keine Breite, eine (Ober)Fläche keine räumliche Tiefe. Andernfalls w ä r e G keine Grenze, sondern h ä tt e eine Grenze.

OTTO: Daß eine Grenze keine Einheit sein kann, ist klar. Dennoch gilt: eine Grenze ist etwas, das nicht nur trennt, sondern auch verbindet. So wie eine Linie zugleich konvex und konkav sein kann.

KARL: Aber ein alter Spruch besagt: *omnis definitio est negatio* - alles Begrenzen ist ein Ausschließen.

OTTO: Nur - ohne das Ausgeschlossene gibt es kein Eingeschlossenes. Eine unbegrenzte Einheit ist ja nicht denkbar. Warum sollte nicht eine Einheit denkbar sein, jenseits derer nichts übrig bleibt?

KARL: Weil sie keine Grenze hätte und deshalb nichts Bestimmtes, also gar nichts wäre. Hätte sie jedoch eine Grenze, dann zum Nichts, das dann zu einem Etwas würde und deshalb zur Einheit dazugehören müßte. Ein Widerspruch!

OTTO: Das ist reichlich spitzfindig.

KARL: Wieso? Das Unbewußte wird auch nicht als spitzfindig empfunden. Wenn man das Bewußtsein als Einheit definiert, wird vorausgesetzt, daß sich jenseits seiner Grenze etwas befindet. Aber dann ist dieses Etwas eben nicht mehr jenseits seiner Grenze.

OTTO: Dasselbe Verhältnis besteht offenbar auch zwischen dem Körper und dem Nichtkörperlichen.

KARL: So ist es. Wir nennen es Raum.

OTTO: Und jenseits des Sprechbaren, so belehrt uns der Philosoph, beginnt das Schweigen:

> Wovon man nicht sprechen kann, darüber muß man schweigen. [Ludwig Wittgenstein: Tractatus logico-philosophicus]

KARL: Und wovon kann man nicht sprechen? Von dem, worüber man schweigen muß? Aber genau darüber spricht er. Er gibt eine Empfehlung, die sich selbst mißachtet. Und wer jenseits des Bewußtseins das Unbewußte postuliert, der hat es seinem Bewußtsein schon einverleibt. Und der Raum - wird er nicht postwendend verkörperlicht?

OTTO: Über die Grenze kann man, scheint's, nicht vernünftig reden.

Einheit

KARL: Das Unveränderliche können wir nur als Eines, als Einheit denken.

OTTO: Wieso?

KARL: Das Unveränderliche ist unteilbar. Könnte es geteilt werden, wäre es nicht unveränderlich. Wenn es aber keine Teile hat, dann ist es eine Einheit.

OTTO: Das hört sich so an, als wäre Unteilbarkeit das Kriterium der Einheit. Sollte man nicht lieber von Ungeteiltheit sprechen?

KARL: Nein. Das Ungeteilte könnte teilbar sein. Teilbares verdient es nicht, Einheit genannt zu werden.

OTTO: Dann sieht es schlecht aus für das Eine, denn was ist unteilbar?

KARL: Wirklich unteilbar ist, was keine Größe hat.

OTTO: Und was hat eine Größe?

KARL: Unter einer Größe versteht man etwas, das in Teile zerlegbar ist, deren jedes seiner Natur nach ein Eines und Dieses ist. So Aristoteles.

OTTO: Mit „Eines" und „Dieses" sind offenbar Größeneinheiten gemeint. Diese dürfen keine Größe haben, denn sonst könnte man sie ebenfalls in Teile zerlegen. Aber wenn sie keine Größe haben, was sind sie dann? Nichts. Und da jede Größe die Summe von Einheiten ist, so ist sie ebenfalls nichts, da die Summe vieler Nichtse nichts ist.

KARL: Und das kann ja wohl nicht sein. Zerlegt man etwas, das eine Größe hat, dann entstehen Teile, die ebenfalls eine Größe haben, also zerlegt werden können, und so weiter. So kommt man niemals zu unteilbaren Einheiten.

OTTO: Es sei denn nach unendlich vielen Schritten.

KARL: Nein, keine Größe kann unendlich oft geteilt werden, denn da jedes dieser unendlich vielen Teile wieder eine Größe hat, wäre ihre Summe unendlich groß.

OTTO: Das würde ja bedeuten, daß eine Einheit weder eine Größe haben noch keine Größe haben, also weder etwas noch nichts sein kann. Das ist doch Unsinn.

KARL: Vielleicht haben wir den Größenbegriff noch nicht richtig verstanden. Er kann ja zweierlei bedeuten: entweder die Größe einer Menge nicht zusammenhängender Teile, oder die Größe eines in sich - räumlich oder zeitlich – zusammenhängenden Gebildes. Das heißt: Wir müssen unterscheiden zwischen diskontinuierlichen und kontinuierlichen, d.h. zwischen arithmetischen und geometrischen Größen.

OTTO: Und was ändert das?

KARL: Das wirst du gleich sehen. Schraubst du z.B. dein Fahrrad soweit auseinander, wie es geht, dann erhältst du die Menge seiner „Eines und Dieses". Die Größe der Menge ergibt sich aus dem Abzählen dieser Teile, die nicht zusammenhängen. Sie ist die Anzahl der Einheiten oder Einsen. Diese Zähleinheiten haben keine Größe im Sinne von Ausdehnung.

OTTO: Das hört sich ja ganz schön an, aber was die Einheiten der Menge namens „Fahrrad" sind, ist deiner Entscheidung überlassen. Nehmen wir als Beispiel die Fahrradkette: Ist sie als Einheit zu betrachten oder als eine Vielheit von Kettengliedern?

KARL: Als Einheit. Denn die Kettenglieder lassen sich nicht auseinanderschrauben, sie sind zusammengenietet.

OTTO: Aber die Kettenglieder sind die Einheiten der Kette. Und die Kettenglieder sind wiederum aus Einheiten zusammengesetzt usw.

KARL: Wenn du so weitermachst, dann bleibt letzten Endes nur ein Haufen Schrott übrig, aber keine Menge von Fahrradteilen.

OTTO: Das ist ja das Manko! Du bestimmst, was ein Fahrradteil, was eine Einheit ist. Und nicht nur für Fahrräder, sondern auch für Naturbereiche.

KARL: Wieso Manko? Wenn diese Festlegung einmal getroffen ist, kann ich Größen durch Abzählen genau bestimmen.

OTTO: Eine willkürlich festgesetzte Einheit ist aber nichts natürlich Gegebenes, sondern etwas Genormtes. Und Normen entspringen menschlichen Zwecksetzungen. Deshalb bleibt uns nichts anderes übrig, als über die Fahrradwelt hinauszugehen. Die Fahrradwelt ist Teil der einen Welt, die alle Spezialwelten umfaßt. Die Einheiten dieser einen Welt sind die natürlichen Einheiten. Sie sind zwangsläufig auch die Einheiten der Spezialwelten.

KARL: Daß es diese natürlichen Einheiten nicht geben kann, haben wir doch soeben durchexerziert. Denn alles, was ausgedehnt ist in Raum und Zeit, kann geteilt werden. Das ist nur eine Frage der Technik. Denk an das Atom, griechisch: das Unteilbare. Was einst unteilbar war, ist teilbar geworden.

OTTO: Vielleicht finden wir einen Ausweg aus der Sackgasse, wenn wir den Begriff der Einheit unter die Lupe nehmen.

KARL: An einer Einheit interessiert nur die Begrenzung, d.h. das Zählbare. Ob sie in sich einfach oder vielfältig ist, spielt keine Rolle. Sie ist die Grenze an sich.

OTTO: Eben nicht! Eine Einheit muß etwas Einfaches sein, und das Einfache ist eben nicht in sich unterschieden, d.h. nicht vielfältig. Es kann also nicht zerlegt - griechisch: analysiert - werden.

KARL: Das gilt nur im Hinblick auf das Ganze, dessen Einheit es ist.

OTTO: Relative Einheiten im Hinblick auf irgendein System interessieren mich nicht.

KARL: Andere Einheiten gibt es nicht.

OTTO: Es muß doch absolute Einheiten geben. Die einfachen, kleinsten, nicht weiter zerlegbaren, materiellen Bausteine des Universums!

KARL: Das sind Einheiten im Hinblick auf die Konstruktion eines Universums, es sind geistige Einheiten.

OTTO: Ich meine aber die realen, die natürlichen Einheiten.

KARL: Woher willst du wissen, daß die nicht auch zerlegbar sind? Erst hatte man die angeblich unteilbaren Atome gespalten, dann ihre Kerne. Und jetzt? Man spricht von einem Teilchenzoo. Vielleicht liefert die Atomzertrümmerung, die man in den riesigen Zyklotronen betreibt, nur noch Schrott.

OTTO: Dann wüßte man ja, welches die absoluten Einheiten sind, nämlich diejenigen, aus denen sich der Schrott zusammensetzt.

KARL: Aber wie kann man Schrott von Nicht-Schrott unterscheiden, d.h. von Bestandteilen, die in der Natur vorkommen? Beim Fahrrad ist das möglich, aber wie soll man sich eine letzte, materielle Einheit vorstellen? Ich bezweifle, daß du dem Begriff der Einheit, angewendet auf die ganze Welt, einen Sinn geben kannst. Denn nur von diesem Sinn her - ob Zweck oder Grund - kannst du ja die Einheiten bestimmen.

OTTO: Der Begriff „Einheit" ist offenbar mehrdeutig, also selbst keine Einheit, denn du benutzt ihn im Sinne von „einfach" wie auch im Sinne von „unteilbar".

KARL: Ja, je nachdem, worauf er bezogen wird. Das Fahrrad dient der Fortbewegung und ist insofern eine Einheit im Sinne von „einfach". Zugleich ist das Fahrrad eine Einheit im Sinne von „vielfältig", denn es ist aus Fahrradeinheiten zusammengesetzt. Diese Einheiten sind im Hinblick auf den Zweck des Fahrens konstruiert. Die Vielheit der Teile ist kein beziehungsloses Sammelsurium, sondern auf den Zweck hin geordnet und zusammengehörig.

OTTO: Die Einheiten der e i n e n Welt sind aber nicht Einheiten in Hinblick auf etwas Bestimmtes, auf einen Zweck, einen Grund. Da ja nicht n i c h t s, sondern e t w a s existiert, und dieses Etwas sich verändert, muß es absolute Einheiten geben, die allem zugrunde liegen.

KARL: Es muß gar nicht.

OTTO: Nehmen wir mal an, die Welt sei das Ergebnis einer Urexplosion, dann wären ihre Einheiten die einfachsten Explosionstrümmer.

KARL: Und damit Konstrukte in Hinblick auf eine Welt, die man als Überrest einer Explosion interpretiert.

OTTO: Das ist aber keine Spezialwelt, sondern die eine Welt.

KARL: Wieso? Es ist doch wie beim Fahrrad. Die vielfältige Einheit namens „Explosionswelt" bestimmt die einfachen Einheiten, verleiht ihnen Legitimität, Ordnung, Zusammengehörigkeit. Diese Einheit ist eine technische Konstruktion wie das Fahrrad, also eine Spezialwelt.

OTTO: Das hieße ja, daß die eine Welt, die Welt als ganze, ein unmöglicher Begriff ist, den man nicht in den Griff bekommt.

KARL: Die Welt ist etwas, das in Kants Sprachgebrauch eine regulative Idee genannt werden könnte.

OTTO: Ich dachte mir schon, daß da die Philosophen ihre Hand im Spiel haben.

KARL: Die Welt-Idee drängt sich auf. All die Einzelheiten und Individuen, die uns über den Weg laufen, wirbeln ja nicht chaotisch um uns herum, sondern hängen zusammen, bilden offenbar eine Ordnung.

OTTO: Philosophen haben auf alles eine Antwort.

Raum und Körper

Raum

KARL: Stellen wir uns mal dumm und fragen: Was ist das: der Raum?

OTTO: Ganz einfach: Der Raum ist so etwas wie ein leeres Zimmer.

KARL: Ein Zimmer ist ein Körper: ein Hohlkörper.

OTTO: Na dann ein Zimmer ohne Fußboden, Decke und Wände.

KARL: Ein Hohlkörper ohne Wände ist nichts, im Gegensatz zum Raum.

OTTO: Wenn der Raum nicht nichts ist, was kann er dann anderes sein als ein Körper.

KARL: Er kann kein Körper sein, denn wenn ein Körper an die Stelle eines anderen treten soll, muß der andere entfernt werden. Den Raum kann und muß man nicht entfernen, wenn man einen Körper an eine Raumstelle setzen will.

OTTO: Dann ist der Raum wohl so etwas wie eine Negation des Körpers.

KARL: Ja. Denn wäre der Raum ein Körper, dann müßte er sich selbst im Raum befinden. Und dieser „Überraum", als Körper gedacht, befände sich wiederum in einem Überraum, nämlich in einem Über-Überraum usw. Wir geraten in einen unendlichen Regreß.

OTTO: Verrückt. Immer, wenn man denkt, man hat den Raum als Körper begriffen, löst er sich ins Nichts auf. Aber der Raum kann nicht nichts sein. Denn worin befinden sich sonst die Körper?

KARL: Mit dem Raum ist es wie mit einem Bild. Einerseits ist das Bild etwas, nämlich ein Körper, der aus Rahmen, Leinwand und Farbe besteht. Andererseits ist das Bild nichts, weil es die Landschaft, die es darstellt, nicht ist - obwohl sein Zweck nur in dieser Darstellung besteht. Das erinnert an den Philosophen Kant, der den Raum als Anschauungsform definiert: So wie die Landschaft erscheint, wenn ich das Bild anschaue, erscheint der Raum, wenn ich den Körper anschaue.

OTTO: Wenn mit der Anschauung des Körpers der Raum erscheint, dann liegt es nahe, Raum als Ausdehnung zu bestimmen.

KARL: Aber kann es Ausdehnung ohne Körper geben?

OTTO: Warum nicht?

KARL: Ausdehnung ohne etwas Ausgedehntes - was soll das sein?

OTTO: Ich kann doch alles Ausgedehnte wegräumen, den Raum leeren, alle Körper aus dem Raum wegdenken.

KARL: Dann denkst du auch den Raum weg. Du müßtest dich sogar selbst wegdenken, aber das kannst du nicht.

OTTO: Wenn das so ist, dann konstituiert der Körper den Raum.

KARL: Kannst du dir Körper vorstellen, die nicht im Raum sind? Körper setzen den Raum voraus, sonst könnten sie nicht nebeneinander bzw. außereinander sein. Also konstituiert der Raum den Körper.

OTTO: Wenn ich aber das gesamte Universum als einen Körper auffasse, dann gibt es nur diesen Körper.

KARL: Wenn das Weltall ein Körper ist, dann ist es ausgedehnt, begrenzt und voluminös, und damit im Raum.

OTTO: Welchen Raum meinst du: den Körperraum?

KARL: Nein, den Raum, in dem sich der Körper befindet - den Raum außerhalb.

OTTO: Es gibt kein Außerhalb. Mit diesem Wort wird nur ein Raum suggeriert, der erst bewiesen werden müßte.

KARL: Der Beweis ist ganz einfach: du begibst dich an den Rand des Weltalls und streckst deinen Arm aus. Die Armbewegung beweist nicht nur das Außerhalb, sondern auch die Existenz des Raumes, denn der Raum ist die Bedingung der Möglichkeit von Bewegung.

OTTO: Also ohne Raum kein Körper und ohne Körper kein Raum? Dann konstituiert der Raum den Körper und der Körper den Raum.

KARL: Ja, ohne Huhn kein Ei, und ohne Ei kein Huhn.

OTTO: Vielleicht sind Raum und Körper irgendwie dasselbe.

KARL: Huhn und Ei sind ja auch nicht irgendwie dasselbe. Das Huhn ist die Ursache für das Ei, das Ei Ursache für das Huhn. Raum und Körper dagegen verhalten sich nicht wie Ursache und Wirkung, der Raum ist kein Ding.

OTTO: Ja, aber was ist er dann?

Körper

KARL: Fragen wir anders herum: Was ist ein Körper?

OTTO: Ein Körper ist ein ausgedehntes, aber begrenztes Ding. Er nimmt ein Stück Raum ein, d.h. er hat Volumen.

KARL: Ja, jeder Körper grenzt sich ab gegen andere Körper. Es können nicht mehrere Körper zugleich am selben Ort sein. Könnten sie es, wären sie nicht begrenzt, also keine Körper.

OTTO: Aber da sich alle Körper im Raum befinden, grenzt sich jeder Körper auch gegen den Raum ab.

KARL: Nein, Körper nehmen Raum ein, aber sie grenzen sich nicht vom Raum ab. Die Begrenzung des Körpers hat ja zwei Seiten, sie trennt den äußeren Raum vom Volumen. Körperlichkeit wird also durch räumliche Bezeichnungen wie „innen" und „außen" definiert.

OTTO: Der Begriff der Grenze schöpft Körperlichkeit aber nicht aus. Die Grenze weist ja gerade auf das Besondere des Körpers gegenüber dem Raum hin.

KARL: Und das wäre?

OTTO: Stofflichkeit, Trägheit, Widerstandskraft. Und daraus ergibt sich eine Unterscheidung: den Raum kann man bis ins Unendliche teilen, den Körper nicht. Denn wäre der Körper bis ins Unendliche teilbar, dann wäre er weder begrenzt noch stofflich, es gäbe keinen Unterschied zum Raum. Stofflichkeit und unbegrenzte Teilbarkeit widersprechen sich.

KARL: Du meinst also, daß die Zerteilung des Körpers nach endlich vielen Schritten auf etwas Unteilbares stoßen muß?

OTTO: Ja. Das Unteilbare heißt auf griechisch *atomon*. Der Körper ist dann ein Konglomerat aus Atomen, d.h. die Atome sind die eigentlichen Körper. Also können wir sagen: der Raum ist teilbar, der Körper unteilbar.

KARL: Atome zu postulieren, ist ein Akt der Willkür. Und wie du weißt, sind die Atome der Physik nicht unteilbar geblieben.

OTTO: Es wird immer eine Grenze für das Teilen bzw. Zertrümmern geben.

KARL: Davon können wir nicht den Begriff der Teilbarkeit abhängig machen. Nein, nicht der Körper, sondern der Raum ist unteilbar. Wäre nämlich der Raum teilbar, dann zerfiele er in auseinanderliegende, begrenzte Raumteile, die aber ihrerseits einen Raum voraussetzten, in dem sie sich befinden - einen Raum des Raumes.

OTTO: Es kann nicht sein, daß weder Körper noch Raum unteilbar sind!

KARL: Das behaupte ich auch nicht, sondern ich sage: alles Ausgedehnte kann geteilt werden, Ausdehnung und Unteilbarkeit vertragen sich nicht. Und da nur

Körper Ausdehnung besitzen, sind nur Körper teilbar, während der Raum unteilbar ist.

OTTO: Und wie erklärst du dir die Ausdehnung des Zwischenraums, des Raumes zwischen den Körpern? Der Zwischenraum ist, wie der Name andeutet, durch Körper begrenzt, daher selbst ein Körper, also teilbar, denn man kann ihn ausmessen. Und messen heißt teilen.

KARL: Der Zwischenraum ist begrenzt, aber nicht stofflich, also k e i n Körper. Der Maßstab dagegen ist ein Körper. Indem du mißt, machst du aus dem Zwischenraum einen fiktionalen Körper, du verkörperlichst den Raum.

OTTO: Der Raum ist nicht teilbar, weil er keine Ausdehnung hat, der Körper nicht unbegrenzt teilbar, weil er Stofflichkeit besitzt. Eine schöne Bescherung.

KARL: Es gibt keine unendliche Teilbarkeit, außer in der Mathematik. Denn da gibt es Ausdehnung ohne Stofflichkeit.

Dimensionen und Koordinaten

OTTO: Die Naturwissenschaftler sind sich einig, daß der Raum geometrische Eigenschaften besitzt. Sogar physikalische Eigenschaften schreibt man ihm zu. Man hat ihn reich ausgestattet: mit Dimension, Kontinuität, Krümmung, sogar mit Feldstärke.

KARL: Sie haben den Raum zum Körper gemacht. Aber haben wir nicht einsehen müssen, daß der Raum kein Körper ist? Er kann keine körperlichen Eigenschaften haben.

OTTO: Der Raum hat aber Dimensionen, d.h. man kann die Richtungen oben und unten, vorn und hinten, rechts und links unterscheiden. Und hoch, breit und tief zu sein ist die Eigenschaft von Körpern.

KARL: Du meinst, wer etwas h a t, der i s t auch etwas: der Raum h a t Dimensionen, also i s t er ein Körper. Richtig ist aber das Umgekehrte: der Raum ist kein Körper, also hat er keine Dimensionen. Wäre er ein Körper, müßte er irgendwo sein, irgendwo im Raum - aber das haben wir ja schon erörtert.

OTTO: Was der Raum ist, erfährt der Mensch durch seine Fähigkeit, sich vor oder zurück, aufwärts oder abwärts, nach rechts oder links bewegen zu können.

KARL: Ja, ohne Raum keine Bewegung.

OTTO: Die Möglichkeit der Bewegung beweist, daß der Raum Dimensionen hat. Dimension - lateinisch *dimensio* - bedeutet Ausmessung. Messen wir nicht den Raum aus - nach Länge, Breite, Höhe?

KARL: Eben nicht. Wäre es der Raum, der Dimensionen hat, dann könnte man alle Körper aus dem Raum entfernen. Das geht aber nicht, weil es die Körper sind, die lang, breit und hoch sind. Nein, was wir messen, sind Körper im Raum.

OTTO: Wir messen aber auch Zwischenräume aus.

KARL: Zwischenräume sind Abstände zwischen Körpern mögliche Körper.

OTTO: Daß wir Körper ausmessen können, ist klar. Doch wir können auch den Raum ausmessen. Körper sind begrenzt, aber Dimensionen sind es nicht. Daher können sie den unbegrenzten Raum erfassen.

KARL: Moment mal! Unter einer Dimension verstehen wir den Freiheitsgrad der Bewegung. In einem Punkt gibt es keine Bewegung, er ist dimensionslos, ohne Freiheitsgrad. Auf einer Linie kann man sich vorwärts und rückwärts bewegen, sie ist 1-dimensional und hat einen Freiheitsgrad: die Länge. Entsprechend die 2-dimensionale Fläche mit den Freiheitsgraden Länge und Breite, und der 3-dimensionale Körper mit Länge, Breite, Höhe.

OTTO: Das kennen wir aus dem Geometrie-Unterricht. Geometrie beschäftigt sich mit 1-dimensionalen, 2-dimensionalen, 3-dimensionalen Räumen – wohlgemerkt: mit Räumen! - und den dazugehörigen Gebilden.

KARL: Sogar mit 4- bis n-dimensionalen Räumen, ja mit gekrümmten Räumen! Aber was ist damit gemeint? Der 1-dimensionale Raum meint die Linie, der 2-dimensionale die Fläche, der 3-dimensionale den Körper. „Dimension" bedeutet also nicht das Ausmessen, sondern die Erkenntnis, was Ausdehnung ist, und damit die Möglichkeit, Herrschaft über den Raum zu gewinnen. Was fehlt, ist nur noch das technische Meß-Instrumentarium.

OTTO: Du denkst an das Koordinatensystem?

KARL: Ja. Es stammt von dem Philosophen und Mathematiker René Descartes (1596-1650). Er benötigte ein praktikables Werkzeug, um die Materie, deren Natur er als Ausdehnung bestimmte, beschreiben zu können.

OTTO: Ach ja, das sogenannte kartesische Koordinatensystem.

KARL: Die kartesischen Koordinaten sind Zahlengeraden. Der sonderbare Begriff der Zahlengeraden bezeichnet genau die Paradoxie, mit den wir uns die ganze Zeit herumschlagen.

OTTO: Der Unterschied zwischen Körper und Raum?

KARL: Ja, zwischen dem Begrenzten und dem Unbegrenzten bzw. dem Diskreten und dem Kontinuierlichen. Die Zahl steht für das Diskretum, die Gerade für das Kontinuum. Die Wissenschaft von den diskreten bzw. zählbaren Dingen ist die Arithmetik, die Wissenschaft von den in sich zusammenhängenden, meßbaren Dingen ist die Geometrie. Der Begriff der Zahlengeraden bezeichnet etwas Denkunmögliches: die Verschmelzung des Diskreten mit dem Kontinuierlichen.

OTTO: Dann hat Descartes das Unmögliche möglich gemacht: er vereinigte beide Wissenschaften in einer: der Analytischen Geometrie.

KARL: Die Analytische Geometrie ist ein technisches Verfahren, welches das Kontinuum in ein Diskretum auflöst. Das griechische Wort *analysis* bedeutet Auflösung.

OTTO: Descartes wollte das Meßbare zählbar machen - ein genialer Gedanke! Messen tut man mit einem Maßstab. Stattet man ihn mit einer abzählbaren Einteilung aus, so bekommt man eine Zahlengerade.

KARL: Das setzt voraus, daß die Gerade eine Aneinanderreihung von Punkten ist, denen man Zahlen zuordnen kann: Jedem Punkt auf der Geraden und damit jeder Länge - vom Koordinatenanfang aus gesehen - entspricht genau eine Zahl. Und da die Dimensionen - Länge, Breite, Höhe – Erstreckungen repräsentieren, kann man jeder von ihnen eine Gerade zuordnen.

OTTO: Und das sind die Koordinaten?

KARL: Nicht ganz. Was noch fehlt, ist eine Maßeinheit, also ein Werkzeug zum Abzählen, und ein Koordinatennullpunkt. Erst dann können wir Körper bzw. Örter festlegen und vergleichen.

OTTO: Aber wo fängt eine Koordinate an?

KARL: Wo du willst. Der Anfang wird frei gewählt. Indem wir die Koordinaten aufeinander abstimmen und einen gemeinsamen Nullpunkt festlegen, erzeugen wir ein Koordinatensystem.

OTTO: Eines verstehe ich nicht: Wenn jeder Wissenschaftler Koordinaten-nullpunkt und Maßeinheit nach Lust und Laune wählen darf - wie kann dann überhaupt Wissenschaft betrieben werden? Wie kommen die Wissenschaftler zu vergleichbaren Ergebnissen?

KARL: Das Koordinatensystem darf eben in den physikalischen Beschreibungen nicht vorkommen. Die physikalischen Ergebnisse oder theoretischen Voraussagen müssen unabhängig von der Wahl des Koordinatensystems sein. Es muß das Invarianz-prinzip gelten: ein System muß ins andere transformiert werden können.

OTTO: Dann ist die Erfindung der Analytischen Geometrie die Lösung des Raum-Körper-Problem: Raum und Körper sind ein und dasselbe.

KARL: Aber nur technisch. Die Erfindung des Koordinatensystems markiert den Übergang von einer philosophischen zu einer technischen Betrachtungsweise.

Zeit und Bewegung

Ereigniszeit

KARL: Ein wichtiger Begriff fehlt noch in unserem Panoptikum: die Zeit.

OTTO: Ich hoffe nur, daß ich jetzt nicht das abgedroschene Augustinus-Zitat hören muß, das mir allmählich zum Halse heraushängt.

LEO: Doch! Der heilig gesprochene Kirchenvater (354-430) leitete seine Überlegungen zum Thema „Zeit" in den *Bekenntnissen* mit folgenden Worten ein:

> Was ist Zeit? Wenn mich niemand danach fragt, weiß ich es; will ich es einem Fragenden erklären, weiß ich es nicht mehr.

OTTO: Mußte das sein?

KARL: Bleib ruhig, du hast ja das Zitat selbst heraufbeschworen. Und immerhin erinnert es uns an den Stolperstein, der den gesunden Menschenverstand zu Fall bringt und die Philosophie auferstehen läßt: das Staunen.

OTTO: Das wollte ich gerade vermeiden und ganz bescheiden über Bewegung nachdenken. Bewegung ist ja ein zeitliches Phänomen.

LEO: Und Ruhe? Ist Ruhe kein zeitliches Phänomen?

OTTO: Wenn sich nichts bewegt, sich nichts verändert, dann vergeht auch keine Zeit. Vergehen ist ja eine Art von Veränderung.

KARL: Dann wäre die Zeit selbst ein zeitliches Phänomen. Wenn etwas „vergeht", dann relativ zu etwas, das bleibt: zu etwas Ruhendem.

OTTO: Warum soll denn keine Zeit vergehen, wenn alles ruht? Analog zum leeren Raum könnte es eine leere Zeit geben.

KARL: Wir haben festgestellt, daß der leere Raum ein widersprüchlicher Begriff ist, und ebenso verhält es sich mit der leeren Zeit.

OTTO: Wirklich? Stellen wir uns doch mal vor, das Universum hätte fünf Minuten lang stillgestanden. Wäre es dann nicht trotzdem fünf Minuten älter geworden?

KARL: So kann nur der Wissenschaftler sprechen, der wie ein Gott in einer Loge außerhalb des Universums sitzt und nach einem Blick auf seine außerirdische Stoppuhr das Welttheater für fünf Minuten anhält.

OTTO: Diese Loge ist der angestammte Arbeitsplatz des Wissenschaftlers. Er gewährleistet seine Objektivität.

KARL: Aber dort kann es keine Uhr und auch keinen Körper des Wissenschaftlers geben. Uhr und Körper sind ja Gegenstände und gehören zur Welt, müßten also ebenfalls stehenbleiben.

OTTO: Trotzdem vergeht Zeit, auch wenn sie sich nicht feststellen läßt.

KARL: Es „vergeht" doch gerade nichts.

OTTO: Dieses Nichts ist die Zeit, das heißt: es dauert etwas an.

KARL: Daß etwas andauert bzw. nicht vergeht, heißt: es ereignet sich nichts. Ohne Ereignisse keine Zeit.

OTTO: Und wenn die Welt stillsteht und nur eine einzige Uhr tickt, dann sind die einzigen Ereignisse diese Ticktacks, die Bewegungen des Uhrzeigers, und die Zeit ist die Abfolge dieser Ereignisse.

KARL: Logisch funktioniert das nicht. Ein Ereignis ist etwas, das jetzt geschieht. Dieses Jetzt ist ein Zeitpunkt. Zeitpunkte sind zeitlos.

OTTO: Etwas, das geschieht, kann nicht zeitlos sein.

KARL: Das heißt: es verändert sich. Und eine Veränderung ist selbst ein Ereignis und besteht wiederum aus Ereignissen. Das kleinste Ereignis muß daher der zeitliche Punkt sein, der sich nicht verändert.

OTTO: Wenn er sich nicht verändert, ereignet sich nichts.

KARL: Das sage ich ja. Und dann ist es mit der Zeit auch nichts.

OTTO: Absurd. Denn wir erleben es ja, jetzt, in jedem Augenblick, daß das Jetzt nicht zeitlos ist, sondern sich verändert.

KARL: Das Jetzt hat aber nichts an sich, was sich verändern könnte.

OTTO: Sich verändern heißt: das Gegenwarts-Jetzt geht in ein Vergangenheits-Jetzt über.

KARL: Das ist nicht möglich, weil es gar kein nächstes Vergangenheits-Jetzt gibt. Jedes Ereignis läßt sich letzten Endes in Jetzt-Punkte auflösen, und zwischen zwei Jetztpunkten läßt sich mindestens ein weiterer Jetzt-Punkt finden.

OTTO: Hoppla, Zenon, ick hör dir trapsen!

KARL: Wir können die Überlegung auch umdrehen. Nehmen wir an, das Gegenwarts-Jetzt geht in ein Vergangenheits-Jetzt über. Dann wären die dazwischenliegenden Jetzt-Punkte alle gleichzeitig. Also müßten Gegenwarts-Jetzt und Vergangenheits-Jetzt gleichzeitig sein.

OTTO: Dann könnte sich aber nichts Gegenwärtiges in etwas Vergangenes verwandeln. Es wäre also unmöglich, älter zu werden. Und das ist offensichtlicher Unsinn.

KARL: Kein Unsinn! Angenommen, du wärest eine Sekunde alt und würdest gern zwei Sekunden alt werden. Dann müßtest du erst die Hälfte dieser Zeitspanne bewältigen, dann wieder die Hälfte usw., du könntest nie die zweite Sekunde erreichen. Anders gesagt: Um auch nur eine Sekunde älter zu werden, müßtest du von einem Jetztpunkt zum nächsten gelangen – aber es gibt keinen nächsten Jetztpunkt.

OTTO: Schön wär's! Aber ob ich möchte oder nicht - die zweite Sekunde ist wirklich kein Problem, wie die Erfahrung lehrt.

KARL: Tut sie das? Die Logik lehrt etwas anderes.

OTTO: Was nützt uns eine Logik, die Verwirrung stiftet!?

Jetzt

OTTO: Die Abfolge von Ereignissen als Abfolge von Jetztpunkten zu denken ist gar nicht möglich, weil es nur einen einzigen Jetztpunkt gibt, nämlich „jetzt". Das bedeutet: der Fluß der Ereignisse geht durch den Jetztpunkt hindurch. Es ist der Jetztpunkt, der die Zeit konstituiert und die Ereignisse ordnet, also vergangene von künftigen Ereignissen trennt, die Zeit ist also die Gesamtheit aller Ereignisse aus Vergangenheit, Gegenwart und Zukunft.

KARL: Aber der unveränderliche Jetztpunkt, den die Ereignisse passieren und der die Vergangenheit von der Zukunft trennt, hat keine zeitliche Ausdehnung. Also kann es im Jetzt kein Ordnen der Zeit nach „früher" oder „später" geben.

OTTO: Wieso nicht? Das Jetzt dauert ja an.

KARL: Wenn es andauert, dann ist es kein Zeitpunkt. Wenn es aber ein Zeitpunkt wäre, dann gäbe es keine Gegenwart, denn ein Punkt hat keine Ausdehnung. Vergangenheit und Zukunft wären ebenfalls nichts, weil das, was nicht mehr, und das, was noch nicht ist, nicht ist. Folglich wäre es mit der Zeit insgesamt nichts.

OTTO: Wir können auch eine andere Folgerung ziehen: die Zeit ist kein Gegenstand, der aus den Teilen Vergangenheit, Gegenwart und Zukunft besteht und dessen Existenz von der Existenz seiner Teile abhängt.

KARL: Dann müssen Vergangenheit und Zukunft Bestandteile der Gegenwart sein. Aber auch die Gegenwart ist kein Gegenstand, der aus Teilen besteht.

OTTO: Richtig, aber Vergangenheit und Zukunft müssen vergegenwärtigt werden, um zu sein: Vergangenheit als die Gegenwart des Nichtmehr, Zukunft als die Gegenwart des Nochnicht.

KARL: Vergangenheit und Zukunft müssen dennoch unterschieden werden. Am Jetztpunkt scheiden sich nach wie vor die Geister, nur hat er sich jetzt verdoppelt: er ist unveränderliche, sozusagen transzendentale Gegenwärtigkeit, zugleich aber ständige Veränderung.

OTTO: Die unveränderliche Gegenwärtigkeit ist die des Beobachters, des Logeninhabers, von der sich die Veränderlichkeit des Gegenüber, des Jetzt der Ereignisse, abhebt. Die Ereignisse sind

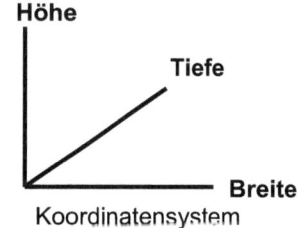

Höhe

Tiefe

Breite

Koordinatensystem

mittels der Relation „früher als" bzw. „später als" geordnet. Die Abfolge der Ereignisse ist folglich das Ergebnis eines Vergleichs.

KARL: Also kann sie nicht die Zeit sein, sondern setzt die Zeit schon voraus.

OTTO: Du meist also, die Verdoppelung des Jetzt ist notwendig, weil Veränderung das Unveränderliche voraussetzt und umgekehrt. Aber woher etwas Unveränderliches nehmen? Es ist doch gerade das Unheimliche an der Zeit, daß sie alles zerbröselt, nichts Beständiges kennt.

KARL: Uns bleibt nur die Unveränderlichkeit des Beobachters, genauer gesagt: seine Erinnerung. Das jetzige Ereignis setzt sich fest und kann mit dem jetzigen „jetzigen Ereignis" verglichen werden. Im Unterschied beider zeigt sich die Zeit.

OTTO: Die Erinnerung zum Unveränderlichen zu erklären ist lächerlich. Es gibt ja kaum etwas, das unzuverlässiger wäre - und subjektiver.

KARL: Aber nur die Erinnerung ermöglicht es, Ereignisse im Hinblick auf „früher" oder „später" zu vergleichen.

OTTO: Trotzdem: was wir brauchen, ist etwas Unveränderliches jenseits des Beobachters, unabhängig von ihm.

KARL: Der Beobachter nimmt ja den Logenplatz außerhalb des Universums gerade deshalb ein, damit er unabhängig von den Weltläuften ist. Damit er das Unveränderliche sein kann, auf das sich alle Veränderung bezieht.

OTTO: Wenn sich alle Veränderungen auf ihn beziehen, dann ist er auch nicht unabhängig von den Weltläuften, sondern Teil einer Beziehung.

KARL: Daß ausgerechnet d u die Objektivität in Frage stellst, amüsiert mich ein bißchen. Aber du hast natürlich recht.

OTTO: Eines steht jedenfalls fest: die Ereignisse unterscheiden sich, und das heißt, daß sich das Jetzt verändert. Und indem sich die Ereignisse unterscheiden, zeigen sie die Zeit an, sie repräsentieren die Zeit. Und das heißt: die Ereignisse geschehen in der Zeit.

KARL: Ein Repräsentant ist ein Stellvertreter, der auf etwas verweist. Aber auf was? Auf einen Zeitfluß, in dem die Ereignisse dahinschwimmen? Das wäre eine kontinuierliche Zeit, die unabhängig von den Ereignissen existierte.

OTTO: Dann müßte es eine ereignislose Zeit geben, ein stehendes Fließen.

KARL: Wir sitzen wieder zwischen den Stühlen.

OTTO: Wieso?

KARL: Weil wir zwei Ereignisse zeitlich nur voneinander unterscheiden können, wenn wir einen Zeitfluß voraussetzen Also: ohne Zeit keine Ereignisse. Andererseits: Was wäre die Zeit ohne Ereignisse? Also: ohne Ereignisse keine Zeit.

Uhrzeit

OTTO: Das Verhältnis von Zeitfluß und Jetzt erinnert verdächtig an das Verhältnis Raum-Körper. Raum und Körper bedingen sich gegenseitig wie Zeit und Ereignis. Deshalb sollten wir, um zwischen den Stühlen herauszukommen, so vorgehen wie die Wissenschaft mit dem Raum: für sie ist er die Gesamtheit aller Örter. Warum kann die Zeit nicht die Gesamtheit aller Ereignisse bzw. Jetztpunkte sein? Der Ort als Vergegenständlichung des Raumes ermöglicht es, von „hier" und

„dort" zu sprechen. Ebenso ermöglichen es die Vergegenständlichung der Jetzt-Punkte bzw. der Ereignisse, von „früher" und „später" zu sprechen. Wie der bewegte Körper eine Raumspur zieht, so das sich verändernde Jetzt eine Zeitspur.

KARL: Und wie beim Raum schnappt Zenons Falle zu. Das haben wir ja mit den Jetztpunkten durchexerziert. Die Zeitspur ist einerseits Zeitfluß, also ein Kontinuum, andererseits vollzogene unendliche Teilung in Jetztpunkte, also ein Diskretum - der altbekannte Widerspruch.

OTTO: Aber wir haben die Paradoxien des Zenon mit der Differential- und Integralrechnung fest im Griff, und deshalb können wir uns wie den Raum so auch die Zeit nutzbar machen.

KARL: Komisch - wir wissen zwar nicht, was die Zeit ist, aber wir können sie uns nutzbar machen. Aber das ist typisch Wissenschaft! Sie hat den Raum eliminiert, indem sie ihn als einen Körper auffaßt, und nach demselben Schema eliminiert sie die Zeit.

OTTO: Wie denn?

KARL: Ganz einfach. Wir können dank unseres Erinnerungsvermögens zwischen früheren und späteren Ereignissen unterscheiden, und das heißt: wir machen einen Schnitt zwischen den Ereignissen, und zwar immer wieder: jetzt-jetzt-jetzt...

OTTO: Wir zählen.

KARL: Ja. Dabei abstrahieren wir von den konkreten Ereignissen. Es steht uns also frei, Ereignisse zu wählen, die unseren Zwecken dienlich sind, nämlich die Bewegungszustände eines Körpers. Der bewegte Körper ist ja immer ein anderer, weil er immer woanders ist. Jetzt ist er am Ort 1, jetzt am Ort 2 usw.

OTTO: Richtig. Anhand des bewegten Körpers erkennen wir das Früher und Später der Bewegung.

KARL: Genauer gesagt: anhand der vom Körper hinterlassenen Bewegungsspur. Uns interessiert ja nicht die Bewegung als Bewegung, sondern als ein zeitliches Nacheinander von Jetztpunkten, d.h wir mathematisieren die Zeit zur Jetzt-Spur. Aus den Bewegungen werden abgezählte Größen. Zeit ist die gezählte Bewegung. Und indem wir die Bewegung ruhigstellen, um sie messen zu können, machen wir die Zeit zu einer Dimension. Mit anderen Worten: die Zeit ist beseitigt.

OTTO: Aber Bewegungen können schneller oder langsamer vonstatten gehen, die Zeit jedoch nicht, da „schnell" und „langsam" durch

Kalenderzeit

die Zeit gemessen wird. Wie willst du die Zeit messen, wenn die Bewegung durch die Zeit gemessen wird?

KARL: Durch die Bewegung.

OTTO: Wenn Zeit durch Bewegung und Bewegung durch Zeit gemes-sen wird, bewegen wir uns im Kreise.

KARL: Dieses Problem verschwindet, wenn wir eine bestimmte Bewe-gung als Zeitmaß festlegen und alle anderen Bewegungen auf sie beziehen. Diese Bewegung nennen wir „Uhr". Mit ihr können wir jede andere Bewegung vergleichen, und zwar räumlich. Dieses räumliche Vergleichen heißt Zeitmessung. Das Früher und Später in der Zeit ist damit zurückgeführt auf das räumliche Nebeneinander.

OTTO: Das Problem ist nur, eine geeignete Bewegung zu finden. Es muß eine gleichmäßige Bewegung sein. Woher nehmen?

KARL: Uhren sind Vorrichtungen, die *per definitionem* eine gleichmäßige, periodische Bewegung ausführen. Als eine solche definierte man die Bewegung der Himmelskuppel oder einzelner Himmelskörper. Unser großer Uhrzeiger ist die Sonne. Sie weist zwar gegenüber der Bewegung des Sternenhimmels Unregelmäßigkeiten auf, doch die werden durch Schalttage und die Zeit-gleichung korrigiert.

OTTO: Aber diese Uhr geht für wissenschaftliche Zwecke zu ungenau. Daher verwendet die Wissenschaft für spezielle Probleme als Uhr die Schwingungen bestimmter Atome.

KARL: Deren Gleichmaß ist ebenfalls *per definitionem* vorausgesetzt. Was eine Uhr ist, welche Uhr genau und welche ungenau geht, ist eine Frage der Festlegung, also der Vereinbarung.

OTTO: Ist es nicht bewundernswert, wie die Wissenschaft all den Denkfallen ein Schnippchen schlägt?

KARL: Kein Wunder, daß die Leute klagen, sie hätten keine Zeit. Sie wissen gar nicht, wie wahr sie sprechen.

Zweierlei Unendlichkeit
Unendliche Teilung

KARL: Das Sonderbare am Teilen ist, daß es vervielfältigt.

OTTO: Schön wär's, dann würde ich mein Geld gern mit anderen teilen.

KARL: Es ist aber so. Wenn ich ein Stück Kuchen durchschneide, bekomme ich zwei Stücke, also doppelt so viele wie vorher.

OTTO: Aber nur halb so große. Und Größe ist es, worauf es in der Realität ankommt. Oder glaubst du, du könntest wie Jesus 5000 Menschen mit fünf Broten sattmachen?

KARL: Jede Größe ist teilbar. Und habe ich sie bis zum bitteren Ende - also unendlich oft - geteilt, dann zeigt sich, daß die Anzahl der Teile einer 1000 Kilometer langen Strecke nicht größer ist als die Anzahl einer ein Millimeter kurzen Strecke. Ist das nicht auch sonderbar?

OTTO: Woher willst du das wissen?

KARL: Aus der Mathematik.

OTTO: Mich interessiert aber nicht die Anzahl, sondern die Größe.

KARL: Die Größe der kleinsten Teilchen? Da gibt es zwei Möglichkeiten: entweder die Teilchen, die bei der unendlichen Teilung übrigbleiben, sind ausgedehnt oder sie sind unausgedehnt. Setzt man diese Teilchen wieder zusammen, dann erhält man im ersten Falle eine unendlich lange Strecke, im zweiten Falle ein Punkt.

OTTO: Das darf nicht wahr sein! Und es ist auch nicht wahr. Ausgedehntes, also Größe, also Teilbares, kann durch noch so viele Teilungen nicht zu etwas Unausgedehntem werden. Du hast es doch selbst gesagt: Teilung heißt Vervielfältigung.

KARL: Dann bleibt also nur die erste Alternative.

OTTO: Nein. Denn wie kann aus der Summe der Teilchen, wenn ich sie wieder zusammensetze, mehr werden als die Ausgangsstrecke? Nein, es muß die ursprüngliche Strecke herauskommen.

KARL: Zu deiner Beruhigung: die Mathematik kann beweisen, daß eine unendliche Anzahl endlicher Glieder eine endliche Summe ergibt, z.B. hat die Reihe

$$\tfrac{1}{2} + \tfrac{1}{4} + \tfrac{1}{8} + \dots$$

unendlich viele Glieder und dennoch ist ihre Summe nicht größer als 1.

OTTO: Dann sind also beide Alternativen falsch. Aber welche Möglichkeiten bleiben dann noch?

KARL: Das Verbot, eine unendliche Teilung als vollzogen zu denken.

OTTO: Das wäre ein Denkverbot. Dann dürftest du keine Mathematik der unendlichen Reihen, keine Differential- und Integralrechnung betreiben.

KARL: Das Verbot, etwas Widersprüchliches zu denken, ist kein Denkverbot. Und zu diesem Widerspruch kann es gar nicht kommen, solange die unendliche Teilung nicht abgeschlossen ist. Die Situation ist doch immer dieselbe: etwas Ausgedehntes, z.B. eine Strecke, wird geteilt, egal ob in 2 oder 2000 Teile. Dann wird jedes Teil wieder geteilt usw.

OTTO: Aber bei jedem Schritt sind die Teile kleiner, nähern sich dem unendlich Kleinen.

KARL: Die Vorstellung des Näherkommens ist eine perspektivische Täuschung. Der Teilungsprozeß ist keine Annäherung an irgend etwas. N a c h der Teilung ist v o r der Teilung, nämlich eine Strecke, die teilbar ist. Zenon hat diese Täuschung in seiner Paradoxie vom Wettlauf zwischen Achilles und der Schildkröte vorgeführt: Der Schildkröte wird ein kleiner Vorsprung eingeräumt, den Achilles nie einholen kann, auch wenn der Vorsprung immer kleiner wird. Vorsprung bleibt Vorsprung.

OTTO: Bei der unendlichen Reihe spielte das Kleinerwerden sehr wohl eine Rolle.

KARL: Ich wollte nur zeigen, daß die Summe unendlich vieler endlicher Größen endlich sein kann. Diese Erkenntnis ist eine Banalität, du brauchst dir bloß graphisch klarzumachen, was da geschieht: Die Strecke der Länge 1 wird halbiert, dann wird die rechte Hälfte halbiert, dann die rechte Hälfte der rechten Hälfte usw., wobei alle abgeteilten (linken) Hälften aneinandergelegt, also summiert werden. Daß dabei die Summe aller dieser Hälften höchsten Eins ergeben kann, ist trivial. Man sieht es mit einem Blick:

OTTO: Na gut. Aber welche Folgerung können wir aus der von dir so genannten Täuschung ziehen?

KARL: Daß der Teilungsprozeß nie an ein Ende kommt. Die Situation ist stets dieselbe wie beim ersten Schritt.

OTTO: Dann ist er sinnlos. Wo er sinnvoll ist, in der Erfahrungswelt, wo es auf Größenverhältnisse ankommt, kann er nicht unendlich sein.

KARL: Er ist endlich, aber unbegrenzt. Nach jedem Teilungsschritt ist ein nächster möglich, es gibt keine Grenze. Man nennt das: potentielle Unendlichkeit. Welches Teilungsverfahren wir auch wählen, ob wir halbieren oder millionsteln, und so oft wir auch teilen, immer wird es noch unendlich viele Teile geben, die vom Schnitt nicht getroffen werden. Das kann mathematisch bewiesen werden.

OTTO: Das leuchtet mir auch ohne Mathematik ein. Andernfalls wäre ja die unendliche Teilung abgeschlossen und die Größe in einen Haufen ausdehnungsloser Punkten zerteilt. Daß das nicht geht, habe ich eingesehen.

KARL: Dann siehst du vielleicht auch ein, daß nicht jede Größe meßbar ist.

OTTO: Zum Beispiel?

KARL: Zum Beispiel eine Strecke längs einer Geraden.

OTTO: Das kann nicht sein.

Diagonale

KARL: Dann wirst du sicher staunen, wenn ich dir eine Strecke hinzeichne, die du nicht messen, d.h. deren Größe du nicht angeben kannst.

OTTO: Du kannst natürlich einen in sich verschlungenen Kringel malen, der das Ausmessen zu einem mühsamen Geschäft macht.

KARL: Nein, ich meine eine harmlose, gerade Strecke.

OTTO: Dann wette ich, daß ich jede Strecke, die du zeichnest, auch messen kann.

KARL: Die Wette verlierst du.

OTTO: Anscheinend haben wir verschiedene Ansichten über das Messen. Ich verstehe darunter das Vergleichen einer Größe - etwa einer Streckenlänge - mit einer festgesetzten (Maß)Einheit. Das Ergebnis ist eine Zahl, die angibt, wie oft die Einheit in der betreffenden Größe enthalten ist.

KARL: Diese Zahl ist eigentlich ein Zahlenverhältnis. Angenommen, eine Strecke ist zweimal so lang wie die Maßeinheit, dann hat sie die Länge 2, d.h. **2 : 1**. Messen ist also ein Teilungsverfahren, ein Verfahren zur Bestimmung zahlenmäßig erfaßbarer Größen.

OTTO: Dann gewinne ich die Wette. Denn ich darf doch wohl erwarten, daß das Meßverfahren nach endlich vielen Schritten an ein Ende kommt.

KARL: Nein. Der Haken steckt in der Voraussetzung: nämlich der Identität von Diskretum und Kontinuum, bzw. der Isomorphie von Algebra und Geometrie, die

Descartes mit seiner Analytischen Geometrie erzwungen hat, obwohl beide unvereinbar sind.

OTTO: Wieso unvereinbar?

KARL: Na hör mal! Das Diskrete, d.h. Vereinzelte, und das Zusammenhängende sind nun mal unvereinbar.

OTTO: Aber Descartes hat sie doch vereint, wie du sagst. Tut mir leid, Ich kann den Haken, von dem du sprichst, nicht erkennen.

KARL: Das Problem besteht darin, daß ich eine (Maß)Einheit bzw. Koordinaten-Einheit festlegen muß, die das geometrische und das algebraische Element vereint. Geometrisch gesehen ist die Maßeinheit eine willkürlich festgelegte Teilstrecke, algebraisch ist sie die Zahl 1. Und sie ist es, die das Teilungs- bzw. Meßverfahren bestimmt.

OTTO: Was soll daran problematisch sein? Jedenfalls gilt die Wette noch.

KARL: Wie du willst. Ich definiere als (Maß)Einheit die Strecke, die ich hier zeichne. Dann errichte ich über der Einheitsstrecke ein Quadrat, verbinde die schräg gegen-überliegenden Eckpunkte und erhalte so die Diagonale **d**. So, und nun sage mir, wie lang die Diagonale ist.

OTTO: Um das festzustellen, brauche ich ein Lineal.

KARL: Das ist zu ungenau. Wir wollen es ganz genau wissen.

OTTO: Ach so, es geht nicht um hingemalte, sondern um vorgestellte Strecken. Na gut. Greifen wir also auf den Satz des Pythagoras zurück. Es ist $d^2 = 1^2 + 1^2$, also hat die Diagonale die Länge $d = \sqrt{2}$, in Worten: „Wurzel aus 2". Und schon habe ich die Wette gewonnen.

KARL: Und wie groß ist $\sqrt{2}$?

OTTO: 1,4142135624 und so weiter.

KARL: Und so weiter? Du kannst anscheinend die Größe nicht aussprechen, hast also keine Zahl zur Verfügung. Damit habe ich die Wette gewonnen.

OTTO: Du wirst ja wohl nicht leugnen, daß die Diagonale eine bestimmte Länge hat, ihr Wert beträgt „Wurzel aus 2". Das ist eine Größe wie **1, 2, 3** usw. Es ist die Zahl, die, mit sich selbst multipliziert, **2** ergibt. Die Diagonale ist also $\sqrt{2}$ mal so lang wie die Maßeinheit. Anders gesagt: Die Längen von Diagonale und Maßeinheit verhalten sich wie $\sqrt{2}$ zu 1.

KARL: Daß die Diagonale eine bestimmte Länge hat, bestreite ich nicht. Aber es gibt kein Zahlenverhältnis zwischen Diagonale und Maßeinheit. „Wurzel aus **2**" ist keine Zahl, sondern - ja was? Gleichsam eine Lücke im Zahlenraum. Wir stoßen hier auf das uralte Problem der Pythagoreer.

OTTO: Jetzt fang' bloß nicht an zu philosophieren.

KARL: Keine Angst, nur dies: die Pythagoreer glaubten, mit den „natürlichen" Zahlen **1, 2, 3** usw. und ihren Gesetzmäßigkeiten besäßen sie den Schlüssel für die Erfaßbarkeit des Universums, könnten die Harmonien des Kosmos schauen, ja durchschauen. Und dann machten sie die schlimme Entdeckung, daß man die Diagonale zwar sauber konstruieren, aber nicht zahlenmäßig erfassen kann.

OTTO: Es darf doch nicht wahr sein, daß es Strecken gibt, denen man keine Länge als Zahlenwert zuordnen kann.

KARL: Der Länge von **d** kann man tatsächlich kein Zahlenverhältnis zuordnen. Deshalb nannten die Pythagoreer **d** eine Irrationalzahl.

OTTO: Doch, man kann und man hat! Jeder Oberschüler lernt heute das „Wurzelziehen". Andernfalls könnte die Wissenschaft einpacken.

KARL: Nicht unbedingt. Die antiken Mathematiker sind einen anderen Weg gegangen: sie haben die Arithmetik geometrisiert. Sie betrieben also bevorzugt eine Kontinuums-Wissenschaft. Die neuzeitliche Wissenschaft dagegen arithmetisierte die Geometrie. Descartes fing damit an, das Kontinuums zum Diskretum umzubauen, Cantor und Dedekind formulierten später explizit das Axiom der Zuordnung von Punkt und Zahl.

OTTO: Und damit ist das uralte Problem gelöst.

KARL: Nein, es ist nicht gelöst, da es unlösbar ist. Aber es ist technisch beherrschbar. Zu diesem Zweck haben die Mathematiker ein Verfahren entwickelt, mit dem sie die Irrationalzahlen in jeder gewünschten Genauigkeit durch rationale Zahlen darstellen können.

OTTO: Eine gewünschte Genauigkeit? Was soll das sein? Entweder genau oder ungenau.

KARL: Das ist eben der Preis einer technischen Lösung. Das technische Verfahren besteht darin, den Zahlenwert unserer Diagonale **d** einzukreisen: Tragen wir **1,4** Einheiten auf der Diagonale ab, so ist das zu wenig, denn $1,4^2 = 1,96$, während **1,5** Einheiten zu viel sind: $1,5^2 = 2,25$. Schachteln wir den gesuchten Wert genauer ein, so ist **1,41** zu wenig (**1,9881**), **1,42** zu viel (**2,0164**), **1,414** zu wenig (**1,999396**), **1,415** zu viel (**2,002225**) usw. Auf diese Weise können wir uns der Länge der Diagonale mit jeder gewünschten Genauigkeit annähern. Die Formel: $d^2 = 2$ ist gewissermaßen eine Gebrauchsanweisung zur Herstellung der Irrationalzahl mit Hilfe von rationalen Zahlen.

OTTO: Die Genauigkeit bezieht sich also nicht mehr direkt auf den Zahlenwert der Länge, sondern auf den Abstand einer rationalen Zahl von diesem gar nicht bekannten irrationalen Zahlenwert.

KARL: Ja: eine Konstruktion von genialer Einfachheit. Du wählst einfach eine „Unschärferelation" **ε**, z.B. ein Millionstel ($ε = 1/10^6$) derart, daß diese Differenz zur genauen, zahlenmäßig nicht erfaßbaren Länge deine Berechnungen nicht beeinträchtigt. Ein technischer Trick.

OTTO: Dieses Einfangen der Zahlenlücke bzw. der Irrationalzahl ist doch nichts anderes als der Prozeß der unendlichen Teilung: ich teile die Strecke so, daß der gesuchte Punkt immer enger eingegrenzt wird.

KARL: So ist es. Die unendliche Teilung kann man arithmetisch in Form einer unendlichen Reihe ausdrücken. Es ist

$$d = \sqrt{2} = 1 + 0,4 + 0,01 + 0,004 + 0,0002 + ...$$

Die Reihe suggeriert eine Herstellung, die gar nicht möglich ist, weil man an kein Ende kommt. Das Ärgernis der Inkommensurabilität, d.h. der Unvergleichbarkeit, bleibt also bestehen.

OTTO: Das muß die Mathematiker nicht kümmern, denn sie haben ja nachgewiesen, daß die „Zahlenlücken" denselben Operationen gehorchen wie rationale Zahlen und daher Zahlen genannt werden dürfen: eben Irrationalzahlen.

KARL: Durch diese „Lücken" dringt der Zufall in die exakte Welt der Mathematik ein. Denn die jeweils nächste Ziffer, die man mit der Gebrauchsanweisung errechnet, wird vorher nicht gewußt. Sie ist ebenso Zufall wie die Ziffer, auf der eine Roulette-Kugel liegenbleibt. D.h. jede Berechnung enthält von vornherein eine Unsicherheit, da die meisten Zahlen Irrationalzahlen sind. Jede Berechnung findet also ihre Grenzen an der Unbestimmtheitsrelation ε.

OTTO: Die Rechnung bleibt aber immer unter Kontrolle, denn ihre Genauigkeit, d.h. das Maß der Annäherung an die Irrationalzahl, kann ich selbst wählen.

KARL: Ja. Indem wir jedem geometrischen Punkt genau eine Zahl, zuordnen, zwingen wir die Zahlenverhältnisse mit Gewalt in das Prokrustes-Bett eines Einheitsmaßes. Das ist konstruktives, technisches Denken.

Kreis

OTTO: Wenn es schon Schwierigkeiten macht, gerade Strecken auszumessen, wie wird man dann mit krummen Strecken fertig, mit Kurven oder Kreisen? Wie stellt man es überhaupt an, das Krumme mit dem Geraden zu messen?

KARL: Nehmen wir als Beispiel für das Krumme den Kreis. Wie können wir seinen Flächeninhalt ermitteln? Der klassische Lösungsversuch ist als „Quadratur des Kreises" bekannt und bestand darin, den Kreis in ein flächengleiches Quadrat zu überführen, und zwar mit Zirkel und Lineal. Das konnte nicht gelingen.

OTTO: Warum denn nicht? Wir können doch mit Zirkel und Lineal ein Konstruktionsverfahren durchführen, bei dem wir uns der Kreisfläche durch die Konstruktion von Vielecken annä-hern, und zwar von außen und von innen. In einem ersten Schritt schließen wir den Kreis zwischen einem äußeren und einem inneren Quadrat ein. Dann konstruieren wir aus dem **4**-Eck ein **8**-Eck, dann aus dem **8**-Eck ein **16**-Eck usw. So bekommen wir eine immer genauere Annäherung an den Kreis, von außen wie von innen. Das heißt: Der Kreis ist nichts anderes als ein Unendlich-Eck, wobei die Ecken die Schnitt-

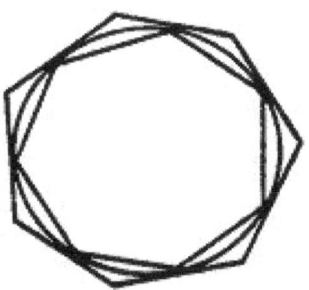

Von Vielecken eingeschlossener Kreis

punkte der unendlich kleinen, aber geraden Ränder des Vielecks sind.

KARL: Du hast wohl vergessen, was wir bei der unendlichen Teilung festgestellt haben: nach jedem Konstruktionsschritt befinden wir uns in derselben Situation. Das Gekrümmte wird auch nach noch so vielen Teilungen nicht gerade. Ein Unendlich-Eck bleibt etwas Eckiges, ein Kreis etwas Rundes. Heute können die Mathematiker sogar beweisen, daß die Quadratur des Kreises nicht möglich ist.

OTTO: Und woher können wir wissen, was Generationen genialer Mathematiker nicht wußten?

KARL: Descartes...

OTTO: ...immer dieser Descartes.

KARL: Ja, mit seiner Analytischen Geometrie können geometrische Aussagen in arithmetische Aussagen überführt werden. Auf diese Weise können geometrische Probleme durch arithmetische Gleichungen, also Zahlenberechnungen, ersetzt und gelöst werden.

OTTO: Und derselbe Descartes wird uns sicher helfen, eine technische Lösung zu finden. Ich bin nur gespannt, wie.

KARL: Schon die antiken Mathematiker fanden heraus, daß das Verhältnis von Umfang **u** und Durchmesser **d** eines Kreises für jeden Kreis gleich ist. Sie gaben diesem Verhältnis den Namen **Pi**: es ist $\pi = u/d$. Hat der Kreis den Durchmesser **d = 1**, so gilt $\pi = u$. Zahlenmäßig ausgedrückt ist die Länge des geradegebogenen Einheitskreises

$$\pi = 3{,}14159...$$

OTTO: Also das **3,14159...**-fache der Maßeinheit **d = 1**. Aber wie kam man zur dieser Zahl?

KARL: So wie ich es skizziert habe: durch Einschließen des Kreisumfangs zwischen Folgen von Vielecken, die sich dem Kreis - von außen wie von innen - immer dichter anschmie-gen.

OTTO: Ja, natürlich, wenn wir die Seiten der Vielecke berechnen und aufsummieren, der inneren wie der äußeren, dann muß der Kreisum-fang dazwischen liegen. Er muß eine bestimmte Län-ge haben.

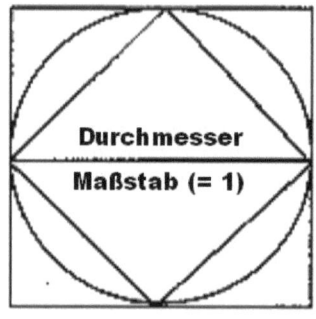

Kreisumfang, π

KARL: Wenn du unter einer bestimmten Länge ein bestimmtes Zahlenverhältnis in Bezug auf die Maßeinheit verstehst, dann hat der Kreisum-fang keine Länge, denn **π** ist kein angebbares Zahlenverhältnis, sondern das *corpus delicti*, in dem sich die Unvereinbarkeit zwischen „gerade" und „krumm" manifestiert.

OTTO: Mit anderen Worten: **π** ist eine irrationale Zahl, welche die Unvereinbarkeit vereinbar macht. Im Zahlenreich gibt es nur eine einzige Maßeinheit, die Eins, und das ist das Entscheidende. Der Gegensatz gerade-krumm verschwindet.

Das diskrete Kontinuum

KARL: An der Diagonale und dem Kreis kannst du den Unterschied zwischen philosophischem Problem und wissenschaftlicher Lösung studieren.

OTTO: Allerdings. Der Philosoph beobachtet und betrachtet, der Wissenschaftler handelt, greift ein.

KARL: Ja, der Wissenschaftler verfolgt ein Ziel, dem er das Problem unterwirft, er zwingt ihm eine Lösung auf. Das Problem reduziert sich ihm auf seinen technischen Aspekt.

OTTO: Was du den technischen Aspekt nennst, ist das reale Problem, vor das uns das Leben stellt.

KARL: Und das heißt: das Problem wird nicht mehr als ganzes gesehen, sondern im Hinblick auf ein bestimmtes Ziel.

OTTO: Das ist das gute Recht des Wissenschaftlers.

KARL: Selbstverständlich. Nur darf er hinterher nicht so reden, als hätte er das Problem gelöst. Das hat er nicht. Er hat aber dank seines Scharfsinns ein Mittel gefunden, mit dem er das Problem technisch in den Griff bekommt.

OTTO: Ich nenne das eine Lösung.

KARL: Ich nicht. Denn das Problem ist allgemeiner als unser konkreter Fall, es ist das alte Problem von Einheit und Vielheit.

OTTO: Aber der konkrete Fall ist gelöst.

KARL: Ja, im Sinne einer politischen Lösung: als ein Balancieren über dem Abgrund.

OTTO: Das will ich jetzt genau wissen!

KARL: Soweit ich weiß, hat Aristoteles den Raum als eine Schachtel mit unendlich dünnen, verschiebbaren Wänden aufgefaßt, deren Kanten die Dimensionen sind. Vielleicht hat sich ja Descartes diese Vorstellung zu eigen gemacht und dann die Dimensionen zu Koordinaten weiterentwickelt.

OTTO: Mit dieser einfachen, aber genialen Idee hat er das Kontinuum in ein Diskretum verwandelt. Anders gesagt: er hat dem geometrischen Raum eine Zahlenstruktur aufgeprägt.

KARL: Und das geht nicht. Denn er denkt sich die unendliche Teilung als vollzogen.

OTTO: Wer kann uns daran hindern zu beschließen, daß es so sein soll? Die Wissenschaft hat es jedenfalls getan.

KARL: Wir können auch beschließen, die Sonne möge stillstehen. Soweit ich weiß, hat das bisher nur der liebe Gott geschafft, wenn man der Bibel glauben will. Und natürlich Kopernikus.

OTTO: Was Kopernikus konnte, hat die Wissenschaft des öfteren mit Erfolg zelebriert.

KARL: Trotzdem, das Kontinuum kann nun mal kein Diskretum werden. Nehmen wir als Beispiel eine Gerade. Wenn ich beschließe, daß sie eine Punktmenge, also eine unendliche Folge von unendlich vielen aneinandergereihten Punkten sein soll, dann schrumpft sie selbst zu einem Punkt zusammen, weil nämlich Punkte keine Ausdehnung haben.

OTTO: Du darfst die arithmetische und die geometrische Perspektive nicht zusammendenken. Entweder - oder. In arithmetischer Sicht gibt es keine Längen, daher kann die Gerade auch nicht zusammenschrumpfen. Sie ist eine Punktmenge, der man eine Zahlenmenge zuordnen kann, und zwar so, daß jedem Punkt genau eine Zahl entspricht.

KARL: Wenn die Gerade eine Punktmenge sein soll, d.h. die unendliche Teilung als abgeschlossen gedacht wird, dann müssen die Punkte durchnummeriert werden können, die Punktmenge muß abzählbar sein. Das ist sie aber nicht, weil kein Punkt einen direkten Nachbarn hat, zu dem man fortschreiten könnte.

OTTO: Wieso? Das muß aber so sein.

KARL: Nein. Angenommen, du könntest mir zu einem beliebigen Punkt einen Nachbarpunkt vorweisen, dann wäre es mir ein Leichtes, einen Punkt zu benennen, der zwischen den beiden liegt. Das heißt: die unendliche Teilung ist gar nicht abgeschlossen, und das ist ein Widerspruch.

OTTO: Du hast recht. Offenbar steckt im Begriff der Nichtabzählbarkeit indirekt die Länge drin - also das Kontinuum.

KARL: Ja, trotz des wissenschaftlichen Beschlusses - genauer gesagt: des Gebots - ist das Kontinuum nicht zum Diskretum geworden. Oder nur um den Preis der Nichtabzählbarkeit des Diskretums.

OTTO: Aber die Mathematiker haben einen Ausweg gefunden, indem sie zwischen aktualer und potentieller Unendlichkeit unterscheiden. Aktuale Unendlichkeit heißt: die unendliche Teilung ist vollzogen. Potentielle Unendlichkeit heißt: der Teilungsprozeß ist im Gange, d.h. endlich viele Teilungen sind vollzogen, aber man kann unbegrenzt fortfahren. Die Gerade bleibt ein geometrisches Gebilde, aber jedem beliebigen Punkt, an dem ich sie teilen möchte, kann ich genau eine Zahl zuordnen.

KARL: Ja, die Einführung der potentiellen Unendlichkeit ermöglicht die wissenschaftlich-technische Lösung. Im Begriff der Unbegrenztheit steckt natürlich die Überzeugung der unendlichen Teilbarkeit, d.h. man denkt sich die Gerade als aktual unendlich, behält diese Überzeugung aber für sich. Sie geht aus taktischen Gründen nicht in die wissenschaftliche Argumentation ein.

OTTO: Das ist unwichtig, es geht um wasserdichte Verfahren. Das Unendliche ist unkontrollierbar. Indem ich mich auf endliche, aber unbegrenzte Verfahren und Bereiche beschränke, behalte ich die Kontrolle über das, was ich tue.

KARL: Dein Wort in Gottes Ohr.

Örter

OTTO: Mit dem Entschluß, das Kontinuum - ob aktual, ob potentiell - zum Diskretum zu erklären, haben wir den Anschluß an den gesunden Menschenverstand gefunden. Jetzt dürfen wir mit ruhigem Gewissen Örter im Raum unterscheiden.

KARL: Was ist denn das Gesunde am gesunden Menschenverstand?

OTTO: Das Gesunde ist das Normale, und das Normale ist das Gewohnte, denn das Gewohnte ist das Bewährte. Örter im Raum zu unterscheiden ist normal.

KARL: Ich gönne dem Menschenverstand seine Gesundheit. Doch wir wollen nicht die logischen Schwierigkeiten vergessen, die es macht, den Raum als Gesamtheit aller Örter zu definieren.

OTTO: Das ist kein Problem. Schließlich haben wir ganze Koordinatennetze über die Welt geworfen, um alles verorten und festlegen zu können.

KARL: Wir wollen zunächst mal den Ort verorten.

OTTO: Ein Ort ist eine bestimmte Stelle im Raum, ein geographischer Punkt. Eine Ortschaft ist der Schnittpunkt geographischer Koordinaten. Sprachgeschichtlich hat „Ort" etwas mit „Spitze" zu tun.

KARL: Ein Ort ist die Raumstelle, an der ein Körper ist oder sein könnte oder an der er war, wenn man ihn entfernt hat. Er ist so etwas wie der entkörperlichte Körper bzw. der verkörperlichte Raum.

OTTO: Das ist Begriffslyrik. Eigentlich bezeichnet der Ort einen Raumpunkt, ganz analog zur Physik, wo der Körper als Massenpunkt gedacht wird. Was spricht dann dagegen, den Raum als Gesamtheit aller Örter zu definieren?

KARL: Die Gesamtheit aller Örter, also sämtlicher möglicher Körper, ist ebenfalls ein Körper und muß daher einen Ort im Raum haben.

OTTO: Du meinst den Ort aller Örter? Der Ort, an dem sich der Sack voller Örter befindet?

KARL: Ja. Leider ist der Ort aller Örter in dem Sack nicht enthalten.

OTTO: Unsinn. In der Gesamtheit aller - ich sage: aller! - denkbaren Örter muß auch der Ort aller Örter enthalten sein.

KARL: Das kann nicht sein, weil er dann Bestandteil seiner selbst wäre. Nein, der Ort des Sacks befindet sich in einem andern Raum, nämlich im Raum der Säcke, der die Örter aller möglichen Säcke von Örtern enthält.

OTTO: Und die Gesamtheit aller Säcke aller Örter wäre ein Sack von Säcken in wieder einem anderen Raum? Dieser Denkakrobatik traue ich nicht.

KARL: Daß der Ort aller Örter etwas anderes ist als die Örter, in die du den Raum zerlegt hast, ist doch klar: diese Örter unterscheiden sich untereinander nur durch ihre relativen Abstände. Der Ort aller Örter ist dann der Ort, auf den sie sich absolut beziehen können: der absolute Ort, der ihnen Halt verleiht. Aber solch einen Ort kann es im Sack der Örter nicht geben.

OTTO: Es sei denn, man legt ihn fest.

KARL: Aber wie und wo? Örter bzw. Raumpunkte können nur unterschieden werden durch ihren Abstand voneinander. Wenn es aber zwischen je zwei Örtern einen Abstand geben muß, dann liegt zwischen zwei Örtern mindestens ein weiterer Ort, z.B. auf halbem Wege. Das heißt aber, daß zwischen zwei Örtern noch unendlich viele weitere Örter liegen, zwischen denen es Abstände gibt.

OTTO: Die Menge aller Örter habe ich aber erst beisammen, wenn sämtliche Abstände durch Örter ersetzt sind.

KARL: Das geht nicht, denn wenn kein Ort mehr einen Abstand zu seinen Nachbarn besitzt, fallen alle Örter zusammen zu einem einzigen. Dann ist der Raum zu einem Punkt geschrumpft, also kein Raum mehr. Und ein Ort ohne Abstand zu einem anderen Ort ist kein Ort.

OTTO: Was nun?

KARL: Der Raum widersetzt sich offenbar der Verortung.

Der erstarrte Pfeil

OTTO: Ohne Örter gibt es keine Ortsveränderung von Körpern, also auch keine Naturwissenschaft, denn es ist das Ziel der Naturwissenschaft, alle Phänomene auf

Ortsveränderungen zurückzuführen. Wie kommt es dann, daß die Naturwissenschaft blüht und gedeiht?

KARL: Da stimmt etwas nicht, denn der Philosoph Zenon (ca. 490-430) bewies schon in grauer Vorzeit, daß Ortsveränderung nicht möglich ist.

OTTO: Mal abgesehen davon, daß Diogenes den alten Spaßvogel experimentell widerlegte, indem er auf und ab ging, sind auch seine Argumenten längst widerlegt. Aristoteles höchst persönlich hatte das besorgt.

KARL: Sicher. Und seit Aristoteles ist er noch unzählige Male widerlegt worden, bis heute. Warum muß jemand, den schon Aristoteles widerlegt hat, permanent widerlegt werden?

OTTO: Du meinst, viele Widerlegungen seien der Widerlegung Tod?

KARL: So ist es. Ein fliegender Pfeil kann nun mal nicht von einem Ort zum anderen und von einem Jetzt zum anderen gelangen. Denn wo soll der Pfeil sein, wenn er den Ort A verlassen, den Ort B aber noch nicht erreicht hat? Es gibt nur zwei Möglichkeiten: entweder der Pfeil passiert, nachdem er den Ort A „jetzt" verlassen hat, bis zu seiner Ankunft „jetzt" am Ort B keinen Ort und kein Jetzt. Das kann nicht sein. Oder er erreicht „jetzt" einen Ort C zwischen A und B, dann stehen wir vor derselben Frage wie eben: Wie kann er den Ort C „jetzt" verlassen, um den Ort B zu erreichen.

OTTO: Warum kann der Pfeil, nachdem er einen Ort verlassen hat, nicht eine Zeitlang ohne Ort sein, ehe er am anderen Ort ankommt? Wir können doch einfach sagen: da ist ein Körper, der sich bewegt. Die Bewegung beglaubigt den Raum, eröffnet gleichsam die Weite des Raumes.

KARL: Aber die Bewegung eines Körpers erzeugt Örter, die auseinander liegen. Auseinanderliegende Örter kann es nur in einem geteilten Raum, also einem „diskreten Kontinuum" geben. Dann ist aber Bewegung nicht möglich - siehe Zenon. Sein Beweis fußt ja darauf, daß der Ort derjenige Punkt des Raumes ist, an dem sich der bewegte Körper befindet.

OTTO: Denkbar ist also weder, daß der fliegende Pfeil einen Ort passiert, noch daß er keinen Ort passiert? Haben wir einen Denkfehler gemacht?

KARL: Der Begriff der Ortsbewegung ist widersprüchlich. Bewegung als unmittelbarer Übergang vom Ort A zum räumlich getrennten Ort B kommt nicht in Frage. Also bleibt nur, die Bewegung als unendlichen Teilungsprozeß des Zwischenraums zu begreifen, was ebenfalls unmöglich ist.

OTTO: Wieso? Wir können doch eine Folge von Teilungsschritten konstruieren, mit denen sich der Pfeil durch das Intervall in Richtung B bewegt.

KARL: Er bewegt sich eben nicht. Wie er von A nach B kommen kann, ist schleierhaft. Es ist wie eine Fahrt mit der Bahn: du wartest am Ort A, steigst ein, wartest eine Weile und steigst am Ort B aus, bist also, ohne dich zu bewegen, von A nach B gekommen. Wie der Zug von A nach B gekommen ist, interessiert dich nicht, seine Bewegung wird vorausgesetzt.

OTTO: Aber der Pfeil hat keinen Zug, in den er einsteigen kann. Trotzdem verändert er seinen Ort, und Ortsveränderung ist Bewegung.

KARL: Das einzige, was sich bewegt, ist der Mathematiker, der den Teilungsmechanismus bedient. Der Pfeil bewegt sich nicht.

Infinitesimale Manöver

KARL: Wir können Zenon nur loswerden, wenn wir Kontinuum und Diskretum streng auseinanderhalten. Wir haben aber, ganz im Gegenteil, das Kontinuum *per definitionem* zum Diskretum gemacht.

OTTO: Aus gutem Grund, wie die Probleme mit der Diagonale oder dem Kreis gezeigt haben.

KARL: Kann es - ob guter oder schlechter Grund - überhaupt eine Legitimation dafür geben, Gegensätze zu leugnen, indem man sie in eins setzt?

OTTO: Vielleicht können wir unsere Entscheidung legalisieren, indem wir, ähnlich wie bei der Diagonale oder dem Kreis, ein technisches Verfahren entwickeln, um das Unendliche zu meistern.

KARL: Du meinst wohl: wenn wir Zenon schon nicht loswerden können, dann müssen wir ihn austricksen.

OTTO: Ja. Die Wissenschaft soll sich nicht mit philosophischen Grundlagenproblemen herumschlagen, sondern Fachprobleme lösen.

KARL: Nun, der Zweig der Mathematik, der sich mit den Problemen des Unendlichen - des Infiniten - herumschlägt, heißt Infinitesimalrechnung, besser bekannt als Differential- und Integralrechnung.

OTTO: Wirklich? Das ist ja Schulstoff. Aber ich kann mich nicht erinnern, je den Namen Zenon gehört zu haben. Was hat der damit zu tun?

KARL: Zenon hat behauptet, sei unmöglich, da ein Körper, um von einem Ort zum anderen zu gelangen, zunächst die erste Hälfte der Gesamtstrecke, dann die erste Hälfte der zweiten Hälfte, dann die erste Hälfte der zweiten Hälfte der zweiten Hälfte usw. bewältigen müsse. Er hat also einen Mechanismus konstruiert, der das unendliche Zerteilen der Strecke regelt: nachdem im ersten Schritt die Gesamtstrecke geteilt wurde, soll im zweiten Schritt die zweite Hälfte geteilt werden, im dritten Schritt die zweite Hälfte der zweiten Hälfte usw. - bis in alle Unendlichkeit.

OTTO: Und weiter?

KARL: Die Teilung ist ja eine geometrische Angelegenheit. Das Axiom, das die Identität des Kontinuums mit dem Diskretum verfügt, erlaubt uns aber, jedem Teilungspunkt genau eine Zahl zuzuordnen und daraus eine arithmetische Angelegenheit zu machen. Nehmen wir an, der Körper soll die Strecke vom Ort 0 zum Ort 1 zurücklegen. Die den Teilungspunkten zugeordneten Zahlen bilden dann die Folge

$$1/2, 3/4, 7/8,...$$

die von dem Teilungsmechanismus produziert wird und offenbar dem Ort 1 entgegenstrebt.

	1. Schritt	2. Schritt	3. Schritt
0	1/2	3/4	7/8 1

OTTO: Strebt? Die Zahlenfolge strebt einem Ziel entgegen? Ich sehe nur einen Teilungsmechanismus, der die Strecke zwischen den Orten Null und Eins nach einem bestimmten Schema zerschnetzelt.

KARL: Ich habe nur das Beispiel Zenons aus dem geometrischen in den arithmetischen Bereich übersetzt. Stell dir einfach vor, jede Zahl sei ein Schritt des Körpers, der dem Ort 1 zustrebt.

OTTO: Aber mit dem Wörtchen „streben", das ausdrücken soll, daß sich die Zahlen immer mehr der 1 nähern und immer mehr zusammendrängen, wird Bewegung suggeriert, die Zenon leugnet. Das einzige, was sich bewegt, ist die Teilungsmaschine.

KARL: Zenon leugnet die Bewegung, weil der Körper den Ort 1 nicht erreicht, wobei die Orte 0 und 1 beliebige Orte sind, die beliebig nahe beieinanderliegen können. Um die Bewegung im diskreten Raum zu ermöglichen, brauchen wir eine Konstruktion, die den Körper zum Ort 1 bringt.

OTTO: Da liegt also der Hund begraben! Wenn wir das Wörtchen „streben" nur geschickt genug definieren, dann erreicht der Körper auch den Ort 1.

KARL: Richtig. Durchgesetzt hat sich die Definition des französischen Mathematikers Cauchy (1789-1857):

> Eine Folge $a_1, a_2, a_3, ..., a_n$ strebt gegen einen Grenzwert a, wenn sich zu jeder beliebig gewählten positiven Zahl ε eine Zahl N derart finden läßt, daß für alle n > N gilt: $|a_n - a| < \varepsilon$.

Das heißt: alle Glieder der Folge vom **N**-ten Glied an befinden sich innerhalb eines Abstands der Länge ε von **a**. So klein der Abstand ε vom Grenzwert **a** - bei uns der Ort **1** - auch gewählt sein mag: nur endlich viele Glieder der Zahlenfolge befinden sich außerhalb von ε, die unzähligen übrigen innerhalb. Wenn aber die Bewegung des Körpers ihren Grenzwert im Ort **1** hat, dann können wir sagen: der Körper vollführt eine Bewegung, die in **1** endet.

OTTO: Du deutest also den Teilungsprozeß als schrittweise Annäherung an den Endpunkt der Strecke, aber in Wirklichkeit wird doch immer nur die zweite Hälfte der zweiten Hälfte geteilt, bis in alle Unendlichkeit. Die Annäherung ist eine Simulation, die dadurch zustande kommt, daß wir den Teilungspunkten Zahlen zuordnen, die aufsteigend geordnet sind und sich immer mehr der **1** angleichen.

KARL: Eine solche Deutung ist nicht verboten, sie stammt von Zenon selbst. Und wenn es gelingt, mit ihrer Hilfe den endlosen Teilungsprozeß technisch in der Griff zu bekommen, dann ist das nur zu begrüßen.

OTTO: Und was ist das Technische daran?

KARL: Die formale Vorgehensweise, die Verständnisschwierigkeiten ausklammert. Wir können den Teilungsprozeß als einen Wettstreit zwischen zwei Kontrahenten ansehen. Der eine verteidigt die Behauptung, daß die Zahlenfolge den Ort 1 erreicht, d.h. daß 1 ihr Grenzwert ist, der andere bezweifelt das. Der Zweifler wählt einen Abstand der Länge ε_n, der Verteidiger versucht ein Glied der Folge finden, sagen wir mit der Nummer N_n, das innerhalb des Abstands ε_n von Eins liegt, womit natürlich auch alle höheren Glieder - jene mit den Nummern $N_{n+1}, N_{n+2}, N_{n+3}$, usw. - innerhalb dieses Abstands liegen. Nun gibt der Zweifler ein noch viel kleineres ε_m vor, der Verteidiger sucht ein Glied mit der Nummer N_m, das innerhalb des Abstands liegt, usw.

OTTO: Der eine gibt also einen Abstand von **1** vor, der andere muß beweisen, daß mindestens ein Glied der Folge innerhalb dieses Abstandes liegt. Und nach wieviel Schritten hört das Spielchen auf? Wenn der Zweifler müde ist?

KARL: Ja. Oder wenn er die Behauptung des Verteidigers, **1** sei Grenzwert der Zahlenfolge, dadurch widerlegt, daß er einen Abstand ε findet, der keine Glieder der Folge enthält.

OTTO: Moment mal! Der ganze Wettstreit kann doch ebensogut unter umgekehrten Vorzeichen betrachtet werden: Der Abstand, den der Zweifler wählt, enthält ja zunächst kein Glied der Zahlenfolge. Das ist erst der Fall, wenn der Verteidiger mit der Teilungsmaschine ein Zahlenglied produziert hat, das innerhalb des vorgegebenen Abstandes liegt. Dann wählt der Zweifler einen neuen Abstand. Und so weiter. Der Zweifler ist zum Verteidiger des nichtgeteilten Abstands geworden, der Verteidiger zum Zweifler.

KARL: Das Ergebnis ist dasselbe.

OTTO: O, ich glaube, jetzt verstehe ich. Cauchy zahlt Zenon mit gleicher Münze heim. Zenon betont, daß man immer einen Abstand zwischen Körper und Zielort finden kann, der noch geteilt werden muß. Cauchy betont, daß jeder Abstand vom Zielort, den man wählt, mindestens einen Teilschritt, daher fast alle weiteren Teilungsschritte enthält.

KARL: Für den einen ist Bewegung unmöglich, für den anderen schon vollzogen. Cauchy greift bei seinem Spielchen zwischen Verteidiger und Zweifler indirekt auf das Verfahren der „vollständigen Induktion" zurück. Das heißt: wenn die ersten Schritte sich als zutreffend erwiesen haben, versucht man zu zeigen, daß auch der Schritt von **n** auf **n+1** zutrifft. Wenn das gelingt, ist der Beweis erbracht.

Wissenschaftliches Panoptikum

Die Zurichtung der Bewegung

Bewegung und Kraft

LEO: Die von Leibniz und Newton erfundene Infinitesimalrechnung wurde ein wichtiges Werkzeug der Wissenschaft. Mit ihr kann man die Bewegungen in der Natur beschreiben – bis heute in Leibnizscher Schreibweise.

OTTO: Nicht nur das: man kann ihre Bahn auch voraussagen! Jedenfalls dann, wenn man die herrschenden Bedingungen kennt.

KARL: Dann darf es aber keine Selbstbewegung in der Natur gebenweil nur erzwungene, von außen bewirkte Bewegungen berechnet werden können. Es darf keine spontanen Bewegungsänderungen geben. Deshalb setzte Galilei die aristotelische Unterscheidung von natürlichen und erzwungenen Bewegungen außer Kraft und ließ nur noch erzwungene Bewegungen gelten.

LEO: Die Differential- und Integralrechnung war eine Konsequenz aus Descartes' Analytischer Geometrie, also der Vereinigung von Geometrie und Arithmetik.

KARL: Vereinigung? Das ist eine Beschönigung, ja eine Verschleierung des Sachverhalts. Geometrie ist die Wissenschaft von den räumlichen Verhältnissen, Arithmetik die Wissenschaft von den Zahlenverhältnissen. Raum ist etwas Kontinuierliches, Zahlen sind etwas Diskontinuierliches. Man kann nicht das Zusammenhängende mit dem Unzusammenhängenden vereinigen.

LEO: Aber Descartes hat es nun mal getan.

KARL: Nur scheinbar. In Wahrheit hat er den geometrischen Raum zum Diskretum gemacht, indem er ihn in eine Punktmenge, eine atomare Zahlenwolke auflöste. Er hat die Geometrie arithmetisiert.

OTTO: Wenn du es keine Vereinigung nennen willst, dann nennen wir es eben eine Umwandlung der Geometrie in Arithmetik.

KARL: Die ist auch nur scheinbar gelungen. Die unendliche Punkt- bzw. Zahlenmenge ist ja nicht aktual, also „real", sondern nur potentiell vorhanden, denn sonst müßte es zu jedem Punkt einen Nachbarpunkt geben, und den gibt es nicht. Das Kontinuum läßt sich nicht beseitigen.

LEO: Nichtsdestoweniger verfährt Descartes nach demselben Muster mit den beiden von ihm unterschiedenen Substanzen im wirklichen Leben: mit der Körperwelt und der geistigen Welt. Und ganz analog zur Arithmetisierung der Geometrie diskretisierte er die Körperwelt.

OTTO: Was soll das heißen?

KARL: Er mechanisierte sie.

LEO: Zur gleichen Zeit holte ein berühmter Philosoph und Physiker namens Pierre Gassendi (1592-1655) die Atomtheorie von Demokrit aus der Versenkung auf die philosophische Bühne zurück. Was Aristoteles „Stoff" bzw. die *prima materia* nannte, war bei Demokrit eine unendliche Menge winziger, unteilbarer Atome mit Haken und Ösen, die durch den Raum fallen. Die Dinge und ihre Form entstehen durch zufälliges Zusammenballen oder Aneinanderhaken der Atome. Besonders feine Atome bilden die Seele, sie durchdringen den ganzen Körper. Die Empfindungen bzw. Wahrnehmungen entstehen, indem von den Zusammenballungen der Atome sogenannte „Bilderchen" - *eidola* - ausgehen, welche die Seelen zur Produktion der Sinneswahrnehmung nötigen.

KARL: Die neuzeitliche Wissenschaft verwandelte also die Körperwelt - analog zur Arithmetisierung - in eine Atomwolke, aber auch damit läßt sich das Kontinuum nicht beseitigen: bei Demokrit kehrte es als Leere des Raumes zurück, heute nennt man es „Energie".

OTTO: Das mag ja alles sein. Jedenfalls haben wir mit dem Werkzeug der Differentialrechnung das Kontinuum und damit auch die Bewegung im Griff, und die Bewegung ist ja das Grundereignis der Natur.

KARL: Allerdings ist der Preis, der dafür gezahlt wird - wie Leibniz erkannte - die Auflösung der Bewegung in eine unendliche Folge kleinster Ruhezustände, also gerade die Aufhebung des Bewegungscharakters der Bewegung. Denn Bewegung ist etwas Kontinuierliches: Übergang von Ort zu Ort. Die Mathematik erfaßt gleichsam nur die Spur einer vollzogenen oder möglichen Bewegung.

OTTO: Na und? Damit kann die Wissenschaft gut leben.

KARL: Aber sie weiß nicht, womit sie es zu tun hat.

OTTO: Das muß doch auch Leibniz klar gewesen sein. Wie zieht er sich aus der Affäre? Er hat schließlich die Differentialrechnung erfunden.

LEO: Leibniz überlegte folgendermaßen:

> Denn Bewegung (wie auch Zeit) existiert niemals, wenn man die Sache ganz exakt beurteilt, da sie niemals als Ganzes existiert, weil sie keine koexistierenden Teile hat. Und daher ist nichts in ihr real außer jenes Momentane, das in einer zur Veränderung drängenden Kraft bestehen muß. [Leibniz: *Specimen dynamicum...*]

Leibniz führte einen neuen Begriff ein: die Kraft. Er erkannte, daß man Bewegung als Bewegung nur verstehen kann, wenn man sie nach Analogie unseres eigenen „Strebens nach" versteht.

KARL: Sein Begriff der Kraft definiert die Fähigkeit der Selbstbewegung. Wir können Bewegung begrifflich nur fassen, wenn wir es anthropomorph tun. Wir können einen Körper zu einem Zeitpunkt t_1 nur dann als bewegt definieren, wenn wir spekulativ auf einen Zeitpunkt t_2 vorgreifen.

OTTO: Hat er damit nicht den Ansatz von Galilei unterlaufen? Kraftausübung im Sinne von Selbstbewegung widerspricht der modernen Wissenschaftsauffassung, alle Bewegungen als erzwungene aufzufassen.

LEO: Ja, die moderne Wissenschaft ist einen anderen Weg gegangen, indem sie den Urknall erfand, mit dem die Kraft in die Welt kam und sie bis heute in Bewegung hält. Das entspricht der Auffassung von Descartes, daß Gott der Welt eine bestimmte Menge an Bewegungsenergie zugeteilt habe.

KARL: Aber der Urknall war und blieb die einzige Selbstbewegung.

Die Spur der Bewegung

OTTO: Wir besitzen nun ein technisches Verfahren, mit dem wir den unendlichen Teilungsprozeß jederzeit anhalten und kontrollieren können. Und wenn wir den Teilungsprozeß als ein „Streben nach" auffassen, vermag das Verfahren Ortsbewegungen zu erfassen.

KARL: Nicht die Ortsbewegungen selbst, aber ihre Bahn, ihre Spur.

OTTO: Unter Bewegung verstehe ich den Vollzug der unendlichen Teilung des Weges. Der Körper zählt die nichtabzählbar vielen Örter zwischen Start- und Zielort.

KARL: Wir haben aber schon eingesehen, dass das unmöglich ist. Alle Örter zwischen Start- und Zielort lückenlos zu durchlaufen hieße ja, daß jeder Ort einen direkten Nachbar hat - ohne Abstand. Nein, ein bewegter Körper zählt nichts ab.

OTTO: Aber was du Spur nennst, ist doch das Abbild dieser Bewegung vom Start- zum Zielort.

KARL: Die Spur ist gleichsam die geronnene Bewegung, ihr kontinuierliches Abbild. In der Spur hat sich der flüchtige Bewegungszustand zu etwas Seiendem, zu einem Untersuchungsgegenstand verfestigt. Nun kann man sie mathematisch beschreiben, z.B. mit Chauchys Grenzwertbetrachtungen, und ihre Erkenntnisse archivieren: geometrisch als Kurve, arithmetisch als Funktionsgleichung.

OTTO: Und aufgrund dieser Erkenntnisse können die flüchtigen Bewegungsvorgänge vorausgesagt werden.

KARL: Ja, deren voraussichtliche Spuren.

LEO: Eines ist mir noch nicht klar: Eine Spur setzt ein Medium voraus, in dem sie sich abdrücken kann. So wie eine Fährte im Schnee. Medium – von lat. *Medium* – bedeutet Vermittlung. Was wird denn da vermittelt?

OTTO: Das Medium verbindet Anfang und Ende der Bewegung, z.B. die Luft, die den Schall vom Start zum Ziel trägt. Oder der schneebedeckte Boden, auf dem sich ein Tier von A nach B bewegt. Wo ist das Problem?

LEO: Das Medium ist also ein Körper, denn es ist stofflich und begrenzt.

OTTO: Ja. Die Physiker sagen, das Medium sei der Träger der Bewegung.

LEO: Nimmt also das Medium das, was sich bewegt, also gleichfalls einen Körper, auf den Rücken und trägt ihn von A nach B?

OTTO: Nein, natürlich nicht. Das Medium darf sich nicht selbst bewegen, sondern reicht dasjenige, was sich bewegt, gleichsam weiter.

KARL: Das Medium ist also dadurch gekennzeichnet, daß es relativ zum bewegten Körper ruht und die Spur seiner Bewegung aufbewahrt. Es dokumentiert, daß der Körper sich bewegt hat.

OTTO: Natürlich kann das Medium, während sich ein Körper in oder auf ihm bewegt, selbst relativ zu einem anderen Medium in Bewegung sein und seinerseits eine Spur hinterlassen.

LEO: Und so weiter. Der Läufer bewegt sich relativ zum Waldweg, der Waldweg relativ zur Erde, die Erde relativ zur Sonne usw. Alles ist relativ. Aber es muß schließlich eine absolute Spur der Bewegung geben.

OTTO: Wir wissen zumindest, daß unser Körper relativ zu seinem Medium diese Spur seiner Bewegung hinterlassen hat. Die endgültige, absolute Spur kann nur diejenige sein, die er relativ zu einem absolut ruhenden Medium hinterlassen hat. Dieses Medium kann eigentlich nur der absolute Raum sein.

KARL: Bravo. Du hast mit sicherem wissenschaftlichtechnischem Gespür den Ausweg aus dem Dilemma gefunden: die Raumschachtel.

OTTO: Wie meinst du das?

KARL: Ich will damit sagen, daß das absolut ruhende Medium nur der verkörperlichte Raum, also der Raum als Körper sein kann. Wir haben ja den diskreten Raum der Örter verkörperlicht, d.h. zu einem abstrakten Körper gemacht, mit verschiebbaren, unendlich dünnen Wänden, dessen Dimensionen von den Koordinatenachsen gebildet werden. In ihm, egal wo man den Koordinaten-Nullpunkt verankert, werden die Bewegungsspuren aller Körper in ihrer absoluten Gestalt hinterlassen.

LEO: Haben wir ihn jetzt - den absoluten Ort?

KARL: Die Wissenschaft - genau gesagt: Newton - sagt „ja". Seit Einsteins Relativitätstheorie hat diese Festlegung allerdings Konkurrenz bekommen durch eine andere: die Lichtgeschwindigkeit als absolute Bewegung.

LEO: Also doch - alles relativ?

Medium und Vakuum

KARL: Der absolute Raum kann ein Medium sein, weil er von der Wissenschaft als Raumschachtel, d.h. als Körper aufgefaßt wird, was allerdings, wie wir gesehen haben, nicht ohne Widersprüchlichkeiten abgeht.

LEO: Aber wo ist seine Stofflichkeit, in der sich die Spur der Bewegung abdrücken kann? Die Wissenschaft vor Einstein nahm an, daß der Raum von einem feinstofflichen „Äther" erfüllt sei, ein Erbe der aristotelischen „Quintessenz", des „fünften Elements". Sie erfüllte einst die Himmelssphären jenseits des Mondes und vermittelte zwischen Makro- und Mikrokosmos.

OTTO: Der Äther war jedenfalls das Medium, in dem das Licht seine Spur zog. Da sich die Erde relativ zum Äther bewegte, hätte sich ein von der Erde ausgehendes Lichtsignal in verschiedenen Richtungen verschieden schnell ausbreiten müssen: langsamer in der Richtung, in welcher die Erde den Äther durchquerte, schneller in der entgegengesetzten Richtung. Man mußte aber feststellen, daß das Licht sich in allen Richtungen gleich schnell ausbreitet. Einstein zog daraus den Schluß, dass der Äther nicht existiert. Folglich kann der absolute Raum kein Medium sein.

LEO: Wenn der absolute Raum kein Medium ist, muß er ein Vakuum sein – lat. „Leere" -, das im Gegensatz zum Medium materiefrei ist.

OTTO: Als materiefreier Raum muß das Vakuum der ortlose Raum sein, also der Raum zwischen benachbarten Örtern, der Bereich, in dem der bewegte Körper von einem Ort zu seinem Nachbarort übergeht.

KARL: Aber diesen Zwischenraum kann es nicht geben. Wir haben schon darüber gesprochen, daß sich die Örter durch ihre Abstände unterscheiden, so daß kein Ort einen Nachbarn haben kann.

OTTO: Mag sein, daß wir keinen Nachbarort angeben können, aber es muß ihn geben, weil sonst keine Ortsbewegung möglich wäre.

KARL: Du meinst, das Vakuum sei ein wiederauferstandenes Kontinuum, das für die Entkörperung und Wiederverkörperung des Körpers bei seiner Bewegung von einem Ort zum nächsten sorgt?

OTTO: Das widerspricht jedenfalls nicht der Definition der Ortsbewegung.

KARL: Sich entkörpern bedeutet: aus dem Raum verschwinden. Kann es einen Körper ohne Ausdehnung geben? Nein, ohne Ausdehnung ist er kein Körper, und ausgedehnt kann er den Raum nicht verlassen.

OTTO: Körper sind ausgedehnt, aber begrenzt. „Entkörpern" bedeutet „entgrenzen", also Ortlosigkeit. Ein entkörperter Körper hat keinen Ort, er ist im Vakuum, aus dem er am Nachbarort wiedererscheint.

KARL: Aber im verorteten, verkörperlichten, diskreten Raum der Wissenschaft kann es keine Ortlosigkeit, also auch kein Vakuum geben.

LEO: Laß das nicht Sir Isaak Newton (1643-1727) hören.

KARL: Und warum nicht?

LEO: Weil er mit dem Nachweis des Vakuums die Philosophie des Descartes widerlegen wollte. Descartes unterscheidet bekanntlich zwei Substanzen: Geist und Materie, *res cogitans* und *res extensa*. Als wesentliches Kennzelchen der Materie bestimmte er die Ausdehnung, woraus folgt, daß alles Räumliche materiell, also der Raum ein Körper ist.

KARL: Das war seine Grundlage, um die materielle Welt mathematisch beschreiben zu können.

LEO: Nicht nur das. Mit seiner Unterscheidung wollte Descartes dem Geist die Unabhängigkeit von der Materie sichern. Newton, der unter dem geistigen Einfluß der Philosophenschule der „Platoniker von Cambridge" stand, witterte in der Gleichung „Materie = Raum" den Schwefelgeruch von Materialismus und Nihilismus. Er argwöhnte, der Geist bliebe auf der Strecke.

KARL: Ach so: Wenn das Ausgedehnte bereits materiell ist, dann ist für das Vakuum kein Platz. Gäbe es also materielosen Raum, dann hätte die Materie nicht mehr das Monopol auf Ausdehnung. Dann könnte Geist im Raum sein.

LEO: Ja. Die Platoniker und mit ihnen Newton setzten daher der Gleichung „Materie = Raum" die Gleichung „Geist = Raum" entgegen.

KARL: Auch für Newton ist der Raum offenbar eine Raumschachtel.

OTTO: Aber wenn sowohl der Geist als auch die Materie das Attribut der Ausdehnung beansprucht, was unterscheidet sie dann?

LEO: Gute Frage. Der Zwang zur Unterscheidung brachte Newton zu der Überzeugung, Materie müsse mehr sein als Ausdehnung, weshalb er die Dichte erfand: er sprach der Stofflichkeit bzw. Masse eines Körpers nicht nur Volumen, sondern auch Dichte zu. Die Dichte verleiht der Materie Widerstandskraft gegen Gestalt- und Bewegungsänderungen, in ihr manifestiert sich die Kraft der Trägheit.

KARL: Na gut, damit sind Materie und Ausdehnung nicht identisch, das Vakuum ist möglich. Aber existiert es auch wirklich?

LEO: Aristoteles bestritt seine Existenz. Die Natur fülle jeden Raum aus, sie habe einen *horror vacui*. Für die neuzeitlichen Physiker hatte dieser *horror* seinen Schrecken verloren: Galilei hatte seine Fallgesetze für das Vakuum formuliert; Otto Gericke (1602-1686) bewies das Vakuum in seinem berühmten Experiment mit den Magdeburger Halbkugeln; und ohne Vakuum kein Quecksilber-barometer von Torricelli (1608-1647).

KARL: Was man so Vakuum nennt.

OTTO: Das Vakuum ist ein Zwischenraum, ein Hohlraum.

KARL: Ein Zwischenraum ist ein Körper.

OTTO: Dann müßte er stofflich sein. Nicht-Materie kann ja kein Stoff sein.

KARL: Christian Morgenstern sah da kein Problem. Er dichtete:

> Es war einmal ein Lattenzaun,
> mit Zwischenraum, hindurchzuschaun.
> Ein Architekt, der dieses sah,
> stand eines Abends plötzlich da-
> und nahm den Zwischenraum heraus
> und baute draus ein großes Haus.
> Der Zaun indessen stand ganz dumm,
> mit Latten ohne was drum 'rum...

LEO: So ähnlich wie der Architekt handelte Galilei - und erst recht Newton. So erbauten sie das Haus der Physik.

OTTO: Du sprichst in Rätseln.

LEO: Galilei machte seine Experimente mit fallenden Körpern im Vakuum.

KARL: Ja, theoretisch. Aber in welchem Medium bewegen sich dann die Körper?

OTTO: Sie werden – trotz Vakuum - von der Gravitationskraft angezogen. Fallende Körper bewegen sich in einem Gravitationsfeld.

KARL: Der Preis für das Vakuum ist die Einführung der Kraft. Für Newton ist die Kraft eine nichtmaterielle Entität, mithin etwas Geistiges.

LEO: Und das Vakuum ist der absolute Raum, der in göttlichem Glanz erstrahlt: als unendlich, ewig, unabhängig von der Materie, aber wirkmächtig - als *sensorium dei*, wie Newton sagt.

KARL: Zum Reinraum Vakuum paßt natürlich nur ein Nicht-Stoff, nämlich die Kraft. Sie erfüllt den absoluten Raum als sogenanntes Kraftfeld. Das Kraftfeld wird zum immateriellen, universellen Quasi-Äther. Kurzum: Das Vakuum ist die eierlegende Wollmilchsau der Physik!

Selbstbewegung

OTTO: Wir dürfen das Kraftfeld nicht mit einem Medium verwechseln.

KARL: Was soll es denn sonst sein?

OTTO: Für Newton und seine Nachfolger ist es eine Eigenschaft des Raums.

KARL: Dann wird der Raum als Körper aufgefaßt. Als Hohlkörper.

LEO: Ja, darin ist sich Newton mit Descartes einig: der liebe Gott hat das Universum als euklidische Raumschachtel konstruiert. Aber die Frage, wie Bewegung in der Raumschachtel möglich sei, beantworten sie unterschiedlich.

OTTO: Ja, Descartes dachte mechanistisch, Newton dynamisch.

LEO: Descartes zufolge hat Gott dem Universum bei der Schöpfung ein bestimmtes Kontingent an Bewegungsenergie zugeteilt, das er aufrechterhält, und das von den materiellen Körpern, also letztlich den Atomen, durch Druck und Stoß weitergegeben wird. Für Newton ist Gott Urheber der den Raum erfüllenden Kräfte, welche die Körper in sich beschleunigende Bewegungen versetzen und sie lenken.

OTTO: Wenn Descartes das Vakuum bestreitet, muß die Materie den Raum kontinuierlich ausfüllen. Wie kann es dann Bewegung geben?

KARL: Descartes stellte sich die Materie genau so vor wie die Analytische Geometrie: als diskontinuierliches Kontinuum. Die drei Sorten von Elementarteilchen - erdartige, luftartige und feuerartige - füllen den Raum aus, die Bewegung erfolgt letztlich in Wirbeln.

LEO: Einig ist er sich mit Newton darin, daß die Körper sich nicht von selbst bewegen, sondern von außen bewegt werden.

KARL: Das nenne ich mechanistisches Denken. Da lobe ich mir Gottfried Wilhelm Leibniz (1646-1716). Auch er führt den Kraftbegriff in die Physik ein, aber als Fähigkeit eines Körpers zur Selbstbewegung.

LEO: Leibniz führte den Kraftbegriff ein, weil er Descartes' Gleichsetzung von Materie und Ausdehnung bekämpfte.

KARL: Aber er bekämpfte auch das Vakuum Newtons, denn er lehnte dessen Annahme eines absoluten Raumes ab - eines Raumes als eines realen Körpers. Für ihn sind Raum und Zeit etwas Relatives, Ausdruck für Verhältnisse, für Ordnungsbeziehungen zwischen Körpern.

OTTO: Und wie bringt er Bewegung in den Raum?

KARL: Eben indem er der Materie Selbsttätigkeit zuspricht.

LEO: So ähnlich tat das schon Aristoteles, der natürliche und erzwungene Bewegungen unterscheidet: „natürlich" nennt er eine Bewegung, die ein Körper kraft des ihm innewohnenden, eigentümlichen Bewegungsprinzips vollzieht. Störungen der natürlichen Bewegung durch äußere Einwirkung führen zu erzwungenen Bewegungen.

KARL: Platon nennt das Prinzip der Selbstbewegung „Seele".

LEO: Aristoteles spricht von der „Natur", die sich entfalten will. Zur Natur des Menschen gehört es, daß er sich vom Säugling zum Erwachsenen entfaltet.

KARL: Ja. Und er kann nichts dagegen machen, daß er anschließend verschrumpelt und abstirbt.

LEO: Das Entstehen und Vergehen ist nur ein Beispiel für Bewegung im Sinne von Veränderung. Aristoteles unterscheidet räumliche Veränderung, Qualitäts-veränderung und Quantitätsveränderung, wobei er die räumliche Veränderung, also die Ortsbewegung, für diejenige hält, von der alle übrigen abhängen.

OTTO: Mit Recht. Wenn jeder Körper aus elementaren Teilchen besteht, dann können wir alle Veränderungen auf Ortsbewegungen zurückführen. Aber was ich nicht verstehe: wie kann ein Körper aus eigener Kraft von A nach B gelangen?

KARL: Wie hast du es denn geschafft, hierher zu kommen?

OTTO: Das möchte ich ja gerade wissen.

KARL: Ganz einfach: du hast es dir vorgenommen. Wenn wir einem Körper Selbstbewegung zugestehen, müssen wir ihm auch die Fähigkeit zugestehen, Ziele anzustreben und Wege zu finden, um sie zu verwirklichen. So gesehen, ist Bewegung die Verwirklichung von Möglichkeiten, z.B. der Möglichkeit, einen bestimmten Ort zu erreichen.

OTTO: Mich stört, daß die Selbstbewegung nicht weiter erklärbar ist. Sie ist irrational. Daß ein Körper eine Ersturursache sein kann, das paßt mir nicht.

KARL: Ja, das paßt nicht ins Konzept der Naturwissenschaft.

LEO: Das paßte schon Aristoteles nicht. Nach seiner Überzeugung bewegen sich Körper entweder, weil sie von etwas angezogen oder zu etwas hingestoßen werden. Die Anziehungskraft nennt man Zielursache bzw. *causa finalis*, die Hinstoßungskraft Wirkursache bzw. *causa efficiens*. Die Zielursache gründet in der „Natur" des betreffenden Körpers.

OTTO: Mit anderen Worten: alles was sich bewegt, wird von etwas anderem bewegt. Das hört sich schon besser an. Und was bei Aristoteles „Natur" heißt, nennen wir heute Trieb oder Instinkt - oder „die Gene".

KARL: Das Ziel muß aber der Körper selbst festlegen. Die Zielursache wirkt nicht zwanghaft, mechanisch, sondern im Einklang mit den Möglichkeiten, die in der Natur des Körpers angelegt sind. Ziele machen, wie Leibniz sagt, „geneigt", sie zu realisieren: welches Ziel, das ist der Entscheidung des Körpers überlassen.

OTTO: Die moderne Naturwissenschaft hat die Zielursache abgeschafft, denn Bewegungen haben kein Ziel.

KARL: Gibt es nicht die Erdanziehungskraft und ein Gravitationsgesetz, das die Anziehungskraft von Körpern beschreibt?

OTTO: Da täuscht uns die Sprache. Gravitation ist gemäß Newton eine Eigenschaft des Raumes.

LEO: Aber Aristoteles erklärt das Fallen oder Abwärtsrollen eines Steines damit, daß „dort unten" der Ort seiner Bestimmung sei.

OTTO: Ach so: der Stein mobilisiert seine Kräfte, um möglichst weit nach unten zu kommen? Diese Erklärung ist schon deswegen vorsintflutlich, weil „oben" und „unten" seit Kopernikus nur noch relative Bestimmungen sind.

LEO: Zugunsten des Aristoteles könnte man anführen, daß Steine deshalb schwer sind, weil sie sich dagegen sträuben, von ihrem Wege abgelenkt oder wieder nach oben transportiert zu werden. Sie machen sich schwer, sie leisten Widerstand.

OTTO: Haha, sehr gut.

KARL: Der Aristoteliker erklärt, ein Stein falle nach unten, weil dort sein natürlicher Ort sei. Wenn ich frage, woher er wisse, daß dort sein natürlicher Ort sei, dann antwortet er: weil der Stein dorthin fällt. Der Newtoniker erklärt, der Stein falle nach unten wegen der Erdanziehungskraft. Wenn ich frage, woher er das wisse, antwortet er: weil der Stein dorthin fällt.

OTTO: Aber für Newton fällt der Stein nicht, weil er ein Ziel hat. Wenn es überhaupt Sinn hat, von einem Ziel der Bewegung zu sprechen, können wir höchstens sagen: die Bewegung endet nicht, weil sie am Ziel ist, sondern umgekehrt: weil sie endet, ist sie am Ziel.

KARL: Aber wenn Körper, wie im Gravitationsgesetz beschrieben, zueinander streben, haben sie doch ein Ziel.

OTTO: Sie streben ja nicht. Die Wissenschaft schreibt ihnen als Normalzustand eine gleichförmige, d.h. geradlinige und gleichmäßige Bewegung zu.

LEO: Aber, so Aristoteles, wo kein Ziel ist, gibt es keinen Grund zur Bewegung.

OTTO: Wir wissen nichts davon, daß bewegte Körper ein Ziel haben.

LEO: Warum sollten sie sich sonst bewegen? Sie bewegen sich nicht, weil sie sportlich sind, sondern um anzukommen.

OTTO: Körper bewegen sich. Mehr wissen wir nicht. Selbst wenn sie ruhen, bewegen sie sich - relativ zu bewegten Körpern.

LEO: Aber welchen Sinn sollte eine ziellose Bewegung haben?

OTTO: Den Sinn lassen wir offen, es geht auch ohne ihn. Bewegung ist eben das Grundprinzip alles Seienden.

KARL: Komisch! Es gibt keine Selbstbewegung in der Natur, aber die Natur als ganze ist selbstbewegt. Sie ist nicht nur *auto mobile*, sondern *perpetuum mobile*.

OTTO: Die Natur als ganze kann der Wissenschaft egal sein. Doch dem Körper so etwas wie Selbstbewegung zuzubilligen wäre wissenschaftlicher Selbstmord. Wissenschaft muß die Determiniertheit der Natur voraussetzen, wenn sie Gesetzmäßigkeiten, Funktionszusammenhänge ermitteln, damit Nutzen erbringen soll.

KARL: Egal, ob die Natur wirklich determiniert ist?

OTTO: Das spielt keine Rolle. Deshalb können wir das Ziel der Bewegung streichen und mit Newton sagen: Solange ein Körper nicht gestört wird, verharrt er im Zustand gleichförmiger Bewegung - im Extremfall im Ruhezustand.

LEO: Dann hat sich also die natürliche Bewegung des Aristoteles in die ziellose, geradlinige, gleichmäßige Bewegung Newtons verwandelt, während sich an der erzwungenen Bewegung nichts geändert hat.

Die Zerbröselung der Materie

Stoff und Form

OTTO: Reden wir doch mal über einen realen, einen stofflichen Körper mit Masse, Schwere, Widerstand, Ausdehnung.

LEO: „Stoff" ist ein anderes Wort für das lateinische Wort *materia* und dieses eine Interpretation des griechischen Wortes *hyle* gleich Holz. Holz war in der Antike ein Grundstoff: das wichtigste Brenn- und Baumaterial.

KARL: Aber „Materie" stammt ab vom lateinischen *mater* gleich Mutter.

LEO: Mit „Mutter" ist Mutter Erde gemeint, das Wesen, das sich aus dem anfänglichen Chaos löste, und den Uranos - griech. Himmel – erzeugte. Deren gemeinsame Kinder sind die Titanen, elementare Naturmächte. Diese wurden von ihren Kindern, den „olympischen" Göttern, entmachtet, was Mutter Erde nicht gefiel. Während die olympischen Götter mit Zeus an der Spitze eine „schöne Ordnung" - den *kosmos* – errichteten, blieb sie dem Chaos nahe.

KARL: Um eine schöne Ordnung im Nebel der Wahrnehmungen und Begriffe bemüht sich auch die Philosophie mit ihren Unterscheidungen von Stoff und Form, Materie und Geist, Kontinuum und Diskretum.

LEO: Aristoteles hat den Gegensatz Stoff-Form in seiner Philosophie systematisch herausgearbeitet. Kein Stoff ohne Form, keine Form ohne Stoff. Stoff ist die notwendige Bedingung dafür, daß etwas sein kann, aber erst die Form macht aus dem Stoff ein Etwas.

OTTO: Der Stoff ist offenbar passiv, die Form aktiv, sie „macht" etwas. Aber der Stoff als solcher ist gar nicht greifbar. Alles, was wir erkennen können, ist geformt. Wie kommt der Stoff zu seiner Form?

KARL: Stoff ist das Ungeformte, das schlechthin Unbestimmte, also Chaos, sozusagen Ding minus Eigenschaften.

LEO: Purer Stoff, *prima materia,* ist ein Gegenbegriff zu den Ideen, nach deren Vorbild Platons Demiurg - als reines Formprinzip - die Dinge schafft.

OTTO: Aber diese *prima materia* ist ja ohne Form, im Widerspruch dazu, daß Stoff und Form wechselseitig voneinander abhängig sind.

LEO: Sie ist eine Abstraktion: ein Grenzbegriff. Man braucht ihn, um Veränderung erklären zu können.

OTTO: Der Übergang von der Unbestimmtheit des Stoffs zur Bestimmtheit eines geformten Gegenstands ist aber nicht erklärbar.

KARL: Er ist ebenso undenkbar wie der Übergang eines Körpers von einem Ort zum anderen – siehe Zenon.

LEO: Übergänge kann man eben wissenschaftlich nicht beschreiben, sondern nur erzählen. Mythos gleich Erzählung.

KARL: Fassen kann die Wissenschaft aber das Gewordene: die abgeschlossene Bewegung, die geformte Materie, und das tut sie in Form der Mathematik.

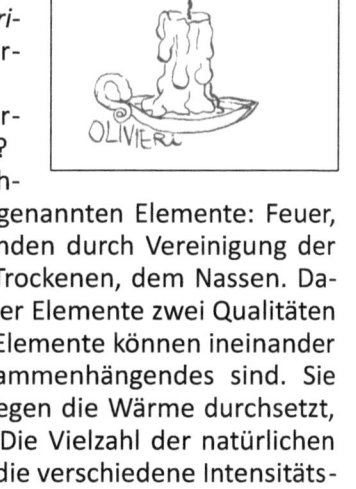

Umwandlung

LEO: Deshalb hat Aristoteles die Anwendung der Mathematik auf Veränderungsprozesse abgelehnt mit der Begründung, mathematische Gegenstände veränderten sich nicht.

OTTO: Aber wie zieht sich Aristoteles aus der Schlinge der Paradoxie? Wie erklärt er die Veränderung?

KARL: Ihm bleibt nur ein Ausweg: die Selbstbewegung.

LEO: Ja, darauf läuft es hinaus. Aristoteles unterscheidet empirisch vier primäre Qualitäten: die Gegensatzpaare heiß-kalt und trocken-naß. Sie gehören zu jedem natürlichen Körper und lassen sich nicht von ihm abtrennen. Theoretisch gesehen müssen sie zur *prima materia* hinzukommen, damit ein natürlicher Körper entstehen kann.

KARL: Die primären Qualitäten sind offensichtlich Formen. Aber wie kommen sie zur *prima materia* hinzu?

LEO: Die *prima materia* ist eine Abstraktion. In Wirklichkeit gibt es vier verschiedene Materiearten, die sogenannten Elemente: Feuer, Luft, Erde und Wasser. Man dachte sie sich entstanden durch Vereinigung der *prima materia* mit dem Heißen, dem Kalten, dem Trockenen, dem Nassen. Damit Veränderung stattfinden kann, sind jedem der vier Elemente zwei Qualitäten zugeordnet: eine aktive und eine passive. Denn die Elemente können ineinander übergehen, sich vermischen, weil sie etwas Zusammenhängendes sind. Sie kämpfen gegeneinander. Wenn sich z.B. die Kälte gegen die Wärme durchsetzt, dann wird aus Luft Wasser: etwa Tau oder Regen. Die Vielzahl der natürlichen Körper erklärt sich aus der Mischung der Elemente, die verschiedene Intensitätsgrade annehmen kann. Durch Mischung entstehen auch die sekundären Qualitäten, die man vom Körper abtrennen kann, z.B. Farbe.

KARL: Die Materie ist also von sich aus aktiv, sie ist selbstbewegt.

LEO: Von Materie können wir hier gar nicht sprechen. Was du „Materie" nennst, sind keine Teilchen, aus denen die Welt zusammengesetzt werden kann, sondern vier Elemente, die miteinander vermischt sind und bei denen wir Stoff und Form nicht unterscheiden können.

KARL: Aber dieser Mischmasch bewegt sich von selbst.

LEO: Aristoteles bestimmt vier (Erklärungs)Gründe der Selbstbewegung: Stoff (*causa materialis*), Form (*causa formalis*), ein Ziel (*causa finalis*), schließlich noch einen äußeren Anstoß (*causa efficiens*), der aber aktiv genutzt wird.

OTTO: Bei der *causa materialis* ist es die Beschaffenheit des Stoffes, bei der *causa formalis* die Beschaffenheit der Gestalt oder Struktur, welche die Bewegung eines Dinges bewirkt. Aber was ist mit der *causa finalis* gemeint?

LEO: Die *causa finalis* soll das Werden und Vergehen natürlicher Körper verständlich machen. Wenn aus dem Kern eines Apfels ein Apfelbaum entsteht oder aus einem Säugling ein ausgewachsener, fortpflanzungsfähiger Mensch, dann hat die Selbstbewegung des Körpers offenbar ein Ziel, das in ihm angelegt ist. Diese Anlage nennt man auch sein „Wesen" oder seine „Natur".

OTTO: Dann gilt die *causa finalis* speziell für lebende Wesen?

LEO: Alle natürlichen Körper sind mehr oder weniger lebendig, denn alle besitzen eine ihnen eigentümliche „Natur", deren Ausdruck die ihnen eigene Stoff-Form-Kombination ist, und haben Ziele, die sie anstreben.

KARL: Selbstbewegung ist gleichbedeutend mit Lebendigkeit. Selbstbewegung ohne Ziel oder Zweck ist gar nicht denkbar. Es braucht so etwas wie einen Willen, um das Ziel zu erreichen oder den Zweck zu erfüllen, und ein Wissen, wie man das schaffen könnte.

OTTO: Dieser Gedanke widerspricht radikal der neuzeitlichen Naturauffassung. Lebendigen Dingen, die Ziele anstreben, müßte man Handlungsfreiheit zugestehen. Das Ideal und Ziel aller modernen Naturwissenschaft, exakte Voraussagen, wären von vornherein ausgeschlossen.

LEO: Das erkannte auch Francis Bacon, einer der Protagonisten der modernen Naturwissenschaft. Er behauptete in seinem Werk *Novum Organum*:

> Die Betrachtung natürlicher Prozesse unter dem Aspekt ihrer Zielgerichtetheit ist steril, und wie eine gottgeweihte Jungfrau gebiert sie nichts.

KARL: Das bezweifle ich. Würde man sich intensiv mit den einzelnen Individuen und Arten beschäftigen, dann verstünde man sie auch besser und könnte ihre Absichten besser vorhersehen.

OTTO: Nein. Das Ziel einer präzise Voraussage wäre verbaut. Und deine Alternative, das bessere Verstehen, ist nur eine Interpretation, eine Spekulation.

KARL: Auf Spekulation kann auch die moderne Naturwissenschaft nicht verzichten. Beispiel: Funktion und Zusammenwirken der Körperorgane. So wie Aristoteles nimmt der moderne Wissenschaftler Zweckhaftigkeit des Verhaltens an, um im Rückschluß dessen Bedingungen zu erkennen.

OTTO: Kann sein. Aber der Wissenschaftler ist sich darüber im Klaren, daß er nur so tut, als ob. Sobald er aufgrund seiner Spekulationen die Zusammenhänge in ihrer Notwendigkeit geklärt hat, vergißt er das Zweckdenken.

LEO: Dieses sogenannte teleologische Denken, d.h. die Haltung des Verstehenwollens, ist immer in Gefahr, die Welt als Kosmos, als schöne, als vollkommene Ordnung aufzufassen.

KARL: Was soll daran gefährlich sein?

LEO: Man hat dann nur noch zwei Optionen: entweder man fügt sich in die Ordnung ein oder man verstößt gegen sie. Dieses Entweder-Oder lähmt die Vernunft und das Handeln.

KARL: Heute fürchten wir eine andere Alternative, nämlich: tot kontra lebendig. Müßten wir anerkennen, daß die Natur lebendig ist, dann könnten wir sie nicht mehr bedenkenlos als Material behandeln.

OTTO: Dann kämen moralische Gesichtspunkte ins Spiel. Die Folge wären uferlose, lähmende Diskussionen.

KARL: Na eben.

Atom und leerer Raum

LEO: Die aristotelische Auffassung, daß die Natur lebendig, d.h. daß die Dinge selbstbewegt seien, nennt man teleologisch, von griech. *telos* = Ziel, Zweck.

KARL: Wer Selbstbewegung ablehnt, der muß mit einer anderen Auffassung von der Materie aufwarten. Denn wenn sich die Dinge nicht selbst bewegen, dann w e r d e n sie bewegt, d.h. ihre Bewegungen erfolgen zwanghaft, sie können nicht anders. Aber sie haben kein Ziel, keinen Sinn. Die Natur ist eine Idiotin, sie zuckt und sabbert.

OTTO: Ganz im Gegenteil, die Natur ist ein System, eine Maschinerie.

KARL: Eine Maschinerie ist aus elementaren Bestandteilen zusammengesetzt und läßt sich in diese zerlegen.

OTTO: Ja, natürlich. Die elementaren Bestandteile nennen wir Atome: unteilbare Einheiten.

LEO: Diese Auffassung von der Materie ist noch älter als die des Aristoteles. Leukippos und Demokrit (460-371) behaupteten, das Universum bestehe aus unteilbaren, physischen Einheiten, die sich planlos in einem unendlichen, leeren Raum bewegten. Infolge ihrer ständigen Bewegungen bildeten sie Wirbel, in denen durch mechanische Verknüpfungen - Haken und Ösen an den Atomen - all die Körper entstünden, welche die Welt ausmachen. Das einzig Reale an dem, was wir für die Wirklichkeit hielten, seien die Eigenschaften der Atome: Festigkeit, Gestalt und Ausdehnung. Alle anderen Eigenschaften, wie Geschmack, Farbe, Hitze oder Kälte, seien nur Sinneseindrücke, die keine Entsprechung in der Wirklichkeit hätten.

KARL: Platon und Aristoteles haben die Atomtheorie abgelehnt und mit Erfolg bekämpft. Erst die neuzeitliche Wissenschaft hat sie wieder aus der philosophischen Rumpelkammer hervorgeholt, denn die Atome eignen sich vorzüglich als Lego-Bausteinchen, aus denen die Welt zusammengesetzt und in welche sie zerlegt werden kann.

LEO: Ja, bis zum Aufkommen der Quantentheorie.

OTTO: Jedenfalls hat die Atomtheorie für viele Naturphänomene einfache Erklärungen anzubieten. Und sie hat zur Einheit der Wissenschaft beigetragen, z.B. in der Chemie durch das Periodensystem der Elemente, in der Physik durch Einbeziehung der Wärmelehre in die Mechanik. Das Bohrsche Atommodell hat sogar Chemie und Physik auf dieselbe Grundlage gestellt.

KARL: Das schon, aber indem man die Atome - so wie Demokrit, Lukrez und die Materialisten - mit realen Mikrokörpern verwechselt, sie sogar als ein kosmisches Prinzip betrachtet, kursieren die abstrusesten Vorstellungen.

LEO: Das paßt zu einer Bemerkung des berühmten Physikers Werner Heisenberg in einem Vortrag, das Atom der modernen Physik sei kein Körper, sondern

ein Symbol, bei dessen Einführung die Naturgesetze eine besonders einfache Gestalt annehmen. [W.Heisenberg: *Wandlungen in den Grundlagen der Naturwissenschaft.*]

OTTO: Das hört sich nach einer Verlegenheitslösung an.

LEO: Heisenberg will sich ontologisch nicht festlegen.

KARL: In einem Buch, das den Konfirmanden bei der „Jugendweihe" in der DDR überreicht wurde, weiß man es dafür ganz genau:

Könnte man alle Atombausteine, alle Kerne und Elektronen, aus denen unser Körper aufgebaut ist, zwischenraumlos auf einen Haufen legen, so würde sich dieser als ein winziges Kügelchen von einigen tausendstel Millimeter Durchmesser erweisen. Welch seltsamer Gedanke, sich im Spiegel zu sehen und sich dabei vorzustellen, man wäre ein Staubkörnchen mit der Masse von anderthalb Zentnern - alles andere aber ist nichts als leerer Raum! [*Weltall Erde Mensch*, Ost- Berlin 1954]

OTTO: Das ist keine DDR-Spezialität, sondern allgemeines Schulwissen. Die Physiker haben es ausgerechnet. Atome haben einen Durchmesser von etwa 10^{-10} Meter und bestehen aus Atomkern und Elektronen-Hülle, wobei die gesamte Masse im Atomkern versammelt ist. Nehmen wir an, das ganze Atom sei eine Kugel von 10 km Durchmesser, dann hätte der Atomkern einen Durchmesser von einem Meter. Die 9999 Meter dazwischen sind nichts als leerer Raum. Würde man es schaffen, alle Atomkerne dicht an dicht nebeneinanderzulegen, dann ergäben 10 Millionen Atomkerne eine Länge von einem Millimeter.

KARL: Der Mensch schrumpfte auf ein Staubkorn zusammen, und mit dem Universum sähe es auch nicht viel besser aus: eine Art Riesenatom im leeren Raum, haha. Ich sag's ja: aberwitzig! Und aberwitzig ist auch, daß die Leute das schlucken, ohne mit der Wimper zu zucken.

OTTO: Das ist nicht aberwitzig, es handelt sich um wissenschaftliche Berechnungen. Ich kann dir sogar sagen, wie schwer das Riesenatom ist: die Schätzungen der Gesamtmasse des Universums reichen von 10^{53} kg bis 10^{60} kg.

KARL: Dann paß bloß auf, daß es dir nicht runterfällt!

OTTO: Spotte nur, an der Realität der Atome kommst du nicht vorbei.

LEO: Der Spott hat schon seine Berechtigung, denn die Vorstellung von den Atomen als kleinen Kügelchen, die man aneinanderlegen kann, ist naiv. Dabei werden die Kräfte außer acht gelassen, ohne die das Atom nicht zu denken ist: Kräfte zwischen Atomkern und Hülle, Kräfte zwischen den Atomen.

OTTO: Du sprichst vom Standpunkt der modernen Atomphysik. Aus der Perspektive der alten Atomtheorie, in der es nur mechanische Zug- und Stoßkräfte gibt, ist das Aneinanderlegen von Atomen nicht naiv, denn durch das Zusammenballen der Atome entstehen die wahrnehmbaren Körper. Die Vorstellung vom Aneinanderlegen der Atome ist natürlich nur ein Gedankenexperiment, aber doch recht aufschlußreich.

KARL: Ja, sie gibt Aufschluß über diejenigen, die diese Spielerei ernst nehmen: Materialisten oder Nihilisten. Sie halten die Atome für die eigentliche Realität und unsere Sinneswahrnehmungen für Täuschung. Die wahre Natur der Natur ist der leere Raum mit winzigen Materiekörnchen darin - was uns die Nichtigkeit alles Seienden vor Augen führen soll.

LEO: Der Dichter Gottfried Benn drückt diese Einstellung so aus:

> Es gibt nur zwei Dinge: die Leere
> und das gezeichnete Ich.

Materie und Feld

OTTO: Bezweifelst du tatsächlich die Existenz kleinster Materiebausteine?

KARL: Ja. Wenn der Stuhl, auf dem du sitzt, nur das Volumen eines Staubkorns hat, mit viel leerem Raum drum herum, worauf sitzt du dann eigentlich? Bei der Jagd der Wissenschaftler nach den Bausteinen des Universums haben sich diese weitgehend verflüchtigt. Das Reale, also das Körperliche, verschwindet im Irrealen, Körperlosen, Leeren.

LEO: Nicht im Leeren. Der Raum zwischen den Atomen - wie zwischen den Körpern - ist von sogenannten Kraftfeldern erfüllt.

OTTO: Richtig. Die neuzeitliche Wissenschaft hat das Begriffspaar Stoff-Form ersetzt durch Stoff und Kraft.

LEO: Ludwig Büchner (1824-99), ein Bruder des Dichters Georg Büchner, hat ein berühmtes Buch dieses Titel geschrieben. Darin heißt es:

> Keine Kraft ohne Stoff - kein Stoff ohne Kraft! Eines für sich ist so wenig denkbar wie das andere für sich; auseinandergenommen zerfallen beide in leere Abstraktionen. Man denke sich eine Materie ohne Kraft, die kleinsten Teilchen, aus denen ein Körper besteht, ohne jenes System gegenseitiger Anziehung und Abstoßung, welches sie zusammenhält und dem Körper Form und Gestaltung verleiht, man denke die sogenannte Kohäsionskraft hinweggenommen, was würde und müßte die Folge sein? Die Materie müßte augenblicklich in ein formloses Nichts zerfallen.

KARL: Die Beziehung zwischen Stoff und Kraft bzw. Materie und Kraft ähneln der zwischen Stoff und Form bei Aristoteles, mit dem Unterschied, daß der Stoff jetzt die Materie Demokrits ist, wenn auch ohne Haken und Ösen. Und die Kraft wird zur Eigenschaft der Materie.

LEO: Letzteres änderte sich in der modernen Atomphysik, die sich dazu gezwungen sah, das sogenannte „Kraftfeld" als eigenständige Größe einzuführen.

OTTO: Mit „Kraft" kann zweierlei gemeint sein: das unmittelbare Einwirken eines Körpers auf einen anderen durch Stoß, Zug, Druck. Oder das mittelbare Einwirken aus der Ferne: durch Anziehung oder Abstoßung. Letzteres nennt man „Feld". Warum kann das „Feld" nicht „Eigenschaften der Materie" bleiben?

LEO: Weil ihm die Wissenschaft eine eigene Existenz zuspricht, denn es hat sich gezeigt, daß jedem Punkt im Feld eine sogenannte Feldstärke zugeordnet werden kann, die angibt, wie stark die Kraftwirkung ist, je nach der Beschaffenheit des Körpers, auf den die Kraft ausgeübt wird. Beispiele: das Magnetfeld oder das Schwerefeld. Das Magnetfeld können wir sogar mittels Kompaß oder Eisenfeilspänen veranschaulichen.

OTTO: Wie kann ein Feld „etwas" sein, wenn es immateriell ist?

LEO: Immateriell oder nicht – es läßt sich messen, ist also real.

KARL: Newton beantwortete diese unangenehme Frage, indem er die Kraft bzw. das Feld zu einer Eigenschaft des Raumes erklärte. Da für ihn der Raum das *sensorium dei* war, mußte die Kraft etwas Göttliches sein.

LEO: Seine Nachfolger - spätestens in der Allgemeinen Relativitätstheorie - identifizieren sogar das Feld mit dem Raum.

KARL: Damit wird der Raum zu einem Ding, zu einem physikalischen Körper. Aber wenn der Raum zum Körper gemacht wird, braucht er einen Raum, in dem er sich befindet, sozusagen einen Raum des Raums, der kein Körper ist.

OTTO: Der Raum als Körper ist ein immaterieller Körper, also ein körperloser Körper. Und das Gespenst eines Körpers braucht keinen Raum.

KARL: So ist das nicht gemeint. Der Raum als Körper ist der alte aristotelische Behälter, der die Materie enthält. Die Physiker haben versucht, die elementaren Teilchen als „Singularitäten" des Feldes mathematisch zu bestimmen.

OTTO: Ach so, das materielle Element ist sozusagen der häßliche Pickel auf dem immateriellen, ätherischen Leib.

KARL: Und wir sitzen nicht auf den materiellen Elementen unserer Stühle, sondern auf immateriellen Kraftfeldern, die wie Gummibänder die Atome zusammenhalten. Ist das nicht komisch?

LEO: Nein, ihr dürft das Atom und das Feld nicht als selbständige Einheiten ansehen. Beide gehören untrennbar zusammen.

OTTO: Hast du nicht soeben behauptet, sie seien eigenständige Größen?

LEO: Ja, weil sie stets getrennt auftreten. Das berühmteste Beispiel ist das Licht: es tritt entweder als elektromagnetisches Feld oder als Korpuskel in Erscheinung, nie als beides zusammen.

KARL: Da erhebt sich die Frage, was wir eigentlich sehen, wenn wir etwas sehen?

LEO: Jedenfalls nicht das Licht. Das Licht kann man nicht sehen.

OTTO: Aber man kann es messen. Zum Nachweis seiner Korpuskel-Natur benötigt man natürlich eine andere Versuchsanordnung als zum Nachweis seiner Feld-Natur. Das Korpuskel ist etwas Abgegrenztes, Diskretes, das Feld etwas Zusammenhängendes.

KARL: Wir sind offenbar wieder in der Zwickmühle des alten Zenon gelandet: zwischen den Mühle-Steinen Diskretum und Kontinuum.

OTTO: Aber es handelt sich um ein und dasselbe Phänomen Licht. Deshalb müssen wir ein Sowohl-als-auch annehmen.

LEO: Es muß für die Physiker um 1900 eine unangenehme Überraschung gewesen sein, daß das Licht nicht nur eine „Wellennatur", sondern auch eine „Teilchennatur" hat, also einerseits als kontinuierliches Feld, andererseits als diskreter Korpuskelhagel in Erscheinung tritt. Dabei hatte man geglaubt, es gäbe nichts Wesentliches mehr zu erforschen.

KARL: Und bis heute fällt es den Physikern verdammt schwer, die Zwitterhaftigkeit der Elementarteilchen zu verdauen.

OTTO: Aber das Ergebnis des Verdauungsvorgangs, die Quantentheorie, die zur Quantenmechanik weiterentwickelt wurde, kann sich sehen lassen. Sie überwindet den Gegensatz Diskretum-Kontinuum und damit Zenons Aporie.

KARL: Meinst du wirklich, daß man die Aporie überwinden kann, indem man ein Objekt zusammenkleistert, das zugleich materiell und immateriell, Körper und Kraftfeld, unzusammenhängend und zusammenhängend ist?

OTTO: Die Anschauungen und Begrifflichkeiten der Makrophysik passen eben nicht auf die Mikrophysik. Die ist unanschaulich und nur mathematisch erfaßbar.

KARL: Ach so, dann kann ich wohl in der Mikro-Mathematik den viereckigen Kreis als Synthese von Kreis und Quadrat bilden. Daß er nicht vorstellbar ist, liegt daran, daß er so klein ist.

OTTO: In der Mikrowelt herrschen andere Gesetze als in der Makrowelt. Eines steht doch fest: dieses - wie du meinst, zusammengekleisterte - Objekt existiert wirklich. Mit Hilfe seines mathematischen Ausdrucks, der Schrödinger-Gleichung, kann der Physiker aus den Anfangsbedingungen des ihn interessierenden Systems und in Abhängigkeit von der Messung, die er vorhat, errechnen, in welcher Gestalt - Korpuskel oder Feld - das Objekt erscheinen und wie es sich wahrscheinlich verhalten wird.

KARL: Das heißt: die Versuchsanordnung bestimmt, mit welchem Objekt es der Physiker zu tun bekommt.

OTTO: Wenn man aus dem mathematischen Ausdruck und den Randbedingungen des Systems mathematisch ableiten kann, was für Ergebnisse man zu erwarten hat, dann muß es sich ja wohl um ein einziges Objekt handeln.

KARL: Der mathematische Ausdruck für das Objekt, das aus Teilchen und Welle, Diskretum und Kontinuum, zusammengekleistert ist, ist doch selbst zusammengekleistert.

LEO: Mathematisch gesehen sind Diskretum und Kontinuum isomorph.

KARL: Gegensätzliches läßt sich nicht vereinigen, auch nicht in der Mathematik. Und da sich die Physik an der Mathematik orientiert, ist es kein Wunder, daß der Gegensatz in der Physik wieder aufbricht.

OTTO: Aber es ist e i n e Mathematik, die man entweder geometrisch oder arithmetisch betreiben kann, und dementsprechend e i n Licht, das entweder als Korpuskel oder als Feld erscheint.

LEO: Vielleicht sind Begriffe wie „Mathematik" oder „Licht" nur Ordnungsbegriffe, mit denen man etwas zusammenfaßt.

OTTO: Licht ist jedenfalls ein reales Phänomen, das steht überhaupt nicht in Frage. Die Experimente beweisen es.

KARL: Versuchsanordnungen sind Maschinen. Daß es den Physikern gelungen ist, Maschinen zu bauen, die aus Licht Korpuskeln, und andere, die aus Licht elektromagnetische Felder herstellen, sagt nichts darüber aus, w a s das Licht ist, schon gar nicht, daß es ein Teilchen-Welle-Monstrum ist.

OTTO: Darf ich dich daran erinnern, daß das Experiment in der Naturwissenschaft ein Kriterium der Wahrheit ist!

LEO: Der Wissenschaftler solle die Natur wie mit Hunden jagen und mit Experimenten foltern, um ihr Erkenntnisse abzuringen. So Francis Bacon.

KARL: Glaubst du, daß jemand, der gefoltert wird, immer die Wahrheit sagt?

OTTO: Natur kann nicht anders ablaufen, als sie es tut. Gerade deshalb kann man ihr ihre Geheimnisse abpressen.

KARL: Aber das Beispiel „Licht" zeigt doch gerade, daß die Natur anders kann! Licht zeigt sich in Gestalt von Korpuskeln und, damit unvereinbar, als elektromagnetisches Feld. Ich bin gespannt, wie man ihr das Geheimnis dieser Unvereinbarkeit abpressen will. Auch mit einem Experiment?

OTTO: Nein, Experimente wie die mit dem Licht zeigen, daß die Bausteine der Materie alle sowohl diskrete als auch kontinuierliche Eigenschaften haben. Sie sind sowohl stoß- als auch interferenzfähig.

KARL: Simsalabim, das Geheimnis ist gelüftet, die Sprache macht's möglich!

Teilchenzoo

LEO: Von „Bausteinen der Materie" zu sprechen, ist eine irreführende Metapher. Inzwischen hat man nicht nur das zerteilt, was die Chemiker „Atom" nennen, sondern auch dessen Teile und die Teile der Teile. Der Atomphysiker Enrico Fermi (1901-54) soll zu einem Studenten gesagt haben: „Junger Mann, wenn ich mir die Namen aller dieser Teilchen merken könnte, dann wäre ich Botaniker geworden."

KARL: Das Atom wurde zerlegt in Atomkern und Elektron, der Atomkern in Protonen und Neutronen, diese in Quarks, und zwar in Up- und Down-Quarks. Damit nicht genug, wurden Hunderte weiterer Teilchen entdeckt.

OTTO: Aber man hat Ordnung in das Chaos gebracht. Ein wichtiger Ordnungsfaktor ist der „Spin", eine Maßzahl für den Drehimpuls des Teilchens. Er kann links- oder rechtsdrehend sein und ein halbzahliges oder ganzzahliges Vielfaches des Planckschen Wirkungsquantums betragen.

LEO: Es ist unglaublich, welcher Aufwand da getrieben wird. Bei Genf, am CERN, dem Europäischen Kernforschungszentrum, steht ja dieser riesige Teilchenbeschleuniger in Gestalt eines ringförmigen, unterirdischen Tunnels von 27 Kilometer Länge. Dort werden in einer Hochvakuumröhre Protonen und Anti-Protonen in entgegengesetzter Richtung beschleunigt und zur Kollision gebracht. Trotz der gigantischen Größe des Speicherrings geht es um sehr empfindliche Messungen.

KARL: Das kann man wohl sagen. Ich habe nämlich gelesen, daß man bei einem wichtigen Experiment vergessen hatte, die Verformung der Erdkugel durch die Anziehungskraft des Mondes zu berücksichtigen. Die Verformung, die für den gesamten Speicherring ungefähr einen Millimeter ausmachte, zeigte sich in den Meßergebnissen als periodische Störung.

LEO: Ja, dieser Teilchenbeschleuniger ist ein Wunder der Ingenieurkunst. Es gibt drei Kollisionspunkte, an denen sich Detektoren befinden. Sie registrieren, was bei einer Kollision geschieht. Jeder dieser Detektoren ist voll von modernster Elektronik.

KARL: Was wird denn überhaupt gemessen?

LEO: Gemessen wird die Häufigkeit bestimmter Ereignisse, d.h. die Erzeugung bestimmter Teilchen. Die Ergebnisse sind natürlich um so genauer, je mehr Ereignisse erfaßt werden. Man versucht daher, die Kollisionsrate möglichst hoch zu halten. Für den 22 Meter großen CMS-Detektor rechnet man damit, dass pro Sekunde 40 Millionen Pakete von Protonen und Antiprotonen miteinander kollidieren. Es fallen also 40millionenmal in jeder Sekunde Daten an. Davon soll aber nur ein kleiner Bruchteil registriert werden, um nicht in der Datenflut zu ersticken. Die Vor-Auswahl und Auswertung von jeweils einem interessanten Ereignis aus 400.000 kann nur von Computern geleistet werden. Man braucht also neben den Physikern, die das Experiment aufbauen, und das sind einige hundert an jedem Detektor, ein großes Team zur Überwachung der Experimente und zur Auswertung der Daten.

KARL: Offenbar ist das CERN ein Industrieunternehmen zur Herstellung neuartiger Bausteinchen. Je kleiner die Bausteinchen, desto größer die Maschinen.

LEO: Hüte deine Zunge! Die CERN-Mitarbeiter sind beseelt vom Gedanken, den letzten Geheimnissen des Universums auf der Spur zu sein.

OTTO: Deshalb versuchen sie ja die kleinsten Materieteilchen zu zertrümmern, um herauszufinden, ob sie tatsächlich die kleinsten sind.

KARL: Das Wort „zertrümmern" sagt alles: Trümmer sind keine neuen Teilchen, sondern Bruchstücke, also Schrott. Die Atomphysiker stehen ja vor einem Dilemma. Theoretisch ist jeder Körper unendlich oft teilbar, praktisch hängt das von den technischen Mitteln ab. Gelingt es, dann weiß man nicht, ob weitere Teilungen möglich sind. Man weiß auch nicht, ob das abgeteilte Stück ein Strukturelement der Materie oder nur eine Absplitterung ist.

OTTO: Ob Strukturelement oder Absplitterung - diese Teilchen gibt es wirklich. Sie werden zwar hergestellt, aber nur in dem Sinne, daß sie hier in die Testumgebung gestellt werden, wo alle störenden Einflüsse ausgeschaltet sind.

KARL: Was ist ein Labor anderes als eine technische Produktionsstätte! Wenn wieder mal ein Physiker die Existenz eines neuen Teilchens prophezeit, wundere ich mich nicht, wenn es tatsächlich gefunden wird. Die mathematisch-strenge Theorie ist ja zugleich eine Konstruktionsanleitung zum Aufbau eines Experiments, d.h. einer Maschinerie, die das Teilchen produziert.

OTTO: Wie ich schon sagte, kann dieses Teilchen nur deshalb produziert werden, weil es in der Natur existiert.

KARL: Es existiert etwa so in der Natur, wie Plastik in der Natur existiert. Plastik besteht aus Naturstoffen, kommt aber in der Natur nicht vor. Ebensowenig kommt das neue Teilchen - falls man von Teilchen reden kann - in der Natur vor, sondern wird im Labor erzeugt. Es ist ein technisches Produkt.

OTTO: Es kann doch nicht aus dem Nichts erzeugt werden, sondern muß schon existieren.

KARL: Vielleicht, aber die Natur ist keine Test-Umgebung.

OTTO: Die Natur keine Testumgebung? Ist nicht das Labor selbst Natur, wenn auch eine reglementierte Natur? Das Labor ist der Ort, an dem wir die Natur befragen, um ihr die Wahrheit abzuzwingen.

KARL: Fragt sich nur, welche Wahrheit. Wenn man die Natur peinlich befragt, dann geht es meist um menschliche Ziele und Zwecke, nicht um die Natur an sich. Man sperrt die Natur ins Labor, um sie beherrschen und ausbeuten zu können. Man fragt: Wie funktioniert das? Wie kommt das zustande?

LEO: Du kannst dem Wissenschaftler nicht vorwerfen, daß er sich für die Gesetzmäßigkeiten der Natur interessiert. Er betrachtet nun mal die Natur als Reich der Notwendigkeit, in dem alles abläuft, wie es muß.

KARL: Ja, weil er das Bild einer Universalmaschinerie vor Augen hat. Das Universum als Labor! Alles, was nicht hineinpaßt, wird als Störung, Fehler, Zufall usw. disqualifiziert und ausgesondert. Galilei fing damit an, als er beim freien Fall den Luftwiderstand als Störung eliminierte.

LEO: Galilei glaubte, die Natur sei ein in mathematischer Sprache geschriebenes Buch, also ein in sich widerspruchsfreies System, eine Konstruktion, die einfache Elemente mit gewissen Eigenschaften voraussetzt und zu immer komplexeren Strukturen fortschreitet. Deshalb darf man Naturphänomene, welche diese Strukturen verdecken, als unwesentlich vernachlässigen.

KARL: Damit gibt man zu, daß die Natur an sich anders ist. Was wesentlich oder unwesentlich ist, hängt ja vom Blickwinkel ab. Die aufwendigen Bemühungen, Grundbausteine in der Natur nachzuweisen, können meinen Zweifel an Galileis Naturauffassung nicht besänftigen.

OTTO: Ich verstehe dich nicht. Die Frage ist ja nicht, ob die Natur aus Bausteinen zusammengesetzt ist, denn das steht fest. Die Frage ist nur, ob die Bausteine, die man gefunden hat, die Grundbausteine sind.

KARL: Daß die Natur aus Bausteinen zusammengesetzt ist, steht doch nur deshalb fest, weil die Wissenschaft das voraussetzt. Und sie muß das voraussetzen, weil keine Konstruktion ohne Bausteine auskommt.

LEO: Für einen Physiker ist der Zweifel am Atom eine Donquichotterie. Zwar kann man Elementarteilchen nicht direkt beobachten, aber die Physiker haben mit ihren gigantischen Wissenschaftsmaschinen Mittel und Wege gefunden, die Hinterlassenschaften der Elementarteilchen systematisch aufzuspüren.

KARL: Woher wissen denn die Physiker, daß die Daten ihrer Wissenschaftsmaschinen von Elementarteilchen herrühren? Direkt sieht man es denen ja nicht an.

LEO: Die Daten werden als Spuren von Elementarteilchen gedeutet, d.h. mit Bausteinen der atomistischen Theorie identifiziert.

OTTO: Und es läßt sich durch erfolgreiche Prognosen prüfen, ob die Interpretation richtig ist. Der Erfolg der Prognose wäre ein unerklärliches Wunder, gäbe es keine Elementarteilchen.

KARL: Das ist ein logischer Fehlschluß. Aus der Aussage „Wenn A, dann B" folgt nicht die Aussage: „Wenn B, dann A".

OTTO: Was soll das heißen?

KARL: Wenn du aufgrund einer Theorie, welche Atome voraussetzt, richtige Voraussagen machst, kann du nicht auf die Existenz von Atomen zurückschließen.

OTTO: Du mußt ja nicht päpstlicher sein als der Papst.

Die Verkrümmung des Raumes

Kraft und Trägheit

KARL: Die Wissenschaft setzt voraus, daß sich jeder Körper natürlicherweise immer geradeaus und mit immer gleicher Geschwindigkeit bewegt. Wenn wir uns aber die Spuren vollzogener Bewegungen ansehen, dann werden wir kaum solch eine Bewegung finden.

OTTO: Da hast du recht. Es dürfte kaum einen Körper geben, dessen Bewegungsgröße sich nicht ab und zu ändert.

KARL: Bewegungsgröße? Was meinst du damit?

OTTO: Daß die Bewegungsrichtung eines Körpers von der Geraden abweicht oder daß seine Bewegung nicht mehr gleichmäßig verläuft, sondern verzögert bzw. beschleunigt wird.

KARL: Und da fragen wir uns natürlich besorgt nach einem Grund.

OTTO: Gar nicht besorgt, denn die Antwort ist einfach, sie lautet: Kraft.

LEO: Mit den besten Grüßen von Goethes Mephisto:

> Denn eben, wo Begriffe fehlen
> da stellt ein Wort zur rechten Zeit sich ein.

OTTO: Stopp! „Kraft" ist kein leeres Wort. Du weißt doch aus eigener Erfahrung, daß der menschliche Körper die Fähigkeit hat, die Bewegungsrichtung oder Geschwindigkeit anderer Körper zu ändern: durch Drücken, Stoßen, Ziehen. Diese Fähigkeit nennen wir Kraft.

LEO: Der Mensch hat sogar die Fähigkeit, die Bewegungsgröße des eigenen Körpers zu verändern, er kann sich selbst bewegen.

KARL: Alles, was sich aus sich selbst heraus bewegt, ist Erstursache, vollzieht sich aus eigener Kraft und manifestiert sich als Handlung bzw. Tätigkeit in Raum und Zeit.

OTTO: So ist das Wort „Kraft" aber nicht gemeint. Wäre es so gemeint, könnten wir keine Wissenschaft betreiben.

LEO: Aber wir haben doch die Materie seit Newton mit eigenständiger Kraft ausgestattet: mit Widerstandskraft.

OTTO: Das schon, doch wir erlauben der Materie nicht, diese Kraft eigenständig einzusetzen. Sonst müßten wir ja die Kraft von der Absicht, vom Zweck der Bewegung her begreifen und hätten wieder die Zweckursache, die aristotelische *causa finalis* am Halse.

LEO: Dann gibt es also zwei Sorten von Kraft: die eigene, natürliche, und eine aufgezwungene: durch Stoß oder Druck anderer Körper.

OTTO: Das vermeiden wir, indem wir von der menschlichen Krafterfahrung abstrahieren. Kraft nennen wir die Ursache für die Änderung der Bewegungsgröße eines Körpers. Oder für die Deformation eines Körpers.

KARL: Mit dieser Definition hast du aber die Eigenständigkeit der Kraft, also die Fähigkeit zur Selbstbewegung, nicht ausgeschlossen.

OTTO: Die Wissenschaft faßt jede Ursache als Wirkung anderer Ursachen auf und schließt so eine Erstursache aus. Naturwissenschaftliche Aussagen sind ja an die universale Geltung des Impulssatzes gebunden, der besagt, daß die Summe der Bewegungsgrößen in einem geschlossenen System konstant bleibt. Daher kann keine Aussage über die Entstehung von Bewegungssystemen gemacht werden. Bewegung wird immer schon vorausgesetzt. Auch die Bewegungen meines Körpers werden von äußeren Einflüssen bestimmt. Dazu gehören nicht nur Druck oder Stoß, sondern z.B. auch Hunger und Durst.

KARL: Die Kräfte sind also gleichsam blind, ihre Wirkungen zwangsläufig, im Sinne eines maschinenhaften „Ablaufs". Menschliches Handeln wäre dann keine Selbstbewegung, sondern blindes Geschehen. Findest du es nicht komisch, daß dann die Tätigkeit des Wissenschaftlers, die ja den Zweck hat, die Natur zu erkennen, ein zweckfreies Geschehen wäre? Gewissermaßen ein zweckloser Zweck?

OTTO: Was soll daran komisch sein? Der Zweck der zweckfreien, also objektiven Erforschung der Natur ist das Überleben des Menschen.

KARL: Dann ist die zweckfreie Forschung also doch nicht zweckfrei, also kein Geschehen, sondern Handlung?

OTTO: Nur scheinbar, denn das Naturgeschehen selbst sorgt dafür, daß es Wissenschaftler gibt, welche die Natur zweckfrei erforschen.

KARL: Die zweckfreie Forschung ist so zweckmäßig, daß sie die Kräfte der Natur zum Zweck des Überlebens in den Griff bekommt? Wunderbar!

LEO: Hört auf, das ist ein anderes Thema. Was mich interessiert, ist ein wissenschaftlich praktikabler Kraftbegriff.

OTTO: Den haben wir. Wenn wir beobachten, daß ein Körper seine Bewegungsrichtung oder Geschwindigkeit ändert, dann sagen wir: an ihm greift eine Kraft an. Kraft zeigt sich im Brechen oder Leisten von Widerstand.

LEO: Aber wie steht es mit einem Körper, der ruht?

OTTO: Auf ihn wirken keine Kräfte ein, denn seine Bewegungsgröße bzw. sein Zustand ändert sich nicht.

KARL: Ein ruhender Körper, z.B. ein Stein, übt aber durch sein Gewicht Druck auf seine Unterlage aus, d.h. ihm wird eine Kraft zugesprochen, Schwerkraft genannt, die er auf die Unterlage ausübt.

OTTO: Aber diese widersteht dem Druck durch ihre Widerstandskraft, so daß ein Gleichgewicht von Druck und Gegendruck besteht. Alles ok!

KARL: Leider nicht. Ich habe nämlich in der Schule gelernt, der Stein drücke auf seine Unterlage aufgrund der Massenanziehungskraft: weil sich Stein und Erde gegenseitig anziehen.

OTTO: Ob du nun sagst, der Stein wirkt auf seine Unterlage ein, weil er schwer ist, oder ob du sagst, der Druck entstehe aufgrund der Massenanziehungskraft - das kannst du halten, wie du lustig bist.

KARL: Eben nicht! Im ersten Fall erklärst du die Kraft durch das Verhältnis der Körper zueinander: Weil der Stein auf seine Unterlage drückt, existiert eine Kraft, und je größer der ausgeübte Druck bzw. das Gewicht, desto größer die Kraft. Im zweiten Fall hast du - genau umgekehrt - das Verhältnis der Körper zueinander durch die Kraft erklärt: Weil es eine (Schwer)Kraft gibt, drückt der Stein auf die Unterlage, und je massiger der Stein, desto größer der Druck. So geht's nicht!

OTTO: Das liegt an der Komplementarität von Kraft und Masse. Die Physiker unterscheiden die schwere Masse, d.h. das Gewicht des Körpers, von der trägen Masse, d.h. dem Widerstand, den ein Körper seiner Bewegungsänderung entgegensetzt.

KARL: Seltsam! Als schwere Masse ist die Kraft Ursache der Beschleunigung bzw. Verzögerung eines Körpers, als träge Masse ist sie Widerstand gegen seine Beschleunigung bzw. Verzögerung. Unsere Kraft kann sich offenbar wie von Zauberhand aufspalten in zwei polare Gegenkräfte: eine aktive und eine passive.

OTTO: Das Faktum bleibt dasselbe, nur die Perspektive ändert sich.

LEO: Die Trägheit hat Galilei erfunden, um das kopernikanische Modell gegen die Aristoteliker verteidigen zu können. Diese meinten: Würde sich die Erde drehen, könnte der Stein, der von einem Turm fällt, nicht an dessen Fuß aufschlagen, weil sich die Erde inzwischen unter ihm weggedreht hätte. Galilei erfand darum eine den Körpern innewohnende Trägheit: die Tendenz, den augenblicklichen Bewegungszustand beizubehalten.

OTTO: Newton hat diese Trägheitsauffassung als Axiom formuliert: Jeder Körper beharrt im Zustand der Ruhe oder der gleichförmig geradlinigen Bewegung, solange ihn nicht Kräfte zwingen, diesen Zustand zu ändern.

LEO: Trägheit gibt es übrigens schon bei Aristoteles. Sie ist allerdings anders definiert, und zwar im Einklang mit der Anschauung, daß jeder Körper den Ruhezustand anstrebe oder ihn beibehalte.

OTTO: Du sprichst von Trägheit als einer Erfindung. Es war aber eine Entdeckung! Wir reden hier nicht über Spekulationen, sondern über Fakten.

LEO: Wirklich? Was ein Faktum ist, was es zu bedeuten hat, was es beweist, das hängt davon ab, wie man die Erfahrung interpretiert.

KARL: Richtig. Für Descartes z.B. war Materie einfach das Ausgedehnte, d.h. etwas Geometrisches. Materie und euklidischer Raum waren also untrennbar verbunden, Materie und Geist - damit Raum und Geist - absolute Gegensätze. Für Newton mußte Materie mehr als Ausdehnung sein, denn er wollte ja Spinozas Formel „Gott und Materie sind dasselbe" - *deus sive natura* - entgehen. Für ihn bedeutete Ausdehnung Geist, der Raum war „das Sensorium Gottes". So kam es zur Definition der Masse durch Volumen und Dichte. In der Dichte verbirgt sich eine dem Körper eingeborene Kraft: einerseits Widerstandskraft, also Trägheit, andererseits Anziehungskraft.

LEO: Für Descartes besaß Materie keine eingeborene Kraft, sie war gegenüber Bewegungen indifferent. Gott setzte die Körper einst in Bewegung, seitdem bewegen sie sich rein mechanisch, wie die Kugeln auf dem Billardtisch. Und da Gott als vollkommenes Wesen unveränderlich ist, hält er die Gesamtsumme der Bewegung im Universum konstant.

KARL: Im Gegensatz dazu ist Newtons Materie nicht mehr passiver Stoff, die auch in der Form eines Körpers passiv bleibt, sondern erhält eine gewisse Eigenständigkeit.

LEO: Ja. Newton dynamisierte die Welt der Körper, blieb aber dem mechanistischen Denken treu, indem er die neuen dynamischen Verhältnisse der alten Denkmethode unterwarf.

OTTO: Hören wir doch auf mit den ollen Kamellen! Ich gebe zu, daß die Wege zu einer brauchbaren Physik verschlungen waren. Aber jetzt haben wir es geschafft, also warum im Schlamm wühlen!

KARL: Um die Sache zu verstehen! Der Trägheitsbegriff zieht den Kraftbegriff unvermeidlich nach sich. Ohne Trägheit, also Widerstand, wäre der Kraftbegriff sinnlos. Die Trägheit als Widerstand gegen die angreifende Kraft ist ja selbst Kraft. Trägheit ist also der Garant der Körperlichkeit: das, was den Körper zum Körper macht. Ohne eine gewisse Dauer wäre ein Körper kein Körper. Daher muß ihm eine Kraft innewohnen, die Widerstand gegen Veränderung leistet.

OTTO: Ändert ein Körper seine Bewegungsgröße, dann sprechen wir von einer Kraft, die an ihm angreift. Ändert ein Körper seine Bewegungsgröße nicht, sprechen wir von Trägheit, die der Kraft widersteht. Kraft ist also immer im Spiel.

LEO: Ja, und das war manchen modernen Physikern so unheimlich, daß es Überlegungen gab, diesen Begriff wieder abzuschaffen.

Nah- und Fernwirkung

KARL: Wenn sich der Bewegungszustand eines Körpers ändert, weil eine Kraft an ihm angreift, dann stellt sich die Frage: Wie macht das die Kraft? Sie hat ja keine Hände.

OTTO: Blöde Frage! Das Wort „Kraft" bezeichnet ja gerade die Tatsache, daß sich die Bewegungsgröße eines Körpers verändert.

KARL: Wir hatten doch die Änderung der Bewegungsgröße nicht als Kraft, sondern als Wirkung einer Kraft interpretiert. Und wenn die Kraft etwas bewirkt, dann darf ich wohl fragen, wie sie das macht.

OTTO: Du hast sicher auch in der Schule das Newtonsche Gesetz auswendig gelernt:

$$K = m \cdot b$$

Die Kraft **K** ist gleich der Beschleunigung **b**, die eine Masse **m** erfährt. Die Kraft zeigt sich in der beschleunigten Masse des Körpers.

KARL: Kraft ist also die Ursache der Zustandsänderung des Körpers, aber auch diese Änderung selbst, also Wirkung. Das leuchtet mir nicht ein.

OTTO: Das Gesetz beschreibt nur einen Sachverhalt, Kraft genannt, mehr nicht. Ein nützlicher, funktioneller Zusammenhang wird hergestellt.

LEO: Mit der Kraft ist es wie mit einer Krankheit. Wenn jemand Fieber bekommt, wird das als Krankheit, d.h. als Einwirkung einer Kraft namens Virus oder Bakterium erklärt. Ebenso erklärt der Physiker die Änderung des Normalzustands, der gleichförmigen Bewegung eines Körpers, als Einwirkung einer Kraft.

KARL: Die Kraft wird also als ein körperloser Körper betrachtet. Und obwohl Kraft körperlos ist, kann sie am körperlichen Körper angreifen: an einem bestimmten Punkt, in einer bestimmten Richtung, mit einer bestimmte Stärke und für eine bestimmte Zeitdauer. Das Resultat: der Körper wird beschleunigt, verzögert oder ändert seine Richtung. Aber wie funktioniert das?

OTTO: Es funktioniert jedenfalls. Wir können das am Stoß studieren. Nehmen wir an, eine Anzahl elastischer Kugeln, alle gleich groß und aus gleichem Material, sind an gleich-langen Fäden nebeneinander aufgehängt. Lüftet man nun die erste Kugel und läßt sie gegen die übrigen Kugeln prallen, dann bleiben diese unbewegt, nur die letzte Kugel springt weg, nachdem etwas Zeit verstrichen ist.

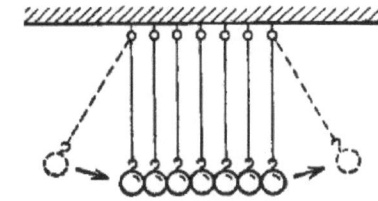

LEO: Der Kraftimpuls, der durch das Lüften der ersten Kugel entstanden ist, bewegt sich durch die Kugeln hindurch und stößt die letzte Kugel weg, und zwar so weit, wie die erste Kugel gelüftet wurde.

KARL: Dann wird die zeitliche Differenz zwischen dem Aufprall der ersten Kugel und dem Wegstoßen der letzten als Bewegung der Kraft, als ihre Ausbreitungsgeschwindigkeit gedeutet?

OTTO: Ja, denn es ist doch so: die Kraft bzw. Bewegungsenergie der ersten Kugel greift an der zweiten an und leistet Arbeit, indem sie diese verformt. Da die Kugeln elastisch sind, setzt sich dieser Prozeß von Kugel zu Kugel fort, der Kraftimpuls wandert durch alle Kugeln hindurch und stößt die letzte Kugel ab.

KARL: Ich verstehe, was du meinst, aber nicht, wie das funktionieren soll. Erstens sind wir wieder bei Meister Zenon und seinen Aporien gelandet, denn der Kraftimpuls, der von Kugel zu Kugel weiterwandert, muß ja innerhalb der Kugeln von einem Atom zum anderen übertragen werden, jedes Atom verformt seinen Nachbarn. Es gibt aber, wie wir wissen, keine kleinsten Teilchen und keine Nachbarn.

OTTO: Doch, die muß es geben. Und wir haben ja auch die Infinitesimalrechnung, um damit fertig zu werden. Und zweitens?

KARL: Zweitens frage ich dich, wie du die Kraft als Ursache der Bewegungsänderung der letzten Kugel denken kannst, wenn du sie selbst bewegt denkst. Dann müßte es ja eine Kraft geben, welche die Kraft bewegt, eine Kraft der Kraft. Und diese ist entweder bewegt, dann muß es eine Kraft der Kraft der Kraft geben. Oder sie ist nicht bewegt, dann stehen wir wieder vor der Frage: Wie macht sie das?

LEO: Man darf Kraft nicht als etwas Körperliches denken.

OTTO: Aber sie muß im Raum sein, weil sie nur so Ursache einer räumlichen Veränderung sein kann.

KARL: Nein, die Kraft darf nicht im Raum sein, weil sie sonst ein Körper wäre. Dann gäbe es zwei Körper, einen angreifenden und einen angegriffenen, und es müßte eine Art Kraft der Kraft geben, welche die Ursache des Angreifens und der Bewegung des Angreifens ist - aber das hatten wir schon.

LEO: Ja, und deshalb müssen wir ein paar Folgerungen ziehen: Genau so wenig wie es zwischen Ursache und Wirkung etwas Drittes gibt, nämlich eine Vermittlungsinstanz, welche die Ursache an die Wirkung weiter reicht, darf es zwischen einer Kraft und der Bewegungsänderung eines Körpers etwas Drittes geben. Daß eine Kraft an einem Körper „angreift", bedeutet, daß das Verhältnis von Kraft und Körper etwas Unmittelbares, Unvermitteltes ist.

OTTO: Prima. Körper und Kraft gehören zusammen.

KARL: Als Körperkraft? Sehr menschlich, um nicht zu sagen: anthropomorph. Das kommt davon, daß Kraft nicht als Selbstbewegung verstanden wird.

LEO: Es bleibt noch eine weitere Möglichkeit: eine Fernwirkung der Kraft. Wenn du z.B. einen Stein von einem Turm fallen läßt, dann beschleunigt er seinen Lauf, d.h. er ändert seine Bewegungsgröße, also wirkt eine Kraft auf ihn, ohne daß er gestoßen worden wäre. Dasselbe Phänomen kannst du bei der Anziehung und Abstoßung zwischen Magnetpolen beobachten.

KARL: Und wie erklären die Physiker die Fernwirkung der Kraft?

OTTO: Gar nicht. Da immer eine gewisse Zeit vergeht, ehe die Kraft, die von einer Kraftquelle ausgeht, Wirkung zeigt, favorisieren sie die Nahwirkung.

LEO: Obwohl Newton die Kraft als Eigenschaft des Raumes bestimmt hatte.

KARL: Immer wieder dieselbe Denkschablone? Als Physiker sollte man fragen, wo sich die Kraft befindet, nachdem sie von der Kraftquelle abgegeben und bevor sie bei dem anderen Körper angekommen ist.

OTTO: Der Kraftimpuls kann während dieser Zeit nicht nirgends sein, das widerspräche den Energieerhaltungssätzen.

KARL: Das sind keine beweisbaren Sätze, sondern Postulate.

OTTO: Ehe wir die über Bord werfen, folgen wir lieber der einleuchtenden Erklärung, daß sich die Kraft auf dem Wege vom einen zum anderen Körper befindet. Das heißt: die Kraft bewegt sich mit endlicher Geschwindigkeit durch den Raum, analog zum Schall, der sich durch die Luft bewegt.

KARL: Dann spielen wir das Spielchen von vorhin, wo der Kraftimpuls durch die Kugeln wanderte. Aber in welchem Medium wandert der Kraftimpuls? Denn er muß ja von Ort zu Ort weitergereicht werden, um schließlich an einem Körper angreifen zu können.

OTTO: Das wird er auch: Medium ist das sogenannte Feld, z.B. das Magnetfeld oder das Gravitationsfeld.

KARL: Ein nettes, einfaches Wort, das zwischen Kraft und Körper vermitteln soll. Die Hand, die am Körper angreifen kann. Aber was unterscheidet das „Feld" vom verpönten „Äther"?

OTTO: Im Gegensatz zum Äther ist das Feld mehr als ein Wort, nämlich eine Realität. Das beweist die Ausbreitungsgeschwindigkeit der Kraft. Man kann die Stärke des jeweiligen Feldes von Ort zu Ort messen, d.h. die Feldstärke beschreibt den Zustand des Feldes. Das Magnetfeld kann man sogar anhand ausgestreuter Eisenfeilspäne sichtbar machen.

KARL: Aber woraus besteht das Feld?

LEO: Der berühmte Physiker Faraday, der das Magnetfeld entdeckte, behauptete wie Newton, die Kraft werde durch Vermittlung des Raumes von einem Körper auf den anderen übertragen. Das Medium ist also der Raum selbst.

KARL: Der pure Raum soll fähig sein, an seinen einzelnen Örtern unterschiedliche physikalische Zustände anzunehmen? Damit wird er zum Träger physikalischer Eigenschaften.

LEO: Der Raum wird mit einer Menge von physikalischen Größen identifiziert, welche der Menge der Punkte des mathematischen Raumes entspricht. Die Raumpunkte werden gleichsam physikalisiert.

KARL: Das Feld wird also zum Raum, der Raum zum Körper gemacht. Konsequenterweise muß dann der Raum aus kleinsten Elementen bestehen: die Örter werden zu Raumquanten. Meister Zenon kann sich ins Fäustchen lachen.

OTTO: Darf ich wieder an unser Gegenmittel erinnern: die Infinitesimalrechnung? Die Kraft wird im Feld infinitesimal von Raumteilchen zu Raumteilchen übertragen. Mathematisch kommt das in einer Differentialgleichung zum Ausdruck.

KARL: Das ist eine technische Lösung, aber eine unverstandene. Da wird ein Kraftimpuls von Ort zu Ort weitergegeben, obwohl es keinen nächsten Ort gibt. Und ein materieloser Ort, ein pures Nichts, leitet einen Kraftimpuls weiter. Ganz schön absurd.

OTTO: Es hat keinen Sinn, sich mit den falschen Fragen zu beschäftigen. Wozu sich mit Philosophie abquälen! Es geht darum, die physikalischen Phänomene operativ in den Griff zu bekommen.

KARL: Dann sollten die Wissenschaftler schweigen. Sie tun es leider nicht, sondern schwadronieren munter drauf los, wenn sie ihre Erkenntnisse interpretieren. Viele wissen nicht einmal, daß sie philosophieren.

LEO: Und was nun? Vorhang zu und alle Fragen offen?

Euklidisch oder nicht

OTTO: Ihr wißt doch sicherlich, daß der Raum gekrümmt ist?

KARL: Da muß der Architekt gepfuscht haben. Oder handelt es sich um Kunst?

OTTO: Ich meine nicht diesen Raum hier, sondern den Raum an sich.

KARL: Ach so. Dann mußt du den lieben Gott bitten, ihn wieder gerade zu biegen.

OTTO: Ich mache keine Witze, sondern teile euch eine wissenschaftliche Erkenntnis mit.

LEO: Du sprichst von Einsteins Relativitätstheorie?

OTTO: Allerdings.

KARL: Komisch - Einstein wollte nur eine Aporie auflösen. Der Preis dafür ist der gekrümmte Raum - auch eine Art Aporie.

LEO: An welche Aporie denkst du?

KARL: Ich denke an den Widerspruch zwischen „endlich" und „unbegrenzt": Der unbegrenzte Raum kann nicht gedacht werden, denn ein Raum, der keine Grenzen hat - ist der überhaupt etwas? Er muß aber etwas sein, damit sich Körper in ihm befinden können. Ebensowenig ist denkbar, daß der Raum begrenzt, also endlich ist. Denn hinter jeder Grenze muß doch wieder Raum sein.

OTTO: Und was hat das mit dem gekrümmten Raum zu tun?

KARL: Einstein konstruierte einen geometrischen Raum, der endlich, aber unbegrenzt ist - den sogenannten gekrümmten Raum - und vermied so formal die Aporie, schuf aber neue Probleme.

OTTO: Wieso? Einstein hat den gekrümmten Raum sehr überzeugend veranschaulicht. So wie zweidimensionale Wesen, die auf der Oberfläche einer Kugel leben, nie an eine Grenze stoßen, obwohl ihre Welt von endlicher Größe ist, so leben wir, dreidimensionale Wesen, in einem vierdimensionalen, gekrümmten Universum. Nie werden wir in unserer dreidimensionalen Welt auf eine Grenze stoßen, und doch ist sie, so Einstein, endlich.

KARL: Dem Raum wird also eine bestimmte geometrische Struktur zugeschrieben, so als sei er ein Körper - was er nicht ist.

OTTO: Daß der Raum geometrische Eigenschaften besitzt, etwa die Dimensionen Höhe, Breite und Tiefe, bezweifeln höchstens Philosophen.

KARL: Solange es nur e i n e Geometrie gab, die euklidische, konnte man die Philosophen mitleidig belächeln. Man wußte sich im Besitz der Wahrheit über das Ding namens Raum. Doch als im 19. Jahrhundert die nichteuklidische Geometrie erfunden wurde, verschwand das Lächeln. Man stand plötzlich vor dem Problem, daß der Raum auch eine andere als die euklidische Struktur haben könnte.

LEO: Die Lösung des Problems versprach man sich aber nicht von der Philosophie, sondern von der Befragung der Natur. Der Mathematiker Carl Friedrich Gauß (1777-1855) vermaß ein riesiges Dreieck, dessen Eckpunkte der Brocken, der Inselberg und der Hohe Hagen bildeten. Da die gemessene Winkelsumme des Dreiecks 180° betrug, zog er den Schluß, daß der reale Raum euklidisch strukturiert sei.

KARL: Der verehrungswürdige Gauß möge verzeihen, wenn ich kichere.

LEO: Kichere nur. Gauß war offenbar mißtrauisch gegenüber der Behauptung der Kantianer, die Kenntnis der euklidischen Geometrie sei ein synthetisches Wissen apriori, also ein Vorauswissen über die Realität. Er wollte das nachprüfen. Einstein würdigte das Gaußsche Unternehmen. Er meinte, damit sei die Geometrie zu einer Naturwissenschaft geworden.

KARL: Mit welchem Gegenstand?

LEO: Mit dem Gegenstand Raum und dem Ziel, die Struktur des Raumes zu ermitteln.

KARL: Trotzdem ist es ein wissenschaftlicher Schildbürgerstreich, dem Raum geometrische oder sonstige Eigenschaften zuzuschreiben.

OTTO: Gauß mag wie Einstein daran gezweifelt haben, daß der Raum euklidisch ist; daran, daß der reale Raum eine geometrische Struktur hat, zweifelten beide nicht. Daran zweifeln nur Philosophen.

KARL: Kants Vorauswissen über die Realität besteht ja nur darin, daß wir dem Raum überhaupt eine Struktur vorgeben: euklidisch oder nichteuklidisch.

LEO: Nehmen wir mal an, Gauß wäre bei seiner Messung zu einem anderen Ergebnis gekommen. Hätte er behaupten können, der reale Raum sei nichteuklidisch strukturiert?

OTTO: Selbstverständlich.

KARL: Das versteht sich durchaus nicht von selbst.

OTTO: Nein? Wie unterscheiden sich denn diese Geometrien?

KARL: Die Geometrie, die wir in der Schule lernen, wurde nach dem griechischen Mathematiker Euklid (300 v.Ch.) benannt, der die Geometrie zu einem wissenschaftlichen System machte.

OTTO: Richtig. Und sie unterscheidet sich von einer nichteuklidischen Geometrie bekanntlich durch das Parallelenaxiom.

KARL: So ist es. Nichteuklidische Geometrien konnten erst entstehen, als die Mathematiker erkannten, daß das Parallelenaxiom wirklich ein Axiom ist. Das hatte Euklid zwar behauptet, aber die Mathematiker zweifelten. Sie versuchten 1500 Jahre lang, die Aussage des sogenannten Parallelenaxioms aus den übrigen Axiomen abzuleiten. Es besagt, daß es in einer von einem Punkt und einer Geraden bestimmten Ebene durch diesen Punkt nur eine Parallele zu der Geraden gibt. Erst nach Einführung der Analytischen Geometrie, also nach der Überführung der Geometrie in arithmetische Gleichungen, konnte bewiesen werden, daß das Parallelenaxiom ein Axiom ist. Nachdem man das erkannt hatte, konnte man sich die Freiheit nehmen, es zu streichen und neue Geometrien ohne Parallelenaxiom zu erfinden: die sogenannten nichteuklidischen Geometrien.

LEO: In einer Geometrie ohne Parallelenaxiom muß ein Dreieck nicht in einer Ebene liegen, d.h. seine Seiten müssen keine Geraden sein. Die Winkelsumme im Dreieck beträgt ja nur dann 180 Grad, wenn seine Seiten Geraden sind.

OTTO: Gauß wollte durch seine Messung überprüfen, ob das Parallelenaxiom - und damit die euklidische Geometrie - in der Realität gilt. Die Seiten seines Dreiecks waren die Lichtstrahlen, welche von der jeweils gegenüberliegenden Bergspitze in das Fadenkreuz der Theodoliten trafen. Wäre die Winkelsumme ungleich 180° gewesen, hätte er den Schluß ziehen können, daß der reale Raum einer nichteuklidischen Geometrie gehorcht.

KARL: Gauß hätte aber auch folgern können, daß die Voraussetzung, Lichtstrahlen verliefen geradlinig, falsch ist.

LEO: Also entweder gerades Licht und gekrümmter, nichteuklidischer Raum oder gekrümmtes Licht und gerader, euklidischer Raum?

OTTO: Gauß maß eine Winkelsumme von 180°, also: gerades Licht und gerader Raum.

KARL: Ich kann nur wiederholen: Ob gerades oder gekrümmtes Licht - der Raum ist weder gerade noch krumm.

Gerade oder krumm

KARL: Wir diskutieren über „gerade" oder „krumm". Aber kannst du definieren, was „gerade" heißt? Und sage bloß nicht: gerade ist, was nicht krumm ist. Dann frage ich nämlich: Was ist krumm?

OTTO: In der Schule habe ich gelernt: Die gerade Linie ist die kürzeste Verbindung zwischen zwei Punkten.

KARL: Und was ist eine „kürzeste Verbindung"? Die gerade Linie. Diese Erklärung taugt nichts.

OTTO: Eine moderne Definition sagt: „Eine Gerade ist das Abbild einer linearen Funktion".

KARL: „Linear" bedeutet so viel wie „geradlinig", und es werden kartesische, also geradlinige Koordinaten stillschweigend vorausgesetzt.

LEO: Es gibt viele Bestimmungsversuche, auch von Gauß, sogar von Platon, aber sie alle benötigen Begriffe, in denen das, was bestimmt werden soll, bereits vorausgesetzt wird.

KARL: Das nenne ich einen Teufelskreis. Einen *circulus vitiosus*.

LEO: Das alte Lied! Und ein ebenso altes Lied verführt die Wissenschaft, den krummen Teufelskreis auf geradem Wege zu verlassen.

OTTO: Wie denn?

LEO: Der berühmte Mathematiker David Hilbert (1862-1943) fand einen formalen Dreh, der von seinen Kollegen immer wieder gern zitiert wird:

> Wir denken drei verschiedene Systeme von Dingen: Die Dinge des ersten Systems nennen wir Punkte und bezeichnen sie mit A, B, C,...; die Dinge des zweiten Systems nennen wir Geraden und bezeichnen sie mit a, b, c,...; die Dinge des dritten Systems nennen wir Ebenen und bezeichnen sie mit α, β, γ,...; die Punkte heißen auch Elemente der linearen Geometrie, die Punkte und Geraden heißen die Elemente der ebenen Geometrie, und die Punkte, Geraden und Ebenen heißen die Elemente der räumlichen Geometrie oder des Raumes. Wir denken die Punkte, Geraden und Ebenen in gewissen gegenseitigen Beziehungen und bezeichnen diese Beziehungen durch Worte wie „liegen", „zwischen", „parallel", „kongruent", „stetig"; die genaue und vollständige Beschreibung dieser Beziehungen erfolgt durch die „Axiome der Geometrie". [David Hilbert: *Grundlagen der Geometrie*]

KARL: Hat Hilbert nicht auch gesagt, man müsse anstelle von „Punkten, Geraden und Ebenen" jederzeit „Tische, Stühle, Bierseidel" sagen können?

LEO: Ja. Damit wollte er zum Ausdruck bringen, daß - ich zitiere -

> das anschauliche Substrat der geometrischen Grundbegriffe mathematisch belanglos sei und nur ihre Verknüpfung durch die Axiome in Betracht komme.

KARL: Anders gesagt: die Geometrie beschäftigt sich mit Gegenständen, von denen sie nicht sagen kann, was sie sind, und deren Gestalt sie glaubt ignorieren zu können. Von was ist sie dann überhaupt eine Wissenschaft?

OTTO: Von den formalen Beziehungen abstrakter Elemente.

LEO: Dafür sind eigentlich die formale Logik und ihre Kalküle zuständig.

KARL: Das heißt: die Geometrie begeht Selbstmord, um als abstrakter Geist fortleben zu können.

OTTO: Selbstmord?

KARL: Ja. Hilbert vermeidet jede explizite Definition, jeden anschaulichen Bezug zu räumlichen Formen und Größen, so daß jede Frage nach dem Begründungszusammenhang geometrischer Gegenstände abgewürgt wird. Das war wohl auch seine Absicht.

OTTO: Du kannst ja weiterhin Geometrie wie gewohnt betreiben, kannst dir Geraden, Ebenen usw. wie bisher vorstellen. Das verbietet Hilbert nicht.

KARL: Aber indem er auf Begründungen gänzlich verzichtet, kann er nichts erklären. Warum hat er ausgerechnet dieses Axiomensystem gewählt? Warum gehört zu diesen Axiomen ein Parallelenaxiom? Etwa aus Pietät, weil sich die Mathematiker 1500 Jahre damit herumgeschlagen haben?

OTTO: Hilbert kam es darauf an, die Geometrie als ein widerspruchsfreies, in sich konsistentes System zu sichern. Zirkuläre Definitionen der Grundbegriffe sollten vermieden werden.

KARL: Dafür nahm er in Kauf, daß die Geometrie in die Abstraktion entrückt wird, ohne Bezug zur Alltagssprache. Wenn wir „gerade" oder „krumm" sagen, sprechen wir gleichsam ins Unreine. Eine Art Parteichinesisch.

OTTO: Du hast gut meckern. Aber weißt du etwas Besseres?

KARL: Wir müssen die Geometrie aus dem Himmel der Abstraktion herunter holen auf den Marktplatz der Erfahrung!

OTTO: Aber wie?

KARL: Durch Messung. Messen verbindet Geometrie mit Physik.

OTTO: „Messen" heißt „Vergleichen". Wir vergleichen eine physikalische Größe mit einer festgesetzten Einheit, der sogenannten Maßeinheit, und bestimmen die Maßzahl, also denjenigen Zahlenwert, der angibt, wie oft die Maßeinheit in der physikalischen Größe, der sogenannten Meßgröße, enthalten ist.

KARL: Die physikalische Größe ist die Entfernung zwischen zwei Punkten.

OTTO: Und um sie zu messen, verbinden wir die Punkte durch unsere Maßeinheit und zählen die Einheiten ab. Die kürzeste Verbindung ist diejenige mit der kleinsten Maßzahl, und die nennen wir „gerade".

KARL: Zum Messen benötigen wir aber einen Maßstab, und der ist selbst ein geometrisches Gebilde und hat eine bestimmte Gestalt, die festlegt, was „gerade" ist.

OTTO: Das sehe ich nicht ein. Nehmen wir mal an, der Maßstab wäre gekrümmt. Wäre er dann nicht sogar besser an die Realität angepaßt? Die Erdoberfläche, auf der wir leben, ist bekanntlich gewölbt, so daß die kürzeste Verbindung zwischen zwei Punkten keine gerade, sondern eine gebogene Linie ist.

KARL: Wer sagt denn, daß die Maßeinheit der Realität - was das auch sein mag - entsprechen muß? Daß die Erdoberfläche gekrümmt ist, wissen wir nur, weil unsere Maßeinheit gerade ist. Maßeinheiten sind Festlegungen.

OTTO: Festlegen kann man vieles. Auch mit einer krummen Maßeinheit kann ich die kleinste Maßzahl ermitteln.

KARL: Warum wurde gerade „gerade" als „kürzeste Verbindung" definiert?

OTTO: Weiß ich nicht. Ist doch egal.

KARL: Das ist nicht egal. Die Messung muß nämlich eindeutig sein, und nur die kürzeste Verbindung ist eindeutig bestimmbar.

OTTO: Das geht auch mit einem krummen Maßstab.

KARL: Aber das wäre zumindest sehr unpraktisch.

LEO: Viel tödlicher ist ein anderer Einwand: Wenn das, was wir als „gerade" definieren, vom Maßstab abhängt, der selbst die kürzeste Verbindung zwischen seinen Eckpunkten ist, dann müssen wir einen solchen Maßstab herstellen können. Aber wie können wir prüfen, ob der hergestellte Maßstab gerade ist? Dazu müssen wir schon einen geraden Maßstab haben - und sind wieder im Teufelskreis des *circulus vitiosus* gelandet.

KARL: Vielleicht auch nicht. Wir müssen eben ein Verfahren finden, mit dem wir etwas Gerades herstellen können, ohne etwas Gerades vorauszusetzen. Der Philosoph und Wissenschaftstheoretiker Hugo Dingler (1881-1954) schlägt dafür das Dreiplattenschleifverfahren vor, ein in der Feinmechanik benutztes Verfahren, mit dem geometrische Grundformen hergestellt werden können: Punkt, Gerade, Ebene, rechter Winkel, Parallelität.

LEO: Und wie soll das funktionieren?

KARL: Man sorgt dafür, daß sich drei Platten - z.B. aus Stein - paarweise aneinander abschleifen, bis sie glatt sind. Dabei entsteht eine Ebene: eine Fläche, deren Punkte und Seiten nicht zu unterscheiden sind. Oder es entsteht eine Gerade: die Schnittkante zweier Ebenen; sie besteht aus allen Punkten, die gemeinsam auf zwei verschiedenen Ebenen liegen. Oder ein Punkt: Schnittpunkt dreier Ebenen. Oder ein rechter Winkel: die Schnittkante dreier Ebenen. Du siehst, es wird nichts Gerades vorausgesetzt.

LEO: Doch, nämlich das Wissen, daß dieses „gerade", dieses „eben", dieses „rechtwinklig" ist.

KARL: Ja. Und wenn jemand fragt, was unter „gerade" zu verstehen sei, dann zeige ich auf die hergestellte Form.

OTTO: Aber woher kommt dieses Wissen?

KARL: Woher auch immer - jedenfalls hat es sich allgemein durchgesetzt. Dieser Begriff des „Geraden" ist unabhängig vom Begriff des Krummen. Damit sind die geometrischen Grundbegriffe in der Realität verankert, und das bedeutet: die euklidische Geometrie genießt den Vorrang unter den Geometrien.

OTTO: Du willst doch nicht behaupten, daß die euklidische Geometrie am besten der Struktur der Realität bzw. des Raumes entspricht? Da ist die moderne Physik aber anderer Meinung.

KARL: Ich behaupte gar nichts, am allerwenigsten eine geometrische Struktur des Raumes. Ich sage nur: diese technische Lösung paßt zur Vorgehensweise der Naturwissenschaft.

LEO: Die Geschichte vom gekrümmten Raum fängt mit Gauß an, hört aber nicht mit ihm auf, sondern wird 50 Jahre später von Einstein fortgesetzt.

OTTO: Vermutlich hatten ihn neue Fakten, denen die klassische Physik nicht gerecht wurde, dazu gezwungen.

KARL: Nein, was ihn antrieb, war der Wunsch, die Einheit der Physik zu retten. Die verschiedenen physikalischen Theorien, z.B. Mechanik und Wärmelehre einerseits, Elektrodynamik andererseits, schienen unvereinbar. Bei der Aufgabe, sie zu vereinigen, sah er sich vor dieselbe Alternative gestellt wie Gauß. Einstein entschied sich für gerades Licht und gekrümmten Raum. Davon handelt seine Allgemeine Relativitätstheorie.

OTTO: Wie bitte? Diese hochkomplizierten Überlegungen sollen sich nur um den Gegensatz von gerade und krumm drehen? Das ist ja zum Lachen.

KARL: Das Lachen wird dir gleich vergehen. Die Begriffe „gerade" und „krumm" stehen nämlich im Zentrum der klassischen Physik, die auf drei Newtonschen Prinzipien beruht: dem Trägheitsprinzip, dem Bewegungsprinzip und dem Prinzip von *actio* und *reactio*.

OTTO: Moment – ich schaue in meinem „Lehrbuch der Physik" (Grimsehl) nach:

Das Trägheitsprinzip: Jeder Körper verharrt im Zustand der Ruhe oder der geradlinigen, gleichmäßigen Bewegung, sofern er nicht durch einwirkende Kräfte gezwungen wird, ihn zu verändern.

Das Bewegungsprinzip: Die Änderung der Bewegung ist der Einwirkung der bewegenden Kraft proportional und geschieht nach der Richtung derjenigen geraden Linie, nach der jene Kraft wirkt.

Das Gegenwirkungsprinzip: Zu einer Wirkung besteht immer eine entgegengesetzt gerichtete und gleiche Gegenwirkung.

KARL: Ihr habt sicherlich das Wörtchen „geradlinig" bemerkt. Auch das Wörtchen „entgegengesetzt gerichtet" bedeutet „geradlinig".

LEO: Seltsam, daß Trägheit und Geradlinigkeit verbunden sind. Ein träger Mensch wäre dann ein geradliniger Mensch und Trägheit eine Tugend.

KARL: Dann hältst du Leute, die immer den kürzesten Weg durch Parkanlagen oder Blumenrabatten nehmen, für tugendhaft?

Trägheitssysteme

LEO: Wenn du einen Trägheitsbegriff suchst, der uns vertraut ist, dann mußt du bei Aristoteles nachschlagen. Sein Trägheitsprinzip besagt, daß jeder Körper das Bestreben habe, im Zustand der Ruhe zu verharren oder, falls er sich bewegt, zur Ruhe zu kommen.

OTTO: Dem machte Galilei den Garaus, als er die Bewegung der Erde um sich selbst gegen die Aristoteliker verteidigte. Und wurde so zum Vater der modernen Physik, in der nicht mehr die Ruhe, sondern die Bewegung der Normalzustand eines Körpers ist. Ruhe ist seit Galilei ein Extremfall von Bewegung.

KARL: Ja, die moderne Uminterpretation des Trägheitsprinzips war ein einschneidender Bruch mit der aristotelischen Wissenschaft.

LEO: Descartes hatte die Trägheit zu einem Grundprinzip der Physik gemacht, und für ihn war es ein Naturgesetz, ein Ausdruck göttlicher Vorausbestimmung, daß jeder materielle Teil, für sich betrachtet, nur in <u>gerader</u> Richtung, aber nie in gekrümmter seine Bewegung fortzusetzen strebt.

OTTO: Aber Gott hätte den Körpern auch gekrümmte Bahnen verordnen können.

LEO: Hat er aber nicht, und Descartes wußte auch den Grund:

> Der Grund zu diesem Gesetz ist ... die Unveränderlichkeit und Einfachheit der Wirksamkeit, mit der Gott die Bewegung in der Materie erhält. Denn er erhält die Bewegung genau in der Art, wie sie in dem Augenblick ist, wo er sie erhält, ohne Rücksicht auf die Art, die sie vielleicht vorher hatte. Und wenn auch keine Bewegung in einem Zeitpunkte geschieht, so ist doch offenbar jedes Bewegte in den einzelnen Zeitpunkten, die man während seiner Bewegung setzen kann, geneigt, seine Bewegung in der <u>geraden</u> Linie, niemals aber in einer Kurve fortzusetzen. [*Die Prinzipien der Philosophie*, 1644]

KARL: Offenbar schuf Gott das Universum in seiner großen Güte so, daß es der Vernunft unmittelbar einleuchtet, und das heißt: euklidisch. Auch das Trägheitsprinzip verdankte Descartes ja der Einsicht in das Wesen des göttlichen Uhrmachermeisters.

OTTO: Da haben wir es heute leichter, für uns ist die Trägheit eine Erfahrungstatsache. Wir verspüren sie bei jedem Anfahren und Bremsen eines Autos, in jeder Kurve.

KARL: Eine Tatsache, etwa ein simples „Verspüren", besagt gar nichts. Erst durch Interpretation, durch Einbeziehung in eine wissenschaftliche Theorie, gewinnt sie Bedeutung, vielleicht sogar Beweiskraft.

LEO: Für Descartes hatte das Trägheitsprinzip nichts mit Empfindung zu tun.

OTTO: Man kann nur staunen, was sich die alten Knaben von damals alles zusammenspekuliert haben. Aber das geht uns zum Glück nichts mehr an.

KARL: Da täuschst du dich. Nimmt man das Trägheitsprinzip zusammen mit der Überzeugung des Descartes, das Wesen der Materie sei die Ausdehnung, dann bedeutet das: Descartes geometrisierte die Physik. Daher ist die Frage nach „gerade" oder „krumm" keine Nebensächlichkeit.

OTTO: Aber durchgesetzt hat sich nicht die Physik des Descartes, sondern die Physik Newtons, und der war ein Gegner des Descartes.

KARL: Aber nicht aus wissenschaftlichen, sondern aus philosophischen und theologischen Gründen. Descartes glaubte, Gott hätte der Welt einen bestimmten Bewegungsimpuls verliehen, der bis in alle Ewigkeit erhalten bliebe und von Körper zu Körper weitergegeben würde. Newton dagegen glaubte, daß Gott der Materie Kraft zugeteilt hat.

LEO: Seltsam, daß sich die fernwirkende Anziehungskraft durchsetzen konnte. Viele Aufklärer sahen in ihr eine Wiederkehr der Magie durch die Hintertür. Denn die Anziehungskraft stammt aus der aristotelischen Lehre von der Sympathie und Antipathie der Körper, die in der Renaissance geläufig war. Newton schaffte es, die Anziehungskraft als universale Naturgesetzlichkeit mathematisch in die Mechanik zu integrieren und brachte so das Fallen des Apfels, das Kreisen der Planeten und die Gezeiten unter einen Hut.

OTTO: Und damit bekam die Mechanik ein anderes, dynamisches Gesicht.

KARL: An der Geradlinigkeit der Bewegung wird auch in der Newton-Physik nicht gerüttelt.

OTTO: Das heißt: die Natur ist ein System, in dem das Trägheitsprinzip gilt.

KARL: Besser gesagt: eine Menge von Trägheitssystemen. Der Physiker nennt sie Inertialsysteme - von lateinisch *inert* gleich *träge, untätig*.

OTTO: Wenn also zwei Eisenbahnzüge mit gleichmäßiger Geschwindigkeit auf gerader Strecke aneinander vorbeifahren, so sind das zwei Inertialsysteme. In beiden gelten die gleichen physikalischen Bedingungen, deshalb kann jedes wie ein absolut ruhendes System behandelt werden.

KARL: Ein Inertialsystem einführen bedeutet, Hindernisse, die der geradlinigen, gleichmäßigen Bewegung im Wege stehen, zu beseitigen. Der Physiker muß die Realität neu erfinden.

OTTO: Blödsinn!

KARL: Kein Blödsinn: Wer A gleich Trägheit sagt, der muß auch B gleich Kraft sagen. Hat man die Trägheit einmal eingeführt, dann entdeckt - oder postuliert - man neue Kräfte, z.B. Reibungskräfte, Zentrifugalkräfte, Corioliskräfte, man unterscheidet plötzlich zwischen Normalfall und Störung. Mit anderen Worten: die Realität wird mit Blick auf Trägheitssysteme neu geordnet.

LEO: Das Trägheitsprinzip als „Sesam öffne dich", das dem Physiker die Natur aufschließt!

KARL: Was da erschlossen wird, ist aber nicht die Natur an sich, sondern - wie Hegel sagen würde - die Natur für uns. Für uns als Physiker.

OTTO: Was willst du eigentlich! Es ist die eine Natur mit ein und denselben Naturgesetzen. Und da Newton davon überzeugt war, diese eine Natur werde überall von den gleichen Gesetzen bestimmt, konnte er die Gleichberechtigung aller Trägheitssysteme postulieren.

KARL: Gerade weil Einstein die Überzeugung Newtons teilte, bekam er Schwierigkeiten mit der zeitgenössischen Physik, genauer gesagt: mit der Maxwellschen Lichttheorie. Ihr zufolge bewegt sich Licht bzw. ein Lichtstrahl mit gleichmäßiger Geschwindigkeit geradlinig fort. Das Licht wird als ein Körper betrachtet, der sich gemäß dem Trägheitsprinzip in seinem Medium bewegt. Das hat Michelson in einem berühmten Experiment 1887 sogar in verschiedenen Trägheitssystemen nachweisen können.

OTTO: Welche Trägheitssysteme sollen das gewesen sein?

KARL: Beide Male das Trägheitssystem Erde, das sich einmal auf die Lichtquelle Sonne zubewegt, das andere Mal von ihr weg. Das Ergebnis irritierte die Physiker, denn beide Male wurde dieselbe Lichtgeschwindigkeit gemessen.

OTTO: Ach so, es ging um den sogenannten Äther, in dem sich, wie man annahm, das Licht bewegt. Man hatte analoge Verhältnisse wie beim Schall erwartet: Wenn sich eine Schallquelle auf den Beobachter zu bewegt, dann breitet sich der Schall schneller, in der Gegenrichtung langsamer aus als bei ruhender Schallquelle. Beim Licht war es nicht so. Die Konsequenz war, daß man den Äther gestrichen hat. Es gibt ihn nicht.

KARL: Das ändert nichts an dem Problem. Daß die Lichtgeschwindigkeit in zueinander bewegten Trägheitssystemen den gleichen Wert hat, widerspricht nämlich dem Prinzip von der Gleichberechtigung aller Trägheitssysteme. Das Experiment Michelsons enthüllte eine Diskrepanz innerhalb der klassischen Physik.

OTTO: Aber Einstein wäre nicht Einstein gewesen, wenn er das Mißverhältnis nicht hätte beseitigen können.

KARL: Es gab mehrere Lösungsmöglichkeiten. Aus Pietät gegenüber der klassischen Physik entschied sich Einstein dafür, die Maxwellsche Lichttheorie mit dem Hauptgrundsatz der klassischen Physik, dem Prinzip der Gleichberechtigung aller Trägheitssysteme, zu verbinden.

LEO: Aber wie?

KARL: Indem er die Maßstäbe relativierte, mit denen Raum- und Zeitmessungen durchgeführt werden.

OTTO: Ja, weil die Meßinstrumente zu wenig anzeigen, wenn sich das Trägheitssystem der Lichtquelle nähert, und zu viel, wenn sich das Trägheitssystem von der Lichtquelle entfernt. Im Endeffekt kommt immer die gleiche Lichtgeschwindigkeit heraus. Physikalisch bedeutet das: im einen Falle verkürzen sich die Meßinstrumente, im anderen verlängern sie sich.

LEO: Eine tollkühne Lösung!

KARL: Kühn, aber nicht tollkühn. Denn Einstein hatte in der Lichtgeschwindigkeit einen neuen absoluten Maßstab gefunden, auf den er alle Messungen beziehen konnte.

OTTO: Das Licht wird zum absoluten Trägheitssystem.

KARL: Ja, auch eine Theorie der Relativität kann nicht auf das Absolute verzichten.

Die Verzerrung der Zeit

Lichtgeschwindigkeit

LEO: Es irritiert mich, daß man für die Lichtgeschwindigkeit in allen Trägheitssystemen den gleichen Wert gemessen haben will, obwohl sich diese relativ zueinander bewegen.

KARL: Wenn die Wissenschaft A gesagt hat und das Licht als ein bewegtes Ding in einem nichtstofflichen Medium interpretiert, dann muß sie auch B sagen und diese Ungereimtheit in Kauf nehmen.

OTTO: Diese „Ungereimtheit" ist ein Faktum.

LEO: Aber mein Verstand sagt mir, daß das nicht sein kann. Wenn ich mich vom Licht weg bewege, dauert es notwendigerweise länger, bis es mich erreicht hat, als wenn ich mich auf das Licht zu bewege.

OTTO: Die Natur interessiert deine Logik nicht, Fakt ist, daß dich das Licht beide Male gleich schnell erreicht.

LEO: Das ist absurd! Die Geschwindigkeiten müssen sich subtrahieren bzw. addieren, es kann nicht anders sein.

KARL: Ein Faktum ist nur so viel wert wie seine Interpretation. Daher muß die Interpretation fehlerhaft sein. Der Widerspruch muß in der Theorie liegen.

OTTO: Das Prinzip der Gleichberechtigung aller Trägheitssysteme besagt, daß sie sich relativ zueinander bewegen und die Naturgesetze in jedem von ihnen die gleiche Form haben. Wenn ein Physiker Messungen macht, muß er sie auf irgendein Trägheitssystem beziehen, d.h. er wählt eines als absolutes aus. Alle anderen Trägheitssysteme sind dann automatisch relativ zu diesem.

KARL: Wir haben aber zwei Trägheitssysteme zugleich als absolut vorausgesetzt.

OTTO: Unsinn. Welche sollen das sein?

KARL: Inertialsystem Nummer eins ist die Erde als ruhendes System, relativ zu dem sich das Licht bewegt. In diesem System hat man den Wert der Lichtgeschwindigkeit mit 300.000 km/s bestimmt. Allerdings nicht relativ zu dem Medium, in dem sich das Licht bewegt, sondern relativ zum Beobachter. Und das widerspricht dem Galileischen Relativitätsprinzip, denn die Erde ruht nicht.

OTTO: Aber es gibt doch gar kein Medium, in dem sich das Licht bewegt, wie der Michelson-Versuch zeigt.

KARL: Der Michelson-Versuch setzt das Inertialsystem Nummer zwei voraus: die bewegte Erde im Äther. Aber ein Äther ließ sich nicht feststellen. Von einer Bewegung des Lichts, gar von Lichtgeschwindigkeit konnte keine Rede sein.

OTTO: Ich höre wohl nicht recht!

KARL: Demnach stand Einstein vor der Alternative: entweder die Erde ist ein Inertialsystem oder das Licht bewegt sich. Aber Einstein wollte beides. Er löste den Widerspruch auf, indem er die klassische Vorstellung von Raum und Zeit aufgab. Andere Physiker, z.B. Lorentz und Fitzgerald, fanden andere Lösungen, Aber die Auffassung Einsteins setzte sich durch.

LEO: Du meinst seine Relativierung der Maßstäbe? Das war so etwas wie das Durchhauen des gordischen Knotens. Daß Zollstock und Uhr keine verläßlichen Meßinstrumente mehr sein sollten, brachte sogar die öffentliche Diskussion in Wallung. Erstaunlich, daß sich die Relativitätstheorie durchsetzte.

KARL: Einstein erreichte damit, daß sowohl das klassische Prinzip von der Gleichberechtigung aller Trägheitssysteme als auch die Auffassung vom Licht als eines sich bewegenden Körpers in Kraft bleiben konnte. Und das Ganze hatte die Gestalt einer eleganten, mathematischen Theorie.

LEO: Aber alles Relative setzt etwas Absolutes voraus. Welches ist der neue, absolute Maßstab, auf den sich die relativierten Maßstäbe beziehen?

KARL: Wie schon gesagt: das neue absolute Maß ist die Lichtgeschwindigkeit.

OTTO: Beobachtbar sind nur Relativbewegungen von Bezugssystemen, aber niemals eine absolute Geschwindigkeit. Sie kann physikalisch gar nicht sinnvoll definiert werden.

KARL: Nein, umgekehrt! Da eine absolute Geschwindigkeit grundsätzlich unbeobachtbar ist, kann sie nur definiert werden. Und sie muß auch definiert werden, sonst könnte man ja nicht relativ zu ihr andere Geschwindigkeiten beobachten bzw. messen. Mit der Definition wird eine Norm gesetzt, ein Maßstab.

OTTO: Dann müßten auch die 300.000 km/s eine Festlegung sein. Aber die wurden doch gemessen!

KARL: Ja, in einer anderen Physik, unter anderen Bedingungen.

OTTO: In einer anderen Physik?

KARL: Ja, im geozentrischen Weltmodell des Aristoteles, mit der Erde als dem ruhenden Mittelpunkt des Universums.

OTTO: Das kann nicht sein.

KARL: Doch. Seit Aristoteles wird jede Veränderung als Ortsbewegung interpretiert. In diesem Sinne wird die Zeitdifferenz an beleuchteten Gegenständen als Ortsbewegung des Lichts aufgefaßt. Eine Ortsbewegung kann aber nur relativ zu einem Fixpunkt gemessen werden. Dieser Fixpunkt ist der wissenschaftliche Beobachter auf der ruhenden Erde.

OTTO: Was meinst du mit der Zeitdifferenz an beleuchteten Gegenständen?

KARL: Der erste, der die Lichtgeschwindigkeit gemessen hat, war der dänische Astronom Olaf Römer (1644-1710). Er stellte fest, daß sich die periodisch eintretende Verfinsterung eines Jupitermondes verspätet, wenn sich die Erde auf ihrer Bahn um die Sonne von einer jupiternahen zu einer jupiterfernen Position bewegt. Er erklärte das mit einer Ortsbewegung des Lichts, das auf seinem Weg zum jupiterfernen Beobachter eine zusätzliche Strecke zurückzulegen habe. Da die Strecke sowie die Zeitdifferenz der Verspätung bekannt sind, konnte er die Lichtgeschwindigkeit berechnen.

LEO: Und das widerspricht dem Relativitätsprinzip der modernen Wissenschaft.

OTTO: Das verstehe ich nicht. Wie kann man die Lichtgeschwindigkeit absolut setzen? Eine Geschwindigkeit kann doch nicht absolut sein. Wenn ich mit dem Fahrrad die Straße entlang fahre, dann bewege ich mich relativ zu den Häusern, z.B. mit 20 km/h, aber auch - mit viel höherer Geschwindigkeit - mit der Erde relativ zur Sonne usw. Also: wogegen bewegt sich das Licht?

KARL: Das ist ja der springende Punkt. Da kein Äther feststellbar ist, relativ zu dem sich das Licht bewegt, hat Einstein die Lichtgeschwindigkeit selbst zum absoluten Maß gemacht - und das kann man natürlich nicht messen. Und da Geschwindigkeit, also Weg/Zeit, durch das Weg- und Zeitmaß des jeweiligen Trägheitssystems gemessen wird, müssen sich diese Maßstäbe bei Annäherung an die Lichtquelle verkürzen, bei Entfernung verlängern.

LEO: Dann ist die Lichtgeschwindigkeit keine Bewegung. Sie ist die Zeit.

OTTO: Blödsinn.

KARL: Nein. Die Zeit wird ja als Veränderung wahrgenommen. Und wenn jede Veränderung als Ortsbewegung gilt, wird jede Zeitdifferenz auf Ortsbewegung zurückgeführt. Eine Uhr ist eine Vorrichtung, die eine gleichförmige Bewegung vollführt. Wenn die Bewegung der Uhr die verstreichende Zeit ist, dann ruht diese Bewegung.

OTTO: Wie kann denn eine Bewegung ruhen?

KARL: Sie ruht, weil sie nicht gemessen werden kann. Gemessen werden könnte sie nur relativ zu etwas Ruhendem, doch *per definitionem* ist sie selbst dieses Ruhende. Zeit kann nur für einen Körper vergehen, der sich relativ zur Bewegung des Uhrzeigers bewegt.

LEO: Richtig: Wenn unsere Uhr die Bewegung des Lichts ist, kann Zeit nur für einen Körper vergehen bzw. gemessen werden, dessen Bewegung davon abweicht. Ohne Abweichung keine Abstandsänderung, also keine Ortsveränderung.

KARL: Der fliegende Pfeil ruht, der alte Zenon ist nicht totzukriegen.

Gleichzeitigkeit

LEO: In der Einstein-Welt mit ihren gleichberechtigten Trägheitssystemen hat der Fixsternhimmel als Welten-Uhr ausgedient, es gibt keine allgemeine Weltzeit mehr.

OTTO: Wieso nicht? Wenn an zwei verschiedenen Orten der Welt etwas geschieht und Bewohner dieser Orte schauen auf die Welten-Uhr und lesen dieselbe Zeit ab, dann finden die Geschehnisse gleichzeitig statt.

KARL: Was heißt hier „gleichzeitig"? Spätestens seit 1675, als Olaf Römer das Licht in Bewegung setzte, können wir die Welten-Uhr nicht mehr unmittelbar ablesen, weil das Licht zum Informationsträger geworden ist. Informationen, die den Raum durchqueren, verbrauchen Zeit.

OTTO: Seit Olaf Römer wissen wir aber auch, daß sich das Licht mit einer Geschwindigkeit von etwa 300.000 km/s ausbreitet. Wenn wir den räumlichen Abstand zwischen Ableser und Welten-Uhr kennen, dann können wir die Übertragungszeit berechnen, den Ablesewert korrigieren und die Gleichzeitigkeit der Geschehnisse feststellen.

LEO: Aber wenn nun die Ableser in verschiedenen Trägheitssystemen sitzen? Der eine beispielsweise zu Hause auf dem Sofa, der andere in einem fahrenden Verkehrsmittel oder einem Raumschiff? Die bewegen sich relativ zueinander und zur Uhr.

KARL: Einstein erklärt das Problem am Beispiel eines Eisenbahnzuges, in den vorn und hinten gleichzeitig Blitze einschlagen. Wo muß sich ein Zuginsasse befinden, um die Blitze gleichzeitig wahrzunehmen?

OTTO: Natürlich genau in der Mitte des Zuges.

KARL: Ja, aber nur im stehenden Zug. Im fahrenden Zug müßte er weiter nach hinten gehen, um die Blitze gleichzeitig wahrzunehmen, weil sich der Zug auf das Licht des vorderen Blitzes zubewegt.

OTTO: Na gut, dann beziehen wir eben auch diese Relativgeschwindigkeiten in unsere Rechnung ein.

KARL: Das heißt: Ereignisse, die für den einen Beobachter gleichzeitig sind, müssen es für den anderen nicht sein. Gleichzeitigkeit ist für verschieden bewegte Beobachter etwas Verschiedenes.

LEO: Die Relativitätstheorie macht ihrem Namen alle Ehre.

KARL: Ich frage mich nur, ob es nicht dem Prinzip von der Einheit der Natur widerspricht, daß Gleichzeitigkeit relativ ist? Wie kann man die Einheitlichkeit der Natur zum Tabu machen und zugleich abstreiten, daß „jetzt" überall im Universum „jetzt" ist?

LEO: Es ist doch umgekehrt: eben weil das Einheitsprinzip tabu ist, muß man auf absolute Gleichzeitigkeit verzichten.

OTTO: Prima: In zwei gegeneinander bewegten Systemen relativiert sich die Gleichzeitigkeit. Aber dann muß es ein drittes System geben, aus dessen Sicht diese Gleichzeitigkeit relativiert ist.

KARL: Dieses dritte System ist die Relativitätstheorie. Die ist das absolut absolute System und setzt daher wieder absolute Gleichzeitigkeit voraus.

Umrechnungen

OTTO: Daß zwei Systeme sich relativ zueinander bewegen, heißt: sie stehen in einem bestimmten Verhältnis zueinander. Dieses Verhältnis kann mathematisch formuliert werden und gibt an, wie die Gleich- bzw. Ungleichzeitigkeiten des einen Systems in das andere umzurechnen sind.

LEO: Stimmt. In allen Trägheitssystemen sollen nach dem Einheitsprinzip der Natur dieselben physikalischen Gesetzmäßigkeiten gelten, also dieselben physikalisch-mathematischen Formeln.

OTTO: Das kann man nicht oft genug wiederholen.

LEO: Aber wie sieht der Umrechnungsfaktor aus?

OTTO: In der klassischen Physik nennt man ihn „Galilei-Transformation".

LEO: Und wie funktioniert er?

OTTO: Stell dir vor, am Ufer eines Kanals steht ein Beobachter und will feststellen, mit welcher Geschwindigkeit ein Passagier auf einem vorbeifahrenden Dampfer von hinten nach vorn geht. Der Beobachter erklärt das Ufer zum ruhenden System, den Dampfer zum bewegten System. Eine erste Messung ergibt, daß der Passagier relativ zum Ufer eine Geschwindigkeit von 15 km/h entwickelt, eine zweite ermittelt als Geschwindigkeit des Dampfers gegenüber dem Ufer 10 km/h. Die Geschwindigkeit des Passagiers gegenüber seinem eigenen System, dem Dampfer, beträgt also 5 km/h.

KARL: Das heißt: die Galilei-Transformation korrigiert die Messungen, die der Physiker in dem relativ zum eigenen System bewegten System macht, um die Relativgeschwindigkeit zwischen beiden Systemen.

OTTO: Und da sich in der klassischen Physik beide Systeme im gleichen absoluten Raum und in der gleichen absoluten Zeit befinden, können alle Messungen mit dem gleichen Maßstab und der gleichen Uhr durchgeführt werden. Ortskoordinaten und Zeitkoordinate bleiben unabhängig voneinander.

LEO: Aber die Sache sieht ganz anders aus, wenn wir als absolutes Maß die Lichtgeschwindigkeit wählen.

OTTO: Ja, dann müssen wir als Umrechnungsfaktor die sogenannte Lorentz-Transformation anwenden. Der Beobachter am Ufer kann ja seine Maßstäbe und Uhren mit denen des Dampfers nicht direkt, sondern nur über das Licht als Vermittlungsinstanz vergleichen, das die endliche Geschwindigkeit von **c** = 300.000 km/s hat. Lorentz hat ermittelt, daß ein Körper mit der Geschwindigkeit **v** in Bewegungsrichtung - proportional zur Größe - schrumpft, und zwar um den Wert

KARL: Genauer gesagt: der Beobachter am Ufer mißt diese Verkürzung.

$$\frac{1}{\sqrt{1-\frac{v^2}{c^2}}}$$

OTTO: Das ist dasselbe.

KARL: Finde ich nicht. Der Unterschied bezeichnet etwas, was viele Naturwissenschaftler leugnen: ihre Metaphysik. Sein heißt für sie Gemessensein. Die Verkürzung des Körpers wird gemessen, also folgt, daß der Körper durch die Bewegung um diesen Wert zusammengequetscht wird.

OTTO: So dachte jedenfalls Lorentz, der den Äther retten wollte. Doch damit verstieß er gegen das Trägheitsprinzip, welches besagt, daß ein Körper, der sich gleichmäßig und geradlinig bewegt, keinen Kräften ausgesetzt ist. Da quetscht nichts und niemand etwas zusammen.

KARL: Es ging um das kleinere Übel. Einstein hat sich für das Trägheitsprinzip und gegen den Äther entschieden, während Lorentz lieber am absoluten Raum und der absoluten Zeit, an objektiver Gleichzeitigkeit und objektiver Masse festhalten wollte.

OTTO: Dafür hatte Lorentz Körper, die geschwindigkeitsabhängig sind. Sie werden in Bewegungsrichtung zusammengedrückt, und zwar desto mehr, je größer ihre Geschwindigkeit ist, bei Lichtgeschwindigkeit sogar auf die Länge Null.

LEO: Und bei Einstein sind es die Meßinstrumente, die geschwindigkeitsabhängig sind. Lorentz hat es mit schrumpfenden Körpern, Einstein mit schrumpfenden Meßwerten der Körper zu tun.

OTTO: Geschwindigkeit bedeutet Ortsveränderung. Das ist bei Newton so und das hat sich bei Einstein nicht geändert.

KARL: Aber Einstein hat die Lichtgeschwindigkeit zur absoluten Maßeinheit gewählt, womit auch Weglänge und Zeit absolut sind - und daher in gegeneinander bewegten Systemen relativ. Da das Geschwindigkeitsmaß Raum und Zeit zusammenspannt, sind die Orte im Raum durch die drei Ortskoordinaten nicht mehr eindeutig bestimmt, es muß ihnen noch eine Zeitkoordinate zugeordnet werden. Die vierdimensionale Einheit aller Raum-Zeit-Punkte nennt man „Raumzeit".

OTTO: Dann besorgt also die Lorentz-Transformation die Korrektur der Meßwerte, indem sie Orts- und Zeitkoordinaten in Abhängigkeit voneinander und von der Lichtgeschwindigkeit umrechnet.

KARL: Daß die Lichtgeschwindigkeit tatsächlich als Maßeinheit definiert ist, zeigt sich, wenn wir in die Lorentz-Transformation für die Lichtgeschwindigkeit einen unendlich großen Wert einsetzen, was ja die Position der klassischen Physik ist. Dann erhalten wir nämlich die Galilei-Transformation.

LEO: Und wie sieht's aus, wenn wir uns auf den Standpunkt der Allgemeinen Relativitätstheorie stellen? Die behandelt ja alle Systeme, ob beschleunigt oder nicht, als gleichberechtigt.

OTTO: Auch unter diesen Verhältnissen läßt sich ein und dieselbe Physik betreiben. Allerdings ist der Umrechnungsfaktor, der die formale Gleichheit der physikalischen Gesetzmäßigkeiten gewährleistet, noch komplizierter als die Lorentz-Transformation.

KARL: All diese Umrechnungen setzen voraus, daß der Beobachter eines der Trägheitssysteme als ruhend wählt. Er ist somit in einer ähnlichen Lage wie der Quantenphysiker, der ja auch zwischen den Perspektiven „Teilchen" oder „Welle" wählen muß. Also ist der Physiker als erkennendes Subjekt der absolute Bezugspunkt. Er ist es, der auswählt.

OTTO: Damit ist in der Allgemeinen Relativitätstheorie aber Schluß. In ihr hat die Physik ihren absoluten, subjektunabhängigen Status zurückgewonnen.

KARL: Ganz schön paradox!

Grenzfälle

KARL: Sobald man Längen und Zeiten in zwei gegeneinander bewegten Systemen mittels Lorentz-Transformation umrechnet, befindet man sich in einem dritten, absoluten System, auf das die beiden relativierten Systeme bezogen sind. Darin besteht ja ihre Relativität. Und das hat paradoxe Konsequenzen.

OTTO: Schon wieder Paradoxes?

KARL: Ja, zum Beispiel das sogenannte Zwillings-Paradoxon.

LEO: Worum geht es?

KARL: Der eine Zwilling steigt in ein Raumschiff und fliegt los, während der andere Zwilling auf der Erde bleibt. Jeder der beiden betrachtet sein eigenes System als ruhend. Beide beobachten, daß die Uhr des jeweils anderen Zwillings um so langsamer vorrückt, je schneller sie sich voneinander entfernen. Beide stellen auch eine Schrumpfung der Längenverhältnisse fest.

OTTO: Das ist doch nicht paradox. Denn die jeweils beim anderen abgelesene Uhrzeit ist ja eine Information, die den Weg von der Uhr zum Auge per Lichtpost zurückgelegt hat, und das kostet selbst Zeit. Entsprechendes gilt für die Schrumpfung der Länge.

LEO: Da die Schrumpfung der Länge aus einer Zeitdifferenz berechnet wird, handelt es sich um ein Zeitproblem. Eigentlich ist es die Zeit, die schrumpft. Unser absoluter Maßstab, die Lichtgeschwindigkeit, koppelt ja Längenmaß und Zeitmaß zusammen.

KARL: Die Geschichte geht noch weiter: Wenn der Raumschiff-Zwilling eine Zeitlang mit mehr als halber Lichtgeschwindigkeit immer geradeaus geflogen ist und dann auf demselben Wege zurückkehrt, dann erwartet ihn eine Überraschung: im Raumschiff ist weniger Zeit vergangen.

OTTO: Wieso denn? Wegen der Relativität der Systeme Erde und Raumschiff gilt für beide dasselbe. Für den Raumschiff-Zwilling ist es die Erde, die mit mehr als halber Lichtgeschwindigkeit immer geradeaus und wieder zurück fliegt. So wie du die Sache geschildert hast, sind beide Systeme spiegelverkehrt. Bei der Rückkehr müßten also beide Uhren gleich gehen.

KARL: Eben nicht. Das ist ja das Paradoxe.

OTTO: Und wie erklärt man das?

KARL: Das Raumschiff ist, streng genommen, kein Inertialsystem, denn es wird beim Losfliegen und beim Umkehren jeweils beschleunigt und abgebremst. Dabei treten Trägheitskräfte auf, die auf die Uhr einwirken, aber beim Umrechnen der Zeit mittels Lorentz-Transformation nicht berücksichtigt werden.

LEO: Daß wir so reden können, hängt mit dem dritten, dem absoluten System zusammen. Dieses dritte System, gleichsam der Träger des Lichts, d.h. so etwas wie ein immaterieller Äther, ist ja gegenüber der Lorentz-Transformation invariant. In ihm können wir absolute Messungen durchführen.

KARL: Schnelles Reisen im Raumschiff scheint ein Jungbrunnen zu sein.

LEO: Ja, wenn sich Lebenszeit auf Ortsbewegung zurückführen läßt, und Beschleunigung und Abbremsung die Lebensvorgägne verlangsamen, dann könnten wir uns der Unsterblichkeit annähern, wenn unser Trägheitssystem sich der Lichtgeschwindigkeit annähert.

OTTO: Warum nur annähern: in einem Trägheitssystem, das sich mit Lichtgeschwindigkeit bewegt, vergeht überhaupt keine Zeit.

KARL: Freue dich nicht zu früh. Ein Körper, der sich mit Lichtgeschwindigkeit bewegt, hat nämlich keine Dauer, denn wenn keine Zeit vergeht, kann auch nichts andauern. Und mehr noch: da die Dauerhaftigkeit in der Physik durch die Masse repräsentiert wird, kann ein Körper, der sich mit Lichtgeschwindigkeit bewegt, keine Masse haben.

OTTO: Ein Körper ohne Masse ist kein Körper. Körper sind definiert durch endliche Ausdehnung und Masse, die sich physikalisch als Trägheit, also als Widerstand des Körpers gegen eine Änderung seines Bewegungszustands äußert.

LEO: Na also. Es ist nichts mit der Unsterblichkeit.

KARL: Aber wie steht es mit dem Licht selbst, das sich bekanntlich mit Lichtgeschwindigkeit bewegt. Es wird ja ebenfalls als Körper aufgefaßt, weil es sich durch den Raum bewegt, z.B. in Gestalt geschoßähnlicher Teilchen, der Photonen, die beim Aufprall Wechselwirkungen auslösen.

OTTO: Die Photonen haben keine Masse. Insofern ist Licht kein Körper.

KARL: Du hättest sagen sollen: die Photonen d ü r f e n keine Masse haben. Wenn man nämlich das Licht als absolutes Maß definiert, d.h. seine Ausbreitung als gleichmäßig und geradlinig, seine Geschwindigkeit als größtmögliche festlegt, dann dürfen die Photonen durch nichts, auch nicht durch Massenanziehung, aus ihrem Bewegungszustand gelenkt werden.

OTTO: Wenn die Photonen keine Masse haben, also keine Körper sind, wie können sie dann beim Aufprall Wirkungen hervorrufen?

LEO: Photonen haben nur im Ruhezustand keine Masse.

KARL: Aber ruhende Photonen bedeuten ruhendes Licht. Was ist das? Lichtlosigkeit, also Dunkelheit? Nein, Licht - im physikalischen Sinne - kann nicht ruhen. Und wenn es sich bewegt, haben die Photonen Masse und können auch abgelenkt werden.

OTTO: Warum schreibt man ihnen dann eine Ruhemasse Null zu?

KARL: Das ist Definitionssache. Das Photon verdankt seine Existenz der Tatsache, daß Metall unter der Einwirkung von ultraviolettem Licht positiv geladen wird. Man erklärt diese Beobachtung damit, daß Licht in Gestalt der Photonen aus dem Metall Elektronen herausschlägt. Dieses Phänomen nennt man „photoelektrischen Effekt".

OTTO: Um etwas „herausschlagen" zu können, muß das Photon Masse besitzen, denn der Aufprall eines masselosen Teilchens kann nichts bewirken. Andererseits darf das Photon aber keine Masse haben. Was nun?

LEO: Die Physiker unterscheiden von der Ruhemasse des Körpers eine Impulsmasse, die um so größer ist, je schneller sich der Körper bewegt.

KARL: Simsalabim!

LEO: Die Masse ist geschwindigkeitsabhängig. Je größer die Geschwindigkeit eines Körpers, desto größer seine Masse. Deshalb kann kein Körper, der eine Ruhemasse besitzt, die Geschwindigkeit des Lichts erreichen, denn dann würde seine Masse unendlich groß.

KARL: Was nützt den Photonen die Geschwindigkeitsabhängigkeit der Masse, wenn ihre Ruhemasse Null ist! Aus nichts wird nichts. Und da Licht die Gesamtheit der Photonen ist, gilt das für das Licht insgesamt.

OTTO: Das „Herausschlagen" von Elektronen ist eine Tatsache, also müssen Photonen eine Impulsmasse haben.

KARL: Sonderbar! Der Lichtkörper, der sich ja mit der größtmöglichen Geschwindigkeit bewegt, hat entweder eine unendlich große träge Masse oder er hat überhaupt keine Masse, so daß eine Kraft, die den Bewegungszustand ändern wollte, keinen Angriffspunkt hätte. Aber wäre Licht dann noch ein Körper?

OTTO: Da die Naturwissenschaft alle Bewegung letztlich als Ortsbewegung begreift, muß Licht ein Körper sein. Das, was sich von Ort zu Ort bewegt, ist ein Körper, der sich relativ zu einem Bezugssystem bewegen muß. Sonst hat es ja keinen Sinn, von Ortsbewegung zu sprechen.

KARL: Das Bezugssystem, relativ zu dem sich der Lichtkörper bewegt, ist aber seine eigene Geschwindigkeit. Da beißt sich der Hund in den Schwanz!

LEO: Der Hund zeigt ein Axiom an: das Licht als absolutes Maß.

OTTO: Einstein hat die Lichtgeschwindigkeit zwar zum absoluten Maß gemacht und als Fundamentalgeschwindigkeit festgelegt. Aber nehmen wir mal an, unser Raumschiff braust mit ¾-Lichtgeschwindigkeit dahin und der Raumfahrer rennt mit ¾-Lichtgeschwindigkeit von hinten nach vorn, dann bewegt er sich mit 1½-facher Lichtgeschwindigkeit. Was nun?

KARL: So wie die Physik konzipiert ist, kann kein Körper Lichtgeschwindigkeit erreichen. Das folgt aus dem relativistischen Additionstheorem - mit implantierter Lorentz-Transformation.

LEO: Man munkelt, daß sich Materiewellen mit Überlichtgeschwindigkeit ausbreiten. Aber dann müßte sich die Zeit umkehren und negative Zeit vergehen. Die Wirkung geschähe vor ihrer Verursachung, ein übles Schlamassel für die Wissenschaft.

OTTO: Man will Experimente gemacht haben, die genau das nahelegen.

KARL: Dann kann man ja diese größere Geschwindigkeit als Fundamentalgeschwindigkeit wählen.

LEO: Aber die Signalübertragung durch das Licht ist die Voraussetzung des Messens. Eine neue Fundamentalgeschwindigkeit müßte dies ebenfalls leisten.

OTTO: Wir brauchen einen neuen Einstein, der das Problem bereinigt.

Gravitation

KARL: Für den Philosophen entbehrt es nicht der Ironie, daß die Spezielle Relativitätstheorie, die erfunden wurde, um die Einheit der Physik wiederherzustellen, mit ihrer Existenz dieser Einheit fast noch mehr im Wege stand als zuvor die Maxwellsche Theorie.

OTTO: Das verstehe ich nicht.

KARL: Der Zweck der Speziellen Relativitätstheorie war es doch, den Widerspruch zwischen der Maxwellschen Lichttheorie und dem klassischen Grundsatz von der Gleichberechtigung aller Trägheitssysteme zu beseitigen. Es gibt aber nicht nur Inertialsysteme, sondern auch beschleunigte Koordinatensysteme. Von denen handelt die Gravitationstheorie: die Theorie von der Massenanziehung.

OTTO: Ach so, du meinst die Unverträglichkeit von Spezieller Relativitätstheorie und Newtonscher Gravitationstheorie. Die hat Einstein mit seiner Allgemeinen Relativitätstheorie unter einen Hut bringen können. Da müßte dem Philosophen eigentlich die Schadenfreude im Hals steckenbleiben.

KARL: Fragt sich bloß, wie er das gemacht hat.

OTTO: Er hat gefordert, daß nicht nur Trägheitssysteme, sondern alle Koordinatensysteme gleichberechtigt sein sollen. Das ist Inhalt der Allgemeinen Relativitätstheorie.

KARL: Ja, das ist wirklich allgemeine Relativität! Aber kann man von der Natur etwas fordern?

LEO: Von der Natur? Einsteins Forderung richtete sich an die physikalische Theorie, also an ein bestimmtes Naturmodell. Sie lief darauf hinaus, das Postulat von der Gleichberechtigung aller Trägheitssysteme zu verallgemeinern.

KARL: Gleichheitsforderungen sind ja beliebt, aber die Konsequenzen sind - im Wortsinne - gravierend.

OTTO: Wieso?

KARL: Weil Gravitation und Trägheit Begriffe sind, die einander ausschließen. Wo ein Körper in seinem gleichförmigen Bewegungszustand verharrt, da wirkt keine Gravitation - und umgekehrt.

LEO: Aber die Begriffe bedingen einander auch. Gravitation erweist ihre Existenz dadurch, daß sich der Bewegungszustand eines Körpers ändert, also seine Trägheit überwunden wird. Umgekehrt erweist Trägheit ihre Existenz im Widerstand gegen die Änderung des Bewegungszustands.

KARL: Die Gleichbehandlung aller Bezugssysteme, ob beschleunigt oder nicht, läuft also darauf hinaus, daß ein Trägheitssystem, das unter dem Einfluß der Schwerkraft aus seiner geradlinigen Bahn oder aus seiner gleichmäßigen Geschwindigkeit abgelenkt wird und daher gar kein Trägheitssystem mehr ist, sich trotzdem geradlinig und mit gleichmäßiger Geschwindigkeit bewegt. Das ist unmöglich.

OTTO: Du hast das etwas drastisch formuliert, aber Einsteins Allgemeine Relativitätstheorie beweist, daß es doch möglich ist.

KARL: Kann man Entgegengesetztes zusammenzwingen?

LEO: Man kann es auflösen. Was bedeutet denn die Forderung nach Gleichberechtigung aller Bezugssysteme? Daß es egal sein muß, ob die Bewegung eines Körpers von der Trägheit oder von der Schwerkraft bestimmt wird. Daher postuliert Einstein die Gleichheit von träger und schwerer Masse und, daraus folgernd, von Trägheits- und Schwerebeschleunigung.

OTTO: Und dabei kann er sich auf Messungen stützen.

LEO: „Stützen" ist ein zu starkes Wort, denn andere Messungen, z.B. in einem anderen Winkel des Universums, könnten die Sachlage jederzeit ändern.

KARL: Wenn wir also den Gegensatz zwischen Kraft und Masse abschaffen, den Newton einst einführte, was bedeutet, daß wir nicht mehr zwischen träger und schwerer Masse unterscheiden, dann kann die Geschwindigkeitsänderung eines Körpers nicht mehr ein Maß dafür sein, daß eine Kraft auf ihn einwirkt.

LEO: Geradlinigkeit ist nicht mehr ein Maß für kräftefreie Bewegung. Andersherum gesagt: eine gekrümmte Bahn zeigt nicht mehr die Einwirkung einer Kraft an.

OTTO: Höre ich da die Wörter „gerade" und „krumm"?

LEO: Du hast richtig gehört. Diese Begriffe stehen zur Disposition, denn unser altes Trägheitsprinzip, welches besagt, daß ein Körper sich geradlinig und gleichförmig bewegt, sofern keine Kräfte auf ihn einwirken, hat ausgedient.

KARL: Wir wissen also nicht mehr, was „gerade", „krumm" oder „gleichförmig" heißt, die Begriffe wurden relativiert.

LEO: Ja, die Begriffe sind zur Neuverwendung freigegeben. Wir brauchen ein erweitertes Prinzip, das den neuen Verhältnissen gerecht wird, aber die altbewährte Physik nicht verleugnet.

KARL: Das klingt geheimnisvoll.

LEO: Des Rätsels Lösung ist genial einfach: Einstein ersetzte die geradlinig-gleichförmige Bewegung durch die Bewegung, die dem freien Fall folgt.

KARL: Das ist eine beschleunigte Bewegung, eine Bewegung unter Einfluß der Schwerkraft. Diese Bewegung war es doch, aus der die Physiker einst auf die Existenz einer Massenanziehungskraft geschlossen haben.

LEO: Ja, aus Sicht der Newtonschen Physik und der Speziellen Relativitätstheorie. Aus Sicht der Allgemeinen Relativitätstheorie ist der freie Fall eine kräftefreie, also geradlinig-gleichförmige Bewegung. Das ist eben der Knalleffekt der Allgemeinen Relativitätstheorie.

KARL: Verrückt!

LEO: Dieser Gewaltakt verrückt tatsächlich die Perspektive. Wie genial diese Einsteinsche Konstruktion ist, kannst du am Licht bewundern. Die Spezielle Relativitätstheorie hat festgelegt, daß sich Licht nach allen Seiten geradlinig-gleichförmig und mit der größten überhaupt möglichen Geschwindigkeit ausbreitet. Die Lichtgeschwindigkeit wurde zur absoluten Maßeinheit, denn auch eine Relativitätstheorie kommt nicht ohne etwas Absolutes aus, auf das sie sich bezieht.

OTTO: Aber die Physiker haben auch herausgefunden, daß das Licht der Massenanziehungskraft unterworfen ist, sich also weder geradlinig noch gleichförmig bewegen kann.

LEO: Aus Sicht der klassischen Physik hast du recht. In der Speziellen Relativitätstheorie aber ist das Licht zum Maßstab gemacht worden. Ein Maßstab ist eine Festlegung, eine Norm, und kann nicht gemessen werden. Was gerade, was krumm, was gleichförmig sein soll, bestimmt das Bezugssystem mit seinen vorab festgelegten Koordinaten und Maßeinheiten.

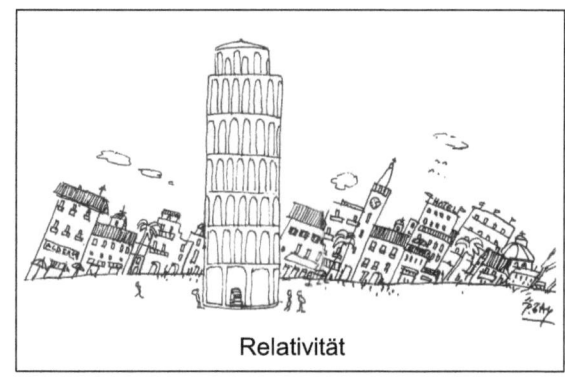

Relativität

OTTO: Das Bezugssystem der klassischen Physik ist die euklidische Geometrie mit ihren geradlinigen Koordinaten. Was wir jetzt brauchen, ist eine Geometrie, deren Koordinaten genau so gekrümmt sind wie die Lichtstrahlen unter dem Einfluß der Gravitation. Dann bewegen sich die Lichtstrahlen geradlinig.

LEO: Bravo! Jetzt denkst du wie Einstein.

OTTO: Einstein hat die Physik auf den Kopf gestellt.

KARL: Das ist relativ. Vielleicht hat er sie auch vom Kopf auf die Füße gestellt. Er hat Schwerkraft und Trägheit, die Newton - in seinem Kampf gegen Descartes - gegeneinanderstellte, gleichsam vereinigt und so die Physik wieder geometrisiert. Damit entfällt auch das ärgerliche Rätsel, wie es kommt, daß eine Kraft - die Gravitation - durch den leeren Raum hindurch wirken kann.

OTTO: Die Physik geometrisieren – das hört sich komisch an!

KARL: Einstein wählte die sogenannte Riemannsche Geometrie - benannt nach ihrem Erfinder Bernhard Riemann (1826-1866). Sie ist so etwas wie eine Verallgemeinerung der euklidischen Geometrie. In ihr werden verschiedene Krümmungsgrade unterschieden. Euklidische Geraden, Flächen und Räume bekommen den Krümmungsgrad Null und sind damit Sonderfälle der Riemannschen Geometrie.

OTTO: Heißt das, die Riemannschen Geraden, Ebenen und Räume sind gekrümmt?

KARL: Gekrümmt aus euklidischer Sicht, und zwar gleichmäßig konvex. Es ist eigentlich ganz einfach. Solche gleichmäßig konvex gekrümmten Koordinaten sind z.B. die Längen- und Breitengrade der Erde. Gekrümmte Koordinaten spannen zwischen sich eine gekrümmte Fläche auf, z.B. die Erdoberfläche. Auf dieser konvex gekrümmten Fläche ist die kürzeste Verbindung zwischen zwei Punkten eine konvex gekrümmte Linie. Die kürzeste Verbindung zweier Punkte nennt man bekanntlich eine Gerade, also ist der Kreisbogen in dieser Geometrie gerade.

OTTO: Klar. Wenn man das Krumme als gerade definiert, muß das Gerade krumm werden. Aber was hat das mit Physik zu tun?

LEO: Einstein machte das, was euklidisch „gerade" heißt, von der Verteilung der Materiemassen im Raum abhängig. Das heißt: er definierte „geradlinig" als Linie des freien Falls, die sogenannte geodätische Linie. Die geodätische Linie ist gerade, wenn die Koordinaten Linien sind, deren Krümmung der Schwereverteilung im Raum folgen. Mittels der Riemannschen Geometrie lassen sich solche Verhältnisse mathematisch erfassen.

KARL: So wie Descartes dem Raum eine euklidische Geometrie, so implantierte Einstein dem Raum eine Riemannsche Geometrie. Deshalb kann er vom gekrümmten Raum reden.

LEO: Einstein erreichte mit der Riemannschen Geometrisierung, daß das, was in der klassischen Physik und in der Speziellen Relativitätstheorie „Trägheitsprinzip" heißt, auch in der Allgemeinen Relativitätstheorie seine Entsprechung hat.

KARL: Nur - die Bewegung eines Körpers gemäß dem alten Trägheitsprinzip ist eine gleichförmige, während sie entlang der geodätischen Linie eine beschleunigte, mithin einer Kraft unterworfene ist.

LEO: Aus Sicht der Allgemeinen Relativitätstheorie gibt es diese Kraft nicht. Sie ist eine Scheinkraft, so wie in der klassischen Physik die Zentrifugalkraft oder die Corioliskraft Scheinkräfte sind. Formal gilt jedenfalls ein „Trägheitsprinzip" für die gesamte Physik.

OTTO: Ich glaube, wir wissen jetzt, was ein gekrümmter Raum ist. Der physikalische Raum, der ja ein von materiellen Körpern durchsetzter oder - aus klassischer Sicht - von Massenanziehungskräften durchwalteter Raum ist, hat eine gekrümmte Struktur.

KARL: Ja, weil wir ihm eine gekrümmte Struktur implantiert haben - „gekrümmt" im euklidischen Sinne. Wenn man dies nicht hinzufügt, ist man ein Etikettenschwindler.

OTTO: Aber diese Struktur, nämlich die Riemannsche Geometrie, wurde ihm nur deshalb implantiert, weil die physikalische Realität dies erzwang. Die Welt ist eben so!

KARL: Haben wir nicht lang und breit diskutiert, daß der Zwang nicht vom Raum, sondern von der widersprüchlichen Raumauffassung der klassischen Physik ausging? Von ihren Begriffen und Prinzipien, von der Idee einer einheitlichen Theorie? Der arme Raum muß es büßen.

Theoriekosten

LEO: Sonderbar: diese Umdeutung von Raum und Zeit, all diese für die Alltagserfahrung bizarren Konsequenzen der Relativitätstheorie.

OTTO: Das ist der Preis des wissenschaftlichen Fortschritts.

KARL: Aber es gab keinerlei Zwang in Gestalt von unerklärten Tatsachen bzw. Widersprüchen zwischen Theorie und experimenteller Praxis, der eine neue Theorie notwendig gemacht hätte. Es gab einerseits die klassische Physik, und andererseits die Maxwellsche Theorie, die jede für sich befriedigend funktionierten.

OTTO: Du vergißt, daß das Michelson-Experiment einen Widerspruch zwischen klassischer Physik und Maxwellscher Theorie aufgezeigt hat, nämlich die Tatsache, daß das Licht in allen Trägheitssystemen, egal wie die sich bewegen, die gleiche Geschwindigkeit hat.

KARL: Aber diese Tatsache stört nur, wenn man beide Theorien zusammendenkt.

LEO: Mit anderen Worten: Der Stein des Anstoßes war ästhetischer Art.

OTTO: Das nennst du „ästhetisch“?

LEO: Ich hätte auch „metaphysisch“ sagen können. Jedenfalls steht im Hintergrund die Idee des Kosmos, der „schönen Ordnung“.

OTTO: Ebenso wie Descartes oder Newton war Einstein natürlich von der Einheit der Natur überzeugt, also davon, daß die Natur überall von den gleichen Gesetzen durchwaltet wird. In allen relativ zueinander bewegten Systemen sollte dieselbe Physik mit gleichen Chancen auf die gleichen Erkenntnisse betrieben werden können.

KARL: Ja, daß Newton-Physik und Maxwell-Physik selbständig nebeneinander standen, war Einstein ein unerträglicher Gedanke. Erst die Relativitätstheorie, die beide umfaßte, entsprach seiner Vorstellung einer schönen Ordnung.

LEO: Aber die vom Aristotelismus angenommene Zweiteilung des Kosmos in eine irdische und eine himmlische Natur wurde doch auch nicht als störend empfunden. Der berühmte Astronom Ptolemäus (ca. 100-180) soll den Gedanken einer größeren Einheitlichkeit der Theorie sogar ausdrücklich als bloß formal abgelehnt haben.

KARL: Daß die moderne Physik formal auch anders hätte weitergehen können, demonstrierten ja die Physiker Lorentz und Fitzgerald, indem sie sich für die Beibehaltung des Äthers und damit gegen den Grundsatz von der Gleichberechtigung aller Trägheitssysteme entschieden. Aber es ging nicht nur ums Formale. Das Prinzip von der Einheit der Natur drückt die Überzeugung aus, daß die physikalische Theorie eine ontologische Ordnung widerspiegelt.

LEO: Und das hat Konsequenzen, zum Beispiel die Überzeugung, daß man im Zuge des wissenschaftlichen Fortschritts der Wahrheit immer näher komme und die ontologische Ordnung immer besser abbilde.

KARL: Das ist Metaphysik reinsten Wassers.

OTTO: Das glaube ich nicht. Tatsache ist, daß Newton mit dem Unterschied zwischen himmlischer und irdischer Physik aufräumte und eine einheitliche Theorie formte. Ebenso vereinigte Einstein die Newton-Physik mit der Maxwellschen Lichttheorie in seiner Speziellen Relativitätstheorie, dann diese mit der Gravitationstheorie in seiner Allgemeinen Relativitätstheorie.

KARL: Nur die Vereinigung mit der Quantenphysik läßt noch auf sich warten. Die „Weltformel“ ist noch nicht gefunden.

OTTO: Aber inzwischen haben scharfsinnige Köpfe die sogenannte Stringtheorie ausgetüftelt, die behauptet, daß Materie nicht aus Atomen besteht – im Sinne kleinster Teilchen, sondern aus schwingenden Linien oder Fäden: den eindimensionalen „strings“.

LEO: Davon habe ich auch schon gehört. Die Stringtheorie gilt als die ersehnte Verbindung zwischen Quantentheorie und Relativitätstheorie.

KARL: Ja, aber auf sehr abenteuerliche Art und Weise: auf den Krücken von – höre und staune – mindestens elf mathematischen Dimensionen, die Räume „höherer Ordnung“ aufspannen. Einige sollen „eingerollt“ sein.

OTTO: Lache nur. Die Theorie ist, wie versichert wird, mathematisch konsistent. Die Versuche, sie in unserer Alltagssprache zu beschreiben, sie anschaulich zu machen, sind – wenn überhaupt – nur grobe Annäherungen.

LEO: Die Verhältnisse in den Urgründen des Universums lassen sich nicht veranschaulichen. Wer kann sich schon einen 11-dimensionalen Raum vorstellen!

KARL: Mathematiker können sich vieles ausdenken. Aber hat das etwas mit der Beschaffenheit der Realität zu tun?

OTTO: Jedenfalls kann die Stringtheorie theoretische Unvereinbarkeiten zwischen der Quantenphysik und Einsteins Allgemeiner Relativitätstheorie der Gravitation auflösen. Damit bewahrheitet sich wieder einmal Galileis bekannter Satz, das Universum sei ein Buch, das in mathematischer Sprache geschrieben ist.

KARL: Auch die Epizyklen-Theorie des Ptolemäus ist in mathematischer Sprache geschrieben. Und obwohl die damaligen Astronomen die Planetenbewegungen mit ihr exakter bestimmen konnten als mit der kopernikanischen Theorie, wurde sie von der neuzeitlichen Wissenschaft verworfen.

LEO: Ja, weil die Epizyklen nur hypothetische Kreisbahnen waren, die den Planeten zugeschrieben wurden, um die fixe Idee zu retten, daß die Planeten sich auf Kreisbahnen bewegten. Das mußte so sein, weil im supralunaren, göttlichen Bereich des Himmels nur vollkommene Bewegungen vorstellbar waren.

KARL: Und was unterscheidet die Stringtheorie von der Epizyklen-Theorie?

OTTO: Daß sie sich in der Praxis bewährt. Die Wahrheit der mathematisch formulierten Erkenntnisse der Physik zeigt sich letzten Endes in ihrem Erfolg.

KARL: Dieses Argument hat allerdings schon Ptolemäus verwendet, um die Epizyklen zu rechtfertigen. Heute macht man sich über sie lustig, obwohl man heute auch kein besseres Argument hat als ein technisches: den Erfolg.

OTTO: Am Fortschritt der Physik, gibt es nichts zu deuten. Er zeigt sich gerade in ihrer Vereinheitlichung: in der Integration bewährter älterer Theorien in der neuesten - siehe Einstein. Das heißt: die jeweils herrschende Theorie enthält ihre Vorgängerin als Grenzfall, so wie z.B. die Relativitätstheorie die klassische Physik Newtons als Grenzfall enthält.

KARL: Was meinst du mit „Grenzfall"?

OTTO: Zum Beispiel enthält die spezielle Relativitätstheorie die klassische Physik als Grenzfall, weil wir es bei ihr mit Geschwindigkeiten v zu tun haben, die sehr viel kleiner sind als die Lichtgeschwindigkeit c, also mathematisch: $v/c \rightarrow 0$. Entsprechend enthält die Allgemeine Relativitätstheorie Newtons Gravitationstheorie im Grenzfall schwacher Gravitation.

KARL: Kann man die klassische Newton-Physik einen Grenzfall nennen? Sie ist, von Ausnahmen abgesehen, ebenso leistungsfähig wie die Einstein-Physik.

OTTO: „Grenzfall" besagt hier konkret: aus der umfassenden Theorie ableitbar.

KARL: Aber der Grenzfall bleibt Teil der umfassenden Theorie?

OTTO: Selbstverständlich, das sagt ja schon das Wort „Grenzfall".

KARL: Gar nicht selbstverständlich! Um bei deinen Beispielen zu bleiben: Ort, Zeit, Masse usw. sind in der Relativitätstheorie relativistische Größen und daher verschieden von den klassischen Größen der Newton-Physik gleichen Namens. Ein

Übergang von Newton zu Einstein kann also gar nicht stattfinden. „Masse" bezieht sich bei Newton auf eine Konstante, bei Einstein ist sie mit der Energie vertauschbar und daher variabel. Raum und Zeit sind bei Newton absolute Größen, bei Einstein relative, das Universum ist nach Einstein gekrümmt und ohne Schwerkraft; das Universum Newtons aber ist ein euklidischer Raum, in dem Schwerkräfte wirken usw.

OTTO: So weit gebe ich dir recht: inhaltlich müssen wir tatsächlich zu anderen Begriffen übergehen. Aber mathematisch-formal können wir die eine Theorie aus der anderen deduzieren.

KARL: Nein, der logische Unterschied zwischen beiden läßt keine Deduktion zu, auch wenn dieselben Ausdrücke gebraucht werden. „Newton" ist kein Grenzfall von „Einstein".

OTTO: Mathematisch betrachtet schon.

KARL: Spricht da der heilige Galilei? Oder sogar Platon? Mathematik als Sprache des Schöpfers, als Ausdruck göttlicher Gesetzmäßigkeit?

LEO: Wenn die Newton-Physik mathematisch-formal ein Grenzfall der Einstein-Physik ist, dann müssen wir sagen: die Einsteinsche Theorie hat die Newtonsche abgelöst. Die Newtonschen Annahmen von absolutem Raum und absoluter Zeit haben sich als Irrtümer erwiesen, so wie sich z.B. die Annahme vom inhomogenen Raum der aristotelischen Physik als Irrtum erwiesen hat. Nun leben wir in einer relativistischen Welt.

KARL: Diese Konsequenz widerspricht aber der Annahme eines wissenschaftlichen Fortschritts in Richtung Wahrheit. Denn Annahmen über Raum und Zeit können sich gar nicht als Irrtümer erweisen, ebensowenig wie das Prinzip von der Einheit der Natur oder der Gleichberechtigung aller Trägheitssysteme. Das sind Setzungen.

OTTO: Setzungen können wahr oder falsch sein. Irren ist menschlich.

KARL: Was heißt hier wahr oder falsch? Wahr oder falsch in Hinblick auf was? Die Newton-Physik kann genau so wie die Einstein-Physik dafür in Anspruch genommen werden, den Bau des Universums zu erfassen. Beide Theorien sind aber total verschieden.

LEO: Man könnte noch das aristotelische System hinzunehmen.

OTTO: Nein! Das auf keinen Fall! Die moderne Wissenschaft ist ja gerade stolz darauf, Aristoteles überwunden zu haben.

LEO: Aber wenn du vom Aufgang und Untergang der Sonne sprichst oder als Segler mit Uhr und Sextant navigierst, dann nimmst du - in Form des ptolemäischen Himmels - das aristotelische System in Anspruch.

KARL: Aristoteles überwunden zu haben, ist Teil des Mythos der modernen Wissenschaft. Zu Unrecht, denn auch die moderne Wissenschaft beruht weitgehend auf aristotelischen Prinzipien, von denen vielleicht das wichtigste ist, alle Naturphänomene auf Ortsbewegung zurückzuführen.

Der Zufall als Notwendigkeit

Überleben

LEO: Schon im 18. Jahrhundert hatten Biologen ein umfangreiches Tatsachenmaterial zusammengetragen und in ein hierarchisches System eingeordnet: Unten die vier Elemente Erde, Wasser, Luft, Feuer, darüber Kristalle, Steinpflanzen (Kalkalgen), Pflanzen, Tierpflanzen (Korallen), Tiere - bis hin zum Menschen als Krone der Schöpfung. Die aufsteigenden Stufen trennten einfachere von komplexeren Wesen.

OTTO: Und dann kam Charles Darwin (1809-82), der dieses System mit seiner Evolutionsidee dynamisierte.

KARL: Warum ist eigentlich sein Name so untrennbar mit der Evolutionstheorie verknüpft?

OTTO: Darwin hatte sich durch eine Weltreise 1831-36 mit dem Forschungsschiff *Beagle* einen Namen gemacht, von der er eine Fülle an Material mitbrachte. Seine besondere Leistung aber war die Antwort auf die Frage, welche Faktoren die Veränderung der Lebewesen hervorrufen und steuern.

LEO: Aber er zögerte lange, seine Erkenntnisse zu veröffentlichen. Erst als ihm ein zweiter Biologe, Alfred Russel Wallace (1823-1913), mit den gleichen Ideen zuvorzukommen drohte, entschloß er sich zu diesem Schritt. Sein Buch *Entstehung der Arten durch natürliche Zuchtwahl* wurde zum Bestseller. Er soll gesagt haben, es wäre, als habe er einen Mord zu gestehen.

KARL: Jahrzehnte später bestätigte Nietzsche diese Ahnung mit der Diagnose: Gott ist tot. Und es war, wie es scheint, nicht schwer, ihn umzubringen.

OTTO: Gott hatte sowieso weitgehend abgedankt, nun war er auch als Schöpfer überflüssig geworden. An seine Stelle trat das Zusammenspiel von Mutation und Selektion. Es gibt noch ein paar andere Evolutionsfaktoren, aber Mutation und Selektion sind die wichtigsten. In Verbindung mit Erkenntnissen der Molekularbiologie und Genetik haben sie den Widerstand gegen die Evolutionstheorie gebrochen.

LEO: Damit Mutation und Selektion wirksam werden können, bedarf es aber stabiler Einrichtungen in der Natur, damit die Organismen Kopien von sich selbst erzeugen können. Der sogenannte „genetischen Code" ist eine solche Einrichtung: ein Mechanismus, der den Aufbau der Organismen steuert.

OTTO: Wobei die Mutationen die Steueranweisungen so abändern können, daß die Erscheinungsform eines Organismus von der seiner Vorfahren abweicht. Daher „Mutation" von lat. *mutatio* gleich Abänderung.

KARL: Der Begriff erklärt nichts, er beschreibt nur den Vorgang.

OTTO: Das stimmt, aber das heißt nicht, daß man keine Erklärung für Mutationen hat. Man kennt viele Auslöser von Mutationen: Strahlung, Temperaturschocks, Chemikalien. So hat man z.B. die Mutationsrate durch Röntgenbestrahlung der Eintagsfliege um das 150fache steigern können.

KARL: Aber außer Verkrüppelungen ist nichts dabei herausgekommen.

OTTO: Die Mutationen entstehen ja zufällig.

KARL: Ja, eben! Der Affe, der auf einer Schreibmaschine herumhackt, bringt kein Gedicht zustande.

OTTO: Daß die Mutationen ohne Richtung, ohne Ziel erfolgen, ist aber notwendig.

KARL: Die Mutation, der notwendige Zufall, haha!

OTTO: Laß mich ausreden. Die Mutationen müssen richtungslos sein, weil sich die Organismen einer veränderlichen Umwelt anzupassen haben. Die Abänderung eines Organismus durch Mutation kann seine Eignung gegenüber der Ausgangsform erhöhen oder erniedrigen. Schlecht Geeignetes wird ausgemerzt, also selektiert. Das behauptet jedenfalls der bekannte Verhaltensforscher Irenäus Eibl-Eibesfeldt.

KARL: Du sprichst von Eignung? Daß ich nicht lache! Wofür geeignet?

OTTO: Es geht um den Fortpflanzungserfolg. Und da sich die Umwelt schnell ändern kann, die Anpassung über Mutation und Selektion aber langsam erfolgt, hat die Evolution als zusätzliche Einrichtungen die begrenzte Lebensdauer und die Zweigeschlechtlichkeit entwickelt. Der vorprogrammierte Tod hat den Vorteil, daß die Organismen einander rasch ablösen. Die Zweigeschlechtlichkeit erhöht die Chance genetischer Neukombinationen und damit einer größeren genetischen Variation.

KARL: Wenn „die Evolution" - nach Eibl-Eibesfeldt - den Tod ihrer Schöpfungen „vorprogrammiert" hat, so daß nichts überlebt, dann ist ja alles ungeeignet.

LEO: Überleben heißt doch nur: sich als Art fortpflanzen, so daß immer real existierende Exemplare der gleichen Bauart vorhanden sind.

OTTO: Wir müssen das Überleben aber nicht auf den Allgemeinbegriff der „Art" beziehen, wir können es auch auf die Gene, also die biologischen Atome beziehen, oder noch besser: auf die Gesamtheit der Gene einer Population. Das tut der Evolutionsbiologe Richard Dawkins.

KARL: Der läßt die Gene mit anderen Genen ums Überleben kämpfen, die Sieger pflanzen sich mittels der abgeänderten Konstruktion in die nächste Generation fort. Er scheint seine „egoistischen Gene" aus dem futuristischen Buch: *Die imaginäre Größe* von Stanisław Lem bezogen zu haben.

LEO: Ja, die Evolutionsbiologen lassen gerne kämpfen.

KARL: In einem deterministischen Universum „kämpft" aber niemand. Da kommt alles, wie es kommen muß. Eibl-Eibesfeldt behauptet sogar, „die Evolution" sei risikofreudig, sie spiele gleichsam Roulette, mit den Arten als Einsatz. Aber worin sollte das Spielrisiko bestehen und auf welchen Gewinn könnte „die Evolution" wohl spekulieren, wenn sie spekulieren könnte?

LEO: Das Risiko besteht in der Selbstvernichtung, der Gewinn in der Höherentwicklung.

OTTO: Wenn die Arten nicht überleben, hört die Evolution des Lebens auf.

KARL: Na und? Naturwissenschaftlich gesehen gibt es keine handelnden Instanzen, sondern nur Abläufe. Die Uhr des Universums, die mit dem Urknall aufgezogen wurde, geht ihren Gang. Für Eibl-Eibesfeldt scheint „die Evolution" eine Art Gott zu sein: ein Welteningenieur, der seine Konstruktionen austestet.

OTTO: Es läuft jedenfalls darauf hinaus, daß das Überleben das Maß aller Dinge ist. Und überleben tut, was an die Umwelt angepaßt ist.

KARL: Sehr aufschlußreich: was überlebt, ist geeignet zum Überleben - bis es draufgeht. Daraus folgt, daß alles, was gegenwärtig existiert, insbesondere alles Leben, das Geeignetste, also das Bestmögliche ist, gemäß dem Schlagwort: „Survival of the fittest" - das Überleben des Tüchtigsten.

LEO: Das gemahnt an die alte Metaphysik, die lehrt, daß Sein gut ist. Überleben heißt ja nur soviel wie existieren. Weil es aber nicht einfach ordinäres Existieren ist, sondern eines, das sich im Kampf ums Dasein bewährt hat, ist es gut, d.h. von guter Qualität. Auch die Bibel betont im Schöpfungsbericht mehrmals: „Gott sah, daß es gut war", was er geschaffen hatte.

KARL: Ja. Die Herren Biologen tappen in ihre eigene uneigentliche Sprachfalle. Sonst hätten sie aus Kants Widerlegung des ontologischen Gottesbeweises vielleicht gelernt, was dieser zum Wort „sein" bzw. „existieren" sagte:

> Sein ist offenbar kein reales Prädikat, d.i. ein Begriff von irgend etwas, was zu dem Begriffe eines Dinges hinzukommen könne. (KrV)

OTTO: Was willst du damit sagen?

KARL: Hm, ja, vielleicht bestreite ich damit, daß die Evolution etwas ist, über das hinaus nichts Vollkommeneres gedacht werden kann.

LEO: Schade. Es wäre doch nett gewesen, die Welt als die beste, nämlich als die fitteste aller möglichen Welten erweisen zu können.

KARL: Schrecklich!

Mutation und Selektion

OTTO: Du scheinst die Bedeutung von Mutation und Selektion nicht ernst zu nehmen.

KARL: Ich behaupte nur: diese Begriffe erklären zu viel, ja sie erklären alles, also gar nichts.

LEO: Mutation und Selektion sind eigentlich nur andere Worte für Zufall und Notwendigkeit, und diese Begriffe sind von je her als Prinzipien des Werdens im Gespräch. Schon vom alten Demokrit (460-371) ist der Ausspruch überliefert:

> Alles, was im Weltall existiert, ist die Frucht von Zufall und Notwendigkeit.

KARL: So etwas ließen sich unsere Molekularbiologen nicht zweimal sagen. Sie bezogen die griffige Formel auf Mutation und Selektion.

OTTO: Was mir einleuchtet. Durch Mutation, also zufällig, ändert sich die Körperstruktur eines Lebewesens, das dann mit der eisernen Notwendigkeit konfrontiert ist, in der Umwelt, in die es hineingeboren ist, zu überleben und sich fortzupflanzen.

KARL: Man merkt die Absicht und ist verstimmt! Das Bestreben nach Mechanisierung des Weltgeschehens ist unverkennbar.

LEO: Das Problem dabei ist, daß der Selektionsvorteil von Mutationen im allgemeinen gar nicht quantifiziert werden kann. Der Weg der evolutionären Biologie zu einer quantitativen Naturwissenschaft ist noch weit.

KARL: Wenn es nicht überhaupt der falsche Weg ist. Woher will man jemals wissen, um wieviel ein Schwanz länger sein muß oder wie viele Zähne zusätzlich vorhanden sein müssen, um in der Umwelt von Vorteil zu sein? Und zu wie vielen zusätzlichen Nachkommen diese Unterschiede führen? Noch dazu ist der Umweltbegriff ganz unbestimmt, der reine Gummi-Paragraph. Er läßt sich auch nicht allgemein fassen. Umwelt besteht anscheinend nur aus „ökologischen Nischen". Wie und auf welche Weise eine bestimmte Umwelt einer durch Mutation veränderten Art nützt oder schadet, und zwar nach menschlichen Kriterien der Nützlichkeit, läßt sich erst rückblickend vermuten.

LEO:Und selbst wenn wir darauf die Antwort wüßten, könnten wir nichts Genaues über die Bedingungen und Veränderungen wissen, die sich im Laufe von Milliarden Jahren in der Umwelt vollzogen haben, ebenso wenig wie Einzelheiten über die Organismen, die in dieser Zeit gelebt haben.

KARL: Hinzu kommt, daß nicht nur die Umwelt für die Auslese verantwortlich ist. Auch das Verhalten der Organismen selbst müßte berücksichtigt werden.

OTTO: Keine Frage, es ist schwierig. Mutation und Selektion sind eben Leitbegriffe, an denen sich die Forschung orientiert. Sie machten aus der Biologie eine quantitative Naturwissenschaft vom Schlage der Physik oder Chemie.

LEO: Das erkannten die Zeitgenossen von Darwin und Wallace und bejubelten die neue Sicht auf das Leben wie eine kopernikanische Wende der Biologie. Die Etablierung von Mutation und Selektion war mehr als eine wissenschaftliche Großtat: sie war ein Sieg der Aufklärung über die vorherrschende, kirchlich geprägte Schöpfungslehre, eine Absage an einen Schöpfergott.

KARL: Dabei hatte man die Ironie dieser Geschichte gar nicht bemerkt. Denn einstmals sah man im Zufall den Eingriff der Götter ins Weltgeschehen und in der Notwendigkeit den von den Nornen gewebten Schicksalsfaden.

OTTO: Naja, es war einmal...

KARL: Ganz und gar nicht. Es gibt Philosophen und Theologen, die im kosmischen Werden ein *intelligent design* am Werke sehen. Besonders radikal gebärden sich die sogenannten Kreationisten, religiöse Gruppen, welche die Bibel wörtlich nehmen und aggressiv gegen die Evolutionstheorie agitieren.

LEO: Dazu fällt mir ein Satz von Carl Friedrich v. Weizsäcker ein: Die Bibel könne man entweder ernst nehmen oder wörtlich nehmen.

KARL: Immerhin befriedigen sowohl die Aufklärer wie die Kreationisten das Bedürfnis nach möglichst einfachen und schlagkräftigen Erklärungen, die nicht viel Grips kosten, aber großen Gewinn bringen, indem sie den Geist ruhigstellen. Ob sie wahr sind, ist zweitrangig.

OTTO: Der Streit dreht sich im Kern um die Frage, ob im evolutionären Prozeß zielgerichtetes Handeln erkennbar ist oder nicht. Anhänger des *intelligent design* bejahen die Frage, Aufklärer bestreiten sie.

LEO: Stimmt. Ich erinnere mich gelesen zu haben, daß Marx und Engels nach der Lektüre von Darwins Werk über die „kaputtgemachte Teleologie" jubelten. Marx wollte Darwin sogar sein Hauptwerk *Das Kapital* widmen, doch der lehnte ab. Marx fiel sofort auf, daß sich in Darwins Theorie die englische Gesellschaft widerspiegelte: Teilung der Arbeit, Konkurrenz, Aufschluß neuer Märkte, Erfindungen, Kampf ums Dasein. Die Zoologen und Botaniker haben die Parallelen zur Gesellschaft ihrer Zeit nicht bemerkt.

KARL: Mit der Vorstellung, die Welt habe mit einem „Urknall" angefangen, ist es nicht anders. Ein solches Bild kann nur im Zeitalter des Explosionsmotors und des Nitroglyzerins plausibel sein.

LEO: Marx erkannte in Darwin einen Bundesgenossen, der seine eigenen ökonomischen und politischen Theorien stützte, indem er ihnen eine naturwissenschaftliche Basis lieferte. In Ausdrücken wie „Kampf ums Überleben", „natürliche Auslese" oder „Überleben des Tüchtigsten" wird der Begriff der Ausbeutung zoologisch und botanisch verankert.

OTTO: Trotzdem - ich lasse mir nicht ausreden, daß die Begriffe Mutation und Selektion sich in der Biologie als außerordentlich fruchtbar erwiesen haben.

KARL: Es ist seltsam: alle seriösen Wissenschaften trachten danach, den Zufall zu beseitigen, um Vorhersagen machen zu können. Darauf beruht ja ihre Autorität. In der Evolutionsbiologie dagegen steigt der Zufall zum zentralen Prinzip auf. Der Zufall - komisch, aber wahr - scheint notwendig zu sein: als Weltbewegungsprinzip, während die Notwendigkeit, also die Welt in ihrer Determiniertheit, zufällig ist. Doch ein notwendiger Zufall ist nur eine nicht durchschaute Notwendigkeit, und eine zufällige Notwendigkeit ist etwas, das auch anders oder gar nicht hätte sein können. Was soll das?

OTTO: Zufall und Notwendigkeit sind zweistellige Relationen, also nichts Absolutes, sondern stets relativ zu etwas. So ist es ein Zufall, wenn die Eisenbahn, in der ich sitze, entgleist. Das Entgleisen wird zwar verursacht, z.B. durch einen umgestürzten Baum, ist also notwendig, aber dennoch zufällig, weil es durch einen unvorhergesehenen Umstand geschieht. Ein und derselbe Prozeß kann also, je nach Betrachtungsweise, als zufällig oder als notwendig beschrieben werden.

KARL: Mit anderen Worten: Zufall und Notwendigkeit sind an das forschende Subjekt gekoppelt, das je nach seinen Zwecken einen bestimmten Blickwinkel aus der Wirklichkeit ausschneidet. Es sind also anthropomorphe, ja teleologische Begriffe, die man doch angeblich in der neuzeitlichen Naturwissenschaft fürchtet wie der Teufel das Weihwasser.

OTTO: Der einzige Blickwinkel in der Naturwissenschaft ist derjenige der Objektivität. Sein Zweck ist es, die Natur zu erfassen, wie sie wirklich ist.

KARL: Diesen Mythos kenne ich, die Naturwissenschaftler werden nicht müde, ihn zu erzählen. Auf ihm beruht ihre Macht der Naturdeutung. Aber die Fragen, die sie - mittels Experiment - der Natur stellen, legen die möglichen Antworten fest: auf solche des Funktionierens. Jedes Experiment muß ja den Kriterien der Quantifizierbarkeit, Reproduzierbarkeit, Prognosefähigkeit genügen. Das Experimentieren ist eine spezielle Handlungsweise, die auf einem bestimmten Erfahrungsbegriff beruht.

OTTO: Und der wäre?

KARL: Daß die Natur Material ist, Material, das auf Grund seiner Eigenschaften auf eine bestimmte Weise funktioniert. Wir müssen nur herausbekommen, wie. Die

Determiniertheit der Natur wird nicht aus ihr heraus-, sondern in sie hineingelesen. Dahinter steckt die Leitidee einer universalen Maschinerie.

OTTO: Dieser Erfahrungsbegriff erfaßt die Natur in ihrem Wesen. Angesichts der Erfolge von Naturwissenschaft, Technik und Industrie kommt etwas anderes gar nicht in Frage.

KARL: Dann hältst du wohl diesen Erfahrungsbegriff für privilegiert, z.B. gegenüber einem ästhetischen oder einem religiösen?

OTTO: Selbstverständlich. Ästhetik und Religiosität entstammen ja der menschlichen Natur und fallen somit selbst unter den naturwissenschaftlichen Erfahrungsbegriff.

KARL: Aber ebenso entstammt die objektive Auffassung von der Natur - d.h. die Auffassung von der Natur als Sache - der menschlichen Natur. Das bedeutet: es ist der Wissenschaftler, der die Spielregeln festlegt, unter denen er seine Forschungen betreibt. Da er selbst Bestandteil seiner Theorie ist, kommt es auch auf sein Selbstverständnis an. Wenn er es für ausreichend hält, als ein Gebilde aus 90% Wasser und einem Rest aus Kohlenstoff, Wasserstoff, Sauerstoff, Stickstoff und einigen Verunreinigungen beschrieben zu werden, dann reichen diese Spielregeln - einschließlich Mutation und Selektion - als Prinzipien aus.

OTTO: In der Naturwissenschaft sind keine anderen Prinzipien zu haben.

KARL: Ganz recht. Aber ob sie zum Verständnis von Ästhetik oder Religiosität ausreichen?

Höherentwicklung

OTTO: Ob der Mensch ein Evolutionsprodukt sein will oder nicht - er ist es.

LEO: Ja, und zwar das am höchsten entwickelte. Denn „Evolution" bedeutet das Fortschreiten von niederen zu höheren Entwicklungsstufen.

OTTO: Ja? Was verstehst du denn unter einer Entwicklungsstufe?

LEO: Den Übergang zu einer qualitativ anderen Daseinsform. Von alters her wird ja der Kosmos hierarchisch in verschiedene Seinsschichten unterteilt: zu unterst die physisch-anorganische Schicht, darüber die organisch-lebendige, oben die geistige. Letztere kann man weiter unterteilen in eine seelisch-bewußte und in eine personale. Oder in eine sprachlich-bewußte und in eine sittlich-kulturelle. Jede höhere Schicht baut auf den niederen auf, aber keine kann auf die andere zurückgeführt oder aus ihr abgeleitet werden.

OTTO: Das ist ein statisches Modell.

LEO: Es paßt auch in einen dynamisierten Kosmos. Es verkörpert doch, was man unter Evolution versteht.

KARL: Wie soll das Fortschreiten von niederen zu höheren Entwicklungsstufen möglich sein, wenn, wie du sagst, keine Schicht auf die andere zurückgeführt oder aus ihr abgeleitet werden kann? Wie erklärst du dir den Übergang vom Anorganischen zum Organischen, vom Nicht-Bewußten zum Bewußtsein?

LEO: Ich kann ihn nicht erklären, sondern nur beschreiben. Im Begriff der Evolution enthalten ist ein Richtungssinn, und daß der Prozeß der Höherentwicklung stattgefunden hat, ist doch sonnenklar. Im Urknall wurden die Anfangswerte und Baubedingungen festgelegt, aus denen die weitere Entwicklung folgt...

KARL: ...falls es je einen Urknall gab.

OTTO: Was mich stört, ist die Rede von einer Höherentwicklung.

KARL: Ja, wir sind schließlich Demokraten und pochen auf Gleichheit!

LEO: „Höherentwicklung" besagt: im Prozeß der Evolution gibt es eine Tendenz zur Vervollkommnung, zu mehr Vernunft, zu mehr Ordnung.

OTTO: Was heißt hier „Tendenz"? Wie soll die wirken?

LEO: Durch Anziehungskraft. Darf ich euch ein Zitat von Aristoteles zumuten? Er schreibt in seiner *Metaphysik* (im 12. Buch):

> ... so muß es auch etwas geben, das ohne bewegt zu werden selbst bewegt, das ewig und Wesenheit und Wirklichkeit ist. Auf solche Weise aber bewegt das Er- strebte, und auch das Gedachte bewegt, ohne bewegt zu werden... Es bewegt durch Begehrtwerden, und das von ihm Bewegte bewegt wieder das übrige... Von solchem Prinzip also ist der Himmel und die Natur abhängig.

OTTO: Zitate imponieren mir nicht. Schon gar nicht von Aristoteles.

LEO: Aristoteles zeigt, wie etwas Unbewegtes Bewegung bewirken kann. Er nennt es den unbewegten Beweger, der auch der erste Beweger sein muß, weil er an- dernfalls einen Anfang und damit selbst einen Beweger nötig gehabt hätte.

OTTO: Wieder mal ein Gott als Lückenbüßer.

LEO: Der unbewegte Beweger ist ein Postulat, eine Forderung der Vernunft. Er gibt der Evolution einen Sinn, nämlich eine Bewegung in Richtung Verähnlichung der Welt mit dem Göttlichen.

KARL: Ein Beweger, der unbewegt ist, muß ewig sein, jenseits der Zeit. Aber auch die bewegte Natur muß dann ewig sein, denn die Ursache für ihr Aufhören wäre eine Bewegung des unbewegten Bewegers, also unmöglich.

OTTO: Das sind wilde Spekulationen, die dem wissenschaftlichen Weltbild wider- sprechen, das bekanntlich einen Anfang hat.

LEO: Das Wort „Spekulation" stammt vom lateinischen Wort *speculari*: etwas von fern betrachten. Spekulation ist also *theoria* oder *contemplatio:* der Versuch, hinter die Kulissen zu blicken, zu einer Erkenntnis jenseits der kontingenten Er- fahrungswelt zu gelangen.

OTTO: Beispielsweise zur Erkenntnis von Naturgesetzen?

LEO: Durchaus. Dabei fällt mir ein, daß das Wort auch vom lateinischen *speculum* - Spiegel – abstammen könnte. Dazu gibt es nämlich ein interessantes Zitat von Thomas von Aquin (1225-1274) in seinem Werk *Summa Theologica*:

> Etwas durch einen Spiegel sehen heißt die Ursache durch die Wirkung sehen, in der deren Ähnlichkeit wiederkehrt.

KARL: Dann sind unsere Naturgesetze ebenfalls Spekulationen, denn sie sind Ursa- chen, durch die Wirkung gesehen.

OTTO: Na gut, unterscheiden wir eben seriöse von haltlosen Spekulationen. Seriö- se Spekulationen stützen sich auf Tatsachen, auf quantitative Belege, und des- halb kann es aus wissenschaftlicher Sicht im Evolutionsprozeß keine „Höherent- wicklung" oder „Vervollkommnung" geben, weil das qualitative Bewertungen sind. „Höherentwicklung" kann daher nur bedeuten, daß es in der Natur eine Tendenz zu komplexeren Organisationsstufen gibt, d.h. zu komplexeren Daseinsformen bzw. Systemen.

KARL: Wenn Evolution rein quantitativ aufgefaßt wird, wie es die Naturwissenschaft tut, dann ist Evolution eine Folge von Zustandsveränderungen an dem identischen Substrat Materie. Aber da „entwickelt" sich nichts. Zustände eines identischen Substrats wirken nicht aufeinander, sondern folgen aufeinander.

OTTO: Und was ist der Unterschied?

KARL: Das Aufeinanderfolgen der Zustände wird von außen bewirkt, es ist passiv.

OTTO: Aber wenn wir unser gesamtes Universum als evolutionären Prozeß betrachten, gibt es kein Außen.

KARL: Doch, den Urknall. Das im Urknall erzeugte Substrat wird verändert: Dinge, Individuen, Gegenstände werden als Zustände des zugrundeliegenden Substrats aufgefaßt. Es geht nicht um Werden und Vergehen, wie man es bei einer Evolution erwartet, sondern um So- oder Anderssein desselben Substrats.

OTTO: Dennoch können wir von Evolution sprechen, weil in diesem kontinuierlichen Veränderungsprozeß eine Tendenz zur Komplexität zu erkennen ist. Das zugrundeliegende Substrat organisiert sich, bildet Systeme. Stichwort: Selbstorganisation der Materie.

KARL: Hier von Selbstorganisation zu sprechen halte ich für eine Täuschung. Mit dem Begriff „Selbst" verbinden wir Eigenständigkeit, die Fähigkeit, Erstursache sein zu können, also etwas beginnen zu können. Das Substrat hat aber nicht diese Fähigkeit zur Selbstbewegung. Es bewegt sich nicht, sondern wird bewegt.

OTTO: Man hat aber herausgefunden - Stichwort „Chaostheorie" -, daß Systeme, wenn sie aus dem Gleichgewicht geraten, ihr Verhalten spontan ändern können, wobei neue Formen entstehen, die es vorher nicht gab. So entstehen immer komplexere Gebilde, und deshalb können wir zu Recht von Evolution sprechen.

KARL: Daß sich ein System, das aus dem Gleichgewicht gerät, spontan verändert, ist eine Tautologie. Auch verändert es sich nicht, sondern wird verändert.

OTTO: Trotzdem – eine Tendenz zu komplexeren Gebilden ist unverkennbar.

KARL: In der modernen Naturwissenschaft ist aber die Annahme von „Tendenzen" verboten, denn Zweckursachen, also Antworten von der Art „um-zu", werden kategorisch abgelehnt. Daß sich aus einfachen Systemen komplexere Systeme bilden, ist noch lange keine allgemeine „Tendenz".

OTTO: Doch. Ist nicht das, was wir „Leben" nennen, die beste Bestätigung? „Leben" bezeichnet ja selbst einen bestimmten Typ unterschiedlich komplexer Systeme - vom Bakterium bis zum Elefanten. Aber nicht, weil sie nach Höherem, nach Vergeistigung oder Erlösung streben, sondern weil Mutation und Selektion sie geformt haben. Hinzu kommt, daß die Tendenz zu komplexeren Systemen zugleich eine Tendenz zur Abkoppelung von der Umwelt ist. Je komplexer das System, desto unabhängiger von der Umwelt. Komplexe Systeme passen weniger s i c h ihrer Umwelt an, als daß sie ihre Umwelt sich anpassen.

LEO: Mir ist nicht klar, was diese sogenannte „Tendenz" zu komplexeren Organisationsstufen mit Darwins Theorie zu tun haben soll. Bakterien zum Beispiel existieren seit ewigen Zeiten und behaupten sich überaus erfolgreich. Der Theorie zufolge bemißt sich der Erfolg einer Art an der Zahl der Nachkommen, danach sind Bakterien oder Insekten weitaus erfolgreicher als z.B. Elefanten, die viel komplexere Systeme sind.

KARL: Soso, die Tüchtigsten müssen also nicht die Komplexesten sein, und die Komplexesten müssen nicht die Angepaßtesten sein.

Lebende Systeme

OTTO: Wie schon gesagt: Systeme, die in chaotische Zustände geraten, können etwas Neues in die Welt bringen, indem sie sich auf einem komplexeren Niveau stabilisieren. Etwas Neues ist beispielsweise die erwähnte Abkoppelung von der Umwelt. Der Nobelpreisträger Manfred Eigen hat mit seinem sogenannten Hyperzyklus gezeigt, wie das funktionieren könnte.

LEO: Was ist das, ein Hyperzyklus?

OTTO: Er ist das Modell eines Prozesses, bei dem wechselseitig sich verstärkende chemische Zyklen ineinandergreifen und so die Möglichkeit des Übergangs von einfacheren zu komplexeren Strukturen einsichtig machen.

KARL: Soweit ich weiß, ist der Hyperzyklus aber noch nie beobachtet worden.

LEO: Soll das heißen, daß ein System, das sich von der Außenwelt abgeschottet hat, den Evolutionsmotor, also Mutation und Selektion, außer Kraft setzt?

OTTO: Nein, natürlich nicht. Aber von einem System zu reden hat ja nur Sinn, wenn es im Verhältnis zu diesem System ein Außen gibt. Und im System spielen sich Ereignisse ab, die vom Außen abgegrenzt, ja abgekoppelt sind. Die Außenwelt wirkt trotzdem auf das System ein. Aber die komplexesten Systeme, die wir kennen, lebende Systeme, können mit ihren Rückkopplungsprozessen differenziert auf äußere Einwirkungen reagieren. Und das ist neu!

KARL: Auf der Welt passiert ständig Neues. Auch Zerstörung, jede kleinste Veränderung ist etwas Neues. Es wundert mich, wie hoch im Kurs das Neue heutzutage steht.

OTTO: Ich meine nicht etwas x-Beliebiges, sondern die sogenannte Emergenz. Der Ausdruck bezeichnet das Auftauchen neuer Systemeigenschaften, die nicht vollständig erklärt werden können.

LEO: Der Nobelpreisträger Konrad Lorenz spricht nicht von Emergenz (lat. *emergere*=auftauchen), sondern von Fulguration (lat. *fulgur* =Blitz). Darunter versteht er die blitzartige Neuentstehung von Systemeigenschaften durch Zusammenschluß von Subsystemen.

KARL: Das ist Humbug. Änderun-gen, die sich an der Materie vollziehen, sind Kombinationen, die sich aus ihren Eigenschaften ergeben, und die kann man nicht als etwas Neues bezeichnen, es sei denn, alles, was geschieht, ist neu.

OTTO: Aber wenn man z.B. die Gase Wasserstoff und Sauerstoff bei einer bestimmten Temperatur zusammenbringt, entsteht etwas Neues, nämlich Wasser:
$$2H_2 + O_2 = 2H_2O$$

KARL: Für das System gibt es doch gar nichts Neues. Für das System kommt alles, wie es kommt und ist alles, wie es ist. Staunen tut höchstens der Beobachter, der dieses Experiment zum ersten Mal sieht. Er bestaunt den Übergang von der Qualität „gasförmig" zur Qualität „flüssig". Aber in der Naturwissenschaft zählen weder Qualitäten noch Gemütsregungen.

LEO: Vermutlich wurden diese gelehrten Begriffe „Emergenz" bzw. „Fulguration" eingeführt, um die Entstehung des Lebens oder des Bewußtseins zu erklären.

KARL: Wenn „Leben" eine neue Systemeigenschaft ist, dann muß diese sich auch aus den Eigenschaften der Materie und der Ausgangslage erklären lassen, und zwar auf naturwissenschaftliche Weise: quantitativ.

OTTO: Die Ausgangslage ist ein Chaos. Zwar ist es ein determiniertes, den Naturgesetzen unterworfenes Chaos...

KARL: ...hahaha...

OTTO: Ich weiß, das hört sich paradox an, aber ein Verhalten, wie es z.B. auch in Turbulenzen entsteht, etwa in Dampfschwaden, läßt sich nicht berechnen. Kleinste Veränderungen der Anfangsbedingungen können zu großen Abweichungen in den Ergebnissen führen. Und da die Anfangsbedingungen nie exakt bestimmt, also auch nie exakt wiederhergestellt werden können, ist eine Vorausberechnung unmöglich. Trotzdem vollziehen sich alle Veränderungen mit Notwendigkeit.

KARL: Das ist mal wieder typisch. Der Chaosbegriff wird ideologisch vereinnahmt und dabei ins Gegenteil umdefiniert. Man ist prinzipiell nicht fähig, einen Vorgang zu berechnen und nennt ihn deshalb chaotisch. Trotzdem glaubt man, daß er nicht chaotisch, sondern streng determiniert abläuft.

OTTO: Das Neue, also z.B. die Entstehung des Lebens, können wir nun mal weder auf die Ausgangslage zurückführen noch aus ihr ableiten. Aber der Übergang von unbelebten zu lebendigen Systemen hat sich unbestreitbar vollzogen, und darum muß er sich determiniert vollzogen haben, so wie alle anderen Naturvorgänge.

LEO: Als ich das Schichtenmodell der Evolution vorstellte und von einer Tendenz zur Höherentwicklung sprach, hast du widersprochen. Nun gibst du selbst zu, daß wir die Seinsstufen nicht auseinander ableiten können und daß es eine Tendenz zu höheren Stufen gibt.

OTTO: Ich spreche aber nicht von qualitativen, sondern von quantitativen Verhältnissen: nicht von Seinsstufen, sondern von Systemen, nicht von einer Tendenz zum Höheren, sondern zum Komplexeren. Welchen Unterschied könnte es denn sonst geben? Göttliche Beseelung? Verlaß dich drauf, es ist nur eine Frage der Zeit und schnellerer Computer, bis wir klarer sehen.

KARL: Die Quantenphysiker haben einsehen müssen, daß sie sich selbst und ihre Sichtweise auf den Forschungsgegenstand nicht aus den Untersuchungen ausklammern können. Um diese Erfahrung werden auch die Biologen nicht herumkommen. Ihre Orientierung am Modell der Maschine wird für die Erforschung der Lebensvorgänge nicht ausreichen.

OTTO: Da bin ich anderer Meinung. Auch wenn der Übergang von Nicht-Leben zu Leben noch unklar sein mag: wir wissen, wodurch dieses Neue, was wir „Leben" nennen, gekennzeichnet ist. Wir wissen, was Leben ist.

KARL: Was Leben ist, wird auf verschiedene Weise definiert, z.B. im *Marxistisch-Leninistische Wörterbuch der Philosophie*, ganz im Geiste von Friedrich Engels:

> Leben ist eine spezifische Bewegungs- und Existenzform der Materie, die durch Stoffwechsel, Reizbarkeit, Fortpflanzung und Wachstum gekennzeichnet ist. Leben ist die native Daseinsweise natürlicher Eiweißkörper, die nichtzellig, einzellig oder als Zellorganismus in pflanzlicher oder tierischer Form auftreten.

Neuere Definitionen bestimmen Leben als informationsgewinnenden Prozeß. Oder als System, das zur Evolution durch Mutagenese fähig ist.

OTTO: Aus heutiger Sicht kann man wohl kurz und bündig sagen: Lebende Systeme unterscheiden sich von unbelebten Systemen durch ihr genetisches Programm, das die Entwicklung und das Verhalten des Systems steuert.

KARL: Eigenartig! Das, was wir „Leben" nennen, soll von der jeweils neuesten Definition abhängen, auf die sich die Mehrheit der Biologen verständigt hat. Woher wollen die Biologen eigentlich wissen, daß die von ihnen gewählten Kennzeichen, die noch dazu je nach Interessenlage wechseln, tatsächlich Leben von Nicht-Leben trennen? Woher will man z.B. wissen, daß alle Systeme mit genetischem Programm lebende Systeme sind? Auch Computer-Algorithmen weisen ein genetisches Programm auf. Sind sie deshalb lebendig? Das eigentliche Merkmal, nach dem man sich richtet, obwohl es wissenschaftlich verboten ist, scheint die Selbstbewegung zu sein: eine Bewegung, die Ursache ihrer selbst ist, eine zielgerichtete Bewegung, eine Bewegung „um-zu".

OTTO: Die wissenschaftlichen Definitionen mögen grob sein, aber man kann sie ja verfeinern, z.B. indem man nur jene genetischen Programme zuläßt, die Stoffwechsel, Reizbarkeit, Fortpflanzung und Wachstum erzeugen.

KARL: Dann müssen aber die Begriffe Stoffwechsel, Reizbarkeit, Fortpflanzung und Wachstum in geeigneter Weise definiert werden.

OTTO: Ja, möglichst eindeutig, also mathematisch-naturwissenschaftlich.

KARL: Und das heißt: die Definitionen orientieren sich am Experiment, also an der Maschine, damit man die Bestimmungen auch nachweisen kann.

LEO: Oder nachbauen! Damit befassen sich heutzutage die Robotiker. Kürzlich haben Ingenieure einen künstlichen Hund konstruiert, der auf vier Beinen gehen, sich wälzen, mit dem Schwanz wedeln und bellen kann. Es gibt Computerprogramme, z.B. *Eliza* von Joseph Weizenbaum, mit dem kann man sich wie mit einem Psychotherapeuten unterhalten. Das geht so weit, daß Leute zu dem Programm eine gefühlsmäßige Beziehung entwickeln - wie zu einer Person.

OTTO: Die beste Erklärung für das, was Leben ist, liefert also seine Simulation.

LEO: Würdest du diese Maschinen, auch wenn alle Bedingungen der Definition erfüllt sind, als lebende Wesen anerkennen?

OTTO: Warum nicht? Die Roboter machen eine evolutionäre Entwicklung durch, in welcher der Mensch vielleicht nur ein Zwischenglied ist. Wenn er erst Maschinen konstruiert hat, die sich selbst reproduzieren und sogar verbessern können, schreitet die Evolution über den Menschen hinaus.

KARL: Dann müßten diese Maschinen komplexere Systeme sein als der Mensch. Aber sind Lebewesen überhaupt als Maschinen zu begreifen?

OTTO: Warum denn nicht?

KARL: Weil man Stoffwechsel, Fortpflanzung, Wachstum zwar simulieren kann, aber die Simulationen funktionieren ganz anders als bei einem Lebewesen.

OTTO: Bei den verschiedenen Arten von Lebewesen funktionieren diese Eigenschaften ebenfalls ganz unterschiedlich.

KARL: Das stimmt. Aber der entscheidende Unterschied ist ein anderer: Maschinen werden – wissenschaftlich betrachtet - von außen bewegt, sie sind fremdbewegt. Lebewesen dagegen sind selbstbewegt.

OTTO: Das ist eine kühne Behauptung.

KARL: Schon Platon definierte die Seele als Prinzip der Selbstbewegung, und Aristoteles unterschied zwischen natürlichen und erzwungenen Bewegungen. Und gilt nicht auch heute als selbstverständlich, Lebewesen ein Eigenleben zuzugestehen? Selbstbewegung ist gleichbedeutend mit Leben und ruft notwendigerweise Geist, Bewußtsein, Willen, Zielstrebigkeit auf den Plan, denn Lebewesen müssen ja für sich sorgen.

OTTO: So macht man sich die Sache leicht und vermeidet schwierige Erkenntnis und Entwicklungsprobleme.

KARL: Die neuzeitliche Naturwissenschaft wollte es sich auch leicht machen, als sie die Zielursachen und damit Selbstbewegung aus ihrem Werkzeugkasten entfernte. Das war eine metaphysische Entscheidung und hat maßgeblich zu ihren Erfolgen beigetragen, aber auch in Sackgassen geführt.

LEO: Der englische Biologe Rupert Sheldrake greift in seinem Buch „*Das Gedächtnis der Natur*" (1990) auf aristotelische Gedanken zurück, um aus der Sackgasse herauszukommen: Er stellt morphogenetische Felder zur Diskussion, welche die Entwicklung und Formwerdung der Lebewesen bestimmen sollen.

OTTO: Morphogenetische Felder? Das klingt nach Scheinwissenschaft.

LEO: Und wie klingt „Emergenz" oder „Fulguration"? Immerhin soll es Experimente geben, die für diese morphogenetischen Felder sprechen.

KARL: Sheldrake hätte auch „Geist" sagen können, aber das ist heute ein Unwort. Schon Goethes Mephisto macht sich über den Aufwand lustig, mit dem man den Geist aus dem Leben zu vertreiben sucht:

> Wer will was Lebendig's erkennen und beschreiben,
> sucht erst den Geist herauszutreiben,
> dann hat er die Teile in seiner Hand,
> fehlt, leider! nur das geistige Band
> *Encheiresin naturae*[1] nennts die Chemie,
> Spottet ihrer selbst und weiß nicht wie.

OTTO: Dazu kann ich nur sagen: Geist ist nicht der *deus ex machina*, der das Getriebe der Weltmaschine schmiert, sondern - wie Gott - ein Lückenbüßer, ein Joker, der das noch nicht Erklärbare erklären soll.

KARL: Und ich kann nur sagen: der Kern des Problems ist, daß die neuzeitliche Wissenschaft die Selbstbewegung der Natur nicht anerkennen will.

---

[1] Bezwingung der Natur

Denken und Bewußtsein

OTTO: Eines ist wohl klar: das menschliche Bewußtsein markiert im Evolutionsprozeß, ebenso wie das Leben, eine völlig neue Systemeigenschaft.

LEO: Keine neue Systemeigenschaft, sondern eine neue Qualität, eine höhere Seinsstufe. Wie das Phänomen „Leben" die anorganische Welt, so überbietet das menschliche Bewußtsein die organische Welt. Der Mensch ist die höchste Stufe der Evolution, die „Krone der Schöpfung".

KARL: Für den polnischen Satiriker Stanisław Jerzy Lec (1909-1966) kommt allerdings nur eine Dornenkrone in Frage.

OTTO: Es ist doch unbestreitbar, daß Bewußtsein und Denken Systemeigenschaften sind. Sie lassen sich objektiv nachweisen: als Körperfunktionen, als spezifische Schaltmuster der Gehirnzellen. Sie sind Bestandteil des von Konrad Lorenz so bezeichneten „Weltbildapparats".

KARL: Ein solches Wort konnte nur jemand erfinden, der sich bewußt entschlossen hat, das Bewußtsein eines Weltbildapparates zu sein.

OTTO: Was sonst! Damit ist die Gesamtheit informationsverarbeitender Mechanismen eines Lebewesens gemeint: Sinnesorgane, Gehirn, Nervensystem. Der Weltbildapparat wurde im Evolutionsprozeß allmählich auf die Abbildung bestimmter Ausschnitte aus der Wirklichkeit selektiert.

LEO: Diese Auffassung scheint bei den Nobelpreisträgern unter den Molekularbiologen besonders beliebt zu sein: nicht nur bei Konrad Lorenz, sondern auch bei Jacques Monod und Manfred Eigen. Letzterer schreibt im Vorwort zu Monods Buch *Zufall und Notwendigkeit*:

> Die Molekularbiologie hat dem jahrhundertelang aufrechterhaltenen Schöpfungsmystizismus ein Ende gesetzt, sie hat vollendet, was Galilei begann. Wenn wir schon eine Begründung unserer Ideen finden wollen, so sollten wir diese in der letzten Stufe, nämlich im Zentralnervensystem des Menschen, suchen, denn hier ist der Ursprung aller Ideen.

KARL: Komisch: das Zentralnervensystem ist dasjenige Zufallsprodukt der Evolution, das die Idee vom Zufallsprodukt „Zentralnervensystem" als Ursprung aller Ideen hervorgebracht hat. Die Idee von der Idee als Zufallsprodukt könnte natürlich auch zufällig richtig sein. Aber ist das wahrscheinlich? Und wer kann das entscheiden?

LEO: Ja, das ist paradox. Wenn die Naturwissenschaft die Rationalität als zufälliges Evolutionsprodukt des Universums bestimmt, dann nimmt sie ihr eigenes Denken nicht ernst, obwohl sie sich als Inbegriff der Aufklärung, also der Rationalität versteht.

OTTO: Moment, Moment! Ihr setzt das denkende Subjekt, das Ich, absolut. Darüber kann ich aus naturwissenschaftlicher Sicht nur den Kopf schütteln. Denn dieses Subjekt ist ein lebendes System, ein Teil der objektiven Realität.

LEO: Nein, das Ich - kantisch gesprochen: das transzendentale Subjekt - ist eine logische Einheit, eine aktive Quelle des Denkens.

OTTO: Dann ist das Subjekt wohl im Jenseits beheimatet, im Absoluten, im Nirgendwo. Eine Art Auge Gottes?

LEO: Du verwechselst die Wörter „transzendent" und „transzendental". Beide Wörter bedeuten zwar „jenseitig", aber während „transzendent" etwas bezeichnet, das über alle Erfahrung hinausgeht, bezeichnet „transzendental" für Kant das, was aller empirischen Erfahrung vorausgeht.

OTTO: Wie können wir ohne Erfahrung wissen, was aller Erfahrung vorausgeht?

LEO: Wir können formal-logisch denken. Kant hat darüber nachgedacht, unter welchen Bedingungen das Subjekt zu Erkenntnissen kommen kann. Er erkannte, daß zum Erkennen Sinnlichkeit, Verstand und Vernunft notwendig sind. Die Sinnlichkeit produziert, vom sogenannten „Ding an sich" angeregt, Erscheinungen, welche die Einbildungskraft für den Verstand so aufbereitet, daß er sie mit den Kategorien begrifflich erfassen, also eine Erfahrung machen kann:

> Der Verstand schöpft seine Gesetze (apriori) nicht aus der Natur, sondern schreibt sie dieser vor. [Kant: *Prolegomena zu einer jeden künftigen Metaphysik*]

KARL: Auch daß die Natur deterministisch verfaßt ist, schreibt er ihr vor.

LEO: Und die Vernunft bettet die Erfahrung in einen Sinnzusammenhang ein, der über die Erfahrung hinausgeht.

OTTO: Ich kann nicht glauben, daß Kant nur ein unverbindliches, logisches Spielchen gespielt hat, denn spätestens dann, wenn es um Erkenntnis, um Wahrheit geht, wird aus dem Spiel Ernst. Ich meine, daß das transzendentale Subjekt in der Welt lokalisiert sein muß, in der es seine Erfahrungen macht.

LEO: Das transzendentale Ich ist das von den Besonderheiten jedes Einzel-Ichs abstrahierte freie Bewußtsein überhaupt. Es ist im Geist beheimatet, und der Geist läßt sich nicht lokalisieren.

OTTO: Da habe ich meine Zweifel - wie Konrad Lorenz. Der saß eine Zeitlang auf dem Lehrstuhl Kants in Königsberg und ließ sich dort zu Überlegungen über Kant inspirieren. Er fragte sich:

> Ist die menschliche Vernunft, mit allen ihren Anschauungsformen und Kategorien, nicht ganz ebenso wie das menschliche Gehirn etwas organisch, in dauernder Wechselwirkung mit den Gesetzen der umgebenden Natur Entstandenes?
> [Konrad Lorenz: *Kants Lehre vom Apriorischen im Lichte gegenwärtiger Biologie* (1941).]

Seine Antwort war der „Weltbildapparat". Lorenz deutet Kants Anschauungsformen und Kategorien biologisch: Zwar sind sie v o r der Erfahrung - a priori -, weil sie diese erst möglich machen, aber nur, weil sie sich in der Evolution herausgebildet haben, und insofern sind sie a posteriori - a u s der Erfahrung stammend. Und gerade deshalb beantworten sie die Frage, warum die Kategorien auf die Wirklichkeit passen. Täten sie es nämlich nicht, hätte der Mensch nicht überlebt.

KARL: Eine seltsame Argumentation. Lorenz bejaht zwar Kants Voraussetzungen, will aber nicht die Konsequenzen tragen. Er meint, dem Subjekt seien die Anschauungsformen und Kategorien eingeboren, also a priori, objektiv gesehen aber seien sie a posteriori. Das ist doch Unsinn, denn die objektive Betrachtungsweise setzt ja die Anschauungsformen und Kategorien a priori voraus. Lorenz will mit den Kategorien a priori erkennen, daß die Kategorien a posteriori sind.

LEO: Lorenz will nicht zugestehen, daß es etwas Unerkennbares gibt. Deshalb identifiziert er das „Ding an sich" mit dem, was die Wissenschaft die „objektive Realität" nennt, zu der auch der Mensch als Träger des Bewußtseins gehört.

KARL: Dabei hat das „Ding an sich" mit der objektiven Realität gar nichts zu tun. Es ist etwas, das wir denken müssen, weil der Erscheinungswelt etwas zugrunde liegen muß, das erscheint. Schein ist nicht im Sinne von Täuschung gemeint, sondern im Sinne von Abglanz, Abbild. Die Welt zeigt sich, und es ist der Witz an Kants Erkenntnistheorie, daß das Subjekt die Freiheit hat, das sinnlich Gegebene zu interpretieren, also durch verschiedene Brillen zu sehen. Eine dieser Interpretationen ist die sogenannte objektive Realität: eine Konstruktion der Welt gemäß den Voraussetzungen der Wissenschaft. Sie ist die Welt, durch die technokratische Brille gesehen.

OTTO: Du hast gesagt, die Welt zeige sich. Ja, sie zeigt sich uns - gemäß unserer menschlichen Beschaffenheit: unserer Sinne, unseres Verstandes. Unsere Beschaffenheit hat sich im Verlaufe des Evolutionsprozesses herausgebildet, und zwar so, daß die Gattung Mensch in diesem Weltprozeß überleben, d.h. sich erhalten konnte. Die „Evolutionäre Erkenntnistheorie" behauptet im Einklang mit Lorenz, daß unsere Art zu denken, unsere Anschauungsformen, unsere Kategorien der objektiven Beschaffenheit der Realität entsprechen.

KARL: Soso, die Evolutionäre Erkenntnistheorie setzt also die objektive Realität voraus, mit deren Hilfe sie dann die evolutionäre Entstehung und Geltung eben dieser Kategorien zu erklären versucht. Will sie uns für dumm verkaufen?

OTTO: Wieso denn?

KARL: Beispiel Kausalität: Einerseits soll sie eine Kategorie a priori sein, andererseits als Anpassungsprodukt an die Natur erklärt werden. Dazu muß sie schon irgendwie in der Natur vorhanden sein: als Denk- oder als Seinsform. Die Natur wird damit bereits als das vorausgesetzt, was erst vermittels der Kategorie möglich sein soll. Das nennt man einen *circulus vitiosus* oder Zirkelschluß. Die sogenannte objektive Realität wird als „Natur an sich" unterstellt, die der Weltbildapparat des Subjekts widerspiegelt bzw. simuliert. Es wird also ein Subjekt vorausgesetzt, welches das Original mit dem Spiegelbild vergleichen kann. Dieses Subjekt tut so, als ob es zuerst auf die Natur und dann auf das Abbild der Natur im Bewußtsein schauen kann. Gerade weil das Selbstbetrug ist, hat Kant seine Erkenntnistheorie erdacht.

OTTO: Aber die Evolutionäre Erkenntnistheorie löst doch dieses Problem. Daß wir mit unseren Denkkategorien in der Welt überleben, spricht dafür, daß die Welt so ist, wie wir sie in Gestalt der objektiven Realität erkennen.

LEO: Anscheinend willst du den Zirkelschluß nicht einsehen.

OTTO: Doch, aber wenn die Evolutionstheorie wahr ist, dann ist alles, was ist, etwas Gewordenes, auch Kants transzendentaler Erkenntnisapparat.

LEO: Früher waren wir Geschaffene, heute sind wir Gewordene. Gottes Geschöpfe sind zu Anpassungsprodukten der Evolution degeneriert.

OTTO: Blenden wir doch mal das Subjekt aus, wie es in der Naturwissenschaft üblich ist. Dann haben wir die objektive Realität als evolutionären Prozeß, in dessen Verlauf das materielle Einzelwesen Mensch mit seinem Weltbildapparat, also seinen Gehirnprozessen, entstand und überlebte.

KARL: Umgekehrt: Kants transzendentale Erkenntnis ist nicht etwas evolutionär Entstandenes, sondern die Evolutionstheorie ist unsere Interpretation der Erscheinungswelt durch die Anschauungsformen und Denkkategorien a priori.

OTTO: Du tust gerade so, als sei Kants Theorie der Erkenntnis die absolute Wahrheit, als hätte sie keine Voraussetzungen.

KARL: Das tue ich, weil die Evolutionäre Erkenntnistheorie Kants Erkenntnistheorie biologistisch umgedeutet hat und Kant widerlegt zu haben glaubt. Kant war sich natürlich dessen bewußt, daß seine Überlegungen nicht voraussetzungslos sind. Er hat diese Voraussetzungen auch benannt: die Freiheit des Subjekts, die Einheit der Natur, die strenge Wissenschaftlichkeit der Physik.

LEO: Das klingt wie ein Patt zwischen Genesis und Geltung, Henne und Ei.

OTTO: Aber welche Auffassung ist die wahre? Und wie kann ich das feststellen?

KARL: Für mich liegt der entscheidende Unterschied zwischen beiden Auffassungen im Begriff der Selbstbewegung. Wenn du die Welt aus wissenschaftlich-technischer Perspektive begreifst, dann ist der Mensch ein komplexes System, eine determinierte, außengesteuerte Maschinerie. Aus transzendental-philosophischer Sicht - und nicht nur aus dieser - ist der Mensch ein selbstbewegtes, also zu freien Entscheidungen und Handlungen fähiges Subjekt.

LEO: Das hat die paradoxe Konsequenz, daß derjenige, der sich für die Wahrheit des Evolutionsprogramms entschieden hat, einsehen muß, daß er sich gar nicht entscheiden konnte, weil er als Teil eines deterministischen Gesamtzusammenhangs schon festgelegt ist. Es wäre sinnlos, mit ihm zu diskutieren, denn mit Computern diskutiert man nicht.

KARL: Kurzum: er widerspricht dem Evolutionsprogramm.

Der nackte Affe

LEO: Kaum zu glauben, aber es gab eine Zeit, da galt der Mensch als Ebenbild Gottes. Er war das vornehmste aller Geschöpfe.

KARL: Nur in seiner Selbsteinschätzung, denn Löwen, Haie, Wölfe, Mücken und Stechfliegen haben seine Sonderstellung keineswegs anerkannt.

OTTO: Wie recht sie haben! Und seit es mit dem Gottesglauben bergab geht, ist auch die Wissenschaft nicht mehr bereit, dem Menschen eine Extrawurst zu braten. Heute ist er ein Produkt der Evolution, wenn auch das komplexeste.

KARL:Die Theorie von der Evolution ist allerdings ebenso ein Produkt des Menschen wie der biblische Satz von der Gottesebenbildlichkeit.

LEO: In dem menschlichen Produkt „Evolutionstheorie" kommt das evolutionäre Universum zum Bewußtsein seiner selbst. Das Universum hat sich gleich einem Organismus vom Embryo zur Reife des Bewußtseins entwickelt, und der Träger dieses Bewußtseins ist der aufgeklärte Mensch.

OTTO: Der Mensch hat sich also vom Spiegel Gottes zum Spiegel des Universums gemausert. Er kann's nicht lassen.

KARL: Was von dieser menschlichen Selbstbeweihräucherung zu halten ist, können wir erfahren, wenn wir auf das Hintergrundwispern des Weltalls lauschen. Und das klingt so:

Wisse denn, daß diese galaktische Rasse auf ebenso geheimnisträchtige wie lasterhafte Weise entstanden ist. Dazu kam es, als einst allgemeines Anfaulen der Himmelskörper eintrat. Da entwickelten sich darin naßkalte Dünste und Brünste, Sud und Sudelei, und daraus brütete sich das Geschlecht der Bleichlinge aus... Zuerst waren sie Schimmelwucherung und Gekreuch, sodann flossen sie aus den Ozeanen an Land und lebten davon, daß einer den anderen verschlang. Und je mehr sie einander verschlangen, um so mehr wurden es ihrer; schließlich richteten sie sich auf, indem sie ihre klebrige Wesenheit an Kalkgerüste hängten, und begannen Maschinen zu bauen..." [Stanisław Lem: *Robotermärchen*]

Evolution

OTTO: Haha, der Mensch als „klebrige Wesenheit"!

KARL: Diese Einschätzung unterscheidet sich nicht sonderlich von den Aussagen der Evolutionsforscher. Dawkins beschreibt den Menschen als „Gen-Maschine", Monod als „Zigeuner am Rande des Universums", Morris als „nackten Affen".

LEO: Es ist jedesmal der Mensch, der festlegt, in welches Verhältnis zur Natur oder zum Universum er sich zu stellen gedenkt.

OTTO: Und was erblickt er? Die nackte Wahrheit, die übriggeblieben ist, nachdem die Wissenschaft alle Illusionen und Anthropomorphismen entlarvt hat: den nackten Affen oder die Gen-Maschine.

KARL: Dieselbe nackte Wahrheit reduziert das Singen der Vögel auf ein zwanghaftes Schreien. Und das freundliche Schwanzwedeln des Hundes habe einst dem Entleeren des Darmes gedient, sei erst später zum Schwanzwedel-Gen veredelt worden: als Ausdruck angenehmer Empfindungen.

OTTO: Was ist dagegen einzuwenden?

KARL: Aus evolutionärer Sicht hebt sich die nackte Wahrheit selbst auf. Denn indem wir ihr Geltung zubilligen, uns also mit ihr identifizieren und zum nackten Affen werden, ist sie nur noch Ausdruck einer bestimmten Verhaltensweise, der sachlichen, rationalen, die sich zufällig in der Tierart Mensch herausgebildet hat.

OTTO: Logisch gesehen, hast du recht. Aber immerhin ist die sachliche Verhaltens- weise sehr erfolgreich im Kampf ums Überleben. Und auf dem Erfolg liegt immer auch der Glanz der Wahrheit.

LEO: Die sogenannte nackte Wahrheit wird stets mit heruntergezogenen Mund- winkeln ausgesprochen: Alles ist vergänglich, alles wird zu Staub. Sie ist das mit- telalterliche *memento mori*: „Bedenke, daß du sterblich bist", die Absage an das Gute, das Schöne, das Bewundernswerte.

KARL: Ja, in ihrem Funzellicht verwandelt sich die Natur in ein einziges Monstrositätenkabinett. Aus einer Ente wird ein quakendes, in bunte Federn gehülltes Wesen mit platten Watschelfüßen und schlauchartigem Hals, auf dem oben ein Schnabel mit einer kleinen Ausbeulung, dem Kopf, sitzt.

OTTO: Für mich ist eine Ente ein Wesen, das zu Wasser, zu Lande und in der Luft zu Hause ist, allen drei Sphären angepaßt. Ein staunenswertes, sinnreich funktio- nierendes komplexes System!

KARL: Zufälle staunt man nicht an. Früher wurde das Ausgefallene und Sonderbare in den Naturaliensammlungen und „Wunderkammern" des Adels, später in den Zoologischen und Botanischen Gärten des Bürgertums gesammelt. Heute ist die gesamte Natur zum Kuriositätenkabinett geworden. Schaue ich in den Nachthim- mel, so grinst mich ein Abgrund an, schaue ich auf die lebendige Natur, befremden mich absonderliche, zufällige Zusammenballungen der Materie.

OTTO: Solche Gedanken sind selbst kurios und bizarr. Du bist doch nicht unter die Romantiker gegangen? Immerhin hat der nackte Affe herausgefunden, daß er mit einer sachlichen Einstellung seine kleine Erdenwelt verändern kann.

KARL: Allerdings. In den letzten 150 Jahren war er die größte Naturkatastrophe, die es je gegeben hat - gemessen an Evolutionszeiträumen. In unerhörtem Aus- maß hat er Arten ausgerottet, Zerstörungen angerichtet, und tut es immer noch. Heuschrecken sind gar nichts dagegen.

OTTO: Aber er hat kapiert, daß er umdenken muß. Daher hat er eine neue Wissen- schaft erfunden: die Ökologie.

KARL: Ökologisches Denken ist aber kein neues Denken.

LEO: Die Ökologie betreibt eine Verfeinerung der Herrschaftsmethoden. Es geht um die Bewahrung oder Herstellung einer zuträglichen Umwelt des Menschen.

KARL: Und was gehört dazu? Nur Naturschutzgebiet und Kurpark? Nur Nutztier und Nutzpflanze? Oder die ganze Arche Noah, samt Weißem Hai, Ratte und Moskito? Oder genügt eine große Datenbank mit genetischen Programmen?

OTTO: Die Ökologie erforscht Mechanismen natürlicher Gleichgewichte.

KARL: Ein ökologisches Gleichgewicht - natürlich zum Vorteil des Menschen - ist ei- gentlich paradox.

OTTO: Wieso?

KARL: Weil eine erfolgreiche Ökologie die Evolution beendet. Evolution ist ja das Gegenteil von Gleichgewicht.

Sein und Sollen

OTTO: Da alles, was unsere Lebenswelt ausmacht, evolutionär entstanden ist, muß auch alles, was in ihr vorkommt, evolutionstheoretisch erklärt werden können.

KARL: Auch das Wahre, Gute und Schöne?

OTTO: Selbstverständlich müssen sich auch kulturelle Phänomene wie Religion, Moral oder Metaphysik auf eine erklärbare Weise natürlich entwickelt haben.

KARL: Erklären läßt sich alles irgendwie.

OTTO: Für Glaubwürdigkeit bürgen die naturwissenschaftlichen Untersuchungs-methoden. Der Ausgangspunkt ist das, was i s t. Das, was i s t, ist geworden. Es ist dasjenige, was von allem Gewordenen, das es je gegeben hat, übrig geblieben ist, weil es zufällig an die Bedingungen im Universum am besten angepaßt war und auf äußere Veränderungen - ebenso zufällig - durch eigenes Angepaßtsein zu reagieren vermochte.

LEO: Offenbar geht es hier weniger um Erklärung als um Rechtfertigung. Da es die kulturellen Phänomene gibt, müssen sie als überlebensdienlich nachgewiesen werden, damit sie gerechtfertigt sind.

OTTO: Ja, gut ist, was überlebensdienlich ist.

KARL: Aber die Rechtfertigung ist nicht einfach, das zeigen die abstrusen Diskussio-nen, z.B. über die Frage, wozu Schönheit gut sei.

LEO: Darwin hatte sich vergeblich bemüht, diese Frage am Beispiel des prächtigen Pfauengefieders zu beantworten. Das Federkleid des männlichen Pfaus ist so auffällig, sein Wuchs derart hinderlich, daß man sich eigentlich nur wundern kann, daß der Pfau im indischen Urwald überlebt hat. Darwin verfiel schließlich auf den Gedanken, die Männchen hätten ihre Gestalt dem weiblichen Ge-schmack angepaßt. Es hätte sich also der prächtige Pfauenmännchentyp heraus-gebildet, weil er von den Hennen bevorzugt wurde.

KARL: Sollte Darwin gedacht haben, daß die Hennen dachten, ein Hahn, der unter so ungünstigen Umständen überleben kann, müsse besonders gut für den Nach-wuchs sein, dann hätte er den Hennen nicht nur theoretisches, sondern sogar evolutionäres Denken zugetraut. Er scheint nicht gewußt zu haben, wie es auf dem Hühnerhof zugeht. Die Hennen dort haben gar nichts zu sagen, sie haben keine Wahl. In *Brehms Tierleben* heißt es:

> Der hervorstechendste Zug im Wesen des Pfaus ist anmaßende Herrschsucht, die er nicht bloß seinem Weibchen, sondern auch dem Menschen gegenüber bekundet und die ihn auf dem Hühnerhof oft so unleidlich macht.

LEO: Was sagt denn der Verhaltensforscher Konrad Lorenz dazu?

KARL: Der sieht auch nicht klarer. Er weiß nur, daß die Erklärungen Darwins nicht ausreichen. Und so ist es nicht nur beim Pfau. Wessen Blindheit ist hier eigent-lich im Spiel? Die des evolutionären Zufalls, oder die des Betrachters? Verwech-selt der Evolutionist nicht Schönheit mit Zweckmäßigkeit, die er doch in der Na-tur ablehnt?

OTTO: Nicht Zweckmäßigkeit, sondern Lebensdienlichkeit.

LEO: Das ist nur ein anderes Wort für „Zweck.

KARL: Wenn die Evolutionisten schon mit der Schönheit Probleme haben, die ja sinnlich wahrnehmbar ist, wie wollen sie dann mit dem Unsinnlichen fertig werden? Also mit dem Überlebensvorteil von Religion und Moral?

OTTO: Nach neuen Forschungsergebnissen von Evolutionsbiologen, Hirnforschern und Entwicklungspsychologen handelt es sich bei Religion, Metaphysik und Moral um zufällige Nebenprodukte einer kognitiven Funktion, die sich fehlerhaft entwickelt hat.

KARL: Wie kann eine Funktion, die doch, da sie existiert, überlebensdienlich ist, eine Fehlfunktion sein?

OTTO: Betrachten wir z.B. die Uneigennützigkeit: sie hat evolutionär, d.h. genetisch, keinen Sinn, sondern ist „suizidale Vergeudung von Ressourcen ohne Gegenleistung".

KARL: Und wie konnte so etwas entstehen und überdauern?

OTTO: Es sind Nebenprodukte anderer Anpassungsvorgänge, die der Empathie und abstraktem Denken zugrunde liegen. Die Wissenschaftler erklären das mit zwei verschiedenen Programmen im Gehirncomputer, die verschiedene Aufgaben des Begreifens zu bewältigen haben. Jede von ihnen war einst eine Anpassungsleistung, die dem Menschen in seiner Evolution entscheidende Vorteile im Umgang mit Objekten und anderen Menschen gewährte. Doch bei der Überschneidung der Programme entstanden dann jene Fehlfunktionen, die als Fundamente von Religiosität und Metaphysik angesehen werden.

LEO: Wie soll ich das verstehen? Einerseits heißt es, Religion biete einen Überlebensvorteil, nämlich sozialen Zusammenhalt, andererseits entspringe Religion einer Fehlfunktion des Gehirns. Also bitte: entweder Fehlfunktion, dann kein Überlebensvorteil. Oder Überlebensvorteil, dann keine Fehlfunktion.

OTTO: Die Wissenschaftler meinen, daß unser Programm des sozialen Verstehens übers Ziel hinausschießt, Absichten und Sehnsüchte weckt, die ins Nichts führen. Auch die Vorstellung vom Leben nach dem Tod sei nicht erlernt, sondern ein Nebenprodukt des natürlichen Denkens. Das gilt auch für den Gottesbegriff.

LEO: Ich hätte nicht gedacht, daß die Herren Wissenschaftler sich als Tröster der Menschheit verstehen.

OTTO: Das ist auch nicht der Fall.

LEO: Aber wenn sie sagen, daß der Mensch Vorsätze und Zwecke erkenne, wo keine sind, Absichten und Sehnsüchte erahne, wo nichts ist, dann sagen sie: das ist nicht s e i n Fehler - schuld ist die Evolution, die eine Fehlfunktion in seinem Gehirn installiert hat.

OTTO: Tja, wenn dich das tröstet...

KARL: Die Theorie von der Fehlfunktion ist ja selbst ein Produkt dieser Fehlfunktion. Das heißt: wenn sie stimmt, dann stimmt sie nicht, weil sie Absichten, Sehnsüchten, Zwecken nachspürt, die es nicht gibt.

LEO: Wer von einer Fehlfunktion spricht, der muß wissen, was richtig ist, also wie es sein sollte. Hat sich also die Evolution nicht an ihre Prinzipien gehalten? Hat sie irgendwelche Ziele aus den Augen verloren?

OTTO: Ja, das Reden von Fehlfunktionen ist mißverständlich. Selbstverständlich gibt es für die Evolution kein Müssen. Alles kommt, wie es kommt.

LEO: Es ist abenteuerlich, was Wissenschaftler in die Welt hinaustrompeten. Weil Wissenschaftler mit Absichten und Sehnsüchten, Vorsätzen und Zwecken, mit Metaphysik und Religion nicht klarkommen, erklären sie diese Phänomene, die zur Lebenswirklichkeit gehören, für Illusionen, anstatt sich zu fragen, ob nicht vielleicht ihre Prämissen illusionär sind.

OTTO: Reg' dich ab! Das Problem, das die Wissenschaftler am Beispiel der Uneigennützigkeit mit dem Ausdruck „Fehlfunktion" erledigen wollten, kann man auch auf andere Art und Weise lösen. Der Evolutionsbiologe Dawkins tut das, indem er Religion, Metaphysik und Moral mit Hilfe von Genen und sogenannten Memen erklärt.

LEO: Soll das ein Witz sein?

OTTO: Nein. Das Kunstwort „Mem" ist eine Mixtur aus „Mimesis" und „Gen". Als Beispiele nennt Dawkins: Schlagermelodien, Kochrezepte, das Prinzip der Töpferscheibe oder den Glauben an die heilige Dreifaltigkeit. Ihr einziger Daseinszweck ist die Vervielfältigung.

LEO: Und wo kommen die Meme her?

OTTO: Sie sind irgendwann irgendwie zufällig entstanden und - wie die Gene - der Variation, Selektion und Vererbung unterworfen. Sie vermehren sich, indem sie - wie Computerviren - von Gehirn zu Gehirn, also vom einen natürlichen Computer zum anderen übertragen werden und dessen Software verändern. So wie der Organismus für das Gen nur eine Kopiermaschine ist, ist das Gehirn für das Mem nur ein Übertragungsmedium.

LEO: Aber was sind sie real? Sind es Aktivitätsmuster von Nervenzellen? Abstrakte Ideen? Wörter und Sätze? Und aus wie vielen Memen bestehen komplexe Kulturphänomene, z.B. die Technik des Verbrennungsmotors oder die Evolutionstheorie?

OTTO: Neuerdings vermutet man, daß bestimmte neuronale Schaltkreise, sogenannte Spiegelneuronen, das Werkzeug für die schnelle und effektive Verbreitung von Memen sind. Aber das muß sich noch herausstellen.

LEO: Ja, „suchet, so werdet ihr finden".

KARL: Der kulturellen Entwicklung wird also ein mechanistischer Prozeß zugrunde gelegt, so wie der natürlichen Evolution.

OTTO: Das gilt auch für das Gute, Wahre und Schöne. Zum Beispiel ist die Uneigennützigkeit nach Dawkins nichts als verkappter Egoismus.

LEO: Da haben wir sie wieder: die nackte Wahrheit.

KARL: Im Egoismus steckt aber Absicht, also Ziel und Zweck. Und das wird von der Wissenschaft abgestritten.

OTTO: Hier ist „Egoismus" metaphorisch gemeint: es sieht aus menschlicher Sicht so aus, als ob. In Wahrheit geschieht, was geschieht, ohne jede Absicht.

LEO: „Aus menschlicher Sicht" heißt: aus moralischer Sicht. Es geht um die Rechtfertigung eigenen und fremden Verhaltens.

OTTO: Aus Sicht der Evolution ist Moral ein von der natürlichen Auslese geformtes Software-Paket, also ein Mem oder Mem-Bündel, das es gestattet, fremde Betrügereien zu entdecken und eigene zu verbergen, um Überlebensvorteile zu ergattern.

KARL: Wenn gut ist, was dem Überleben dient, dann muß ich, um gut sein zu können, wissen, wie ich mich verhalten soll. Aus dem Evolutionsprozeß kann aber kein Sollen abgeleitet werden. Nur ein Sein, das zur Selbstbewegung fähig ist, kann etwas sollen, also moralisch handeln.

LEO: Aber für Dawkins verfolgt eine Mutter Absichten, denn er definiert:

> Ich betrachte eine Mutter als eine Maschine, die so programmiert ist, daß sie alles in ihrer Macht Stehende tut, um Kopien der in ihr enthaltenen Gene zu vererben. [Richard Dawkins (*1941): *Das egoistische Gen*]

OTTO: Du darfst dich nicht von der sprachlichen Formulierung irreführen lassen. Als Maschine kann die Mutter nicht anders, als ihr Programm abzuarbeiten.

LEO: Und warum formuliert Dawkins nicht so, wie er es meint? Oder meint er es vielleicht doch so, wie er es formuliert?

OTTO: Vielleicht hat er diese drastische Formulierung gewählt, weil er seinem Leser zu wissen zutraut, daß es in der Natur keine Zwecke gibt, auch wenn es im Nachhinein so aussehen mag.

KARL: Wenn es in der Natur keine Zwecke gibt, kann vom Guten keine Rede sein.

OTTO: Vielleicht doch, nämlich so: Das, was überlebt, i s t, und weil es i s t, ist es gut, d.h. von guter Qualität.

LEO: Ach so, wie im Alten Testament (1.Mose 1,31):

> Und Gott sah an, was er gemacht hatte; und siehe da, es war sehr gut.

KARL: Im Bibel-Zitat wird „gut" im Sinn von „gut gemacht" verwendet. Das, was die Evolution überlebt hat, ist aber nicht gut gemacht, denn es ist überhaupt nicht gemacht, sondern zufällig geworden und morgen ebenso zufällig verdorben. Das Gute im moralischen Sinn muß gewollt und angestrebt werden.

OTTO: Dawkins behauptet, dem Individuum werde das Gefühl des Sollens vom Moral-Mem vorgegaukelt. Es ist ein Gefühl, das einen bestimmten Zustand im System der Gen-Maschine Mensch anzeigt.

KARL: Den Zustand, daß er etwas tun oder unterlassen sollte?

OTTO: Nein, das Gefühl des Sollens ist wie ein Zeiger an einem Gerät, es gibt Aufschluß darüber, was im Gerät vor sich geht.

KARL: Und wem gibt es Aufschluß? Wer ist der Beobachter des Geräts bzw. Systems? Wer ist es, der das Gefühl wahrnimmt?

OTTO: Es ist wie beim Thermostaten: das System steuert sich selbst. Das Sollen-Mem bewirkt eine Zustandsänderung.

KARL: Damit sind wir wohl, wie mit dem Schönen, auch mit dem Guten in Absurdistan gelandet, und vom Wahren verspreche ich mir auch nicht mehr.

OTTO: Ich gebe zu, daß die Herleitung der Kultur aus der Biologie noch zu wünschen übrig läßt. Andererseits hat sich die Evolutionstheorie - zumindest in unserem Kulturkreis - im Überlebenskampf der Meme weitgehend durchgesetzt. Kann es ein besseres Kriterium für die Wahrheit geben?

KARL: Hältst du ein ökonomisches Produkt, nur weil es sich durchgesetzt hat, für wahr? Das wäre ein Kategorienfehler. Wenn du die Evolutionstheorie für wahr hältst, dann folgt daraus, daß du dich selbst als ein Anpassungsprodukt der Evolution auffassen mußt. Die Evolutionstheorie ist dann eine Mem-Kombination in deinem Gehirn, die suggeriert, die Welt sei und verhalte sich so, wie die Evolutionstheorie es darstellt. Dein Fürwahr-Halten ist nur eine zufällige Begleitmusik des Systems.

LEO: Richtig. Daß sich die Evolutionstheorie in der materialistischen Variante durchgesetzt hat, bedeutet aus ihrer Sicht nur, daß die Meme ihrer Erfinder sich erfolgreich in vielen Hirnen eingenistet haben.

OTTO: Und warum ist ihnen das gelungen? Weil unzählige wissenschaftliche Befunde dafür sprechen, daß die Theorie wahr ist.

KARL: Aber diese Befunde sind ja ebenfalls Meme, die sich zufällig in den Gehirnen eingenistet haben. Das hat mit Wahrheit nichts zu tun.

LEO: Die Wahrheit dieser Evolutionstheorie besteht also für ihre Anhänger darin, daß es keine Wahrheit gibt. Aber auch diese Wahrheit - daß es keine Wahrheit gibt - ist dann keine. Der Wahrheitsanspruch der Theorie hebt sich selbst auf.

Die Auflösung der Welt

Die Welt als Buch

LEO: Warum lachst du?

KARL: Weil ich an den Nobelpreisträger Jacques Monod denken muß, der in seinem Zitat die totale Verlassenheit und radikale Fremdheit des Menschen beklagt, der am Rande eines Universums dahinvegetiere, dem menschliche Hoffnungen, Leiden oder Verbrechen völlig gleichgültig seien.

OTTO: Ein ziemlich bösartiges Lachen!

KARL: Was mich lachen läßt, ist die Naivität der Menschen, die 2000 Jahre in einem Kosmos gelebt hatten, bis er ihnen stickig und eng erschien. Sie strebten ins Freie. Aber als sie im Freien waren und zu sich kamen, erschauerten sie.

LEO: So wie Pascal, der klagte:

Ausbruch

> Das ewige Schweigen dieser unendlichen Räume erschreckt mich.
> [Blaise Pascal (1623-62): *Gedanken*]

KARL: Monod ist mehr als erschrocken, er ist verzweifelt. Für ihn endet der Weg der neuzeitlichen Wissenschaft, der mit dem Umbau des Kosmos begann, im Chaos und in der Verzweiflung.

OTTO: Der Weg, der beim schönen Schein begann, endete bei der häßlichen, nackten Wahrheit.

KARL: Das Seltsame ist, daß der Umbau des Kosmos mit dem Versuch begann, einen ästhetischen Makel zu beseitigen. Kopernikus hatte bemängelt, daß die Planeten im ptolemäischen Kosmos sich zwar in Kreisen, aber nicht mit gleich-förmiger Geschwindigkeit bewegten. Dieses Problem, das nichts mit empirischer Forschung zu tun hat, glaubte er mit dem Übergang zum heliozentrischen System gelöst zu haben.

LEO: Seltsam ist auch, jedenfalls aus heutiger Sicht, daß hohe Kirchenmänner aus dem Umfeld der Päpste Leo X. und Clemens VII. das kopernikanische System sehr wohlwollend beurteilten und den Kopernikus aufforderten, seine Entdeckungen zu veröffentlichen.

OTTO: Das kann nicht stimmen. Das *Buch der Umdrehungen* wurde auf den Index gesetzt. Sonst hätte es den Prozeß gegen Galilei nicht gegeben.

LEO: Auf den Index kam das Buch erst 73 Jahre nach seinem Erscheinen im Jahre 1543. Inzwischen hatte sich das geistige Klima geändert, der Protestantismus breitete sich aus, es herrschte große Unsicherheit.

KARL: Und nicht nur in Glaubens-, sondern auch in Wissensfragen. Der altvertraute Kosmos hatte Risse bekommen. Die Reformationszeit war ja auch die Zeit der großen Entdeckungen. Ständig kam Neues ans Licht, von dem die antiken Schriften nichts wußten.

LEO: Daran waren die Türken schuld, die 1453 Konstantinopel erobert und die Europäer endgültig von den Handelswegen nach Fernost abgeschnitten hatten. Die suchten nach Ersatzrouten und entdeckten neue Kontinente mit unbekannten Menschenrassen, Pflanzen und Tieren. Das antike Wissen, dem eine fast sakrale Verehrung entgegengebracht wurde und das als Hort der Wahrheit galt, erwies sich nun als fehlbar oder ergänzungsbedürftig.

OTTO: Und zwar durch unmittelbare Erfahrung, durch Tatsachen!

LEO: Auch Erfindungen, die damals gemacht wurden, rüttelten am überkommenen Wissen. Mit dem Fernrohr beobachtete man Phänomene, die es theoretisch nicht geben durfte, etwa Sonnenflecken oder Jupitermonde.

OTTO: Es ist kaum zu glauben, aber viele Gelehrten weigerten sich, einen Blick durch Galileis Fernrohr auf die neuentdeckten Jupitermonde oder die Sonnenflecken zu werfen. Lieber vertrauten sie den alten Büchern, also einer Autorität, welche diese Phänomene leugnete.

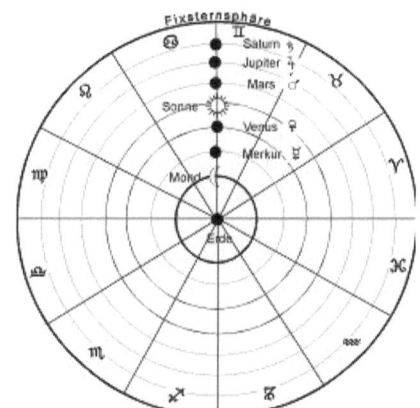

Ptolemäischer Kosmos

KARL: Kann man es ihnen übelnehmen? Individuelle Erfahrung zählt nicht viel, wenn sie sich nicht auf eine konsistente Theorie stützen kann. Inwiefern war denn dieser Blick durchs Fernrohr ein Beweis? Kaum einer von denen, die hindurchblickten, konnte Sonnenflecken oder neue Monde identifizieren. Konnte man dem Beobachtungsinstrument über-haupt trauen?

OTTO: Aber ja. Man hatte schließlich Erfah-rungen mit ihm gesammelt.

KARL: Nur im irdischen Bereich. Aber galten die auch am Himmel?

LEO: Außerdem behaupteten die Theologen, daß die menschlichen Sinne seit dem Sündenfall geschwächt wären. Francis Bacon war der Ansicht, daß Adam im Paradies über eine so klare Naturerkenntnis verfügt hätte, daß er den Dingen je nach ihren Eigentümlichkeiten die ihnen entsprechenden Namen geben konnte.

OTTO: Trotzdem - die Zweifel wuchsen, besonders als die Humanisten in den hochgeschätzten alten Schriften sinnentstellende Abschreibfehler fanden und sogar Fälschungen entlarven konnten.

LEO: Stimmt. Eine Fälschung vom Kaliber der „Konstantinische Schenkung" muß das Vertrauen ins Buchwissen schwer erschüttert haben.

OTTO: Worum ging es da?

LEO: Das Dokument stammte aus dem 8. Jahrhundert und sollte beweisen, daß Kaiser Konstantin dem damaligen Papst die Herrschaft über das Abendland samt kaiserlicher Würde verliehen hätte. Der Humanist Lorenzo Valla entlarvte 1440 das Dokument als Fälschung. Die Parole der Humanisten war deshalb: Zurück zu den Quellen!

KARL: Bei der Rekonstruktion der Texte spielte die eigene Erfahrung und der Rückgriff auf das Zeugnis der Natur eine wichtige Rolle.

OTTO: Gab es diese Überlegungen, Zweifel, Rekonstruktionen auch mit Blick auf die Bibel? Die ist ja ebenfalls ein antiker Text.

LEO: Den Theologen war klar, daß man den Bibeltext nicht wörtlich nehmen konnte. Sie entwickelten die Lehre vom vierfachen Schriftsinn: Bibeltexte konnten wörtlich, allegorisch, moralisch oder anagogisch (=hinaufführend) interpretiert werden.

KARL: Eigentlich dürfte es ja keinen Widerspruch zwischen biblischen und naturwissenschaftlichen Aussagen geben, denn sowohl die Bibel als auch die Natur galten als Werk Gottes.

LEO: Der Kirchenvater Augustinus sprach deshalb von zwei Büchern: der Heiligen Schrift und dem Buch der Natur.

KARL: Diese Gleichsetzung versuchte Galilei zu nutzen, um Spielraum für die Naturphilosophie zu gewinnen - allerdings vergeblich. Er argumentierte, das Buch der Natur sei eine ebenso verläßliche Quelle göttlichen Wissens wie die Heilige Schrift, aber im Unterschied zur Heiligen Schrift nicht mehrdeutig, sondern klar und eindeutig.

LEO: Der Buchvergleich war im 17. Jahrhundert sehr beliebt.

KARL: Seltsam! Wenn die Natur ein Buch ist: wie kann es gelesen werden?

LEO: Die Antwort steht in Platons *Timaios*. In Galileis Worten:

Die Philosophie ist in dem riesigen Buch niedergeschrieben, das uns stets offen vor Augen liegt (ich meine das Universum), aber man kann es nicht verstehen, wenn man nicht zuerst die Sprache und die Buchstaben lernt, in denen es geschrieben ist. Es ist in mathematischer Sprache geschrieben, und die Buchstaben sind Dreiecke, Kreise und andere geometrische Figuren. Ohne diese Mittel ist es unmöglich, menschlicherseits ein einziges Wort zu verstehen, und man irrt vergeblich in einem dunklen Labyrinth umher. [Galileo Galilei: *Il Saggiatore*]

KARL: Galilei glaubte also, daß die Natur, wie wir sie erleben, nur ein Schleier sei, hinter dem sich die eigentliche Wirklichkeit verbirgt. Ein konspirativer Gedanke.

LEO: Ein magischer Gedanke: Die Kabbala lehrt, Gott habe die Welt mittels der Zahlen 1 bis 10, der Urlaute und der Buchstaben des Alphabets geschaffen.

OTTO: Konkret heißt das: die von unseren Sinnesorganen wahrgenommenen Qualitäten, also Gerüche, Farben, Töne usw., existieren nur im Subjekt, so daß als objektive Realität nur geometrische Formen, Zahlenverhältnissen und Bewegungen übrig bleiben – das natürliche Alphabet!

KARL: Der Buchvergleich hinkt. Beim Bücherlesen versuche ich abstrakte Zeichenketten zu „entziffern", d.h. eine innere Anschauung bzw. einen Sinnzusammenhang zu bilden. Im „Buch der Natur" aber muß ich die Buchstaben erst finden, sie aus der Anschauung abstrahieren. Das bedeutet: ich m a c h e aus der Natur ein Buch, ich schreibe es erst.

LEO: Der Buchvergleich sollte eine Kritik an der damals herrschenden Naturphilosophie sein. Man warf ihren Vertretern vor, sie verließen sich auf die Autorität der alten, aristotelischen Schriften statt auf den eigenen Verstand und die realen Gegebenheiten.

KARL: In den alten Büchern steht auch nur drin, was die Alten einst aus dem Buch der Natur herausgelesen hatten.

OTTO: Galilei warf den Aristotelikern aber vor, sie hätten etwas Falsches herausgelesen!

KARL: Das widerspricht seiner Behauptung, das Buch der Natur vermittle uns klare, eindeutige Erkenntnisse.

OTTO: Klare, eindeutige Erkenntnisse kann ich natürlich erst gewinnen, wenn ich die r i c h t i g e Sprache der Natur entziffert habe.

KARL: Und wie unterscheidet sich die richtige von der falschen Sprache?

OTTO: Das Kriterium für die richtige Sprache ist Herrschaft über die Natur: plausible Erklärungen, zutreffende Prognosen, funktionierende Technik.

KARL: Dann ist deine „richtige" Sprache wohl eher ein magisches Ritual.

LEO: Der romantische Dichter Joseph von Eichendorff (1788-1857), dichtete:

> Schläft ein Lied in allen Dingen,
> die da träumen fort und fort,
> und die Welt hebt an zu singen,
> triffst du nur das Zauberwort.

KARL: Leider begann die Welt nicht zu singen, sondern zu dröhnen und zu krachen.

LEO: War es das falsche Zauberwort? Vielleicht s c h w a r z e Magie?

KARL: Das Buch der Natur ist wohl auch nicht einfacher zu lesen als die Bibel. Dennoch beanspruchen die Naturwissenschaftler, genau so wie die Theologen, für ihre Auslegungen das Wahrheits- und Wissensmonopol.

Die Welt als Räderwerk

LEO: Galileis Zitat läuft darauf hinaus, das Universum als universale Maschinerie zu interpretieren. Darauf deutet ja schon die mathematische Sprache hin. Für den Ingenieur Galilei lag das nahe. Zugleich war es eine Attacke auf die vorherrschende Naturkonzeption.

KARL: Inwiefern?

LEO: In der Antike sah man in der Maschine kein Hilfsmittel zur Erkenntnis, sondern zur Überlistung der Natur. Deswegen war die Mechanik auch kein Teil der Physik. Die Physik studierte die natürlichen Bewegungen der Dinge, die Mechanik war eine Technik zur künstlichen Herstellung von Bewegungen.

KARL: So denken wir doch heute noch. Machen wir nicht einen Unterschied zwischen natürlichen und künstlichen Dingen? Die natürlichen Dinge glauben wir zu verstehen, wir meinen, sie seien im Grunde wie wir: lebendig, zweckbestimmt. Die toten, künstlichen Dinge, welche menschliche Tätigkeiten, sogar lebende Wesen simulieren können, sind uns unheimlich.

OTTO: Nein. Was wir selbst gemacht haben, kann nicht unheimlich sein.

LEO: Schon Francis Bacon behauptete, künstliche und natürliche Dinge seien gleichwertig. Es gebe keinen prinzipiellen Unterschied zwischen Hervorbringungen der Natur und des Menschen. Genau so dachte René Descartes:

> Es ist der aus diesen und jenen Rädern zusammengesetzten Uhr ebenso natürlich, die Stunden anzuzeigen, als dem aus diesem oder jenem Samen aufgewachsenen Baum es ist, diese Früchte zu tragen.[2]

OTTO: Diese Überzeugung ist ein wichtiges Axiom der neuzeitlichen Wissenschaft. Sonst hätte das Experiment, also die künstlich hergestellte Versuchsanordnung, nicht den Wahrheitsnimbus, den es hat.

LEO: Bis zum 17. Jahrhundert war man allerdings überzeugt, daß die Natur anders funktioniere als ihre mechanische Nachahmung.

KARL: Die widernatürliche Maschine mauserte sich zum Klarheitsideal der Wissenschaft, zum Modell der Naturerkenntnis – das ist eine abenteuerliche Kehrtwende in der Naturanschauung. Seitdem wird Natur als Maschine verstanden, und im Lebendigen sieht man eine Maske, hinter der sich das Räderwerk einer Maschine verbirgt. Man nennt diese neue Sicht gern eine „Entzauberung", man sollte lieber von der Entseelung der Natur sprechen, denn im Kern ging es um die Beseitigung des Lebendigen, der Selbstbewegung, d.h. der Seele.

OTTO: Was hat denn die Seele damit zu tun?

LEO: Die spielte eine entscheidende Rolle. Aristoteles hatte bezweifelt, daß das Lebendige, also die Seele – zumindest deren Vernunftanteil – aus Naturprinzipien erklärt werden könne. Die Antwort „Ja" führte im Mittelalter zum „vertikalen", die Antwort „Nein" zum „horizontalen" Naturmodell. Das horizontale Modell er-

---

[2] René Descartes (1596-1650): *Prinzipien der Philosophie*

klärt alle Naturvorgänge aus natureigenen Prinzipien. Das vertikale Modell schließt „übernatürliche" Eingriffe in die Natur nicht aus.

KARL: Das vertikale Modell war für die Kirche ein gefundenes Fressen!

LEO: Ja, es ermöglichte der Kirche, die aristotelische Philosophie theologisch zu vereinnahmen. Die Natur ist kontingent, höhere Intelligenzen können jederzeit die Naturabläufe verändern. Zum Beispiel läßt sich die biblische Geschichte vom Stillstand der Sonne bei der Belagerung Jerichos nur mit dem vertikalen Modell vereinbaren. Das horizontale Modell wurde denn auch verboten.

KARL: Aber heute ist das horizontale Modell in Gebrauch. Wie kam das?

LEO: Das hängt mit dem Hermetismus zusammen. Im 15. Jahrhundert hatte man die „hermetischen Schriften" gefunden, die auf einen Gott namens *Hermes Trismegistos* zurückgeführt wurden. Mit ihnen glaubte man über eine Ur-Offenbarung zu verfügen, die Aufschluß über die wahre Beschaffenheit des Kosmos gab.

KARL: War der Hermetismus eine Geheimlehre?

LEO: Ja, er befaßte sich auch mit Alchemie und Astrologie, mit Talismanen und Heilkunde, aber worauf ich hinauswill, ist seine Seelenlehre. Sie beeindruckte die Theologen derart, daß sie die Unsterblichkeit der Seele auf einem Konzil für wissenschaftlich bewiesen erklärten und verlangten, sie müsse an den Universitäten gelehrt werden. Dagegen protestierten einige Renaissance-Philosophen mit dem Humanisten Pomponazzi (1462-1525) an der Spitze. Ihr Argument: Die Naturphilosophie könne nur Aussagen verantworten, die sich aus natürlichen Prinzipien ergäben.

KARL: Wie im horizontalen Naturmodell?

LEO: So ähnlich. Pomponazzi beschränkte die Naturerkenntnis auf den irdischen, den sublunaren Bereich des Kosmos. Alles, was darüber hinausginge – der supralunare Bereich – läge jenseits mensch-licher Erkenntnisfähigkeit und mensch-lichen Interesses. Dort ginge es um ewige Dinge, die nicht dem Werden und Vergehen unterworfen seien.

OTTO: Aber wie hat Pomponazzi natur-immanent ablaufende Vorgänge in der materiellen, vergänglichen, irdischen Sphäre von solchen unterschieden, die durch übernatürliche Eingriffe aus dem Oberhaus des Kosmos zustande kamen?

LEO: Er führte alle Veränderungen auf Ortsbewegungen zurück. Ein raffinierter Gedanke: da die Ortsbewegungen der Planeten, wie man glaubte, das gesamte irdische Geschehen bestimmten, mußte die irdische Natur vollständig determiniert sein.

KARL: Ein wichtiges Maschinenmerkmal.

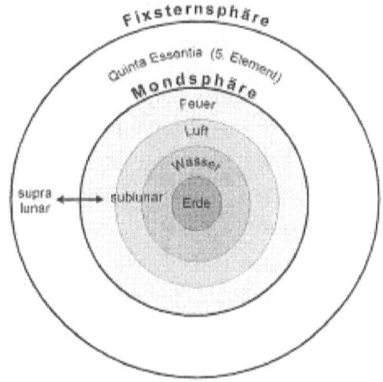

Geozentrischer Kosmos

LEO: Ja. Die Bewegungen der himmlischen Sphären galten als vollkommen: sie bewegten sich gleichförmig auf idealen Kreisbahnen. Wenn diese Bewegungen Ortsbewegungen sind, lassen sie sich nicht mehr von den Bewegungen einer Maschine unterscheiden. Es fehlte also nur noch die „Entzauberung" der supralunaren Sphären, um den gesamten Kosmos als Maschine zu begreifen.

OTTO: Das wäre das Ende der zweigeteilten Naturerkenntnis.

KARL: Den letzten Schritt besorgte eine Maschine: das Fernrohr.

OTTO: Du meinst den Streit um die Sonnenflecken und die Jupitermonde?

KARL: Ja. Die Phänomene, die Galilei durch sein Fernrohr beobachtete, durfte es im geozentrischen Kosmos gar nicht geben, weil im göttlichen Bereich jenseits der Mondsphäre weder Unvollkommenheiten noch Veränderungen denkbar waren. Die Sonne konnte keine Flecken und der Jupiter keine Monde haben.

LEO: Es gab noch andere beunruhigende Beobachtungen, z.B. erschien 1572 plötzlich ein neuer Stern, und 1577 tauchte ein neuer Komet auf, welcher nach den Berechnungen des Astronomen Tycho Brahe die Planetensphäre kreuzte. Beides war im unveränderlichen himmlischen Bereich für unmöglich gehalten worden.

KARL: Schon Kopernikus hatte sich ja an einer Unvollkommenheit gestört: an den scheinbar ungleichförmigen Bewegungen der Planeten. Es ist typisch für die neuzeitliche Wissenschaft, daß sie überall nach Automatismen sucht, die allen Naturvorgängen zugrunde liegen. Und weil die Räderuhr die wohl eindrucksvollste technische Konstruktion der damaligen Zeit war und als Turmuhr in den meisten Städten bestaunt werden konnte, leuchtete den Menschen die Analogie zwischen Uhr und Universum unmittelbar ein.

LEO: Selbst Johannes Kepler (1571-1630) erklärte in einem Brief:

> Ich beschäftige mich viel mit der Erforschung der physikalischen Ursachen. Dabei möchte ich zeigen, daß die Maschine des Universums nicht einem göttlichen Wesen gleicht, sondern einer Uhr.

KARL: Eine besonders eindrucksvolle Uhr, 1574 erbaut, befindet sich im Straßburger Münster. Sie ahmt die komplexen Bewegungen des geozentrischen Kosmos nach: außer der Zeit den Stand der Sonne und des Mondes samt Verfinsterungen, die Wochentage, den Kalender mit beweglichen Kirchenfesten und den Sternenhimmel.

LEO: Descartes und andere Philosophen rechtfertigten die Uhrenmetapher als Mittel zum Verständnis der natürlichen Welt. Der französische Mathematiker und Naturwissenschaftler Pierre-Simon Laplace (1749-1826) wendet sie auf das gesamte Universum an:

> Wir müssen den gegenwärtigen Zustand des Universums als Folge eines früheren Zustandes ansehen und als Ursache des Zustandes, der danach kommt. Eine Intelligenz, die in einem gegebenen Augenblick alle Kräfte kennt, mit denen die Welt begabt ist, und die gegenwärtige Lage der Gebilde, die sie zusammensetzen, und die überdies umfassend genug wäre, diese Kenntnisse der Analyse zu unterwerfen, würde in der gleichen Formel die Bewegungen der größten Himmelskörper und die des leichtesten Atoms einbegreifen. Nichts wäre für sie un-

gewiß, Zukunft und Vergangenheit lägen klar vor ihren Augen. [Laplace : *Philosophischer Versuch über die Wahrscheinlichkeit*]

OTTO: Diese Intelligenz nennt man bekanntlich den Laplaceschen Dämon. Seine Kompetenz zu erlangen war und ist das Ziel der Naturwissenschaft.

KARL: Die Analogie zwischen Himmelsbewegungen und Uhr mag ja noch einleuchten. Aber wie steht es mit der Analogie zwischen Uhr und Lebewesen?

OTTO: Die Uhr ist zwar unbelebt, aber wer nicht wüßte, daß sie für einen bestimmten Zweck hergestellt wurde, könnte annehmen, die Uhr sei selbst mit Verstand begabt und verfolge einen selbstgesetzten Zweck.

KARL: Ja? Und woher bezieht sie ihre Bewegungsfähigkeit?

LEO: Vom Uhrmachermeister, der sie aufgezogen hat. Descartes meinte, Gott habe die Welt mit einem Vorrat an Bewegungsenergie versorgt.

KARL: Aber wenn das Universum eine Uhr ist, dann kann es kein Buch sein. Wenn es aber ein Buch ist, geschrieben in mathematischer Sprache, dann Erzählung vom Universum als Maschine nur die Erzählung, die wir in dem Buch gelesen haben.

OTTO: Komisch, dieser Verschiebebahnhof! Alles muß etwas anderes sein als es ist. Warum ist das Universum nicht das Universum, sondern ein Buch? Oder eine Uhr?

LEO: Die Analogien sollen das Unbekannte, Unheimliche vertraut machen, indem man es durch Bekanntes ersetzt: das Universum i s t das Buch oder die Uhr. Dieses Verfahren wenden auch die Mythologien an.

OTTO: Wer so redet, hat kein Vertrauen in die Erkenntnisfähigkeit des Menschen.

KARL: Er relativiert sie.

Die Entgrenzung

KARL: Kopernikus (1473-1543) konnte nicht ahnen, daß seine ästhetischen Skrupel beim Blick auf den Sternenhimmel der erste Schritt zur Entgrenzung des Kosmos waren.

LEO: Aber die ungleichmäßigen Planetenbewegungen, die es seiner Meinung nach in der supralunaren, göttlichen Himmelssphäre nicht geben durfte, wurden ja erklärt durch die Einführung

Denk doch eine Sekunde nach, Eduard: Wenn es dort oben wirklich Menschen gibt, die mit einer höheren Intelligenz begabt sind, warum sollen sie gerade dir Signale senden?

kreisförmiger Epizyklen, also durch vollkommene geometrische Figuren.

KARL: Das befriedigte ihn nicht. Zufrieden war er erst, als er die Sonne zum Mittelpunkt des Kosmos und die Erde zu einem Stern gemacht hatte.

LEO: Das war nur ein Umbau. Erde und Sonne tauschten die Plätze.

KARL: Aber dieser Umbau zog weitere Umbauten nach sich. Zwar wurde der Kosmos weiterhin von der Fixsternschale abgeschlossen, doch die hatte nun keine Funktion mehr.

OTTO: Ach, sie hatte vorher eine Funktion?

KARL: Ja, im aristotelischen Kosmos drehte sich die Fixsternschale im 24-Stunden-Takt und bewirkte die Planetenbewegungen, die wiederum die irdischen Bewegungen auslösten. Sie war außerdem die notwendige Bedingung dafür, daß der Kosmos einen Mittelpunkt hatte, dem alle schweren Körper zustrebten. Im kopernikanischen Kosmos ruht sie.

LEO: Kein Wunder, daß Philosophen wie Nikolaus Kusanus (1401-1464) und vor allem Giordano Bruno (1548-1600) auf die Idee kamen, auch die Fixsternschale zu beseitigen. Die Sternenpünktchen, die sich da regellos im unendlichen Raum verteilten, erinnerten Giordano Bruno an die fast vergessenen Atomisten: an Leukipp, Demokrit, Epikur, Lukrez. Sie brachten ihn auf die Idee eines unendlichen Universums, in dem sich unzählige Erden und Sonnen wie Atome frei im Raum bewegen, so daß sich angesichts der gewaltigen Dimensionen Erde, Sonne und Planeten in bedeutungslose Staubkörner verwandelten.

OTTO: Heute ist unsere Sonne nur eine unter Milliarden Sonnen in unserer Galaxie. Und wie groß die Milchstraße ist, die einer zur Mitte hin angedickten Scheibe gleicht, können wir erahnen, wenn wir erfahren, daß das Licht 100.000 Jahre braucht, um von einem Ende zum anderen zu gelangen. Und neben der Milchstraße gibt es nach Auskunft des Astrophysikers Stephen Hawkin noch 100 Millionen weiterer Galaxien. Die gesamte Ausdehnung des Universums schätzt er auf 78 Milliarden Lichtjahre, sein Alter auf etwa 14 Milliarden Jahre.

KARL: So wurde aus der kleinen, schön geordneten, übersichtlichen Welt, dem Kosmos von einst, ein monströses Universum.

OTTO: Und dies ist nur ein Universum: „das unsere". Möglicherweise ist es eine Welt unter vielen - im Multiversum eines höherdimensionalen Raumes.

KARL: Das sind Konstruktionen, die man beliebig weitertreiben kann: das Multiversum wäre dann ebenfalls eines unter vielen - in einem noch höher dimensionierten Raum. Und so weiter. Aber dem Problem des absoluten Anfangs entgeht man dadurch nicht.

OTTO: Die Erde verschwindet schon in unserem Universum wie ein Sandkorn in der Wüste. Versucht man sich das vorzustellen, kann einem schwindlig werden. Man ist hin- und hergerissen zwischen Bewunderung und Verzweiflung.

KARL: Bewundern? Was gibt es an einem Chaos zu bewundern?

OTTO: Von wegen Chaos! Die Wissenschaftler arbeiten an einer Weltformel, die eine widerspruchsfreie Beschreibung und Vorhersage aller in der Natur beobachtbaren Phänomene leisten soll. Das können sie nur, weil hinter den Kulissen der Natur einfache Prinzipien herrschen. Wir haben das Standardmodell der Elementarteilchen, wir haben die vier fundamentalen Kräfte, ihre Verbindungen ergeben das Weltgeschehen. Von wegen „keine Ordnung".

LEO: Auch die fein abgestimmten Naturkonstanten sprechen gegen das Chaos.

KARL: Dennoch kann das Weltgeschehen nur als zufällig verstanden werden, solange nicht die Frage „warum" und „wozu" beantwortet ist. Und diese Fragen kann die Wissenschaft nicht beantworten, weil sie nur technische Sachverhalte kennt.

LEO: Tja, was nun, sprach Zeus?

KARL: Ich habe hier die Aufzeichnungen eines weisen Mannes, die er als Märchen tarnt, um nicht die Steinigung und das Totschweigen durch die Wissenschaft zu riskieren. Hört, was e r im Buch des Universums liest:

> Der Kosmos ist Kritzelei aus x-beliebigen Punkten und Doppelpunkten. Wohin du auch blickst, wohin du auch greifst, - nur dies und sonst nichts. Die Eintönigkeit der Schöpfung dürfte wohl der trivialste und platteste Einfall sein; der sich nur ausdenken läßt. Getüpfeltes Nichts, und dies bis in alle Unendlichkeit... Und einem solchen Aufbau werden Ausgewogenheit und Majestät nachgerühmt! Wir müssen vor ihm auf die Knie fallen? Höchstens aus Verzweiflung über seine Unwiderruflichkeit! Das Ganze erwächst ja lediglich aus Nachäfferei des eigenen Anfangs! Dieser Anfang hinwiederum war die geistloseste aller nur möglichen Handlungen. Denn was kann einer tun, eine Feder in den Händen und vor sich ein leeres Blatt Papier, wenn er nicht weiß,... womit er es ausfüllen könnte?

Dieser Anfang ist natürlich der Urknall. Hört weiter:

> So sprach der Weise, tauchte eine Feder ins Tintenfaß, nahm ein großes Blatt Papier und bespritzte es etliche Male mit Tinte. Dann zog er aus seinem Gewand eine Sternkarte hervor und zeigte beide Blätter... Die Ähnlichkeit war frappierend. Das Papier, wies Milliarden von Pünktchen auf, größere und kleinere... Und der Himmel auf der Karte bot sich genauso dar.

OTTO: Was soll der Blödsinn!

KARL: Das Urteil des weisen Mannes sollte dir zu denken geben:

> Du wurdest belehrt, das Weltall sei ein unendlich herrlicher Bau, gewaltig in der Majestät seiner sterndurchschossenen Weiten. Doch schau hin auf diese ehrwürdige, allgegenwärtige, allüberdauernde Konstruktion! Ist sie nicht das Werk unübertrefflicher Dummheit, das Gegenteil des Denkens und der Ordnung? Du wirst fragen, warum dies bisher niemand bemerkt hat. Warum? Weil dieser Stumpfsinn ja alles umfaßt! Doch diese seine Allgemeinheit verlangt um so himmelschreiender nach Verspottung und nach distanzierendem Gelächter. [Stanisław Lem: *Robotermärchen*]

OTTO: Sein Spott und sein Gelächter mögen ihm im Halse steckenbleiben. Das soll Weisheit sein? Der weise Mann sollte sachlich-nüchtern sein und sich als Person aus der Sache heraushalten.

KARL: Damit gibt er sich nicht zufrieden. Er lehnt es ab, seine Sinne abzustumpfen, wie es die Wissenschaftler tun.

LEO: Es ist wirklich kein Zuckerlecken, sich mit unserem Weltall abzufinden. Was Giordano Bruno als Befreiung empfand, ist für den schon erwähnten Molekularbiologen Jacques Monod eine Katastrophe:

Der Alte Bund ist zerbrochen; der Mensch weiß endlich, daß er in der teilnahmslosen Unermeßlichkeit des Universums, aus dem er zufällig hervortrat, allein ist. [Jacques Monod: *Zufall und Notwendigkeit*]

KARL: Der Mann leidet, weil er die Erzählung in Galileis Buch der Natur mit dem Original verwechselt. Er ist ein Don Quichote. Und seine Medizin ist gallebitterer, heroischer Nihilismus.

OTTO: Aber diese Erzählung entspricht der Wirklichkeit. Die Größenverhältnisse stimmen. Jedes beliebige Beispiel aus diesem gigantischen und trotz Milliarden von Sternen leeren Raume reicht aus, um Monod beizustimmen.

KARL: Tatsächlich?

OTTO: Wenn ich dir sage, daß das Licht, um von der Virgo-Galaxie bis zu uns zu kommen, 50 Millionen Jahre braucht - läuft dir da nicht ein Schauer über den Rücken?

KARL: Nein. Der Kniefall vor der großen Zahl entspringt ebenfalls der Verwechslung von Erzählung und Wirklichkeit. Mein weiser Mann meint dazu:

Der Kosmos besteht aus Sternen... Was sind denn die Sterne? Feurige Kugeln, schwebend in ewiger Nacht. Scheinbar ein erhabenes Bild. Wieso? Auf Grund seines Wesens? Durchaus nicht, sondern seiner Ausmaße wegen. Doch die Ausmaße können nicht allein über die Wichtigkeit eines Phänomens entscheiden. Wird denn etwas Bedeutsames aus dem Gekritzel eines Idioten, wenn du es von einem Blatt Papier auf ein ausgedehntes Flachland überträgst? Stumpfsinn bleibt Stumpfsinn, wenn er vervielfältigt wird.

OTTO: Schön und gut, aber das ändert nichts daran, daß die Zahlen ihre Gültigkeit haben. Oder bestreitest du das?

KARL: Nein, obwohl sie sich ja alle paar Jahrzehnte ändern. Mich irritiert nur die Andacht, die man der Zehnerpotenz entgegenbringt, den Tausenden von Lichtjahren oder den Nanosekunden! Was haben Größenverhältnisse, also quantitative Maßverhältnisse, mit uns zu tun? Das sind doch nur Relationen.

LEO: Diese Relationen erzeugen ein Gefühl der Ohnmacht. Der amerikanische Schriftsteller Ambrose Bierce (1842-1914) meint:

Für eine mit der Relativität von Größe und Entfernung vertraute Intelligenz wären die Räume und Massen, mit denen der Astronom zu tun hat, nicht eindrucksvoller als die des Mikroskopisten. Das sichtbare Universum könnte sehr wohl ein kleiner Teil eines Atoms sein, das mit den dazugehörigen Ionen im Blut (dem leuchtenden Äther) irgendeines Tieres schwimmt. Vielleicht überkommt die winzigen Geschöpfe, die unsere eigenen Blutkörperchen bevölkern, ein entsprechendes Gefühl, wenn sie der unausdenkbaren Entfernung von einem Korpuskel zum anderen inne werden. [Ambrose Bierce: *Aus dem Wörterbuch des Teufels*]

KARL: Vielleicht grämt sich der Mensch nicht so sehr wegen der Größenverhältnisse, sondern wegen seiner Ohnmacht. Er grämt sich, weil er nicht omnipräsent und omnipotent ist. Er grämt sich wegen mangelnder Gottähnlichkeit.

OTTO: Aber warum grämt er sich nicht wegen der riesigen Entfernung von 6000 Kilometern, die uns von Amerika trennt? Wo fängt das Grämen an?

KARL: Es fängt an, wo die Macht des Menschen aufhört. Das Grämen und das Verzweifeltsein würde sofort aufhören, sobald man auf der Milchstraße *Sightseeing*-Touren machen könnte. Der Mensch möchte, daß das Universum eine vergrößerte Erde ist, mit den Galaxien als Kontinenten, mit intelligenten Bewohnern und mit Verkehrsmitteln, um sie zu besuchen.

LEO: Der Mensch ist eben nie zufrieden. Erst jubelt er mit Giordano Bruno über die Befreiung aus den Begrenzungen des Kosmos. Dann meint er, dafür mit seiner totalen Fremdheit bezahlen zu müssen. Er blickt nicht mehr zum Sternenzelt auf, sondern starrt mit Jacques Monod in einen unendlichen Abgrund, und sehnt sich zurück in die Geborgenheit der „guten Stube".

KARL: Also „raus aus die Kartoffeln, rin in die Kartoffeln". Da wirken die folgenden Zeilen von Goethe fast wie Schadenfreude:

> Die Sterne, die begehrt man nicht,
> man freut sich ihrer Pracht,
> und mit Entzücken blickt man auf
> in jeder heitern Nacht.

LEO: So etwas traut sich heute keiner im Ernst zu sagen.

Die Explosion

KARL: Im 20. Jahrhundert entdeckte man im Buch der Natur eine weitere Erzählvariante: das Universum als Explosion. Es ist nicht einfach da, sondern es entsteht mit einem Knall, dem sogenannten „Big Bang".

LEO: Das ist nichts Besonderes, das kennen wir aus vielen Mythologien, z.B. aus dem Buch Genesis der Bibel: Gott schafft die Welt aus dem Nichts.

OTTO: Im Unterschied zum mythologischen Weltanfang verzichtet der wissenschaftliche Weltanfang aber auf einen Gott, der ja nur ein anderes Wort für den Anfang ist.

KARL: Dann erübrigt sich auch die Frage aller Fragen: Warum i s t überhaupt etwas und nicht nichts?

OTTO: Die Wissenschaft vergeudet ihre Zeit nicht mit unbeantwortbaren Fragen. Ihr Geschäft sind nicht Warum-Fragen, sondern Wie-Fragen.

KARL: Das Wie setzt aber Anfangsbedingungen für den absoluten Anfang voraus, und die kann es nicht geben. Deshalb klingen wissenschaftliche Schilderungen des Weltanfangs wie Märchen – und sind es wohl auch:

Irgendwann zu keinem Zeitpunkt und irgendwo an keinem bestimmten Ort, als Zeit und Raum noch nicht definiert waren, entsprang aus einem extrem heißen, extrem dichten Anfangszustand von unvorstellbar hoher Energiedichte und Temperatur das uns bekannte Universum. Obwohl diese so genannte „Anfangssingularität" selbst nicht der Raumzeit angehörte und obgleich besagter Anfangszeitpunkt selbst nicht das Datum dieses vermeintlichen „Ereignisses" war, trat bereits in dieser Phase die kosmische Materie als ein sich rasant, isotrop und nahezu homogen ausdehnendes Gemisch von Elementarteilchen unterschiedlichster Art - durchflutet von hochenergetischen Photonen und vermutlich auch Gravitationswellen - in die Welt. Diese Anfangssituation, die Astrophysiker als heißen „Urknall" bezeichnen, ist die Ursache dafür, dass der gesamte Kosmos - die Entstehung und Strukturierung der Materie und die Geometrie der Raum-Zeit - einem Entwicklungsprozess unterliegt, der durch die vier fundamentalen Kräfte, insbesondere der Gravitation und der Expansion, geformt wird.

[Blome/Zaun: *Der Urknall* (2004)]

LEO: Die Erzählung vom Urknall erinnert an die neuplatonische Philosophie. Der Urknall ist der Zündfunken, der die Weltwerdung auslöst, indem er seine Energie in die Welt verausgabt, so wie das göttliche All-Eine, das gleichsam überfließt und stufenweise Weltgeist, Weltseele und schließlich Materie wird.

KARL: Der naturwissenschaftliche Urknall begnügt sich mit der Verausgabung der Materie, die, im Gegensatz zum Abstieg im Neu-Platonismus, einen Aufstieg vollzieht: einen Übergang von einfachen zu kompliziert gebauten Körpern. Er macht die Kosmologie - eigentlich sogar alle Naturwissenschaft - zur Geschichtstheorie, zu einer Naturgeschichte.

OTTO: Ja, unter ihrem Leitbegriff „Evolution" kann sich alles versammeln, was Wissenschaft heißt. Mehr noch, dieser Begriff vereinnahmt und vereinigt überhaupt alles: Wissenschaft, Ästhetik, Religion, die gesamte Kultur.

KARL: Dann sollten wir von Evolutionismus sprechen – so wie von Materialismus, Idealismus, Islamismus oder Sozialismus. Denn damit überschreiten wir die Grenze zwischen Wissenschaft und Weltanschauung bzw. Ideologie.

LEO: Ihr werdet vielleicht staunen: ursprünglich bedeutete *evolutio* das Auseinanderwickeln einer Buchrolle. Die Buchrolle ist ja die älteste Form des Buches, das Spalte für Spalte beschrieben und gelesen wurde. Später übertrug man ihn auf die Entwicklung eines Organismus von seinem Anfang bis zu seiner Reife.

OTTO: Im klassischen Sinne Darwins bezieht sich der Begriff der Evolution auf das Leben, das sich im Laufe der Erdgeschichte zu seiner heutigen Formenfülle entwickelte. Die Evolutionstheorie erforscht, wie die einzelnen Arten aus vorhergehenden, ausgestorbenen Formen hervorgegangen sind.

KARL: Aber der Evolutionsbegriff wurde noch einmal erweitert und umfaßt jetzt auch jenen Prozeß, den der Urknall auslöste. Er umfaßt alle Bewegungen elementarer Teilchen und ihrer Zusammenballungen – von den Molekülen bis zu den Galaxien, von den Einzellern bis zum Menschen.

LEO: Mehr noch: Von den ersten Regungen des Fühlens, Wahrnehmens und Strebens bis zu den höchsten Formen der Kultur. Ich verstehe Evolution als dynamische Entfaltung einer Ur-Energie, die sich physisch und psychisch, als Materie und Geist, als Leben und Bewußtsein, als Natur und Kultur offenbart.

KARL: Genau das ist Evolutionismus, d.h. Evolutionstheorie als Weltanschauung, als Ausdruck für den ersehnten, allgemein akzeptierten, theoretischen Einheitsbrei, in den man alles einrühren kann.

LEO: O nein. Evolution ist keine blasse Theorie, sie ist Wirklichkeit, und wir sind Mitwirkende an dem rätselhaften Geschehen, das vor etwa 15-20 Milliarden Jahren begann. Und aus Mitwirkenden werden wir zunehmend zu Mitwissern. Es ist, als ob dem Weltall etwas fehlte, was ihm nur der Mensch zu schenken vermochte. Das Universum schaffte sich im denkenden Menschen ein Organ, um sich seiner selbst bewußt zu werden. Aus unbewußter wird bewußte Evolution. Ihr letztes Glied, der Mensch, beugt sich zurück und gedenkt jenes Zeitpunkts, an dem die Expansion des Weltalls begann.

KARL: Das nenne ich religiöse Ergriffenheit.

LEO: Ich leugne es gar nicht. Muß ich mich dessen schämen? Denkt doch an Kants „bestirnten Himmel über mir", denkt an die kosmische Religiosität der Alten.

KARL: Das ist etwas anderes. Was du der Evolution unterstellst, die Inkarnation des Weltbewußtseins im Menschen, erinnert an die christliche Inkarnation Gottes als Mensch. Nach deinen Worten v o l l z i e h t sich die Evolution nicht einfach, sondern sie s c h a f f t . Oft heißt es auch, sie experimentiere oder erfinde, was alles auf zielbewußtes Handeln hindeutet, was aber - auch nach deinen Worten - nicht sein kann, weil sie sich ja erst im Menschen ihrer selbst bewußt geworden sein soll.

OTTO: Mir geht das auch zu weit. Das sind keine wissenschaftlichen Aussagen.

LEO: Ich bekenne mich aber dazu. Wissenschaftlich gesehen ist die Evolution die Geschichte des Weltalls. Sie beschreibt, wie es gekommen sein könnte, vorhersagen kann sie als Geschichtswissenschaft nichts. Aber die nüchterne wissenschaftliche Beschreibung wird doch dem ungeheuren Geschehen nicht gerecht. Wir sollten uns klarmachen, daß die Evolution des Universums ein gewaltiges Abenteuer ist, in dem stets Neues, nie Dagewesenes, noch dazu extrem Unwahrscheinliches entsteht!

KARL: Das Neue ist immer das nie Dagewesene. Jeder neue Tag ist noch nie dagewesen. Ich verstehe nicht, was daran so erstaunlich sein soll.

OTTO: Zudem geschieht alles im Universum mit maschineller Notwendigkeit.

LEO: Aber ist es nicht so, daß die Entstehung des Lebens, des Menschen, des Bewußtseins extrem unwahrscheinlich war?

OTTO: Das ist ein beliebter Denkfehler. Im Nachhinein kann jedes Ereignis beliebig unwahrscheinlich gemacht werden.

LEO: Wie meinst du das?

OTTO: Stell dir vor, du würfelst 100mal und notierst die Werte. So bekommst du eine Zahlenfolge von 100 Ziffern zwischen 1 und 6. Da insgesamt 6^{100} solcher Zahlenfolgen möglich sind, die vor Beginn des Würfelns alle die gleiche Wahrscheinlichkeit hatten, beträgt die Wahrscheinlichkeit dafür, daß gerade d e i n e Zahlenfolge gewürfelt wird, $1/6^{100}$, das ist eine extrem unwahrscheinliche Zahl. Aber besagt das etwas? Bei jeder anderen Kombination könnte man sich genau so wundern.

LEO: Na gut, dann will ich das, was mich staunen läßt, anders beschreiben: Stell dir vor, nur eine einzige der Bedingungen, die zur Ausbildung des Universums und unseres Daseins notwendig waren, wäre um Nuancen anders ausgefallen. Schon winzige Variationen in den Zahlenwerten von Naturkonstanten, Wechselwirkungsparametern und den Anfangsbedingungen beim Urknall hätten die Struktur der Materie mitsamt aller Himmelskörper drastisch verändert.

KARL: Damit sagst du nur: Weil die Anfangsbedingungen der Evolution so waren, wie sie waren, ist alles so gekommen, wie es gekommen ist. Das ist nicht extrem unwahrscheinlich, sondern das ist so, Punkt.

LEO: Habt ihr denn gar kein Empfinden für das Wunder, das dieser hochkomplexe Kosmos ist? Ich bin ja nicht der einzige, der staunt.

KARL: Wer von etwas Unwahrscheinlichem spricht, der muß sich auf etwas Normales beziehen, von dem sich das Unwahrscheinliche abhebt, sonst hat seine Rede keinen Sinn. Aber was wären denn normale Baubedingungen, normale Anfangswerte des Universums?

LEO: Gegenfrage: Hältst du die von der Wissenschaft eruierten Baubedingungen und Anfangswerte für normal?

KARL: Ich halte sie weder für normal noch für unnormal, sondern für hypothetisch. Sie kennzeichnen den Stand der gegenwärtigen Wissenschaft.

LEO: Kannst du sie nennen?

KARL: Nein. Warum auch!

OTTO: Ich versuche es mal: Am Anfang waren der Wasserstoff, etwas Helium und Deuterium, dann die Werte der Natur- und Kopplungskonstanten und die universelle Gültigkeit der Naturgesetze. Weitere Bedingungen für ein lebensfreundliches Universum sind: ein minimaler Überschuß von Materie über Antimaterie, eine Massendifferenz zwischen Neutron und Proton von 1,3 %, ein Massenverhältnis Proton-Elektron von 1 : 1836 bei gleicher Ladung, und, ja, die Halbwertszeit beim Beta-Zerfall des Neutrons. Das behauptet die Wissenschaft.

LEO: Hervorzuheben wäre aber auch das gleichzeitige Auftreten gewisser kosmischer Konstanten, ohne die Leben nicht hätte entstehen können. Ihr Zusammentreffen ist nur in einer bestimmten Epoche des Universums erfüllt, nämlich in einem Zeitintervall von 10^9 - 10^{14} Jahren.

OTTO: Hervorheben könnten wir noch die Dimensionen des Raumes: In einem Raum mit mehr als drei Dimensionen hätten die Planeten die Sonne nicht in stabilen Bahnen umrunden können. Bei weniger als drei Dimensionen dagegen wären wohl kaum komplexe neuronale Netzwerke entstanden. Die Biochemie hätte nicht den für die biologische Evolution notwendigen Entfaltungsspielraum gehabt.

LEO: Und noch etwas fällt mir ein: daß sich Wellen in Räumen mit geradzahligen Dimensionen anders ausbreiten als in Räumen mit ungeraden Dimensionen. In ungerade dimensionierten Räumen breiten sie sich ohne Verzerrung aus, in Räumen mit einer geraden Anzahl von Dimensionen verschwimmen sie. Für den Genuß eines Bach- oder Mozart-Konzertes wäre dies höchst fatal. Das ist doch alles sehr erstaunlich.

KARL: Ich sehe schon: ihr seid Gottes Weltkonstruktion hart auf den Fersen. Oder wollt ihr mich veräppeln? Sind das absurde Scherze? Oder soll das die Neuauflage des teleologischen Gottesbeweises sein?

LEO: Zumindestens die Möglichkeit, daß die Welt intelligent geplant wurde, kannst du nicht bestreiten.

OTTO: Aber bestreiten läßt sich, daß es dem göttlichen Ingenieur bei dem ganzen Aufwand vor allem um den Menschen ging. Das Leben ist nämlich ein begrenztes Phänomen. Wie du sagtest, ist die lebensfreundliche Epoche auf das Zeitintervall von 10^9 - 10^{14} Jahre beschränkt. Eine Milliarde Jahre nach dem Urknall gab es noch keine Galaxien und somit keine stellare Nukleosynthese, um die für die Existenz von Leben notwendigen schweren Elemente Kohlenstoff, Sauerstoff, Stickstoff zu bilden. Und spätestens nach 10^{14} Jahren sind die Sterne aller Galaxien ausgebrannt. Unsere Sonne wird in rund 5 Milliarden Jahren zum Roten Riesen, dehnt sich dann weit in das heutige Planetensystem hinein aus und läßt das Leben auf der Erde verdorren. Der Mensch und alles Leben auf Kohlenstoffbasis ist also auf Dauer nicht überlebensfähig, kann also nicht im Fokus der Naturgeschichte stehen, nicht konstitutiv für die Struktur des Universums sein.

LEO: Wer sagt denn, daß der Mensch als Art für die Ewigkeit konzipiert wurde? Vielleicht hat Gott ganz andere Absichten.

OTTO: Oder die Evolution.

KARL: Die Evolution, das handelnde Wesen, haha.

OTTO: Nein, nein, das ist nur eine metaphorische Redeweise.

LEO: „Evolution" meint das Verwirklichen von Anlagen, die als Möglichkeiten vorgegeben sind.

KARL: Es heißt, die Evolution verlaufe ungerichtet, sie werde vom Zufall bestimmt. Aber kann man sinnvoll von einer zufälligen Entwicklung reden? Der Urknall bewirkte nur ein Durcheinanderwirbeln von Materie, die sich mal so, mal so zusammenballt: in einfachen oder komplexen Konglomeraten, die sich eine Zeitlang halten und wieder vergehen.

OTTO: Was du „Durcheinanderwirbeln" nennst, wird durch Notwendigkeit bestimmt, denn die vom Urknall hervorgebrachte Materie hat ja bestimmte Eigenschaften. Und was du „Zufall" nennst, kann auch Absicht sein.

KARL: Die Evolution ist, wissenschaftlich gesehen, eine Folge von Momentaufnahmen gewisser Veränderungen, die von den einen als aufsteigende Qualität, von den anderen als aufsteigende Komplexität gedeutet werden. Diese Betrachtungsweise einiger Bewohner des Universums kann schon morgen hinfällig sein.

OTTO: Aber wenn unser Universum tatsächlich, so wie du es beschreibst, ein Chaos wäre, und das seit 13 Milliarden Jahren - warum funktioniert dann unsere irdische Welt - wenigstens einigermaßen?

KARL: Darauf antworte ich mit Nietzsche:

> Der Gesamtcharakter der Welt ist ... in alle Ewigkeit Chaos, nicht im Sinne der fehlenden Notwendigkeit, sondern der fehlenden Ordnung, Gliederung, Form, Schönheit, Weisheit, und wie alle unsere ästhetischen Menschlichkeiten heißen... Hüten wir uns, zu sagen, daß es Gesetze in der Natur gebe. Es gibt nur Notwendigkeiten: da ist keiner, der befiehlt, keiner, der gehorcht, keiner, der übertritt. [Friedrich Nietzsche: *Die fröhliche Wissenschaft*]

LEO: Dann gehört Nietzsches Bestimmung des „Gesamtcharakters der Welt" als Chaos aber ebenfalls zu den „ästhetischen Menschlichkeiten".

Die Welt als Höhle

LEO: Es ist nicht jedermanns Sache, das Bild zu akzeptieren, das die Wissenschaft malt: das Universum als Explosionsstaub, der sich ins Leere ausbreitet, und auf einem der Staubkörner der Mensch als ein Staubkorn unter Staubkörnern.

KARL: Dann will ich ein guter Onkel sein und allen, denen dieses Bild unerträglich ist, eine Alternative verkündigen: das Universum als Höhle.

OTTO: Es geht nicht darum, ob eine Erkenntnis unerträglich ist, sondern darum, was wahr ist. Glaubenshöhlen, in denen die nackte Wahrheit bemäntelt wird, gibt es zur Genüge.

KARL: Ich wende mich nicht an die Gläubigen, sondern an die Ungläubigen. Im Höhlen-Universum wirbeln wir nicht auf einem Staubkorn durch grenzenlose Leere, sondern leben wohlbehütet und geborgen in einer Blase - wie in einem Schweizerkäse.

OTTO: Wie die Made im Speck, wie? Davon halte ich nichts. Tüfteleien, mit denen Halbverrückte die Leute verwirren, gehören in den Mülleimer, so wie das *Perpetuum mobile* oder die Quadratur des Kreises.

LEO: Nein, das interessiert mich. Wie groß soll denn diese Höhle sein?

KARL: Die Höhle, auf deren Innenfläche wir leben, hat denselben Durchmesser wie die Erde im Newton-Universum.

OTTO: Da siehst du es! In dieser Höhle hätte kaum der Mond Platz, geschweige denn Milliarden von Galaxien.

KARL: Irrtum! Das Höhlenmodell setzt als erstes Prinzip voraus, daß Körper desto kleiner werden, je mehr sie sich dem Mittelpunkt der Höhle nähern.

OTTO: Trotzdem: es genügt eine einzige Frage, um das Höhlenmodell vom Tisch zu wischen: Wie weit ist der Mond von der Erdoberfläche entfernt?

KARL: Der Mond hat einen Durchmesser von etwa einem Kilometer und ist etwa 100 Kilometer entfernt.

OTTO: Na also! Wenn der Mond nur 100 Kilometer entfernt wäre, dann benötigte ein Laser-Strahl, den wir an der Mondoberfläche reflektieren lassen, wesentlich weniger Zeit als die gemessenen 2,5 Sekunden.

KARL: Du hättest recht, wenn da nicht das zweite Prinzip wäre. Es legt fest, daß die Lichtgeschwindigkeit nicht konstant ist, sondern desto mehr abnimmt, je näher das Licht dem Mittelpunkt der Hohlwelt kommt.

LEO: Aber wie steht's mit der Sichtweite? Als Bewohner einer Kugel können wir bis zum Horizont sehen, das sind etwa 35 Kilometer. Als Bewohner einer Hohlwelt müßten wir aber sehr viel weiter entfernte Objekte sehen können.

KARL: Das verhindert ein drittes Prinzip: es bestimmt, daß sich Lichtstrahlen auf Kreisen bewegen, die durch den Mittelpunkt der Höhle gehen.

LEO: Und wie erklärst du, daß man von Schiffen als erstes die Aufbauten sieht?

KARL: Mit dem dritten Prinzip.

OTTO: Du kannst nicht jedesmal, wenn ein Gegenargument droht, ein sogenanntes Prinzip aus dem Hut zaubern. Wir spielen nicht Hase und Igel wie im Märchen.

KARL: Dem Hohlwelt-Modell liegen genau so viele Prinzipien zugrunde wie dem Newtonschen Weltmodell, es ist nämlich seine Spiegelung. Mittels einer mathematischen Operation, die in der sogenannten Funktionentheorie gebräuchlich ist, werden alle Punkte des Weltraumes von außerhalb der Erdkugel ins Innere der als hohl gedachten Erdkugel transferiert. Das Umgekehrte ist natürlich ebenso möglich.

OTTO: Was für eine Operation?

KARL: Nehmen wir den zweidimensionalen Fall eines Kreises: Jeder Punkt mit den Koordinaten (**x,y**), der sich außerhalb des Kreises befindet (R = Erdradius), geht über in einen Punkt innerhalb des Kreises mit den Koordinaten

$$\mathbf{X} = \frac{R^2 \cdot x}{x^2 + y^2} \qquad \mathbf{Y} = \frac{R^2 \cdot y}{x^2 + y^2}$$

OTTO: Diese Transformation ist so etwas wie eine Galilei- oder Lorentz-Transformation, mit denen man physikalische Gesetzmäßigkeiten aus einem System in ein anderes, relativ zu ihm bewegtes, umrechnen kann.

KARL: Aus dieser Transformation erklären sich auch die drei Prinzipien. In der Newton-Welt hat man festgelegt, daß Licht sich geradlinig und mit konstanter Geschwindigkeit bewegt, und daß Maßstäbe überall dieselben bleiben. Durch die Tranformation werden diese Prinzipien in die Hohlwelt-Prinzipien überführt.

LEO: Aber daß in der Hohlwelt die Körper schrumpfen oder wachsen, je nach ihrer Entfernung vom Weltmittelpunkt, das ist doch abstrus. Wie will man denn so etwas physikalisch erklären?

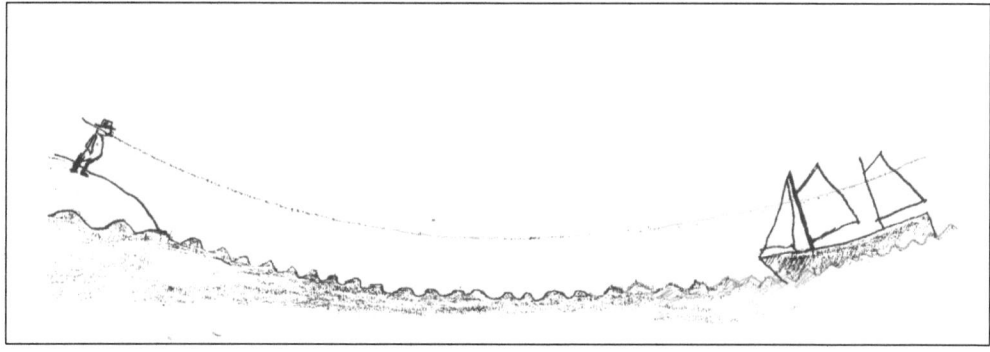

KARL: Das folgt aus der Beschaffenheit des Raumes. Der Raum der Newton-Welt ist homogen und isotrop, d.h. es gibt in ihm weder ausgezeichnete Punkte noch ausgezeichnete Richtungen. Der Hohlwelt-Raum dagegen ist inhomogen und anisotrop. Jemand, der sich im Hohlwelt-Raum befindet, merkt von alledem nichts. Auffallen tut es nur einem Beobachter im Newton-Raum. Das Ganze ist eine meßtechnische Angelegenheit.

OTTO: Das sind doch alles ganz unwahrscheinliche Annahmen.

KARL: Nicht unwahrscheinlich, sondern ungewohnt. Aber auch nicht ungewohnter als Einsteins Annahme der Verlängerung oder Verkürzung der Maßstäbe.

OTTO: Und was nun? Sollen wir etwa zum Hohlwelt-Modell übergehen? Es erschüttert mich, daß du dich als Propagandist für diese obskure Theorie hergibst.

KARL: Das tue ich nicht. Ich möchte bloß die Relativität aller Weltmodelle demonstrieren. Was für diesen streng mathematisch konstruierten Fall gilt, gilt erst recht für alle anderen Fälle.

LEO: Dann nehmen wir doch mal an, die Erde sei eine Scheibe, die von vier Elefanten getragen wird, und diese stünden ihrerseits auf einer riesigen Schildkröte, die im Weltenozean schwimmt?

KARL: Ein schönes Weltmodell, solange die Kröte nicht untertaucht.

LEO: Dasselbe könnte auch unserem heutigen naturwissenschaftlichen Universum passieren, das im Nichts schwimmt, wenn nämlich die Energie des Urknalls verpufft ist und alles ineinander stürzt.

KARL: Das Scheibenmodell ist gar nicht so abwegig, im Gegenteil, es ist das im Alltag vorherrschende Modell. Orientieren wir uns nicht anhand von oben und unten, rechts und links, vorne und hinten? Geht nicht die Sonne auf und unter? Oder unsere Landkarten: sind sie nicht Teilmodelle der Erdscheibe? Und schließlich: Müssen wir uns etwa den Kopf zerbrechen, wenn wir an die Leute in Australien denken?

OTTO: Was soll mit denen sein?

KARL: Gar nichts. Aber im Erdkugelmodell müssen sie, als unsere Antipoden, mit dem Kopf nach unten leben.

OTTO: Ich brauche dich wohl kaum daran zu erinnern, wie viele Indizien für die Kugelgestalt der Erde sprechen. Dagegen gerätst du mit dem Scheibenmodell in große Schwierigkeiten, weil die Scheibe einen Rand hat. Wenn man immer geradeaus fährt, müßte man ihn erreichen. Warum hat uns noch niemand berichtet, wie es dort aussieht?

KARL: Tja, da wir durch Geradeausgehen nicht zum Rande kommen...

OTTO: ...kommen wir mit der Scheibe nicht zu Rande...

KARL: Ich wollte sagen: Wir müssen es wie Einstein machen. Wir dürfen „geradeaus" nicht im euklidischen Sinne verstehen. Wir müssen ein Geometrie verwenden, die es verhindert, daß wir den Rand erreichen, und an dieser Geometrie müssen wir die Physik ausrichten.

OTTO: Das würde bedeutet, daß Experimente nicht mehr entscheiden können, welches der Modelle der Wirklichkeit am besten entspricht. Die experimentellen Ergebnisse lassen sich ja mit Hilfe von Transformationsgleichungen aus dem einen System ins andere umrechnen.

LEO: Die Sache erinnert an ein Spiegelkabinett. In dem einen Spiegel erscheine ich unförmig dick, im anderen übermäßig lang und dünn, beides sind Abbilder meiner selbst. Eigentlich ist es dann egal, welches Modell wir wählen.

OTTO: Es gibt aber komplizierte und einfache, unhandliche und praktische Modelle. Und es ist doch wohl klar: das Modell, das sich am besten bewährt, entspricht am besten der objektiven Realität.

KARL: Ist diese Realität nicht selbst ein Modell?

Mit uns zieht die neue Zeit

Dem Morgenrot entgegen

Per aspera ad astra

LEO: Wir sprechen heute ganz selbstverständlich von Aufklärung, Neuzeit, Fortschritt, moderner Wissenschaft. Ist euch klar, daß das eigentlich Kampfbegriffe sind? Aufklärung kontra finsteres Mittelalter, Neuzeit kontra Tradition, Fortschritt kontra Stillstand.

KARL: Die Finsternis des Mittelalters ist vermutlich von Leuten erfunden worden, die sich als Lichtgestalten der Vernunft präsentieren wollten. Endlich, so ihre Botschaft, nach einer langen Nacht, die seit der Antike andauerte, sei wieder die Sonne der Vernunft aufgegangen.

OTTO: Hatten sie nicht recht? Sie waren überzeugt, daß es so nicht weitergehen dürfe: mit dem religiösen Wirrwarr, den Religionskriegen, der wahnwitzigen Scholastik, dem Aberglauben, der Dumpfheit und Zerrissenheit der Gesellschaft. Das Theologengezänk, die Inquisition, die Autoritätsgläubigkeit, die Leibfeindlichkeit - all das und noch mehr war ihnen unerträglich.

LEO: Ja, Vernunftherrschaft verstanden sie als naturgegebene Bestimmung des Menschen. Durchsetzung der Vernunft gleich Aufklärung, Aufklärung gleich besseres Wissen, besseres Wissen gleich besseres Handeln. Sie verstanden sich als Nachfahren der griechisch-römischen Antike, die ihnen die Idee des Menschen als eines vernunftbestimmten Wesens geliefert hatte.

KARL: Und das „Mittelalter" nannten sie so, um den dunklen Abgrund der Vernunft zu kennzeichnen. Sie ließen es von der Eroberung des weströmischen Reiches durch die Germanen bis zur Eroberung des oströmischen Reiches durch die Osmanen dauern.

LEO: Osteuropa kennt diese Epoche nicht. Das Mittelalter ist eine Spezialität des westlichen, lateinischen Europa, das sich damit auch ein Problem eingehandelt hat. Denn wie läßt es sich erklären, daß die Vernunft, also ein Teil der menschlichen Natur, sich tausend Jahre schlafen legte?

OTTO: Die Vernunft schlummerte nicht, sie wurde unterdrückt und mußte sich erst aus der mittelalterlichen Knechtschaft befreien.

KARL: Aber wie konnte das geschehen? Warum ließ sie sich das ein Jahrtausend lang gefallen? Wenn sich die Rationalität kontinuierlich entwickelt hätte, dann wäre das Mittelalter nicht finster und irrational und man könnte auf die Unterscheidung Mittelalter-Neuzeit verzichten.

LEO: Der Fortschrittsgedanke widerspricht dem Anfangsgedanken: Wie kann Vernunft entstehen?

KARL: Mehr als das Entstehen muß den Fortschrittsgläubigen ihr Verschwinden beunruhigen, weil das seinen Glauben unterhöhlt, den er wie eine Erlösungsreligion – sogar mit Märtyrern - zelebriert.

LEO: Anscheinend hat der Mensch ein Bedürfnis nach Erlösung. Im Mittelalter hoffte er auf das Kommen eines göttlichen Erlösers, die Neuzeit glaubt an Selbsterlösung durch die Vernunft.

OTTO: Im Unterschied zum religiösen Erlösungsglauben beglaubigt sich der Fortschritt der Vernunftherrschaft selbst. Es gibt ja unbestreitbare Fortschritte: technologische, medizinische, soziale.

KARL: Ich frage mich nur, ob der Glaube an die Erlösung durch Fortschritt die Wirklichkeit besser erfaßt als der religiöse Erlösungsglauben.

OTTO: Was gibt es da zu fragen?

KARL: Durch die Fortschrittsbrille registriere ich nur das Neue, das an die Stelle des Alten tritt, wobei das bisherige Neue veraltet und aus dem Blickfeld verschwindet. Je rasanter der Fortschritt, desto schneller veraltet das eben noch Neue. Der Terror des Neuheitswahns zeigt sich exemplarisch im Kunstbetrieb.

LEO: Das ausgesonderte alte Neue vermehrt sich ebenfalls immer schneller.

KARL: Zur Logik des Fortschritts gehört auch, daß irgendwann die Sucht nach dem Neuen selbst veraltet, denn er bringt unweigerlich auch die Schattenseiten der Aufklärung, die Grenzen der Wissenschaft, die Gefahren der Technik ans Licht Der Glaube, daß das Alte veraltet sei, schwindet, die „gute, alte Zeit" wird wieder aktuell, gewinnt an Wert.

OTTO: Das ist doch auch etwas Neues, also ein Fortschritt.

KARL: Ein Fortschritt, der dem Fortschrittsgedanken den Garaus macht.

LEO: Oder ihn zur Reform zwingt - nach dem Motto: Alles hat seinen Preis.

KARL: Wie meinst du das?

LEO: Der Fortschritt bringt uns etwas, aber er nimmt uns auch etwas.

OTTO: Trotz eurer Einwände: unsere Zeit ist nun mal durch Fortschritt und den Bruch mit der Tradition gekennzeichnet.

Deus mutabilissimus

LEO: Die Behauptung, die Neuzeit habe damit begonnen, daß jemand das Licht der Vernunft anknipste, das am Ende der Antike ausgeknipst worden war, ist unbefriedigend. Daher ist die Frage: „Wie ist es zum Beginn der Neuzeit gekommen?" noch nicht erledigt.

KARL: Sie kann auch nicht erledigt werden, denn ein Anfang, der erklärt werden kann, ist keiner.

LEO: Kein Wunder, daß in den Geschichten, welche die Entstehung der Neuzeit erzählen, ihr „eigentlicher" Beginn immer weiter zurückverlegt wurde. Eine dieser Geschichten markiert den Beginn der Neuzeit mit dem Vertrauensverlust des Menschen in Gott und Natur. Sie beginnt mit den Schriften des Aristoteles, die im 12. Jahrhundert in Spanien aus dem Arabischen ins Lateinische übersetzt worden waren.

OTTO: Immer dieser Aristoteles.

LEO: Der Papst beauftragte den Mönchsorden der Dominikaner, das Werk des Aristoteles auf seine Vereinbarkeit mit der christlichen Theologie zu prüfen. Die Dominikaner waren so beeindruckt und begeistert, dass sie Aristoteles zu ihrem

Leib- und Magenphilosophen machten. Sie merkten anscheinend nicht, daß sie mit geistigem Explosivstoff hantierten.

OTTO: Inwiefern?

LEO: Betrachten wir zum Beispiel das Problem der Mischung. Aristoteles lehrte, daß die Form eines irdischen Körpers dadurch entsteht, daß sich gegensätzliche Qualitäten durchmischen, bis ein Mischungsgleichgewicht herrscht.

OTTO: Das verstehe ich nicht.

LEO: Die antike Wissenschaft kennt vier Elemente: Erde, Wasser, Luft, Feuer, und vier Qualitäten: trocken, feucht, warm, kalt. Sie sind in allen irdischen Dingen mit unterschiedlichen Anteilen enthalten. Jedem Element werden genau zwei Qualitäten zugeordnet, z.B. kann Luft warm-feucht, warm-trocken, kalt-feucht oder kalt-trocken sein, wobei die Qualitäten warm und kalt in einem bestimmten Mischungsverhältnis zu-

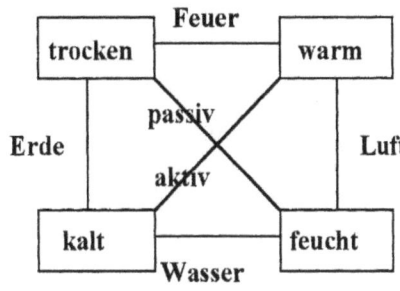

Die vier Elemente

einander stehen. Wenn etwa das Kalte das Warme überwiegt, nimmt die Atmosphäre eine andere Form an, das Element Luft geht - teilweise - in das Element Wasser über: es regnet.

OTTO: Der irdische Körper Luft hat sich also durch Änderung des Mischungsverhältnisses von „warm" und „kalt" in den Körper Wasser verwandelt. Na schön, und was weiter?

LEO: Diese Erklärung reichte dem arabischen Philosoph Avicenna (980-1037) nicht aus, um die Dauer der Form zu gewährleisten, die ja ein Ding erst zu einem Ding macht. Deshalb postulierte er einen „Formgeber", einen *dator formarum*: d.h. ein bestimmtes Mischungsverhältnis sollte dazu disponiert sein, eine bestimmte Form anzunehmen. Er konnte sich dabei auf Aristoteles berufen, der sich gezwungen gesehen hatte, für lebendige Körper, deren Teile ja funktional aufeinander bezogen sind, ein neues Prinzip einzuführen, das für die Funktionsfähigkeit des Ganzen sorgt: die Seele.

OTTO: Worauf willst du eigentlich hinaus?

LEO: Nicht so ungeduldig! Es gab nun zwei Naturmodelle: ein „horizontales", das keiner außernatürlichen Eingriffe bedarf, weil alle Veränderungen mechanistisch erklärt werden können, und ein „vertikales", das durch den *dator formarum* außernatürliche Eingriffe in die Natur ermöglichte.

OTTO: Der Streit konnte beginnen.

LEO: Ganz recht. Das horizontale Modell läßt keinen Platz für einen christlichen Schöpfergott, im vertikalen Modell dagegen sind weder Wunder noch übernatürliche Instanzen ausgeschlossen. Beide Modelle stehen sich konträr gegenüber. Die Kirche entschied sich natürlich für das vertikale Modell und verbot das horizontale. Die Diskussion, welches der beiden Modelle das wahre sei, ging trotzdem weiter. Der berühmte Franziskanermönch Johannes Duns Scotus (1265-1308) überlegte sich, wie man das horizontale System untergraben könne.

KARL: Den Determinismus untergraben? Laß hören.

LEO: Duns Scotus behauptete, es gäbe mindestens einen kontingenten - d.h. zufälligen, zusammenhanglosen - Sachverhalt. Wer diese Behauptung abstreite, solle so lange gefoltert werden, bis er darum bitte, nicht mehr gefoltert zu werden. Damit gestehe er ein, daß das Foltern nicht notwendig, sondern, wie behauptet, ein kontingenter Sachverhalt sei.

KARL: Aber ein kontingenter Sachverhalt hat doch auch eine Ursache.

LEO: Die muß selbst kontingent sein, andernfalls wäre der Sachverhalt notwendig. Dasselbe gilt für die Ursache der Ursache usw.

KARL: Dann muß auch die allererste Ursache, also Gott, kontingent sein.

LEO: Richtig. Gott verursacht alles durch Intellekt und Willen. Im Intellekt bzw. im Erkennen, das allem Wollen vorausgeht, kann die Kontingenz nicht gefunden werden, also muß sie im Willen sein. Somit ist die Ursache für die Kontingenz der freie Wille Gottes.

KARL: Daraus folgt, daß es überhaupt keine Notwendigkeit gibt. Die aristotelische Wissenschaft hatte sich selbst aufgehoben.

LEO: Ja. Gott greift als *dator formarum* in die Natur ein, wie und wann er will. Er kann die Gesetzmäßigkeit des Naturgeschehens jederzeit aufheben, also Wunder wirken.

OTTO: Absurd!

KARL: Wieso? Die Diskussion um Determinismus und Freiheit ist doch immer noch hochaktuell.

LEO: Es geht aber eher um Willkür als um Freiheit. Der christliche Gott machte im späten Mittelalter den Eindruck eines verborgenen und höchst launischen Gottes: eines *deus absconditus* und *deus mutabilissimus*.

OTTO: Aha, wir haben das Ziel erreicht: Die Menschen hatten das Gefühl, sich nicht mehr auf Gott verlassen zu können.

LEO: Abgesehen von den Heilsbedingungen, die Gott in der Bibel offenbart hat.

OTTO: Wahrscheinlich sollten die Leute durch die Argumente des Duns Scotus, die ihnen ihre Abhängigkeit von Gott vor Augen führten, zu mehr Glaubenseifer angehalten werden: jede Seuche, jede Mißernte eine Warnung oder eine Strafe. Aber der Schuß ging nach hinten los.

LEO: Hinzu kam, im Zuge der Reformation, die Prädestinatonslehre des Kirchenvaters Augustinus, die nun wichtig wurde. Danach hatte Gott schon vor der Geburt eines jeden Menschen festgelegt, ob er für die ewige Seligkeit oder die ewige Verdammnis ausersehen war – unabhängig von seinem Lebenswandel.

OTTO: Die armen Schweine!

KARL: Das ist noch nicht alles. Bisher hatte man geglaubt, der Schöpfergott hätte die Natur auf die Bedürfnisse des Menschen zugeschnitten - eine alte, stoische Überzeugung.

LEO: Ein Beispiel für dieses Natur- bzw. Weltvertrauen finden wir beim berühmten Francesco Petrarca (1304-1374), der keinen Anlaß zum Jammern sah. Er war davon überzeugt, daß Mensch und Natur einander zugeordnet seien und versuchte seine Zeitgenossen davon zu überzeugen. In seiner Schrift *Heilmittel gegen Glück und Unglück* schreibt er:

> Habt ihr denn so wenig Grund zur Freude? Da ist jenes Bild und Gleichnis Gottes, des Schöpfers im Innern der menschlichen Seele; da sind der Geist, die Erinnerung, die Voraussicht, die Rede, so viele Erfindungen, so viele Künste, die diesem Geist und diesem Körper dienen, mit deren Hilfe alle eure Notwendigkeiten durch göttliche Gnade umfaßt werden, auch so viele Arten von Dingen, die nicht nur euren Nöten, sondern auch euren Freuden auf wunderbare und unaussprechliche Weise dienen. All die Kraft der Wurzeln, all die Kräutersäfte, die ganze bunte Pracht der Blumen! An so vielen Gerüchen, Farben, Geschmäcken, Tönen die aus Gegensätzen hervorgegangene Harmonie! So viele Lebewesen am Himmel, auf der Erde, im Meer, die nur zu eurem Gebrauch bestimmt sind und um einzig dem Menschen zu gehorchen erschaffen wurden!

Dieses Vertrauen wurde jetzt von Zweifeln angenagt. Stichwort: *dator formarum.*

OTTO: Soweit ich weiß, gab es damals viele Mißernten, Hunger, Seuchen.

LEO: Richtig. Da paßten Überlegungen, die ein Franziskanermönch der nächsten Generation, Wilhelm von Ockham (1290-1349), fortspann: In einer kontingenten, vom unerforschlichen Willen Gottes beherrschten Welt könne es nur Einzeldinge, kein allgemeines Seiendes geben.

OTTO: Was soll daran schlimm sein? Das ist doch klar.

KARL: Das ist uns nur deshalb klar, weil sich diese Auffassung, der sogenannte Nominalismus, allgemein durchgesetzt hat.

LEO: Ockham argumentierte folgendermaßen: Angenommen, die Allgemeinbegriffe existieren nicht nur als Abstraktionen unseres Intellekts, sondern wirklich. Wenn z.B. der Allgemeinbegriff „Mensch" existiert, könnte Gott kein einzelnes Individuum, etwa den Aristoteles, vernichten, ohne den Allgemeinbegriff „Mensch", der zum Sein des Aristoteles dazugehört, zu vernichten. Täte er es, dann würde er alle menschlichen Individuen vernichten.

KARL: Ach so, Gott wäre dann in seinem Wollen nicht frei - also nicht allmächtig. Und das widerspräche der christlichen Lehre.

LEO: Ja, aber der Knackpunkt ist der folgende: Wenn es, wie Ockham lehrt, nur Einzeldinge gibt, z.B. einzelne Pferde, aber nicht die Art „Pferd", dann haben Allgemeinbegriffe nur noch logische, nicht mehr ontologische Qualität.

KARL: Das heißt, die Sprache ist nicht mehr das Abbild der Realität.

LEO: Richtig. Die aristotelische Lehre, Sprachstruktur und Wirklichkeitsstruktur seien identisch, hat ausgedient.

OTTO: Na und?

KARL: Dann es ist fraglich, ob die von der Wissenschaft erkannte Ordnung der Natur auch real existiert. Sie könnte ja nur eine theoretische Begriffskonstruktion sein. Wie kann der Mensch noch planen, wenn er nicht weiß, ob die Ordnung der Welt, so wie er sie wahrnimmt und versteht, nämlich auf seine Bedürfnisse bezogen, tatsächlich existiert?

OTTO: Der Mensch wird von den frommen Mönchen daran erinnert, daß er ein Mängelwesen ist.

KARL: Die Reaktion war aber nicht größere Frömmigkeit, wie von den Mönche erwartet, sondern die Besinnung auf die eigenen Fähigkeiten. Der Mensch sah sich gezwungen, auf den eigenen Beinen zu stehen.

OTTO: Das war doch schon immer so.

KARL: Aber unter anderen Vorzeichen.

LEO: Der Philosoph Hans Blumenberg spricht von „Selbstbehauptung".

KARL: Kant nennt es den Ausgang aus selbstverschuldeter Unmündigkeit.

Abwertung der Natur

OTTO: Am Beginn der Neuzeit steht also nicht der Sonnenaufgang der Vernunft, sondern Mißtrauen des Menschen gegenüber Gott und Natur?

KARL: Statt „Selbstbehauptung" könnten wir auch sagen: Emanzipation von Natur und Gott. Beides geht wohl nicht ohne Mißtrauen.

LEO: Daß Duns Scotus und Ockham die Natur für unerkennbar erkannt hatten, hielten ihre humanistischen Zeitgenossen nicht für gravierend.

OTTO: Wie bitte? Die Nichterkennbarkeit der Natur soll nicht gravierend sein? Wie kann sich der Mensch dann in der Welt behaupten? Seine Ängste waren ja nicht unbegründet – angesichts von Mißernten und Pestepidemien.

KARL: Die Unerkennbarkeit der Natur war für die Humanisten deshalb kein Unglück, weil sie erkannten, daß alle Erkenntnis von Interessen bestimmt und geleitet wird. Naturerkenntnis unterliege daher der Manipulation und dem Vorurteil und könne niemals Wahrheit beanspruchen. Natur sei immer Natur „für uns", nie Natur „an sich". Hatten sie nicht recht?

OTTO: Die Humanisten bestritten den Wahrheitsanspruch der Naturwissenschaften sicher deshalb, weil sie den Vorrang für ihre Geisteswissenschaften beanspruchten. Aber das hat ihnen, wie wir wissen, nichts genützt.

KARL: Darum geht es nicht. Um sich in einer undurchschaubaren Natur behaupten zu können, war Naturerkenntnis keine aussichtsreiche Option. Deshalb empfahlen die Humanisten den Naturforschern, sich an praktischen Kriterien zu orientieren: am Nützlichen, am Guten.

OTTO: Und wer bestimmt, was nützlich und gut ist? Etwa Philosophie, Juristerei, Medizin oder Politik?

KARL: Weshalb werden die Naturwissenschaften heute so hoch geschätzt? Wegen ihrer Erkenntniswahrheit? Von wegen! Nein, sie bringen Nutzen, den man mit Wahrheit verwechselt. Die Humanisten sahen im Menschen weniger den Erkennenden als den Schaffenden, den *homo faber*.

LEO: Da kannst du recht haben. Ein Beispiel für diese Haltung ist der Florentiner Gelehrte Giannozzo Manetti (1396-1459), der die Natur als göttlichen Rohentwurf deutete, den sich der Mensch, das vollkommenste Wesen der Schöpfung, seinen Vorstellungen gemäß gestalten könne:

> Was sollen wir aber über den feinen und scharfsinnigen Verstand dieses so schönen und wohlgestalteten Menschen sagen? Denn er ist wirklich so groß und so

reich, daß nach der Erschaffung jener ursprünglichen, neuen, rohen Welt offenbar alles weitere von uns aufgrund des einzigartigen, überragenden Scharfsinns des menschlichen Verstandes hinzuerfunden und zur Vollendung und Vollkommenheit geführt worden ist... Folgendes ist nämlich unser, also Menschenwerk..: Alle Häuser, alle großen und kleinen Städte... Diese Dinge freilich und die übrigen dieser Art sind in so großer Zahl und Qualität überall sichtbar, daß es offenkundig wird, daß am Anfang Gott die Welt und all ihren Schmuck zum Nutzen des Menschen erfunden und eingerichtet, daß die Menschen aber sie dann voll Dank angenommen und viel schöner und viel prächtiger und weitaus feiner gemacht haben. [Vorlesungsmitschrift (Prof. Keßler)]

KARL: Das hört sich an, als wäre es die Bestimmung des Menschen, dem Prinzip der Nützlichkeit zu folgen, eine Lobpreisung des technischen Denkens.

LEO: Diese Auffassung wurde aber nicht von allen Humanisten geteilt. Der berühmte Leon Battista Alberti (1404-1472), beurteilte das Verhältnis Mensch-Natur ganz anders. Hört euch das mal an:

Und es findet sich fast kein Lebewesen, das so von allen anderen gehaßt würde wie der Mensch... Die anderen Lebewesen sind zufrieden mit den Bedingungen, unter denen sie leben. Nur der Mensch, immer auf der Suche nach neuen Dingen, wird sich selbst zum Feind. Nicht zufrieden mit dem großen Erdkreis, will er das Meer durchfahren und sich, wie mir scheint, aus der Welt hinauskatapultieren. Er will unter dem Wasser, unter der Erde, in den Bergen alles durchwühlen und sich Kraft verschaffen, noch über die Wolken hinaus zu gehen. O du ruheloses Lebewesen, unduldsam gegen jedweden Zustand und jede Situation: du bist so, daß, wie mir scheint, die Natur immer wieder, wenn ihr unsere Arroganz zu viel wird, mit der wir jedes ihrer Geheimnisse wissen, sie verbessern und verfälschen wollen, neue Katastrophen erfindet, um mit uns ihr Spiel zu treiben und uns zugleich dazu zu zwingen, sie anzuerkennen. Nimm hinzu noch das geringe Einverständnis, das der Mensch mit allem Geschaffenen und mit sich selbst hat, als hätte er sich geschworen, äußerste Grausamkeit zu üben. Erzfeind von allem, was er sieht und was er nicht sieht, will er alles sich unterwerfen; Feind des menschlichen Geschlechtes, Feind seiner selbst. Ein Wolf, sagt der Dichter Plautus, sei der Mensch dem Menschen. In welchem Lebewesen findest du mehr Blutrünstigkeit als im Menschen? Freundschaftlich leben miteinander die Löwen, Wölfe, Bären... Der Mensch aber in seiner Wut wird tödlich erfunden für die anderen Menschen und für sich selbst. [Vorlesungsmitschrift Keßler]

KARL: Manetti und Alberti stimmen immerhin darin überein, daß Herrschaft über die Natur gleichbedeutend ist mit Eingriffen in die Natur. Und daß jeder Eingriff eine gewaltsame Handlung ist.

OTTO: Aber für Manetti ist der Eingriff gerechtfertigt, da es die Bestimmung der Natur sei, zu Kultur zu werden.

LEO: Diese Meinung war noch im 18. Jahrhundert weit verbreitet. Die Natur, so glaubte man, verfällt ohne die Arbeit des Menschen in einen Zustand der Barbarei. Der französische Naturforscher Buffon (1707-1788) schildert in einem Vorwort zu seiner *Naturgeschichte*, was er von der Natur als Wildnis hält:

Dort liegt ein wüster Erdstrich, eine traurige, von Menschen nie bewohnte Gegend, deren Höhen mit dichten schwarzen Wäldern überzogen sind. Bäume ohne Rinde, ohne Wipfel, gekrümmt, oder vor Alter hinfällig und zerbrochen; andere, in noch weit größerer Zahl, an ihrem Fuße hingestreckt, um auf bereits verfaulten Holzhaufen zu modern, ersticken und vergraben die Keime, die schon im Begriff waren, hervorzubrechen. Die Natur ... scheint hier schon abgelebt; die Erde, mit den Trümmern ihrer eigenen Produkte belastet, trägt Schutthaufen, anstatt des blumigen Grüns, und abgelebte Bäume, die mit Schmarotzerpflanzen, Moosen und Schwämmen, den unreinen Früchten der Fäulnis, beladen sind. In allen niedrigen Teilen dieser Gegend stockt totes Wasser, weil es weder Abfluß noch Richtung erhält; das schlammige Erdreich, das weder fest noch flüssig, und deshalb unzugänglich ist, bleibt den Bewohnern der Erde und des Wassers unbrauchbar. Sümpfe, die mit übelriechenden Wasserpflanzen bedeckt sind, ernähren nur giftige Insekten, und dienen unreinen Tieren zum Aufenthalt... Keine Straße, keine Gemeinschaft, nicht einmal die Spur von einem verständigen Wesen zeigt sich in dieser Wüstenei. [Buffon: *Historie naturelle* (36 Bände)]

OTTO: Kurios. Und heute arbeiten sich viele Menschen daran ab, „die Natur" in ihrem rohen bzw. reinen Zustand wiederherzustellen, wo dies noch möglich ist.

KARL: Die Wildnis, die sie wiederherstellen wollen, ist doch nur eine besondere Art von Park, so ähnlich wie der Zoo. Wildnis ja, aber möglichst ohne Wölfe, Bären, Mücken und Zecken.

LEO: Für Alberti wären solche Eingriffe eine Vergewaltigung der Natur, vor deren Rache er sich fürchtete.

OTTO: Da es um die Selbstbehauptung des Menschen geht, sind Eingriffe in die Natur unvermeidlich. Aber unter der Voraussetzung, die Natur sei etwas Göttliches, ist der aufrechte Gang der Selbstbehauptung gar nicht möglich.

LEO: Die Furcht vor Gewalt gegenüber der Natur ist so alt wie die Menschheit. In der Antike nahm man die Natur als etwas hin, das aus eigener Machtvollkommenheit da ist und wirkt. In ihr hatte jedes Ding sein eigenes Daseinsprinzip und einen Daseinszweck, den es zu erfüllen bestrebt war.

KARL: Mit anderen Worten: Natur war etwas Göttliches, Unverfügbares.

LEO: Ja, gewaltsame Eingriffe in die Natur wurden vielfach als Versuch verstanden, die Götter oder die göttliche Natur zu überlisten, und das konnte nur schlecht ausgehen.

KARL: Naturfromm war nicht nur die Antike, auch die Indianer waren es. Von einem Häuptling Smohalla sind die folgenden Worte überliefert, die er an einen Major MacMurray richtete:

Du forderst mich auf, den Boden zu pflügen. Soll ich ein Messer nehmen und die Brust meiner Mutter zerfleischen? Wenn ich sterbe, wird sie sich weigern, mich an ihrer Brust ausruhen zu lassen. Du forderst mich auf, nach Steinen zu graben. Soll ich unter ihrer Haut nach ihren Knochen wühlen? Wenn ich sterbe, kann ich nicht in ihren Leib zurückgehen, um wiedergeboren zu werden.

KARL: Major MacMurray wird wohl darüber gelächelt haben. Sein Naturverständnis war das christliche bzw. monotheistische.

LEO: Auch in der christlichen Religion gab es Vorbehalte gegen Eingriffe in die Natur. Man glaubte, daß der Mensch mit dem Sündenfall seinen Herrschaftsanspruch über die Natur einbüßte, den Gott ihm zuvor übertragen hatte.

KARL: Dennoch war die Theologie daran interessiert, der Natur ihre Unantastbarkeit zu nehmen. Schließlich wußte sie, daß Natur nicht nur als Gottes Schöpfung verehrt wurde, sondern auch als Zufluchtsstätte alter Gottheiten, Hort von Astrologie und anderem Aberglauben.

LEO: Richtig. Ihr Ansatz, die Natur zu „entheiligen", entsprang der Überzeugung, daß Natur nicht ein letzten Grund sei, sondern das Resultat einer Handlung des Schöpfergottes. Deshalb verdammten viele Theologen die Lehre von den Zwecken in der Natur als Götzendienst. Die Eigenmächtigkeit der Natur galt als Machtanspruch der Heiden auf den Schöpfungsakt, der allein Gott zukäme.

OTTO: Und ich dachte immer, die Ablehnung des teleologischen Denkens verdanken wir der modernen Naturwissenschaft.

LEO: Das war viel später. Die Theologen bestritten die aristotelische Auffassung, die Daseinszwecke und -ziele der Naturwesen lägen in ihnen selbst. Vielmehr lägen sie im Schöpfer der Natur, in Gott. Daher behauptete Thomas von Aquin (1225-1274), es seien nicht die den Dingen eingeborenen Ziele, welche wirken, sondern ein zielsetzender Geist:

> Das, was kein Bewußtsein hat, tendiert in ein Ziel nur, wenn es von einem bewußten und intelligenten Wesen gelenkt wird, wie der Pfeil vom Schützen.

KARL: Wenn das Ziel natürlicher Prozesse nicht in ihnen selbst liegt, sondern im göttlichen Bewußtsein, dann können wir sie natürlich nur noch unter dem Gesichtspunkt der Wirkursache - *causa efficiens* - erkennen. Wir können höchstens die Wirkursachen rekonstruieren, derer sich Gott bedient hat und vielleicht in der Praxis prüfen, ob sich die Rekonstruktion bewährt. Und damit sind wir beim mechanistischen Denken angelangt. Da die Daseinszwecke aus der Natur in den göttlichen Geist verlegt worden sind, bleibt von der Natur nur ein seelenloser Automat übrig.

OTTO: Dann wären die Theologen, welche die Naturteleologie verdammten, Mechanisten? Ich höre wohl nicht richtig.

LEO: O doch. Viele Beobachtungen, die bisher als Indizien für die Lebendigkeit der Natur galten, wurden im Lichte der neuen Sachlichkeit als Hinweise auf ein Uhrwerk gedeutet und bewundert.

OTTO: Gott als Weltingenieur!

LEO: Ja, die Uhr, die als Mechanismus, als Räderuhr, seit dem späten 13. Jahrhundert im Gebrauch war, wurde zur Metapher für den inneren Aufbau und die Funktionsweise der Natur.

KARL: Wenn die Natur ein Uhrwerk ist, können wir es uns ersparen, über Naturzwecke nachzudenken. Es kann uns egal sein, was die Natur von sich aus will, wenn wir etwas von ihr wollen. Einer Natur, die keine eigenen Ziele und Zwecke verfolgt, kann man auch keine Gewalt antun.

LEO: Und deshalb hatten die Humanisten ganz recht, als sie das Erkenntnisproblem beiseite schoben.

KARL: Dann ist die Natur zu etwas rein Äußerlichem geworden, ohne Selbstsein, ohne Leben. Alle Bewegung ist nur noch passives Bewegtwerden, nur noch Umschichtung dessen, was schon ist.

OTTO: Und da ein göttliches Uhrwerk fehlerfrei läuft, wird Gott nicht mehr gebraucht.

KARL: Aber der Mensch kann die Uhr kaputt machen.

LEO: Nein, nach damaliger Auffassung nicht. Der Mensch mag Macht über die Natur haben, aber zu zweierlei sei er nicht fähig: etwas gänzlich Neues zu schaffen und etwas für immer zu vernichten. Diese beiden Möglichkeiten behält sich Gott vor.

OTTO: Die heutige Naturwissenschaft denkt aber nicht mehr mechanisch, sie sieht die Natur nicht mehr als Uhrwerk.

KARL: An seine Stelle trat das „kybernetisches System". Aber das ist nur eine Verfeinerung des Uhrenmodells.

Entzauberung

KARL: Mir kommt die Proklamierung der Neuzeit wie eine Entschuldigung vor. So als wollte sich der neuzeitliche Mensch dafür rechtfertigen, daß er seine „selbstverschuldete Unmündigkeit" abgeschüttelt hat.

OTTO: Unsinn. Vor wem könnte sich der Mensch rechtfertigen wollen?

KARL: Natürlich vor dem lieben Gott, dem er die Schuld dafür zuschiebt, daß er sich entschließen mußte, auf eigene Verantwortung zu leben.

LEO: Vielleicht war genau das Gottes Absicht. Vielleicht wollte Gott die ersten Menschen mit seinem Verbot, vom Baum der Erkenntnis zu essen, prüfen. Als sie sein Verbot übertraten, sah er, daß sie den göttlichen Funken der Freiheit besaßen, selbständig entscheiden konnten. So konnte er sie guten Gewissens aus dem Garten Eden in die rauhe Natur verbannen.

KARL: Dann wäre die Aufklärung ein zweiter, diesmal geistiger Hinauswurf aus dem Paradies.

OTTO: Quatsch. Es geht doch nicht um Entschuldigung oder Rechtfertigung. Im Gegenteil: die Neuzeit versteht sich als Renaissance bzw. Wiedergeburt des Logos aus dem Geist der Antike - zumindest tut das die Philosophie des Materialismus:

> Es ist das große historische Verdienst, daß sie dem Menschen hilft, sich vom Aberglauben zu befreien. Bereits im Altertum wandte sie sich gegen die Furcht vor dem Tode, gegen die Furcht vor Göttern und anderen übernatürlichen Kräften. Nicht auf ein Leben nach dem Tode zu hoffen, sondern das irdische Leben zu schätzen und danach zu streben, es zu verbessern, lehrt die materialistische Philosophie die Menschen. Der Materialismus läßt erstmals in der Geschichte die Würde und die Vernunft des Menschen zu Recht und Geltung kommen; er erklärt, daß der Mensch kein Wurm ist, der im Staube kriecht, sondern die höchste Schöpfung der Natur, fähig, den Naturkräften zu gebieten. Der Materialismus ist von Vertrauen auf die Kraft des Wissens und die Vernunft des Menschen erfüllt, vom Vertrauen auf seine Fähigkeit, die Geheimnisse der Welt aufzudecken und eine vernünftige und gerechte Gesellschaftsordnung zu errichten.
>
> [Lehrbuch *Marxismus-Leninismus*, aus dem Russischen 1960]

KARL: Wo hast du denn diesen Text her? Er trieft ja von religiösem Pathos.

OTTO: Er stammt aus einem SED-Schulungsbuch. Den Begriff „Materialismus" könnt ihr getrost durch „Aufklärung" ersetzen.

KARL: Das Zitat erinnert nur an die Schmach der Aufklärung: an ihre Entartung im Marxismus/Leninismus. Damit tust du ihr keinen Gefallen.

OTTO: Das Zitat beschreibt aber zutreffend das Selbstverständnis und die Hoffnungen der Aufklärung.

LEO: Da hast du recht. Das bezeugen die Philosophen Adorno und Horkheimer. Ihr berühmtes Buch *Dialektik der Aufklärung* beginnt so:

> Seit je hat Aufklärung im umfassendsten Sinn fortschreitenden Denkens das Ziel verfolgt, von den Menschen die Furcht zu nehmen und sie als Herren einzusetzen... Das Programm der Aufklärung war die Entzauberung der Welt. Sie wollte die Mythen auflösen und Einbildung durch Wissen stürzen. [Horkheimer, Adorno: *Dialektik der Aufklärung*]

KARL: Entzauberung! Entzaubern kann man nur das, was verzaubert ist. Aber ist die Welt verzaubert? Und wer könnte sie verzaubert haben?

LEO: Mit dem Begriff „Entzauberung" charakterisierte der Soziologe Max Weber (1864-1920) in seinem Vortrag *Wissenschaft als Beruf* die Geisteshaltung der Aufklärer: ihre Überzeugung, daß es prinzipiell keine geheimnisvollen, unberechenbaren Mächte gibt, die im Weltgeschehen mitspielen, daß man vielmehr die Welt im Prinzip durch Berechnen beherrschen, also auch verbessern kann.

OTTO: Entzaubert werden soll nicht die Welt, sondern der Blick des Menschen auf die Welt, die ihn bezaubert. Der Mensch soll ernüchtert - um nicht zu sagen: aus-genüchtert - werden. Ihm soll klarwerden, daß er Schein und Sein verwechselt.

KARL: Dann setzt Entzauberung zweierlei voraus: die Welt hat einen doppelten Boden, und es gibt Leute, die das erkannt haben und uns aufklären.

LEO: Galilei fand für die Doppelbödigkeit der Welt die Metapher vom Buch der Natur, das in der Sprache der Mathematik geschrieben sei.

OTTO: Damit wurde die neuzeitliche Wissenschaft zum Inbegriff der Aufklärung. Mit ihr als Instrument können wir hinter die Kulissen der Natur schauen, ihre Mechanismen aufdecken und nutzen.

KARL: Fortschreitende Entzauberung bedeutet fortschreitende Sinnentleerung.

OTTO: Fortschreitende Entzauberung bedeutet vor allem fortschreitende wissenschaftliche Erkenntnis. Und die nennst du sinnentleert? Ich bewundere den Scharfsinn und den Mut der Naturwissenschaftler, die uns diese universalen Zusammenhänge erschlossen haben, von deren technischen Anwendungen wir heute profitiere. Ohne sie könnten wir nicht existieren.

KARL: Und ich wundere mich über den Stumpfsinn und den Mangel an Mut so vieler Geisteswissenschaftler und Philosophen, die das Programm der Entzauberung widerstandslos akzeptieren, sogar daran mitarbeiten. Sie scheinen nicht zu wissen, daß sie an dem Ast sägen, auf dem sie sitzen.

LEO: Na hör mal - die Doppelbödigkeit der Welt ist allgemeiner Konsens, sie ist Schulstoff! Wer sie in Frage stellt, macht sich nur lächerlich.

KARL: Heute braucht es eben Mut, der Entzauberung entgegenzutreten. Einer, der das Dilemma erkannte, ein naturwissenschaftlich gebildeter Mensch, dichtete:

> An der Liebe Busen sie zu drücken,
> Gab man höhern Adel der Natur,
> Alles wies den eingeweihten Blicken
> Alles eines Gottes Spur.
> Wo jetzt nur, wie unsre Weisen sagen,
> Seelenlos ein Feuerball sich dreht,
> Lenkte damals seinen goldnen Wagen
> Helios in stiller Majestät...

LEO: Wer kennt nicht Schillers Gedicht *Die Götter Griechenlands*! Daß sie ein Dilemma andeuten, kann ich aber nicht erkennen.

OTTO: O doch! Schiller weiß sehr wohl, daß die schöne Welt eine Illusion ist - auch wenn er das bedauert.

KARL: Aber Schiller nennt auch - im selben Gedicht - den Preis, der für die Entzauberung gezahlt werden muß:

> Schöne Welt, wo bist du? Kehre wieder
> Holdes Blütenalter der Natur!
> Ach nur in dem Feenland der Lieder
> Lebt noch deine fabelhafte Spur.
> Ausgestorben trauert das Gefilde,
> Keine Gottheit zeigt sich meinem Blick,
> Ach! von jenem lebenwarmen Bilde
> Blieb nur das Gerippe mir zurück.

Das heißt: die aufgeklärte Welt ist ein Totenreich. Das, worauf es ankommt, ist verlorengegangen: das Zauberische, das Poetische, das Lebendige.

LEO: So scheint auch Friedrich von Hardenberg (1772-1801), der sich Novalis nannte, gedacht zu haben, denn er klagte in einem Essay:

> Der Religions-Haß dehnte sich sehr natürlich und folgerecht auf alle Gegenstände des Enthusiasmus aus, verketzerte Phantasie und Gefühl, Sittlichkeit und Kunstliebe, Zukunft und Vorzeit, setzte den Menschen in der Reihe der Naturwesen mit Not oben an, und machte die unendliche schöpferische Musik des Weltalls zum einförmigen Klappern einer ungeheuren Mühle, die vom Strom des Zufalls getrieben und auf ihm schwimmend, eine Mühle an sich, ohne Baumeister und Müller und eigentlich ein echtes Perpetuum mobile, eine sich selbst mahlende Mühle sei. [Novalis: *Die Christenheit oder Europa*]

KARL: Schiller verwendet ebenfalls eine Maschinenmetapher:

> Gleich dem toten Schlag der Pendeluhr,
> Dient sie knechtisch dem Gesetz der Schwere,
> Die entgötterte Natur.

OTTO: Das mögen ja berühmte Texte sein, aber sie machen mich nur ärgerlich. Wissen unsere Dichter eigentlich, was sie da beklagen? Sie erinnern mich an Kindern, denen man ihr Spielzeug weggenommen hat. Es geht doch nicht um ästhetische Spielereien, sondern um das, was real, was wirklich ist.

KARL: Das bestreitet doch niemand.

OTTO: Nein? Haben wir nicht gerade eine Klage über die Beseitigung des sogenannten schönen Scheins vernommen?

KARL: Die beiden Dichter diagnostizieren den Geist der Neuzeit.

LEO: Novalis beschreibt im selben Aufsatz die Tätigkeit der Aufklärer:

> Die Mitglieder waren rastlos beschäftigt, die Natur, den Erdboden, die menschlichen Seelen und die Wissenschaften von der Poesie zu säubern, jede Spur des Heiligen zu vertilgen, das Andenken an alle erhebende Vorfälle und Menschen durch Sarkasmen zu verleiden, und die Welt alles bunten Schmucks zu entkleiden.

OTTO: Dieses Zitat bestätigt, wenn auch unwillig, was Entzauberung meint: die Entkleidung der Wahrheit von Poesie und Heiligkeit – also von allem Brimborium. Hinter Poesie und Heiligkeit kann sich auch das Gemeine, Bösartige verstecken, und gerade deshalb geht es in der Aufklärung um Wahrheit, um die „nackte Wahrheit". Wir müssen der Natur die Maske vom Gesicht reißen, um zu sehen, was dahintersteckt.

KARL: Das ist so, als wollte man den Menschen nicht nur entblößen, sondern auch seines vergänglichen Fleisches entkleiden, um in den Knochen das Eigentliche, Haltbare, Unvergängliche zu finden.

LEO: Und was könnte diese entzauberte Natur sein?

KARL: Nichts anderes als eine Maschinerie, in der alle Räder mit Notwendigkeit ineinander greifen.

OTTO: Die Formel „Nichts anderes als...", die du so ironisch betonst, besagt nur, daß alles mit rechten Dingen zugeht, daß keine geheimnisvollen, unberechenbaren Mächte im Spiel sind.

KARL: Die Formel „Nichts anderes als..." ist nichts anderes als eine Beschwörungsformel, mit der man sich die Naturphänomene dienstbar machen kann.

OTTO: Offenbar eine sehr erfolgreiche!

KARL: Wie man's nimmt. Für Otto Normalverbraucher kommt es ja gar nicht darauf an, welche Erklärung eines Naturphänomens man ihm vorsetzt. Sollte sich herausstellen, daß es sich doch anders verhält, dann ist das für ihn keine Widerlegung, sondern eine Korrektur. Hauptsache, der Rahmen stimmt.

OTTO: Selbstverständlich. Eine an der Realität orientierte Wissenschaft muß immer damit rechnen, daß die Wahrheit von heute der Irrtum von morgen ist. Auch die nackte Wahrheit hat ihre Tücken.

KARL: Das zeigt, daß wir es mit einem Gegenzauber zur Poesie zu tun haben. Denn für den Aufklärer geht es „mit rechten Dingen" nur dort zu, wo „nichts anderes als" ein funktionaler, maschinenartiger Prozeß abläuft.

OTTO: Ja, aber dieser „Gegenzauber" hat sich bei den Bemühungen, Macht über die Natur zu gewinnen, als sehr erfolgreich erwiesen. Jeder Vorgang der Anschauungswelt läßt sich auf Naturgesetze zurückzuführen und dem wissenschaftlichen Weltbild einverleiben.

LEO: Aber das gelingt nicht immer.

OTTO: Es wird schon gelingen - wenn nicht heute, dann morgen.

KARL: Die Aufklärung erhebt also einen Alleinvertretungsanspruch auf Erkenntnis, auf die Wahrheit des wissenschaftlichen Weltbilds.

LEO: Haben wir jetzt auch die Entzauberung entzaubert?

Mechanisierung

KARL: Aufklärung als Entzauberung oder als Gegenzauber - das läuft auf dieselbe fixe Idee hinaus, daß die bunte Welt der Anschauung ein Zauberspuk sei, der die Wahrheit verschleiere.

OTTO: Du glaubst also nicht, daß die wissenschaftliche Wahrheit die wahre Wahrheit ist?

KARL: Ich glaube nicht an einen universalen Weltmechanismus, ob man ihn nun als Räderwerk einer Uhr oder als komplexes, rückgekoppeltes System denkt.

OTTO: Dann bist du ein Ignorant. Die auf den ersten Blick verwirrende Vielfalt der Natur, die spontan und unkalkulierbar wirkt, ist nun mal von der Wissenschaft als Maschinerie entziffert worden.

LEO: Sonderbar: Heute gilt als ignorant, wer die Natur nicht als trügerische Oberfläche durchschaut, hinter der sich ein Mechanismus verbirgt. Früher war es umgekehrt: Als dumm galt, wer nicht erkannte, daß der Mechanismus nur eine künstliche Nachahmung der unergründlichen Natur ist.

OTTO: Das ist nicht sonderbar, sondern zeigt den Erkenntnisfortschritt, den wir der neuzeitlichen Wissenschaft zu verdanken haben.

KARL: Anscheinend wurde die Auffassung davon, was Erkenntnis ist, umgepolt. In einem 64-bändigen Universallexikon aus der Zeit um 1750 können wir lesen:

> Was den Bau des menschlichen Leibes betrifft, so ist zu merken, daß er die allerschönste, vortrefflichste und künstlichste Maschine, die da von dem allerweisesten Schöpfer aus verschiedenen Teilen, welche unter sich bestens zusammenstimmen, also ist verfertigt worden, daß sie die ihr zukommenden ordentlichen und gewissen Bewegungen zu ihrem eigenen Besten auswirke und verrichte. Der menschliche Körper ist eine Maschine. [Johann Heinrich Zedler: *Großes vollständiges Universal-Lexikon aller Wissenschaften und Künste*]

LEO: Die Umpolung deutet hin auf eine Verschiebung der metaphysischen Prioritäten in der Zeit des Frühkapitalismus, als das Bürgertum an Einfluß gewann und die neuzeitliche Wissenschaft aufkam. Ihre Prinzipien sind die des Bürgertum: Wie die Kaufleute, Ingenieure, Handwerker sehen auch die Wissenschaftler die Welt als Material für ihre Zwecke an. Auch die mathematische Denkweise der Wissenschaft ist Kaufleuten und Ingenieuren vertraut, denn vom richtigen Rechnen hängt der wirtschaftliche wie der technische Erfolg ab. Und das Experimentieren, die Innovation, ist nicht nur für die Naturwissenschaft, sondern auch für Handel und Industrie unverzichtbar.

KARL: Der galileische Grundsatz, das Einfache sei das Richtige, ist eine Neufassung des Ockhamschen „Rasiermessers" und paßt ebenfalls zum Pragmatismus der Kaufleute und Ingenieure. Denn unter wirtschaftlichen und technischen Bedingungen heißt „einfach" soviel wie „effektiv".

LEO: Die Wissenschaft zielt darauf ab, die Welt so berechenbar zu machen wie die Bilanzen der Kaufleute und die Konstruktionspläne der Ingenieure. Die Umpolung der Erkenntnisweise auf mechanische, funktionale Zusammenhänge ist schon in den Prinzipien der neuzeitlichen Wissenschaft angelegt.

KARL: Sie wartete nur auf einen Auslöser – um nicht „Erlöser" zu sagen.

LEO: Der kam in Gestalt des René Descartes, der maßgeblich daran beteiligt war, das Kunstprodukt Mechanismus in die Natur hinein zu projizieren und so die Mechanik bewegter Körper zum Modell von Erkenntnis überhaupt zu machen.

OTTO: Es kann schon sein, daß der Zeitgeist bei der Entstehung der neuen Wissenschaft und bei der mechanistischen Interpretation der Natur Pate gestanden hat. Nichtsdestoweniger sind die Erkenntnisse der Wissenschaft wahr.

KARL: Aber diese Erkenntnisse fußen auf metaphysischen Voraussetzungen, die historisch bedingt und damit relativierbar sind.

LEO: Gerade diese Relativierung wollte Descartes verhindern. Ihm ging es um sicheres Wissen. Das Kriterium für sicheres Wissen war für ihn Evidenz, also klare und deutliche Einsicht. Und die mechanische Beschaffenheit der Natur schien ihm so einleuchtend, klar und deutlich zu sein, daß sie keine Täuschung sein konnte.

KARL: So kann man sich täuschen!

OTTO: Daß er die Natur als Mechanismus erkannte, war keine Täuschung, sondern die Vorstufe der heutigen Wissenschaft.

LEO: Das, was Descartes bei der Betrachtung der Natur so klar und deutlich vor Augen stand, war gar nicht die Natur selbst, sondern eine Idee: die Natur als Mechanismus.

KARL: Du nimmst mir das Wort aus dem Mund! Das Konzept der Maschine geht ja methodisch den konkreten Untersuchungen voraus. Es legt vorweg den Rahmen fest, in dem geforscht wird. Es geht nicht um das „Was", denn das steht ja schon fest, sondern einzig um das „Wie": Wie funktioniert das Untersuchungsobjekt? Wie kann es mathematisch erfaßt werden?

OTTO: Daß diese Methode in den verschiedenartigsten Bereichen greift, zeigt doch, daß es Gesetzmäßigkeiten in der Natur gibt.

KARL: Der wissenschaftliche Metaphysiker, der glaubt, daß er keiner ist, weil er Erfahrungswissenschaft betreibt, gleicht einem Fischer, der das Netz seiner Methode ins Meer der Wirklichkeit taucht und aus dem, was er herauszieht, sein Weltbild zusammenzimmert. Was durch die Maschen fällt, also alles, was nicht sachlich, pragmatisch, ökonomisch faßbar ist, das existiert nicht. Es gibt nur Verschiebemasse, Material, das so oder so zusammengesetzt werden kann. Dabei wird der Mensch, der ja ebenfalls „Natur" ist, nicht ausgenommen.

Experiment

OTTO: Die Methode, mit der die neue Wissenschaft der Natur auf die Schliche gekommen ist, besteht darin, die Naturprozesse unter dem Gesichtspunkt der Wirkursache, der Kausalität, zu rekonstruieren und Spekulationen zu vermeiden.

KARL: Das Rekonstruieren der Wirkursache ist doch genau so ein Spekulieren wie das einstige Herumrätseln über die Zweckursache.

OTTO: Irrtum. Um die Rekonstruktion zu überprüfen, hat der Mensch das Experiment erfunden. Es bindet die Spekulation an die Praxis.

LEO: Also kann die Natur erkannt werden, Duns Scotus und Ockham sind widerlegt.

KARL: Nein. Das Experiment ist kein Vermittler von Naturerfahrung, sondern bringt diese hervor. Es schafft Tatsachen. Wir erfahren nichts über die „Natur an sich", sondern wie sie unter bestimmten Bedingungen reagiert. Der Philosoph und Physiker Hugo Dingler (1881-1954) sieht den Sinn eines Experiments darin,

> durch geeignete, für uns konstante Bausteine die Erscheinungen der Realität nachzubauen, sie durch Einengung mit diesen Mitteln in eine von uns beherrschbare Abhängigkeit von uns, von unserem Willen zu bringen und zugleich parallelgehende geistige Formen zu schaffen, welche geeignet sind, solches Vorgehen zu planen, zu überblicken und geistig beherrschbar zu machen. [*Das Experiment* 1928)]

Mit anderen Worten: Experimente zielen auf Messungen ab, dafür braucht man Meßapparate. Meßapparate setzen Maßstäbe voraus, die aber nicht in der Natur vorgefunden, sondern von Ingenieuren nach praktischen Gesichtspunkten festgelegt werden.

OTTO: Ich sage es lieber so: wir machen bestimmte Annahmen über die Verhaltensweise der Natur und überprüfen diese im Experiment. Anhand der Tatsachen, die dabei zum Vorschein kommen, erlangen wir Wissen über Zusammenhänge in der Natur. Dabei befinden wir uns immer in Kontakt mit der Natur, die das letzte Wort hat. Damit ist der berüchtigte *regressus in infinitum* ausgeschaltet.

KARL: Leider nicht! Entscheidend für ein Experiment ist seine Reproduzierbarkeit. Das Experiment muß überprüfbar, d.h. jederzeit wiederholbar sein. Wiederholbarkeit setzt voraus, daß die äußeren Bedingungen, unter denen das Experiment stattfindet, mit denen des ursprünglichen Experiments vergleichbar sind. Die äußeren Bedingungen müssen also selbst durch Messungen experimentell gesichert werden, was ebenfalls Bedingungen voraussetzt, die überprüft werden müssen usw. Da haben wir ihn wieder: den Absturz ins Unendliche.

OTTO: Theoretisch magst du ja recht haben, denn streng genommen gibt es keine Wiederholung in der Natur, aber wir wollen nicht spitzfindig sein. Für diese Schwierigkeit gibt es Fehlertheorien.

LEO: Also nicht nur bei den Fragen, die er an die Natur richtet, ist der Mensch „das Maß aller Dinge", sondern auch beim Messen selbst. Da keine Messung wie die andere ausfällt, muß der Experimentator entscheiden, innerhalb welcher Meßgrenzen er die Meßergebnisse anerkennt. Das betrifft die äußeren Bedingungen ebenso wie das Experiment.

OTTO: Sehr richtig. Was gibt es daran auszusetzen?

KARL: Du hast gerade die Wissenschaft für ihren Realitätsbezug gepriesen. Aber sie erkennt die Realität, wie sie sich im Meßergebnis zeigt, nicht bedingungslos an. Sie unterscheidet zwischen erwünschter und unerwünschter Realität: die eine gilt als „Erkenntnis", die andere als „Störung" oder „Fehler".

OTTO: Und welcher Maßstab entscheidet zwischen beidem?

KARL: Der Zweck, den der Wissenschaftler verfolgt, und der ist, ganz allgemein gesprochen: Macht über die Natur. Stichwort: Selbstbehauptung.

OTTO: Das Experimentieren ist ein Machen, das dabei hilft, die verschiedenartigsten Durchmischungen und Überlagerungen von Substanzen, Zuständen, Vorgängen, deren Summe wir Natur nennen, zu entwirren und zu quantifizieren, d.h. meßbar und dadurch beherrschbar und nutzbar zu machen.

KARL: Entwirren? Das heißt wohl: neu ordnen.

OTTO: Ja, die natürlichen Substanzen, Vorgänge oder Zustände, die in der Natur nur gemischt vorhanden sind, sollen „rein" dargestellt werden.

KARL: Rein - ein verräterisches Wort.

OTTO: Verräterisch? „Rein" besagt nur: frei von fremden Zusätzen. Was rein ist, ist in sich einheitlich.

KARL: Das Wort verrät, daß die Wissenschaft nicht die Erkenntnis der Natur, sondern nur ihre Nutzung im Blick hat. Denn das Reine ist bekannt und deshalb beherrschbar.

OTTO: Was heißt hier „nur"? Du kannst dir wohl nicht vorstellen, welche Geistesschärfe, welche Detektivarbeit, welche Experimentierkunst dazu gehört, Naturvorgänge zu beherrschen.

KARL: Doch. Ich kritisiere ja nur die philosophische Geistesschwäche, Erkenntnis und Nutzung der Natur in einen Topf zu werfen.

OTTO: Herauszubekommen, in welcher Hinsicht ich die Natur nutzen kann, ist aber ebenfalls eine Erkenntnis.

KARL: Eine Erkenntnis im Hinblick auf m e i n e Zwecke, nicht unbedingt auf diejenigen der Natur. Und dafür ist das Wörtchen „rein" ein Beispiel.

LEO: Es ist nicht das einzige. Auch „Fehler", „Störungen" oder „Verschmutzungen" gibt es nur, weil sie dem Zweck im Wege stehen.

KARL: Die Natur wird theoretisch und praktisch analysiert, d.h. zerlegt, und dann aus den Grundbausteinen und -kräften neu zusammengesetzt. Das geht natürlich nur mit Hilfe von Gerätschaften, also nur im Labor. Was dabei elementar ist, richtet sich nach dem Stand der Technik.

OTTO: Denn0ch: die Natur antwortet auf die Frage, die das Experiment stellt, bei Beachtung der „Gebrauchsanweisung" stets in gleicher Weise.

KARL: In der freien, nicht zum Labor zugerichteten Natur, tut sie das aber im allgemeinen nicht so eindeutig.

OTTO: Ja, weil die Prozesse durch andere Einflüsse gestört werden, z.B. durch Luftwiderstand, Reibung usw. In der Natur ist alles durchmischt. Das Experiment dient dazu, einzelne Naturerscheinungen rein herauszudestillieren.

LEO: Das heißt: die Natur wird in einer „zweiten Schöpfung" umgeschaffen in eine gigantische Universalmaschinerie, indem die Naturvorgänge und -stoffe aus ihren natürlichen Zusammenhängen gelöst werden.

KARL: Dabei können Wirkungen entstehen, die in der Natur noch nie aufgetreten sind. Denk an die Kunststoffe.

OTTO: Die Natur wird nicht umgeschaffen, sondern als das erkannt, was sie eigentlich ist. Hinter den Bildern der Anschauungswelt wird das Urbild, die objektive Realität, sichtbar gemacht. Betrachten wir doch ein einfaches Beispiel, das älteste und berühmteste aller neuzeitlichen Naturgesetze: Galileis Fallgesetz. Es lautet: Alle Körper fallen gleich schnell,

$$s = \tfrac{1}{2}\, g\, t^2$$

s ist die zurückgelegte Wegstrecke, d.h. die Fallhöhe,
t ist die dabei verstrichene Zeit,
g ist die Erdbeschleunigung bzw. Erdanziehungskraft.

Dieses Gesetz widerspricht der sinnlichen Erfahrung. Oder hast du schon mal beobachtet, daß ein Blatt und ein Stein gleich schnell fallen? Wenn Galilei das trotzdem behauptete, dann nicht, weil er so dumm war, die sinnliche Erfahrung zu ignorieren, sondern weil er die Luft als Störfaktor erkannte. Das heißt: um eine Voraussage über fallende Körper machen zu können, muß die „Natur" analysiert, also entwirrt werden. Ergebnis: das Fallgesetz.

KARL: Es ist doch eher umgekehrt. Wenn man das Herunterfallen von Körpern zum Thema macht, also das „reine" Fallen untersuchen will, dann ist es für den ordnungsliebenden, wissenschaftlichen Geist naheliegend zu fordern, daß alle Körper gleich schnell fallen. Da sie das nicht tun, sucht man nach den Hinderungsgründen, nach Störungen, und schnell ist ein böser Bube ausgemacht: die Luft. Die Frage, wie man diesen Störfaktor ausschalten könnte, führt zur Unterscheidung zwischen Luft und Raum. Ist man so weit, dann kann man versuchen, das Weglassen der Luft experimentell zu verwirklichen durch Konstruktion von Maschinen, die ein Luftvakuum produzieren, etwas, das es bis dato nicht gab.

LEO: Dem Experimentieren wohnt also ein Element des Herstellens inne.

KARL: Ja, das Experiment ist eine Maschine, die das Phänomen produziert, das man zu untersuchen wünscht. Aber ist das, was von einer Maschine produziert wird, überhaupt Natur - abgesehen vom Ausgangsmaterial?

OTTO: Es ist Natur, weil die Natur - wie du es formuliert hast - eine Universalmaschinerie ist, deren funktional miteinander verbundenen Teile unter denselben Voraussetzungen immer in derselben Weise agieren.

KARL: Wer sich, nach einer Empfehlung Kants, mit Prinzipien in der einen und dem Experiment in der anderen Hand zum „bestallten Richter" über die Natur aufschwingt, bekommt ja nur Maschinenhaftes in den Blick.

LEO: Das behauptete schon der Philosoph Friedrich W.J. Schelling (1775-1854), vielleicht als Antwort an Kant:

In die innere Konstruktion der Natur zu blicken, wäre nun freilich unmöglich, wenn nicht ein Eingriff durch Freiheit in die Natur möglich wäre. Die Natur handelt zwar offen und frei, aber sie handelt nie isoliert, sondern unter dem Zuströmen einer Menge von Ursachen, die erst ausgeschlossen werden müssen, um ein reines Resultat zu erhalten. Die Natur muß also gezwungen werden, unter bestimmten Bedingungen, die in ihr gewöhnlich entweder gar nicht oder nur durch andere modifiziert existieren, zu handeln. Ein solcher Eingriff in die Natur heißt Experiment. Jedes Experiment ist eine Frage an die Natur, auf welche zu antworten sie gezwungen wird. Aber jede Frage enthält ein verstecktes Urteil a priori; jedes Experiment, das Experiment ist, ist Prophezeiung; das Experimentieren selbst ein Hervorbringen der Erscheinungen. Der erste Schritt zur Wissenschaft geschieht also in der Physik wenigstens dadurch, daß man die Objekte dieser Wissenschaft selbst hervorzubringen anfängt. [Schelling: *Einleitung zu dem Entwurf eines Systems der Naturphilosophie* (1799)]

OTTO: Der Name Schelling hat kein Gewicht in der Naturwissenschaft. Ja, wenn du jemanden wie Einstein vereinnahmen könntest...

LEO: Schelling hat die Lage klar dargestellt. Diese Lage ist die Konsequenz aus der Forderung Bacons und Galileis, der neuzeitliche Naturwissenschaftler müsse handelndes Subjekt, nicht passiver Beobachter sein.

KARL: Durch Experimentieren erfahren wir nichts - oder nur wenig - darüber, was die Naturphänomene von sich aus wollen, sondern nur, wie sie unter bestimmten, von uns vorgegebenen Bedingungen reagieren. Der Wissenschaftler hat also nicht den direkten Zugang zur Natur, den er behauptet, sondern nur einen mittelbaren: über seine Instrumente. Und die Konstruktion dieser Instrumente ist nicht nur vom Zweck des Experiments, dem Nutzen, bestimmt, sondern sie setzt schon bestimmte Vorstellungen über die Welt voraus, also menschliche Normierungen: über Raum und Zeit, über die Dinge, kurz: eine Metaphysik.

OTTO: Daß sich die Wissenschaft in den Dienst der Praxis stellt, geschieht aus der Überzeugung heraus, daß sich die Wahrheit nicht dem Zuschauen, sondern nur dem Zugreifen erschließt. Das Experiment als das Kriterium der Wahrheit ist das Halteseil, an dem die sich Theorie entlanghangeln muß, wenn sie nicht in den Abgrund der Spekulation stürzen will.

KARL: Auf diese Weise kommt die Wissenschaft nie in die Verlegenheit, über ihren selbstgezogenen Horizont hinausblicken zu müssen. Schön für die Wissenschaft.

LEO: Aber gefährlich. Die Naturbeherrschung wird immer komplizierter. Je komplizierter, desto gefährlicher der Mißerfolg. Der Mensch ist nur ein Zauberlehrling. Er kennt die Rituale, aber nicht, was dahinter steckt.

KARL: Es gibt auch ein theoretisches Problem, das der wissenschaftlich-technischen Vorgehensweise Grenzen setzt. Die Welt als ganze kann nämlich nicht als System begriffen werden, weil jedes System eine Umwelt voraussetzt, auf die es sich bezieht. Die Welt als ganze hat aber keine Umwelt. Damit fällt der Maßstab weg, an dem sich die Wissenschaft orientieren kann.

LEO: Trotzdem - die gesamte Neuzeit steht unter der Herrschaft des Experiments. Und jedes Experiment ist eine Wette auf die Zukunft und kann ungeahnte Folgen haben.

Sachlichkeit

OTTO: Die Neuzeit orientiert sich an Bacons Parole von der Wiedergewinnung des Paradieses. Sie ist ein auf die Zukunft hin entworfenes Programm, das durch fortschreitende Beherrschung der Natur verwirklicht werden soll. Das ist ohne Experimentieren nicht möglich. Nur das gelungenes Experiment liefert unverfälschte Tatsachen.

KARL: Mit der unverfälschten Tatsache ist es nicht getan. Es gibt ja eine Inflation unverfälschter Tatsachen, aber welche sind wichtig, welche nicht? Jedes Experiment ist eine Frage. Um experimentieren zu können, muß ich erst einmal die richtigen Fragen stellen.

OTTO: Es müssen Fragen sein, die experimentell beantwortet werden können, nur so sind die Antworten, also die Meßergebnisse, frei von subjektiven Befindlichkeiten.

KARL: Die Objektivität ist aber ebenfalls eine subjektive Befindlichkeit.

OTTO: Wie bitte?

KARL: „Objektiv" heißt soviel wie „sachlich, nüchtern", also auf die Sache, aufs Objekt bezogen. Objektivität ist folglich eine subjektive Befindlichkeit, die sich für die sachliche Seite der Natur interessiert.

OTTO: Die Natur ist nun mal die Sache des Naturwissenschaftlers.

KARL: Weil er sie zur Sache macht.

OTTO: Der Wissenschaftler kann die Natur nur zur Sache machen, weil sie eine Sache ist! Was soll sie denn sonst sein? Es geht doch um den Realitätsbezug. „Realität" stammt vom lateinischen *res* gleich „Sache" ab.

LEO: Der Begriff „Sache" stammt aus der Rechtssprache:

> [Sache ist] ein Ding, das keiner Zurechnung fähig ist. Es ist ein Objekt der freien Willkür, welches selbst der Freiheit ermangelt.

„Sache" ist der Gegenbegriff zu „Person". Eine Person wird als frei definiert: ihr wird die Fähigkeit zuerkannt, aus eigener Kraft, aus sich heraus, einen Anfang, etwas Neues machen zu können. Eine Sache kann das *per definitionem* nicht.

KARL: Dann ist „Realität" die Gesamtheit der Sachen, also der Dinge, die nicht von sich aus aktiv werden, d.h. handeln können, sondern mit denen etwas - durch äußere Einwirkung - geschieht. Und da Sachen „der Freiheit ermangeln", wird ihnen bei derselben äußeren Einwirkung unter denselben Umständen auch immer dasselbe geschehen. Die Realität ist also *per definitionem* determiniert.

OTTO: Und was ist dann deiner Meinung nach die „objektive Realität"?

KARL: Ein doppelt gemoppelter Begriff, der Eindruck schinden will. Wenn „Realität" die Gesamtheit der Sachen ist, dann ist „objektive Realität" so etwas wie die Gesamtheit der Sachen, die als Sachen betrachtet werden.

OTTO: Vielleicht macht dieser Begriff nur deshalb einen geschwollenen Eindruck, weil die Sache mit der Sache deine persönliche Marotte ist. Du wirfst der Naturwissenschaft das „Zurechtstutzen" von Naturphänomenen zu Sachen vor. Für mich bedeutet „Objektivität" soviel wie „Unparteilichkeit", somit Unabhängigkeit von Meinungen und Vorstellungen. Die „objektive Realität" ist also die Realität, wie sie an sich ist.

KARL: Für meine Interpretation spricht aber nicht nur das Lexikon, sondern auch der Philosoph Ludwig Wittgenstein , der feststellt (*Tractatus logico-philosophicus*):

1. Die Welt ist alles, was der Fall ist.
2. Was der Fall ist, ist das Bestehen von Sachverhalten.
2.01. Der Sachverhalt ist eine Verbindung von Gegenständen (Sachen,Dingen).

OTTO: Warum betrachtet denn der Mensch die Natur als Sache? Anders gefragt: Warum nimmt er eine objektive Haltung ein? Das muß doch einen Grund haben.

KARL: Da brauchst du dir bloß die Fragen anzusehen, welche an die Natur gerichtet werden. Es sind zwei, nämlich: Wie funktioniert das? Woraus besteht das?

OTTO: Der Grund ist demnach, sichere Erkenntnis zu erlangen, der Täuschung zu entkommen. Dabei helfen passives Beobachten oder kontemplative Betrachtung der Natur nicht weiter. Um Gewißheit zu erlangen, bleibt nur eines: aktiv zu werden, d.h. die eigenen Vorstellungen durch Eingreifen in die Natur zu überprüfen.

LEO: Kant hat in einem berühmten Zitat gesagt:

> Als Galilei seine Kugeln die schiefe Fläche mit einer von ihm selbst gewählten Schwere herabrollen... ließ,... so ging allen Naturforschern ein Licht auf. Sie begriffen, daß die Vernunft nur das einsieht, was sie selbst nach ihrem Entwurfe hervorbringt.... [Kant: *Vorrede zur Kritik der reinen Vernunft*]

KARL: Ich glaube, Kant war zu optimistisch. Ein Licht geht den wenigsten Naturforschern auf. Sie vergessen nur allzu gern, daß ihr „Entwurf" nicht die Realität ist, sondern nur ein Modell, nämlich Frucht theoretischer Überlegungen und subjektiver Befindlichkeiten.

LEO: Mag sein, daß viele Naturwissenschaftler ihr Modell mit der Wirklichkeit verwechseln. Im Überschwang des Erfolgs neigt der Mensch dazu, seine Froschperspektive für den göttlichen Standort zu halten. Aber wahr ist auch, daß sich seit Duns Scotus und Ockham die Überzeugung durchgesetzt hat, daß man nur über dasjenige wirklich Bescheid weiß, was man selbst gemacht hat. Erst wenn ich eine Substanz, einen Vorgang, einen Zustand in der Natur nachmachen, also ihn herstellen kann, ist eine Vermutung bewiesen, d.h. zur Gewißheit geworden.

OTTO: Jetzt begreife ich endlich, wie entscheidend wichtig die Mathematik und das Experiment sind: Mathematik, weil sie als reine Geisteswissenschaft nur mit Größen operiert, die sie im Verstand vorfindet, über die sie also uneingeschränkt verfügt. Und das Experiment, das praktische Tun, verschafft dem Menschen die uneingeschränkte Verfügungsgewalt über die Natur.

KARL: Das leuchtet mir nicht ein. Wenn der Mensch nur das wirklich erkennen kann, was er selbst gemacht hat, dann kann er nicht erwarten, daß er die Natur, die er nicht selbst gemacht hat, versteht. Im Experiment Naturvorgänge durch Nachahmung verstehen zu wollen ist aussichtslos.

OTTO: Was verstehst du unter „verstehen"?

KARL: „Den Sinn von's Janze".

OTTO: Du scheinst demselben wissenschaftlichen Auslaufmodell anzuhängen, das schon dem ollen Faust Kummer gemacht hatte. Wie gehen doch gleich die Verse?

LEO: Meinst du diese Zeilen?

> Daß ich erkenne, was die Welt
> im Innersten zusammenhält,
> schau alle Wirkenskraft und Samen
> und tu nicht mehr in Worten kramen.

OTTO: Ja, die auch, aber ...

LEO: ...oder diese:

> Geheimnisvoll am lichten Tag,
> Läßt sich Natur des Schleiers nicht berauben,
> Und was sie deinem Geist nicht offenbaren mag,
> Das zwingst du ihr nicht ab mit Hebeln und mit Schrauben.

OTTO: Nein, die bestimmt nicht.

LEO: Jetzt weiß ich, an was du denkst:

> Da steh ich nun, ich armer Tor,
> Und bin so klug als wie zuvor! ...
> Und sehe, daß wir nichts wissen können!
> Das will mir schier das Herz verbrennen.

[Goethe: *Faust I*]

OTTO: Ja, diese Verse meine ich. Faust stellt zu hohe Ansprüche. Damit ist es seit Duns Scotus und Ockham vorbei.

KARL: Aber unser neuzeitliches Wissen ist nur ein kontingentes Wissen. Die Wissenschaftler wissen zwar, unter welchen Bedingungen ein Naturphänomen wahrscheinlich wie reagieren wird, aber warum, das wissen sie nicht.

OTTO: Doch. Weil es die und die Eigenschaften hat.

KARL: Aber warum hat es die? Was steckt dahinter? Was ist der Sinn?

OTTO: Das sind metaphysische Fragen, die zu nichts führen. Es geht um Wichtigeres: um den Nutzen für den Menschen.

LEO: Das dürfte der wahre Grund sein, die Natur als Sache zu betrachten!

KARL: Der neue Naturwissenschaftler soll also ein Ingenieur sein, der das Motto beherzigt: Erkennen gleich Beherrschen, Wissen gleich Macht.

LEO: Oder Wahrheit gleich Nutzen, wie Francis Bacon behauptet:

> Früchte und Werke sind möglicherweise Garanten und Sicherheiten für die Wahrheit der Philosophen... Also sind Wahrheit und Nützlichkeit dasselbe.

[Francis Bacon: Aphorismus 73,124]

Bacon forderte auch eine spezielle Ausrichtung des Geistes: So, wie es der Natur nicht erlaubt werden dürfe, eigene Wege zu gehen, sondern durch Experimentierkunst zu Antworten gezwungen werden müsse, sei es auch notwendig, daß

> der Geist selbst von Anfang an nicht seinem eigenen Gang überlassen werden darf, sondern bei jedem Schritt geführt werden muß; und daß die Arbeit wie von einer Maschine erledigt wird. (*Novum Organum, Vorwort*)

OTTO: Sieh an! Wenn du gesetzmäßige Vorgänge in der Natur erkennen willst, mußt du mechanistisch bzw. funktionalistisch zu denken lernen.

KARL: Und daran hat sich der Verstand so sehr gewöhnt, daß er nicht mehr anders kann oder will. Die Natur wird als Sache betrachtet, damit sie als Material für die Errichtung des Paradieses auf Erden dienen kann. Und der flatterhafte Geist wird an die Kette der Experimentierkunst gelegt.

OTTO: Man kann aber nicht einfach auf einer Konferenz beschließen, das Paradies wiederzugewinnen und deshalb die Natur als Sache anzusehen. Nein, es ist umgekehrt: die Erfahrung im Umgang mit der Natur hat gezeigt, daß sie als Sache aufgefaßt und behandelt werden kann.

KARL: Dazu muß sie von den Göttern, von Leben und Geist verlassen und zum herrenlosen Kadaver werden.

OTTO: Bleiben wir sachlich! Es dauerte seine Zeit, bis sich der Mensch von der alten Metaphysik befreit hatte. Aber dann zeigte sich dem vorurteilsfreien, objektiven Blick die Natur als ein Versuchsfeld für die menschliche Kreativität.

KARL: Glaubst du wirklich, daß die Natur mit dem Begriff der Sache auf den Begriff gebracht ist?

OTTO: Ja, weil alles Mythologische, Mystische, Spirituelle, Geheimnisvolle, Metaphysische, was im Naturbegriff mitschwingt und die Wissenschaft behindert, ausgemerzt ist. Übrig bleibt die reale Natur, und die ist eine Welt der Sachen.

Tabula rasa

LEO: Francis Bacon hat über die Sache Natur gesagt:

> Menschliches Wissen und menschliche Macht sind eines; denn wo die Ursache nicht bekannt ist, kann die Wirkung nicht hervorgerufen werden. Will man der Natur befehlen, so muß man ihr gehorchen; und was im Überlegen als Ursache gilt, das gilt im Tun als Regel. [Novum Organum, 1620]

OTTO: Mit Bacons Werbung für das Experiment und Descartes' Methode des Zweifelns waren die Weichen für den Wissensfortschritt gestellt. Die Zukunft erschien in rosigem Licht.

KARL: Glaubst du wirklich, daß die Anhäufung und praktische Anwendung von Wissen ausreicht, um rosige Zeiten herbeizuführen? Der Mensch kann mit seinem Wissen alles Mögliche anstellen, nicht nur Erfreuliches. Die Kirche unterstellt dem Menschen sogar eine angeborene Neigung zum Schlechten: die sogenannte Erbsünde.

LEO: Nicht nur die Kirche. Auch die Evolutionstheorie läßt Fortschritte in moralischer Hinsicht nicht erwarten.

KARL: Naja, jeder Mensch bringt seine menschliche Natur mit auf die Welt. Jeder muß neu beginnen, und wenn er sich dann einigermaßen zurechtfindet, stirbt er. Die Menschheit befindet sich also in derselben Lage wie Sisyphos. Aber selbst dieser Lage kann man etwas Positives abgewinnen: Der englische Ökonom und Philosoph Adam Smith (1723-1790) bewies in seiner Theorie von der „unsichtbaren Hand", auch der gierige Kapitalist sei nur ein

> Teil von jener Kraft,
> die stets das Böse will und stets das Gute schafft.

LEO: Auch der englische Philosoph John Locke (1632-1704) war optimistisch. Er zählte Descartes' Theorie von der naturgegebenen geistigen Struktur zu den Vorurteilen, die den Fortschritt hemmen und durch besseres Wissen überwunden werden müßten. Locke nahm an, der menschliche Geist, genauer gesagt seine Seele, sei eine *tabula rasa*, ein unbeschriebenes Blatt, auf dem die Sinneswahrnehmungen Eindrücke hinterlassen – so wie ein Film auf einer Leinwand. Die Tätigkeit des Intellekts, eines anderen Teils des Geistes, bestehe darin, die Sinneseindrücke zu reflektieren, miteinander zu verknüpfen, zu Erfahrungen zu verarbeiten und zu einem Charakter zu verfestigen.

KARL: Diese Annahmen passen aber nicht ins Konzept der modernen Wissenschaft, die keine Seele kennt. Und: wie stellt sich Locke den Übergang von den Sinnesreizen zu den Sinneswahrnehmungen vor?

LEO: Folgendermaßen:

> Zunächst führen die Sinne in Berührung mit einzelnen sinnlichen Gegenständen verschiedene Vorstellungen von Dingen der Seele zu, je nach dem Wege, auf dem diese Gegenstände die Sinne erregen... Mit „Zuführen" meine ich, dass die Sinne von äußern Gegenständen das der Seele zuführen, was die Vorstellung in ihr hervorbringt. Diese große Quelle unserer meisten Vorstellungen, die ganz von unsern Sinnen abhängen und durch sie in den Verstand übergeführt werden, nenne ich die Sinneswahrnehmung. [John Locke: *Versuch über den menschlichen Verstand*]

KARL: Also der Kontakt mit den Gegenständen erzeugt Sinnesreize, die der Seele zugeführt werden und dort Vorstellungen hervorbringen, die Locke Sinneswahrnehmungen nennt, z.B. Farben, Töne, Geschmack, Härte usw. Die Tätigkeit des Verstandes besteht darin, die Sinneswahrnehmungen zu verknüpfen. Aber wie kann der Verstand wissen, welche Sinneswahrnehmungen zusammengehören?

LEO: Er lernt durch Erfahrung. Der Verstand bildet Hypothesen und überprüft sie in der Praxis. Schon das kleines Kind lernt es von den Eltern. Locke sagt:

> All unser Wissen ist auf Erfahrung gegründet... Unser Beobachten, entweder der äußern wahrnehmbaren Dinge oder der innern Vorgänge in unserer Seele ist es, was den Verstand mit dem Stoff zum Denken versieht. Sie sind die beiden Quellen des Wissens, aus der alle Vorstellungen, die wir haben oder natürlicherweise haben können, entspringen.

KARL: Der Mensch ist also auch bei Locke ein Doppelwesen aus Geist und Materie. Auch er lehrt, daß durch die Sinnesorgane Sinnesreize „in den Verstand übergeführt werden". Das sind schöne Worte, aber leider nur Placebos! Sie sollen etwas verbinden, was seit Descartes ausdrücklich getrennt ist. Wir stehen also wieder vor dem Rätsel, wie Körper und Geist miteinander kooperieren können, wo sie doch wesensverschieden sind.

Nürnberger Trichter

LEO: Die Propagierung der *tabula rasa* war aber für die Aufklärung und den Fortschrittsgedanken sehr wichtig. Das Vernunftwesen Mensch durfte keine Natur haben, da er sonst keine Fortschritte machen, sich nicht vervollkommnen könnte. Nur eine leere, d.h. strukturlose Seele ist bildungs- und entwicklungsfähig. Diese Theorie gab den Pädagogen mächtigen Auftrieb, John Locke wurde der König der Philosophie im 18. Jahrhundert.

KARL: Wo eine *tabula rasa* zur Bearbeitung lockt, da ist der „Nürnberger Trichter" nicht weit, um den Menschen mit Nützlichkeiten abzufüllen.

LEO: Alle großen Aufklärer, ob Voltaire, Diderot, Helvetius, d'Holbach oder Herder glaubten, der Mensch sei wie Ton in den Händen eines Schöpfers.
Und das Mittel, ihn zu formen, war für John Locke – wie später für Marx - die Arbeit. Sie galt als Ur-Handlung des Menschen, als menschenmachende Tätigkeit.

OTTO: Na bitte! Der aufgeklärte Mensch, der sich gegen Gott und Natur behaupten muß, findet sich nicht mit dem irdischen Jammertal ab, sondern krempelt die Ärmel hoch und formt eine neue, bessere Welt mit neuen, besseren Menschen. Inzwischen ist es dem Menschen ja gelungen, die Natur seinen Zwecken dienstbar zu machen. Damit hat er das Reich der Notwendigkeit hinter sich gelassen und erobert das Reich der Freiheit.

Fortschrittsglaube

KARL: Reich der Freiheit? Von wegen! Die Naturmächte dienen uns nur, wenn wir ihnen zu Diensten sind. Und der wissenschaftlich-technische Fortschritt, der uns von den unmittelbaren Naturzwängen befreit, schreitet selbst unaufhaltsam wie ein Naturzwang fort. Ihn aufzuhalten und umzukehren ist nicht möglich.

LEO: Ganz schön paradox!

OTTO: Wieso?

KARL: Siehst du nicht, daß nur die eine Unfreiheit durch die andere ersetzt wird? Daß wir nun erst recht ins Reich der Notwendigkeit eingebunden sind?

OTTO: Aber zu unseren Konditionen. Wie soll denn der Mensch die Zukunft sonst in den Griff bekommen, wenn nicht durch Determinierung der Natur, auch seiner eigenen, sowie - nach und nach - aller Lebensbereiche? Anders wird es nix mit der Überwindung von Mangel, Krankheit und Krieg. Wir haben nur dieses eine Ass im Ärmel: den Fortschritt in Naturwissenschaft und Technik.

KARL: In der Schule haben wir ein Lied gesungen, das geht so:

> Weil wir jung sind, ist die Welt so schön,
> weil wir voll Vertrauen vorwärts gehn.
> Alles, was wir schon geschafft,
> verdanken wir der eignen Kraft,
> und die wird die Zukunft auch bestehn!
> Komm mit uns und laß die alte Zeit!
> Das, was war, ist längst Vergangenheit!

Der Kehrreim geht so:

> Seht, wie das Neue beginnt.
> Wir gehn vorwärts, immer nur vorwärts,
> bleib nicht zurück!

Glaubt: nur wer wagt, der gewinnt,
Wir gehn vorwärts, immer nur vorwärts.
Kommt mit!

LEO: Ein richtiges Kirchenlied! Es beschwört Glaube, Liebe, Hoffnung: Glauben an die eigene Kraft, Liebe zur schönen Welt als Vorgeschmack des Paradieses und Hoffnung auf die Zukunft.

OTTO: Bewegung ist alles, Bewegung weg vom Bestehenden, das heillos verkorkst ist. Wir haben nichts zu verlieren, und wenn wir das Alte hinter uns lassen, kann es nur besser werden.

KARL: Die Frage ist nur: Wo geht's nach „vorwärts"? Fortschritt als Prozeß der Mangelbewältigung ist nur ein „Weggehen von".

OTTO: Kommt drauf an, wie das Paradies beschaffen sein soll. Soll es das Schlaraffenland sein, in dem einem gebratene Hühner ins Maul fliegen?

LEO: So, wie es aussieht, versucht der Mensch dem Paradies näher zu kommen, indem er sich vergöttlicht. Wir arbeiten daran, omnipräsent und omnipotent zu sein, also die Allgegenwärtigkeit und Allmacht Gottes zu erlangen, natürlich auch seine Unsterblichkeit.

KARL: Die allumfassende Güte und Barmherzigkeit, die man Gott nachsagt, scheint jedoch nicht auf dem Programm zu stehen.

LEO: Die ist technisch nicht machbar. Aber immerhin gibt uns die Dreieinigkeit von Naturwissenschaft, Technik und Wirtschaft die Mittel für Omnipräsenz durch Kommunikationsmedien und schnelle Fahrzeuge, Omnipotenz durch Herrschaft über Natur und Gesellschaft, und Unsterblichkeit durch künstliche Organe, Pharmaka, Informationstechnologie.

OTTO: „Vergöttlichung des Menschen" ist gleichbedeutend mit der Schaffung einer gesellschaftlichen Ordnung, in der Frieden, Gerechtigkeit und Wohlstand herrschen. Der Weg dorthin folgt dem Dreigestirn Wissenschaft-Technik-Industrie.

LEO: Dieses Konzept kommt gut an, denn es will zeigen, daß die im Menschen wirkenden Naturgesetze die menschliche Gesellschaft mit Notwendigkeit auf dem Weg zum Paradies vorantreiben, so wie es Karl Marx (1813-1883) in seinem *Kommunistische Manifest* skizziert hat: Am Anfang war das Goldene Zeitalter der Urgesellschaft. Nach dem unerklärlichen Sündenfall „Einführung des Privateigentums" durchläuft die Menschheit, angetrieben durch den Motor der Klassenkämpfe, die Epochen der Sklavenhaltergesellschaft, des Feudalismus und des Kapitalismus, um irgendwann im Paradies in Gestalt des Kommunismus anzukommen, der eine Wieder- bzw. Neugewinnung der Urgesellschaft ist.

KARL: Nach der marxistischen Theorie sind aber die Menschen nur dem Anschein nach aktiv, in Wahrheit bewegen sie sich nicht selbst, sondern werden von den Gesetzen der Natur bzw. der Geschichte bewegt, denn ihr Bewußtsein ist geprägt von den Produktionsverhältnissen ihrer Zeit. Sie erreichen den Endzustand nicht als freie Wesen, als Herren, sondern als von den Notwendigkeiten gegängelte Knechte.

OTTO: Weshalb dann noch die Leute mobilisieren, wenn das Ziel mit Sicherheit erreicht wird?

LEO: Weil die Mobilisierung selbst zu den Notwendigkeiten gehört. Außerdem glaubte man den Weg abkürzen zu können.

KARL: Wie wäre es, wenn wir an dieser Stelle ein zweites Kirchenlied aus dem alten FDJ-Liederbuch anstimmten?

> Du hast ja ein Ziel vor den Augen,
> damit du in der Welt dich nicht irrst,
> damit du weißt, was du machen sollst,
> damit du einmal besser leben wirst...

OTTO: Mit solchen Liedern, mit Fahnen und Plakaten sind Millionen von Menschen für die gute, gerechte Sache durch die Straßen gezogen. Darüber macht man sich nicht lustig!

KARL: Warum nicht? Sie werden gemacht, damit sich der Mensch der Verheißung solidarisch hingibt, für sie lebt, sich opfert, ganz im Sinne von Brechts Refrain aus dem *Kälbermarsch?*

> Der Metzger ruft. Die Augen fest geschlossen
> das Kalb marschiert mit ruhig festem Tritt.
> Die Kälber, deren Blut im Schlachthof schon geflossen
> sie ziehn im Geist in seinen Reihen mit.

OTTO: Mit diesen Versen hat Brecht ein SA-Lied parodiert.

KARL: Die Parodie paßt auf alle menschlichen Lemminge.

OTTO: Du hast kein Recht, Menschen, die für den Fortschritt auf die Straße gehen, als Lemminge zu verspotten.

LEO: Auch die SA war überzeugt, für eine gute Sache zu marschieren.

KARL: Lemminge sind nordische Wühlmäuse, die bei massenhafter Vermehrung zu Wanderzügen aufbrechen, die manchmal in den Abgrund führen. Auch der Aufbruch der Menschen in die Zukunft ist ein Wanderzug. Nationalsozialismus und Marxismus-Leninismus haben auf diesem Weg Millionen Menschen in den Abgrund gerissen! Aber der Erlösungsdrang ist nicht totzukriegen. Neue Fortschrittsmenschen erwarten das Heil vom Internet und der Informationstechnologie. Im Grunde hat sich nichts geändert.

LEO: Früher strebten die Fortschrittsgläubigen einer goldenen Zukunft entgegen, heute ist es eher der Druck der Verhältnisse, der den Menschen zwingt, den Blick auf die Zukunft zu richten.

KARL: Dieses Paradies, auf das die menschliche Gesellschaft zusteuert, ist ein Reich der Notwendigkeit, der Titanen, nicht der Freiheit. Sein wahrer Motor ist das naturwissenschaftlich-technische Denken, und darauf ist die Menschheit mittlerweile angewiesen - angesichts ihrer kaninchenhaften Vermehrung.

OTTO: Und deshalb kann der Fortschrittsprozeß nicht mehr scheitern.

Arbeitskult

OTTO: Aus dem ursprünglichen Paradies hat Gott den Menschen hinausgeworfen und mit lebenslänglichem Arbeitsdienst bestraft, weil er sich herausnahm, Ihm nicht zu gehorchen.

LEO: Ja, offenbar war Gott wütend. In der *Genesis* (1.Mose,17-19) heißt es:

Verflucht sei der Acker um deinetwillen, mit Kummer sollst du dich darauf nähren dein Leben lang. Dornen und Disteln soll er dir tragen, und sollst das Kraut auf dem Felde essen. Im Schweiße deines Angesichts sollst du dein Brot essen, bis daß du wieder zu Erde werdest, davon du genommen bist.

OTTO: Gott hat es sich nicht träumen lassen, daß der Mensch den Spieß umdrehen würde. Denn der Mensch faßte die Tätigkeit, die er „im Schweiße seines Angesichts" auszuüben gezwungen war, nicht als Strafe auf, sondern als Chance, sein Leben aus eigener Kraft zu gestalten.

KARL: Da mußte aber erst ein Francis Bacon kommen und die Parole von der Wiedergewinnung des Paradieses ausgeben.

OTTO: Damit hatte sich Gott überflüssig gemacht, so daß auch die Rituale, besonders der Opferkult, das Buhlen um seine Gunst, überflüssig wurde. Wozu jemandem opfern, den man nicht braucht!

KARL: In der aufgeklärten Gesellschaft ist doch das Opfern gang und gäbe.

OTTO: Unsinn!

KARL: Kein Unsinn. Ich denke an Verkehrsopfer, Unfallopfer, Opfer von Zivilisationskrankheiten. Jeden Tag sterben allein in Deutschland immer noch mehr als zehn Menschen bei Verkehrsunfällen. Jeden Tag könnt ihr in der Zeitung von Wohnungsbränden lesen, von Chemiefabriken, die giftige Dämpfe freisetzen, von Gasexplosionen. Schließlich und endlich die Arbeit: Ist sie nicht auch ein Opfer? Ein Opfer an Lebenszeit und -kraft? Ein Sichzusammenreißen, eine Selbstdisziplinierung?

OTTO: Trotzdem Unsinn. „Opfer" ist ein veraltetes Wort. Wir dürfen uns nicht durch die Sprache täuschen lassen.

KARL: Ja, neuerdings macht man gern die Sprache zum Sündenbock für Denkfehler, so als wäre man zu ihnen gezwungen. Man fühlt sich als Sprachopfer. Nein, der Opfergedanke ist nicht veraltet, nur - früher wußte man, daß man religiös war, heute weiß man es anscheinend nicht mehr.

LEO: Aber wem soll denn da geopfert werden? Sicher nicht dem christlichen Gott, denn nach christlicher Theologie war Jesus Christus das letzte Menschenopfer – und zugleich ein Selbstopfer Gottes.

KARL: Beim Opfer geht es um Erneuerung der Lebenskraft: des Individuums, des Volkes, der Natur, göttlicher Mächte.

OTTO: Hört auf mit dem Opfergerede. Das hat doch keinen Sinn. Was haben Arbeit oder Verkehrsopfer damit zu tun?

KARL: Das wird klar, wenn du das Ziel des Menschen, die Beherrschung der Natur, anerkennst. Nicht als die Beherrschung der Weltmaschine, sondern als Beherrschung elementarer Naturmächte.

LEO: Du meinst, die Zivilisationsopfer sind der Preis, den wir dafür zahlen müssen, daß uns die titanischen Naturmächte gefällig sind?

KARL: Ja, und ein Losorakel bestimmt, wer das nächste Opfer sein wird.

OTTO: Das ist ja die reinste Mythologisierung und Sakralisierung unseres Lebens. Sag das bloß nicht laut, sonst bist du reif für die Psychiatrie!

KARL: Ich weiß. Aber daß unsere Herrschaft über die Natur eher eine Dienerschaft ist, kannst du auch ohne Sakralisierung einsehen. Wir haben zwar die titanischen Mächte gebändigt, aber sie gehorchen uns nur, weil wir ihnen dienen. Und das tun wir durch Arbeit. Wir haben einen Arbeitsalltag organisiert, der den zyklischen Naturprozessen selbst entspricht.

OTTO: Ich verstehe kein Wort!

KARL: Können wir die nutzbar gemachten Naturprozesse sich selbst überlassen? Nein. Können wir uns der Muße, dem Gespräch, Wein, Weib und Gesang, Sport und Spiel hingeben, wie es Herren ansteht? Nein. Rinder und Kartoffeln verwildern, Maschinen verrosten, Häuser und Straßen zerbröckeln, wenn sie nicht ständig gepflegt werden.

OTTO: Das stimmt: Arbeit hat heute ein großes Prestige, trotz allem Gestöhne. Aber nicht als zentrale religiöse Kulthandlung, sondern weil der Erfolg der arbeitsteiligen Gesellschaft jedem bewußt ist.

LEO: Dahinter steht auch der religiöse Gedanke, das Selbstopfer ehrlicher Arbeit sei gut und werde belohnt. Müßiggang oder Börsenspekulation stehen für eine Verweigerung des Selbstopfers, sie sind des Teufels.

OTTO: Es ist doch nicht religiös, einzusehen, daß die Arbeit der anderen auch einem selbst nützt, während ein Arbeitsloser oder einer, der von Spekulation oder einer Erbschaft lebt, nichts zum gesellschaftlichen Fortschritt beiträgt.

KARL: Religiös oder nicht, Arbeit hat den Nimbus eines höchsten gesellschaftlichen Wertes, wohl des einzigen, der allgemein anerkannt ist, bei Christen und Atheisten, Kapitalisten und Sozialisten.

OTTO: Aber wenn Arbeit der höchster Wert ist, dann ist alles, was keine Arbeit hat oder ist, in Gefahr, für minderwertig zu gelten.

KARL: Deshalb wird alles, was man tut, als Arbeit deklariert. Aus Liebe wird Beziehungsarbeit, aus Bewegungslust *Workout*, aus Kinderaufzucht Erziehungsarbeit, aus Selbstreflexion therapeutische Arbeit an sich selbst oder Identitätsarbeit; wer Freundschaften pflegt, betreibt *Networking*, im Schlaf schuftet man als Traumarbeiter. Nicht zu vergessen die Trauerarbeit. Und den Marxisten ist selbst das nicht genug. Sie glauben an den Mythos von einem *Anteil der Arbeit an der Menschwerdung des Affen* - so der Titel eines Aufsatzes von Friedrich Engels. Wie sich Münchhausen an den eigenen Haaren aus dem Sumpf zog, habe sich der Mensch durch Arbeit vom Gängelband der Natur befreit.

Selbsterschaffung des Menschen

LEO: Mir kommt bei diesem Gerede die Galle hoch. Besonders dümmlich finde ich das Wort „Erziehungsarbeit". Erziehung ist keine Arbeit. Erziehung ist Handeln, kein Machen. Schon Aristoteles hat beides unterschieden, und es ist traurig, daß der Unterschied auch nach mehr als 2000 Jahren noch nicht eingesehen wird.

OTTO: Man wollte eben die Erziehung am Nimbus der Arbeit teilhaben lassen.

LEO: Es handelt sich aber um eine Verwechslung, die schwerwiegende Folgen haben kann. Man erzieht nicht durch zweckgerichtetes Machen, das wäre Dressur, sondern durch gegenseitigen Umgang, durch vorbildhaftes Handeln. Wer das nicht erkennt, der darf sich nicht wundern, daß sich heute so viele Menschen an Film, Fernsehen, Computerspielen und Internet orientieren - mit den entsprechenden Folgen.

OTTO: Ich gebe zu, daß die große Wertschätzung der Arbeit auch negative Seiten hat. Das schlimmste Los, das einen treffen kann, ist die Ausmusterung aus dem Arbeitsprozeß. Alle, denen das geschieht, müssen sich ja für wertlos und überflüssig halten, für nutzlose Esser, die der Gesellschaft zur Last fallen.

KARL: Es sei denn, sie leisten Scham-Arbeit.

OTTO: Darüber macht man keine Witze! Schließlich sind die meisten Ausgemusterten auf Arbeit angewiesen, und viele, die es nicht sind, wissen mit ihrer Freizeit nichts anzufangen.

KARL: Deswegen brauchen wir eine Kultur des Müßiggangs bzw. der Muße.

LEO: Müßiggang ist aller Laster Anfang.

KARL: So spricht der Arbeitswütige.

LEO: So spricht auch der gestrenge Christ, und er kann auf den Apostel Paulus verweisen, der sagte: Wer nicht arbeitet, soll auch nicht essen.

KARL: Der Berliner sagt: „Wer nie sein Brot im Bette aß, der weiß nicht, wie die Krümel pieken." Auch dem Müßiggang mußt du nämlich Opfer bringen. Deshalb sollten wir dem kommenden Paradies nicht unvorbereitet entgegengehen. Denn der Arbeitskult ist ja paradox: Man feiert das Opfer der Arbeit mit dem Ziel, in Zukunft nicht mehr arbeiten zu müssen. Man verfolgt dieses Ziel, um es in Zukunft nicht mehr verfolgen zu müssen.

LEO: Welche Vorstellung hast du denn vom Paradies?

KARL: Gar keine.

OTTO: Wie willst du dich dann darauf vorbereiten? Ich glaube, für die meisten Menschen ist das Paradies ein Land ohne Arbeit und Mühsal, ohne Krankheit, Alter, Schmerz und Tod.

KARL: Aber wer kann ein solches Leben - womöglich ewig - ertragen, wenn er nicht den Müßiggang trainiert hat!

LEO: Ich denke mir das Paradies eher als das gedeihliche Auskommen zwischen Mensch und Natur.

KARL: Dann kann das Paradies kein Zustand, sondern muß ein Vorgang sein, denn der Ausgleich erfordert beständige Arbeit.

OTTO: Im Paradies ist die Arbeit nicht Mühsal, also keine Arbeit.

LEO: Du sprichst Marx aus der Seele, denn das von ihm verkündete kommunistische Paradies wird sich erst realisieren, nachdem die knechtende Unterordnung der Individuen unter die Teilung der Arbeit, damit auch der Gegensatz geistiger und körperlicher Arbeit verschwunden ist; nachdem die Arbeit nicht nur Mittel zum Leben, sondern selbst das erste Lebensbedürfnis geworden; nachdem mit der allseitigen Entwicklung der Individuen auch die Produktionskräfte gewachsen sind und alle Springquellen des genossenschaftlichen Reichtums voller fließen - erst dann kann ... die Gesellschaft auf ihre Fahnen schreiben- jeder nach seinen Fähigkeiten, jedem nach seinen Bedürfnissen! [Karl Marx: *Kritik des Gothaer Programms* (1875)]

OTTO: Warum nicht. Arbeit als Bedürfnis ist schließlich nichts Außergewöhnliches.

LEO: Sehr richtig. Das fiel schon dem französischen Philosophen Montaigne (1533-1592) auf, allerdings eher negativ:

Seht doch nur, wie die Leute darauf abgerichtet sind, sich vereinnahmen und mitreißen zu lassen! Das geschieht überall in kleinen Dingen wie in großen; ob es sie selbst betrifft oder nicht, unterschiedslos springen sie ein, wo immer eine Arbeit oder Aufgabe zu erledigen ist- fehlt ihnen diese hektische Betriebsamkeit, sind sie ohne Leben. Sie beschäftigen sich um der Beschäftigung willen, dies aber weniger, weil sie unentwegt rennen wollen, sondern mehr, weil sie nicht stehen bleiben können...

KARL: Dann kann uns nichts Schlimmeres passieren, als daß der Arbeitsgesellschaft mal die Arbeit ausgeht, etwa durch Automatisierung.

LEO: Dann Paradies ade.

KARL: Ja. Vermutlich verwandelt es sich in eine Hölle. Besonders dann, wenn Arbeit ein Bedürfnis und Muße ein Fremdwort ist. Die Antike war da klüger. Bei den alten Griechen und Römern galt Arbeit als minderwertige Tätigkeit, die man Sklaven überließ. Der freie Mann konnte sich der Muße widmen: der Ruhe, der Betrachtung, dem Gespräch.

OTTO: Einspruch! Es gibt ja kaum eine Zeitung, in der nicht Gesundheitsexperten vor Arbeitswut warnen und das Nichtstun empfehlen.

KARL: Dieses Nichtstun soll der Gesundheit, der Erholung dienen, der Erhaltung der Arbeitskraft. Muße ist etwas anderes.

OTTO: So gesehen ist heute fast jeder ein Sklave.

LEO: Aber ohne den Zwang zur Arbeit kämen diejenigen, die nichts mit sich anzufangen wissen und sich zu Tode langweilen würden, nur auf dumme Gedanken.

KARL: Das hat die perverse Konsequenz, daß nur diejenigen, die aus dem Arbeitsprozeß ausgemustert werden, freie Menschen sind. Sie sind die Freigelassenen der Industriegesellschaft. Anders gesagt: Das leuchtende Vorbild unserer Industriegesellschaft auf dem Wege zur Wiedergewinnung des Paradieses ist der betuchte Rentner: braungebrannt und mit einem breiten Lächeln auf den dritten Zähnen.

LEO: Na, ich weiß nicht. Der betuchte Rentner hetzt auf Kreuzfahrtschiffen oder Bussen durch die Welt, er kennt keine Muße, meidet sie wie die Pest.

Wissensgesellschaft

OTTO: Obwohl sich heute alles um die Arbeit dreht, nennen wir uns „Wissensgesellschaft". Warum nicht „Arbeitsgesellschaft"?

KARL: Das ist Jacke wie Hose. Das Wissen der Wissensgesellschaft ist das Wissen, wie etwas gemacht wird: *Knowhow*. Arbeit ist Machen, und die Wissensgesellschaft weiß, wie etwas gemacht wird.

LEO: Arbeit und Wissen erzeugen sich gegenseitig und halten das *perpetuum mobile* des Fortschritts am Laufen.

KARL: Selbst die Arbeit ist ja ein Gegenstand des Wissens, es gibt Firmen, die der schwierigen Arbeit nachgehen, die Arbeit zu analysieren, mit dem Ziel, im ökonomischen Wettbewerb als „survival of the fittest" bestehen zu können.

OTTO: Also nicht nur die Arbeitsprodukte, sondern auch die Arbeit wird zur Ware gemacht. Und da auch das Wissen ein Arbeitsprodukt ist, das von Wissensarbeitern, von Wissenschaftlern, Ingenieuren, Handwerkern, Tüftlern erstellt und ständig verbessert wird, unterliegt es ebenfalls der Kommerzialisierung.

LEO: Dann bemißt sich der Fortschritt der Wissensgesellschaft nicht an der Verringerung des Abstands zum Paradies, sondern zu früheren Lebensverhältnissen: Fortschritt als Prozeß der Mängelbeseitigung.

OTTO: Nicht nur. Der Fortschritt ist ein gesellschaftlicher Prozeß, er muß auf Wünsche der Gesellschaft Rücksicht nehmen: mehr Bequemlichkeit, mehr Arbeitserleichterungen, mehr Freizeit - Annäherungen ans Paradies.

KARL: Das heißt: die Wissensgesellschaft muß sich von Fall zu Fall darüber verständigen, wie es weitergehen soll. Dabei kommen aber neben *Knowhow*-Fragen auch ethische Beurteilungen ins Spiel.

OTTO: Das Dumme ist, dass man ethische Urteile nicht beweisen kann, weil ihnen Normen, also zweckbestimmte Festlegungen, zugrunde liegen. Andererseits lassen sich ethische Probleme, die der wissenschaftlich-technische Fortschritt aufwirft, ohne *Knowhow*-Wissen auch nicht lösen.

LEO: Ja. Es geht letztlich um außerwissenschaftliche Probleme: um das, was sein s o l l , und da haben *Knowhow*-Experten auch nur ihre persönliche Meinung, die mit ihren außerwissenschaftlichen Interessen, z.B. geldlichen, weltanschaulichen, kollidieren können. Das wirkt zurück auf die Forschung.

OTTO: Dann ist die Wissenschaft nicht mehr Herr im eigenen Haus.

LEO: Wenn Wissensproduktion eine gesellschaftliche Angelegenheit ist, läßt sich nicht verhindern, daß sie gesellschaftlichen Vorgaben folgt. Soll Wissenschaft jeden etwas angehen, wird sie zum Gegenstand der Medien; soll neues Wissen bessere Produkte ermöglichen, wird es zur Ware; sollen Politiker über Probleme entscheiden, die durch den Wissensfortschritt entstehen, wird Wissen politisch.

KARL: Dass der Wissensfortschritt durch gesellschaftliche Ansprüche gebremst wird, ist sicher richtig. Aber der Wissensgesellschaft droht noch ein viel größeres Übel: mit dem Wissensfortschritt steigt die Wahrscheinlichkeit, daß sie sich ihr eigenes Grab schaufelt. Denn mit dem Wissen wächst auch das Nichtwissen.

OTTO: Natürlich treten bei jeder Entdeckung neue Probleme auf. Doch das befördert und beschleunigt meist den Wissensfortschritt.

Bleibt im Wasser! Menschsein ist irrsinnig mühsam geworden

KARL: Ich meine etwas anderes. Wenn neue Wissensprodukte entstehen, müssen ihre Risiken abgeschätzt werden. Das ist um so schwieriger, je komplexer sie sind. Beispiele gibt es genügend: neue Pharmaka, neue Flugzeugtypen, neue Software-Produkte. Oder die Atomkraftwerke. Wenn solche Wissensprodukte nicht richtig funktionieren, können sie Katastrophen auslösen. Und je neuer eine Technologie, desto eher werden unbekannte Zusammenhänge übersehen.

OTTO: Das Abwägen und Analysieren von Risiken, Gedankenexperimente, sorgfältige Tests gehört selbstverständlich zum Geschäft und schaffen Vertrauen.

KARL: Für die Verbesserung schon vorhandener Produkte mag das zutreffen. Aber einen neuen Flugzeugtyp kann man nicht in hunderten Exemplaren jahrelang versuchsweise umherfliegen lassen, bevor man ihn für den Verkehr freigibt. Anderes Beispiel: Welche Risiken stecken in der Genmanipulation?

LEO: Trotzdem kommen risikoreiche Produkte auf den Markt. Und solange keine Gefahren aktenkundig sind, kann man sie nicht verbieten.

KARL: Jedenfalls scheint die Anpassung der Gesellschaft an den Wissensfortschritt nicht mehr selbstverständlich zu sein. Auch der Fortschritt hat seinen Preis, die Wissensgesellschaft ist eine Risikogesellschaft.

LEO: Wissenschaft ist eben nicht mehr, wie in der Antike, *theoria*, d.h. Beobachten ohne Eingreifen, sondern Eingreifen mittels Experiment. Sie bringt ihre Gegenstände hervor, deshalb können ihre Erkenntnisse industriell genutzt werden.

OTTO: Und das erfolgreiche Handeln verändert die gesellschaftlichen Verhältnisse, und die spiegeln sich im Verhalten der Menschen wider. Und weil sich die gesellschaftlichen Verhältnisse auf lange Sicht aufgrund der wissenschaftlichen Erkenntnisse ständig verbessern, vervollkommnet sich auch das Verhalten des Menschen.

KARL: Der polnische Aphoristiker Stanisław Jerzy Lec sah die Sache kritischer:

Seit der Erfindung des Menschen vervollkommnet man ihn lediglich mit Prothesen. [*Das große Buch der unfrisierten Gedanken*, Hanser (1971)]

OTTO: Prothesen haben auch ihr Gutes.

KARL: Aber das Gute hat seine Grenzen. Denn allmählich wird die Natur durch eine technische Kulisse, eine zweite Natur, ersetzt.

LEO: Nicht nur das: seit der Erfindung des Motors als neuer, nichtbiologischer Bewegungsquelle, der Elektrizität als nicht-biologischer Energiequelle und des Kunststoffs, einer künstlichen Materie, die es in der Natur nicht gibt, ist die technifizierte Welt gekennzeichnet durch künstliche Bewegung, künstliche Energie und künstliche Materie.

OTTO: Und durch künstliche Kommunikation: die Computerwelt.

LEO: Und diese technifizierte Welt steckt in dem Dilemma, nicht warten zu können, bis sich ein Wissensprodukt als ungefährlich erwiesen hat, aber auch nicht auf alles verzichten zu können, was man für risikobehaftet hält.

KARL: Es könnte also passieren, daß sich die Gesellschaft dem Wissensfortschritt entfremdet, oder sich den Anforderungen der Wissensgesellschaft nicht gewachsen fühlt. Dann liefe sie Gefahr, Zivilisationskritikern zum Opfer zu fallen, und mit der Wissenschaft wäre es schnell vorbei, wenn ihre Befürworter nicht glaubwürdig erklären könnten, weshalb sie das kleinere Übel ist.

OTTO: Dennoch haben wissenschaftlicher Fortschritt und Technifizierung die Welt für den Menschen nicht nur komfortabler, sondern den Menschen auch besser gemacht.

KARL: Solchen Illusionen gab sich Erich Kästner (1899-1974) nicht hin. In „*Die Entwicklung der Menschhei*t" (1932) schreibt er:

> Einst haben die Kerls auf den Bäumen gehockt,
> behaart und mit böser Visage.
> Dann hat man sie aus dem Urwald gelockt
> und die Welt asphaltiert und aufgestockt,
> bis zur dreißigsten Etage.

Dann wird aufgezählt, was sie alles erfunden haben, aber „es herrscht noch genau derselbe Ton wie seinerzeit auf den Bäumen". Zum Schluß heißt es:

> So haben sie mit dem Kopf und dem Mund
> den Fortschritt der Menschheit geschaffen.
> Doch davon mal abgesehen und
> bei Lichte betrachtet sind sie im Grund
> noch immer die alten Affen.

LEO: Die Wissengesellschaft muß endlich kapieren, daß sie die grundlegenden Fragen, nämlich die nach ihren eigenen Entstehungsbedingungen, mit dem wissenschaftlich-technischen Denken nicht beantworten kann.

KARL: Dann müßte sie auf ein Wissen zurückgreifen, das sie verachtet: das philosophische. Und dann käme sie nicht umhin, ihr Weltbild zu relativieren.

LEO: Auch das könnte ihr Untergang sein.

OTTO: Nein, zur Wissensgesellschaft gibt es keine Alternative.

KARL: Das ersehnte Paradies ist also nicht mehr das Paradies, sondern nur noch „das kleinere Übel".

Frankensteins Kinder

KARL: Das ersehnte Paradies ist vielleicht nicht einmal „das kleinere Übel", sondern ein Schreckensort. Denn die Wissensgesellschaft mit ihrem riesigen Werkzeugkasten an praktischem Wissen bringt immer mehr Frankenstein-Typen hervor.

OTTO: Frankenstein? Ist das nicht eine Filmfigur?

LEO: *Frankenstein oder Der moderne Prometheus* ist ein Roman der Engländerin Mary Shelley, veröffentlicht 1818. Er handelt von dem jungen, ehrgeizigen Wissenschaftler Viktor Frankenstein, dem es gelingt, aus Leichenteilen ein lebendes Wesen zu erschaffen.

KARL: Nur nicht, wie er wollte. Das Wesen entwickelte sich zu einem Monster.

OTTO: Du glaubst, unsere Wissenschaft könne Monster hervorbringen?

KARL: Sie tut es schon. Wenn ich z.B. lese, daß die moderne Milchkuh das Produkt komplizierter mathematischer Formeln und Gen-Analysen ist und vom Konzept her an den modernen Kuhstall angepaßt ist, macht mich das wütend.

OTTO: Was soll das heißen: an den Kuhstall angepaßt?

KARL: Es bedeutet: ein erhöhtes, fettes Euter, damit der Melkroboter drankommt, spindeldürre Rippen, keine Hörner, breites Becken, Restgesundheit. Diese Kuh bekommt keine Weide zu sehen. Statt daß wir diesen Tieren dankbar sind für Butter, Milch und Käse, verunstalten wir sie aus reiner Profitgier.

OTTO: Wahrscheinlich ist diese Kuhsorte ein patentiertes Industrieprodukt, so wie andere Tiere und Pflanzen.

KARL: Künstliche Verkrüppelungen müssen nicht nur Kühe erleiden, sondern z.B. auch Puten, deren Brustmuskeln dermaßen überentwickelt sind, daß sie sie sich kaum fortbewegen, geschweige denn fortpflanzen können. Oder Hausschweine.

OTTO: Es sind Monster zum Wohle des Menschen. Vom Profitstreben profitieren ja nicht nur die Produzenten, sondern auch die Kunden. Denn je billiger sie einkaufen können, desto mehr Geld behalten sie für andere Dinge übrig.

LEO: Mir fallen noch andere Monsterprojekte ein: es gibt wissenschaftliche Vorschläge, das Waldsterben durch genmanipulierte Bäume zu bekämpfen, die in vergifteter Luft gedeihen.

KARL: Monsterartiges gibt es in Hülle und Fülle. Tötet man nicht jährlich Millionen von männlichen Küken, weil sie wirtschaftlich uninteressant sind? Sie

Programmfehler

kommen schon als Abfall auf die Welt. Tötet man nicht ganze Herden wegen Seuchenverdacht?

OTTO: Es ist klar, daß man dabei Unbehagen empfindet. Aber was tun?

KARL: Der Mensch sollte Tiere nicht als Sachen, sondern als lebendige Wesen anerkennen und behandeln. Diese Wesen sind uns verwandt, sie haben dieselben Bedürfnissen wie wir. Sie sind keine Maschinen, die – im Gegensatz zu ihnen - weder ein Eigenleben haben noch Ziele anstreben. Es gibt für sie Gutes und Übles. Sie sollten also auch bei Nutzung und Züchtung durch den Menschen anständig leben können - nicht nur „überleben".

OTTO: Ja, das müßte im Paradies mit inbegriffen sein. Aber das wird wohl eine Utopie bleiben.

LEO: Bald wird man sich auch den Menschen vornehmen, um den supergesunden, langlebigen, pflegeleichten Idealmenschen zu züchten. Was dabei herauskommt, will ich mir gar nicht vorstellen.

KARL: Monsterhaft sind nicht nur die Eingriffe ins Leben, sondern auch in die Landschaft. Die Frankensteins sind schon eifrig dabei, die Erde zu verpesten. Schon haben sie Tiere und Wälder ausgerottet, Ozeane, Flüsse und Seen von Fischen „gereinigt" und mit Plastik-tüten und Abwässern gefüllt. Im Pazifik zählten Forscher auf einem Quadrat-kilometer Ozean im Schnitt mehr als 40.000 Stücke Plastikmüll. Ein Drittel der vermeintlichen Sandkörner an britischen Stränden sind kleingewasche-nes Plastik. Plastik ist überall, sogar in unserem Leitungswasser, in Form unsichtbarer Mikroteilchen. Plastikspu-ren sind im Blut der meisten Menschen zu finden. Aber der Plastikverbrauch steigt weiter.

LEO: Das liegt an unserer Lebensweise. Immer mehr Leute essen im Stehen oder in der U-Bahn. Die Supermärkte stellen sich darauf ein: mit Salaten, Obst, Säften in abgepackten Portionen. „Coffe to go" wird in Deutschland stündlich etwa 300.000mal ausgeschenkt, die Plastikbecher werden weggeworfen.

OTTO: Hört auf mit diesem Gejammer, denn was hilft's?

KARL: Ich fürchte, wenn es so weitergeht, wird sich die Menschheit mit ihrer Technik umbringen, nachdem sie mit ihrer Technik die Natur umgebracht oder in Industrieprodukte verwandelt hat.

LEO: Ja, die Menschheit hat Vernunft bitter nötig. Als Tier ist der Mensch, wie die Erfahrung zeigt, schlimmer als jedes Tier. Er ist, in vielerlei Hinsicht, von unersättlicher Gier, und seine Be-

Herr über die Natur

gierden, ebenso wie seine Fähigkeiten zu ihrer Befriedigung, können unbegrenzt gesteigert werden - bis zur Zerstörung der eigenen Lebensgrundlagen.

KARL: Das Dumme ist nur, daß die Vernunft nur einzelne Menschen – und auch nicht immer - erleuchtet, ohne daß wir mit ihr rechnen können. Sie läßt sich auch nicht mechanisieren, institutionalisieren, computerisieren, demokratisieren. Die Aussichten stehen also im großen und ganzen schlecht.

LEO: Und die Naturapostel sind keine große Hilfe. Sie wettern gegen den Kapitalismus, gegen McDonald's, Gentechnik oder die Atomlobby. Vogelschützer sind gut, Windsurfer schlecht. Überhaupt: gut ist nur die Natur, die Erdmutter Gaia. Aber was ist mit Mücken, Läusen, Ratten? Was mit Schimmelpilzen? Sind das nicht ebenfalls Kinder von Mütterchen Gaia?

KARL: Die Frankensteins dieser Welt, meist Wissenschaftler, Techniker, Ökonomen, Politiker...

OTTO: ...und Philosophen...

KARL: ...beeindruckt so etwas nicht. Sie werkeln im Hintergrund, in den Laboratorien, wie einst die Gnome und Zwerge der alten Mythen, die nach Gold schürften oder es bewachten.

LEO: Mich erinnern das Ganze an den Prometheus-Mythos, auf den ja auch im Romantitel angespielt wird. Der Mensch, der sich gegen die Natur auflehnt wie Prometheus gegen die olympischen Götter, übernimmt sich und muß die Folgen tragen.

KARL: Die Natur im ganzen kann er nicht zerstören. Was wir Naturzerstörung nennen, ist selbst ein Naturvorgang. Die Menschheit sorgt sich heute um Luftverschmutzung und Klimaveränderung, aber das ist nicht Sorge um die Natur, sondern um seine „Umwelt", also um eine Natur, in der er sich wohlfühlt.

LEO: Die Geborgenheit des Paradieses ist also nicht näher gerückt. Der Mensch ist nach wie vor auf Gott- oder Weltvertrauen angewiesen.

Tot oder lebendig

Außen oder innen
Metaphysik

OTTO: Gegen die Naturwissenschaft anzukämpfen ist ein Spiel mit dem Feuer. Naturwissenschaft ist die einzige Autorität und damit die einzige anerkannte Entscheidungsinstanz in der modernen Industriegesellschaft.

KARL: Ich habe nichts gegen die Naturwissenschaft als solche. Wogegen ich ankämpfe, ist die naturalistische Ideologie mit ihrer Behauptung, das wissenschaftlichen Weltbild zeige das wahre Gesicht der Welt.

OTTO: Die Naturwissenschaft und ihr Weltbild kann man nicht trennen. Letzteres entsteht als Puzzle aus den Erkenntnissen der Naturwissenschaft. Es ist der einzige neutrale Boden, auf dem gesellschaftlicher Streit eine sachliche Basis hat.

KARL: Allerdings bröckelt das Vertrauen in die Neutralität der Experten. Sie irren sich zu oft, sie widersprechen sich zu oft.

LEO: Das Stichwort „Neutralität" erinnert mich an einen Ausspruch des Philosophen Adorno. In seinem Spätwerk, der *Negativen Dialektik*, äußert er, die Moderne sei durch Neutralisierung gekennzeichnet. Und die neutralisierte Gesellschaft sei eine Gesellschaft, die den Stachel der Wahrheit verloren habe - eine
Gesellschaft ohne Metaphysik. Sie sei somit eine geschlossene Gesellschaft, von
der man nicht einmal sagen könne, sie lebe in der Platonischen Höhle, sondern
in einem Keller unter jener Höhle. Wir leben, Adorno zufolge, in einer Kultur, die
vergessen hat, daß sie einer Höhle lebt.

OTTO: Ich weiß nicht, was an einer Höhle auszusetzen ist. Sie ist doch zumindest
eine schützende Hülle.

LEO: In der Höhle reimt man sich - anhand der Schatten an der Wand – zusammen,
was draußen vor sich geht. In der Höhle unter der Höhle verzichtet man darauf,
sich etwas zusammenzureimen.

OTTO: Und schuld daran soll die Neutralisierung sein? Ich glaube, dem Herrn Philosophen fehlt der Streit als sein Lebenselixier. Die Suche nach Neutralität ist
doch nur zu begrüßen, darin zeigt sich das Streben nach Frieden und Harmonie.
Auch nach dem furchtbaren 30jährigen Krieg suchte man eine neutrale Instanz
jenseits der Glaubensstreitigkeiten. Man fand sie in der praktischen Vernunft.

KARL: Vergeblich! Unter ihrem Deckmantel wurden nicht weniger blutige Glau-
benskriege ausgetragen, Stichwörter sind Nationalismus, Kommunismus, Fa-
schismus.

LEO:Deshalb beklagt Adorno, das Neue an der Moderne sei nicht die Suche nach
neuen Lösungen, sondern das Schwinden des Bedürfnisses, nach Lösungen zu
suchen. Man sucht nicht bessere Lösungen, sondern hört auf zu fragen. Der Teufel sei nicht mehr zu fürchten, auf Gott nicht mehr zu hoffen.

OTTO: Wenn Adorno die moderne, metaphysikfreie Gesellschaft in der Höhle unter der platonischen Höhle ansiedelt, dann meint er wohl, er selbst stünde im
Freien. Aber ist es nicht eher umgekehrt? Eine Gesellschaft wie die unsere, die
den aus Experimenten, d.h. aus Erfahrung gewonnenen Erkenntnissen vertraut,
lebt doch wohl nicht in der Höhle, sondern im Freien.

KARL: Das bildet sie sich jedenfalls ein. Die moderne Gesellschaft wähnt sich im
Freien, Adorno wähnt sie in einer Höhle. Ich behaupte, daß beide irren. Die moderne Gesellschaft ist nämlich gar nicht metaphysikfrei. Wenn sie nicht mehr
nach Lösungen für metaphysische Probleme sucht, sondern aufgehört hat zu fragen, dann deshalb, weil sie die richtige Lösung zu besitzen glaubt - in Gestalt des
wissenschaftlichen Weltbildes.

OTTO: Metaphysik, Metaphysik - kann mir mal jemand sagen, was damit eigentlich
gemeint ist?

LEO: „Metaphysik" ist ein griechischer Ausdruck, er bedeutet soviel wie „jenseits
der Physik". Das Wort „Physik" stammt ab vom griechischen Wortes *physis*, das
man mit *natura* ins Lateinische übersetzt hat.

OTTO: „Jenseits" heißt „außerhalb". Außerhalb der Natur gibt es aber nichts, Metaphysik kann sich also nur mit Scheinproblemen beschäftigen.

KARL: Dann verstehst du unter Natur offenbar das pure Vorhandensein und Sich-verändern der Dinge in Raum und Zeit.

OTTO: Natürlich. Deshalb ist der Naturbegriff genau so überflüssig wie der Metaphysikbegriff. Ich habe sogar den Verdacht, daß „Natur" selbst ein metaphysischer Begriff ist.

KARL: Du bist ja eine richtige metaphysische Spürnase! Denn ein Ding namens Natur kommt unter den Dingen in Raum und Zeit tatsächlich nicht vor. Mit anderen Worten: „Natur" ist jenseits der Natur angesiedelt.

OTTO: Na eben! Streichen wir doch das Wort.

KARL: Nicht so voreilig. Vielleicht ist ja dein Naturbegriff zu umfassend, zu total, um nicht zu sagen: zu totalitär. Bekanntlich unterscheiden wir Natur und Kultur, und in dieser Entgegensetzung hat der Begriff „Natur" seinen guten Sinn.

OTTO: Zur Kultur gehört meines Wissens alles, was der Mensch hergestellt hat. Aber in all diesem Hergestellten steckt ebenfalls Natur. Auch eine Kulturpflanze ist eine Pflanze, auch der schlimmste Schweinefraß ist irgendwo Naturkost.

LEO: Natur ist das, was immer schon da ist, bevor wir da sind und etwas tun können. Insofern hat Natur schon über den Spielraum entschieden, den wir haben.

OTTO: Also kann unser Tun und Machen nur ein Verändern dessen sein, was gegeben ist: Natur.

LEO: Nein, dieses Getane und Gemachte ist nicht einfach Natur.

OTTO: Aber auch nicht Metaphysik, da nicht „jenseits" der Natur. Wie schon gesagt: Metaphysik hat nichts, mit dem sie sich befassen könnte.

KARL: O doch! Indem wir hier über Natur sprechen, befinden wir uns jenseits der Natur, wir haben sie zu unserem Gegenstand, zum Objekt gemacht. Aristoteles nannte Naturwissenschaft, also die methodische Beschäftigung mit der Natur, die „zweite Philosophie". Die „erste Philosophie" ist das, was wir Metaphysik nennen, nämlich die Begründung der Methode.

LEO: Spinoza - wie zuvor das ganze Mittelalter - nannte den Gegenstand der „zweiten Philosophie" die *natura naturata* oder geschaffene Natur, im Gegensatz zur *natura naturans*, der schaffenden Natur, die Gegenstand der „ersten Philosophie" sei.

OTTO: Sieh an, die Metaphysik schafft sich ihren Gegenstand selbst, indem sie eine „schaffende Natur", eine Natur der Natur, erfindet. Aber warum? Welche Fragen sind so dringend, daß eine *natura naturans* erfunden werden mußte?

KARL: Es geht um die Frage, was der sinnlich wahrnehmbaren Natur zugrunde liegt. Der Mensch findet sich vor in einem sich ständig verändernden Etwas, Natur genannt, und als Metaphysiker fragt er sich, was dahinterstecken könnte. Wie kann überhaupt etwas Seiendes entstehen, sich verändern, vergehen, wo doch das Verändern stets auch ein Zunichtewerden von etwas ist? Warum und wozu diese Veränderung? Muß ihr nicht etwas Unveränderliches zugrunde liegen? Warum ist überhaupt etwas und nicht nichts?

OTTO: Na, jedem Tierchen sein Plaisierchen. Das sind Fragen, deren Antworten nicht überprüft werden können. Da halte ich mich lieber an die Naturwissenschaft mit ihrem Kriterium der Praxis.

KARL: Wenn du glaubst, du könntest ein Kriterium für eine metaphysikfreie Zone erfinden und der Metaphysik entgehen, dann hast du immer noch nicht kapiert, was Metaphysik ist.

OTTO: Die metaphysikfreie Zone, die ich meine, besteht aus den Antworten, welche die Natur auf die Fragen gibt, die wir mit dem Experiment stellen. Das Kriterium der Praxis trennt Wissen von bloßer Spekulation, denn die Natur selbst ist der Maßstab.

KARL: Dein sogenanntes „Kriterium" ist im Grunde eine Frechheit. Es soll nicht nur verschleiern, daß der Naturwissenschaft selbst eine Metaphysik zugrunde liegt, sondern versucht deren Grundsätze zum Kriterium der Wahrheit zu erheben: nicht nur für die Natur, sondern auch für jegliche Metaphysik.

OTTO: Wenn du es „Metaphysik" nennst, die Natur zum Maßstab der Naturwissenschaft zu machen, dann ist diese Metaphysik die einzig wahre.

KARL: Daß der Naturwissenschaft tatsächlich eine Metaphysik zugrunde liegt, läßt sich gerade am Experiment ablesen. Es zeigt nämlich, daß mit der „Frage an die Natur" ein ganz bestimmter Zweck verfolgt wird, nämlich ihre Nutzung. Und da Nutzung Determiniertheit der Naturprozesse erfordert, behauptet man die Determiniertheit der Natur – eine metaphysische Annahme, die nicht beweisbar ist.

LEO: Die Determiniertheit ist aber keine Erfindung der modernen Naturwissenschaft. Schon Aristoteles nahm an, daß alle Dinge Ziele anstrebten, die ihnen eingeboren seien. Von ihnen unterschied er fremdbestimmte Bewegungen, z.B. ein Gestoßenwerden.

OTTO: Von der modernen Naturwissenschaft werden Selbstbewegungen kategorisch ausgeschlossen. Eine Bewegung gilt als determiniert, wenn sie von außen angestoßen wird und unter den gleichen Umständen in immer der gleichen Art und Weise abläuft.

Metaphysiker

KARL: Die Leugnung von Selbstbewegung ist ebenfalls eine metaphysische Annahme. Mit anderen Worten: die Natur wird als totes Material verstanden. Das folgt übrigens auch aus der Forderung nach Objektivität, also nach einer sachlichen, nüchternen Betrachtungsweise.

LEO: Richtig: das Experiment als Kriterium der Wahrheit legt fest, wie mit der Natur zu verfahren ist. Diese Vorannahmen über die Natur sind metaphysisch. Sie sind weder beweisbar noch widerlegbar.

OTTO: Aber sie ermöglichen die Erfolge der Wissenschaft. Daher entsprechen sie offensichtlich der Beschaffenheit der Natur.

LEO: „Erfolgreich" und „erfolglos" sind Kategorien, die bestimmen, ob ein gestecktes Ziel erreicht worden ist, mehr nicht. Auch Gauner können erfolgreich sein.

OTTO: Trotzdem: ein erfolgreiches Experiment sagt etwas aus über die Natur. Und eines steht fest: die Naturwissenschaft verschafft uns Macht über die Natur.

KARL: Die Praxis bzw. das Experiment garantiert aber nicht die Übereinstimmung des Denkmodells oder der Theorie mit der Wirklichkeit oder die Angleichung an sie, sondern nur die Brauchbarkeit für ein bestimmtes, praktisches Ziel. Diesem Ziel gemäß wurden ja schon die Gegenstände ausgewählt und bestimmt.

OTTO: Das mußt du genauer erklären.

KARL: Die Ordnung der Wissenschaft, also das wissenschaftliche Weltbild, muß nicht notwendig mit der Ordnung der Dinge in der Natur - falls es die überhaupt gibt - übereinstimmen. Es ist ja nicht so, daß die Gegenstände der Wissenschaft vorgegeben sind und die Methode nachträglich auf sie angewendet wird, sondern die Gegenstände werden gemäß den methodischen Normen ausgesucht.

OTTO: Die Hauptsache ist, daß die Trinität von Wissenschaft, Technik und Ökonomie funktioniert.

LEO: Es geht also nicht um Wahrheit, und das spricht für Adornos Befund.

KARL: Nein, es spricht nicht für ihn. Man glaubt sich ja im Besitz der Wahrheit, sieht sie auf Schritt und Tritt bestätigt. Damit ist das Problem erledigt.

Körper und Geist

KARL: Zur Metaphysik der Naturwissenschaft gehört es, Körper und Geist als Gegensätze aufzufassen - oder sogar den Geist zu leugnen. Das ist sonderbar, denn unsere alltägliche Erfahrung lehrt, daß wir beides sind.

LEO: Da mußt du dich bei Descartes beschweren. Der praktizierte eine Methode des Zweifelns, um sichere Erkenntnisse zu erlangen, und kam zu dem Ergebnis, daß Geist und Materie zwei verschiedene, unvereinbare Substanzen seien: *res cogitans* und *res extensa*. Für die Materie sei die Ausdehnung wesentlich: denn wenn wir alle qualitativen Bestimmungen eines realen Körpers wegdenken, bleibe ein Gebilde übrig, das in Länge, Breite und Tiefe ausgedehnt ist.

KARL: Das sind rationale Bestimmungen, die wir aus der Geometrie kennen. Descartes sah anscheinend zwischen dem Raum als mathematischem Begriff und dem Körper als Inbegriff der Ausdehnung keinen realen Unterschied, sondern nur einen Unterschied in der menschlichen Vorstellungsweise. Die Paradoxie von Raum und Körper scheint ihm entgangen zu sein.

OTTO: Sie störte ihn jedenfalls nicht. Im Gegenteil: der metaphysischer Ansatz ermöglichte es ihm, die materielle Körperwelt mit Hilfe der Geometrie, der Wissenschaft vom Raum, zu beschreiben.

KARL: Aber im Unterschied zu den geistigen Körpern in der Mathematik verändern sich die materiellen Körper.

OTTO: Damit hat die Mathematik kein Problem. Jede Veränderung läßt sich auf eine Ortsbewegung zurückführen und mathematisch erfassen.

KARL: Hier zeigt sich ein entscheidender Unterschied zur aristotelischen Wissenschaft: Aristoteles teilt die Bewegungen ein in natürliche, d.h. selbstbewegte, und erzwungene, d.h. determinierte. Das heißt: in der aristotelischen Welt gibt es selbstbewegte, lebendige Körper, in der Welt des Descartes nicht.

OTTO: Und ebensowenig in der Welt der Wissenschaft. Sonst gäbe es keine exakte Naturwissenschaft.

KARL: Die Leugnung natürlicher Bewegungen ist gleichbedeutend mit Descartes' Trennung von Materie und Geist. Sie hat gravierende Folgen für unser Verhältnis zur Natur.

OTTO: Wieso?

KARL: Nun, die Leugnung der Selbstbewegung verwandelt die Natur in einen gigantischen Mechanismus. Alle Veränderungen vollziehen sich mit Notwendigkeit. Dasselbe erreichte Descartes, indem er die Materie entgeistigte und den Geist entkörperlichte.

LEO: Ja. Dafür ließ Descartes - und schon vor ihm Galilei - ein Prinzip der griechischen Atomisten wiederaufleben: die Unterscheidung zwischen primären und sekundären Eigenschaften. Als primär, „objektiv" bezeichnet er Eigenschaften wie Raum, Zeit, Anzahl, Form, Bewegung usw., als sekundär, subjektiv", die Eigenschaften Farbe, Geruch, Geschmack, Wärme, Schmerz, seelische Regungen, Denken usw. Die primären Eigenschaften teilt er der Materie, die sekundären dem Geist zu.

OTTO: Richtig. Damit haben Subjekt und Objekt, Innenwelt und Außenwelt, *res cogitans* und *res extensa* nichts mehr miteinander zu tun. Und da ein selbstbewegter Körper die Einheit von Geist und Materie erfordert, kann es keine Selbstbewegung geben.

KARL: Aber wir erfahren uns als selbstbewegte, als lebendige Wesen!

OTTO: Dann stimmt etwas nicht mit unserer Selbsterfahrung. Können wir uns auf sie verlassen? Was unterscheidet denn den Menschen von einem modernen Roboter? Sind nicht beide komplexe, zielorientierte, mit Intelligenz begabte Wesen?

LEO: Diese Frage stellten sich in der frühen Neuzeit Leute wie Galilei oder Descartes angesichts hochkomplizierter Uhren.

OTTO: Und sie bejahten die Frage. Die Natur täuscht uns Selbstbewegung nur vor.

KARL: Die Natur täuscht uns nicht. Warum sollte sie? Nein, Descartes hat sich selbst ein Bein gestellt: einerseits tat er alles, um Geist und Materie voneinander zu trennen, andererseits zerbrach er sich den Kopf, wie sie aufeinander einwirken können. Daß sie es tun, bezweifelte er nicht. Seine Lösung: die Schnittstelle zwischen Geist und Körper ist die Zirbeldrüse. Heute ist sie das Gehirn, was großzügiger, aber genau so lächerlich ist.

LEO: Einen anderen Lösungsansatz bietet Spinoza (1632-1677): Geist und Materie seien Attribute Gottes, die Natur und Gott sind dasselbe, Schlagwort: *deus sive natura*. Das heißt: alle Dinge, materielle wie geistige, sind Daseinsweisen der einzigen Substanz Gott.

KARL: Es gibt noch eine weitere Systemvariante, die Gott als Joker benutzt: der Okkasionalismus.

LEO: Ja. Der Name leitet sich ab von lat. *occasio* = Gelegenheit. Zwar können Geist und Materie nicht aufeinander einwirken, aber Gott erzeugt „bei Gelegenheit" von Körperbewegungen die entsprechenden geistig-seelischen Empfindungen, und „bei Gelegenheit" von geistig-seelischen Akten die entsprechenden Körperbewegungen.

OTTO: So erledigte man zwei Fliegen auf einen Streich: das Problem wurde gelöst und dem lieben Gott mit einer Arbeitsbeschaffungsmaßnahme wieder eine Daseinsberechtigung zuerkannt.

KARL: In meinen Augen sind Spinozas Pantheismus und der Okkasionalismus verkappte Annäherungen an das aristotelische Modell, in dem Geist und Materie sich gegenseitig durchdringen.

OTTO: Das ist alles Krampf! Eine ehrliche Lösung des sogenannten Leib-Seele-Problems kann nur darin bestehen, entweder den Geist aus der Materie oder die Materie aus dem Geist abzuleiten. Und für mich kommt nur ersteres in Frage. Das ist der wissenschaftliche Weg.

KARL: Das ist auch Krampf. Denn wie kann aus Quantität Qualität werden? Wie können physikalische Gehirnbewegungen zu Wahrnehmungen, Vorstellungen, Gedanken werden?

OTTO: Daß quantitative Vorgänge andere quantitative Vorgänge bewirken, ist uns selbstverständlich. Warum sollten dann nicht auch quantitative Vorgänge qualitative Vorgänge - und umgekehrt – bewirken können? Beides sind alltägliche Erfahrungen.

KARL: Aber das ist doch gerade das Problem! Es stehen sich zwei unvereinbare Sichtweisen gegenüber: auf der einen Seite die quantitative, atomistische, digitale Sichtweise, auf der anderen Seite die qualitative, ganzheitliche, analoge Sichtweise. Diskretum kontra Kontinuum. Wir können nicht die eine für wahr, die andere für Täuschung halten.

OTTO: Wieso nicht? Die geistige bzw. subjektive Perspektive zeigt uns eine illusionäre Welt: den trügerischen Zauber der Sinneswahrnehmungen, der Gefühle, der Überzeugungen. Die objektive Perspektive dagegen läßt uns hinter die Kulissen des Sinnes- und Gefühlstheaters blicken und enthüllt im Großen die sich evolutionär entwickelnde Maschinerie des Universums, im Kleinen die Welt der Elementarteilchen.

KARL: Die objektive Perspektive ist nicht weniger trügerisch. Ausgerechnet das Widerständige, das, was die reale Welt ausmacht, verflüchtigt sich in einem Nebel vorläufiger Einheiten, im Großen wie im Kleinen. Hinter den Sinneswahrnehmungen ist nichts mehr greifbar.

LEO: Da muß ich dir recht geben. Mir fällt nämlich auf, daß sich sogar der Materie-Begriff verflüchtigt, inzwischen sprechen die Physiker auch von Antimaterie, dunkler Materie, sogar von virtueller Materie.

KARL: Das ist der Fortschritt ins Nichts.

Wahrnehmung

OTTO: Auch wenn wir das Geheimnis des Übergangs noch nicht gelüftet haben: der Übergang von der physikalisch meßbaren Bewegung zur Sinneswahrnehmung findet statt.

KARL: Es gibt kein Geheimnis, nur falsche Theorien. Machen wir doch die Probe aufs Exempel. Hörst du den Glockenklang?

OTTO: Ja. Der Klang ist die Vorstellung, die sich das Bewußtsein aufgrund der Sinnesreize gemacht hat. Wir dürfen die Wahrnehmung nicht für bare Münze nehmen. Ich möchte daran erinnern, daß es in der Wissenschaft eine kopernikanische Wende gegeben hat. Seitdem wissen wir, daß die Sonne weder auf- noch untergeht. Und seitdem sollten wir wissen, daß es nicht die Glocke ist, die erklingt. Der Klang entsteht im Kopf.

KARL: So? In meinem Kopf befindet sich vor allem Gehirnmasse, also Materie, etwas, das man essen kann. Wo kann da Glockenklang entstehen?

OTTO: Vielleicht hast du auch gelernt dies gelernt: eine Glocke, wenn sie angeschlagen wird, gerät in Vibration, welche die Luft in Schwingungen versetzt. Diese werden auf das Trommelfell übertragen, im Ohr mehrfach umgesetzt, in der „Schnecke" nach Frequenzen auseinandersortiert und über den Hörnerv zum Gehirn geleitet. Das zuständige Hirnsegment stellt dann dem Bewußtsein die Sinnesqualität „Glockenklang" zu. Also - was wir der Glocke zuschreiben, die Klangerzeugung, kommt in Wirklichkeit in unserem Kopf zustande.

KARL: Da wird nichts zugeleitet und vorgestellt.

OTTO: Mach dich nicht lächerlich. Zwischen dem Anschlagen der Glocke und der Wahrnehmung vergeht Zeit, in der die physikalischen Daten transportiert werden, die alle Merkmale unserer späteren Sinneswahrnehmung in verschlüsselter Form mit sich führen: die Frequenz gibt die Tonhöhe an, die Amplitude die Tonstärke, das „Gekräusel" auf der Grundschwingung kennzeichnet die Obertöne und damit die Klangfarbe, An- und Abschwellvorgänge charakterisieren den Glockenklang. Alle Besonderheiten des Höreindrucks sind in den Luftschwingungen „präfiguriert" und kommen uns auf dem Weg über Trommelfell, Schnecke, Nervenreiz, Gehirn zu Bewußtsein.

KARL: Was du beschreibst, ist eine Maschine, die „Schall" transportiert. Aus der Sicht des Wahrnehmenden sieht die Sache anders aus: der Glockenklang ist entweder da oder nicht da. Von „Transport" kann keine Rede sein.

OTTO: O doch - und damit kommen wir zum Kern der Sache: der physikalisch-physiologische Prozeß, den du „Schallmaschine" nennst, spielt sich hinter den Kulissen ab. Auf der Wahrnehmungbühne dagegen erscheint ein Kirchturm, in dem eine Glocke hin und her schwingt und läutet. Aber das ist - wie im Theater - eine Illusion: der bunte Schleier der Sinnesqualitäten.

KARL: Ist dieser „bunte Schleier" nicht das Wesentliche? Denn was hat die ganze Schallmaschinerie für einen Sinn, wenn ich nichts wahrnehme?

OTTO: Aber die Schallmaschine ermöglicht ja gerade die Wahrnehmung.

KARL: Du willst doch nicht behaupten, Glockenklang sei identisch mit der Erregung einer Gehirnregion. Ein Klang oder Ton ist nicht dasselbe wie eine Schallwelle.

OTTO: Wieso nicht? Wenn ich eine Schallwelle erzeuge, höre ich einen bestimmten Ton. Also ist beides identisch.

KARL: Nein. Ein Ton ist keine Bewegung, und keine Bewegung ist ein Ton. Ein Ton ist auch keine Note in einer Partitur. Wir müssen zwischen „Qualität" und „Quantität" unterscheiden.

OTTO: Na gut. Aber die quantitative Bewegung wird als Ton wahrgenommen, der qualitative Ton ist Wirkung der Bewegung. Also müssen beide Phänomene, das physikalische Signal und die Klangwahrnehmung, im Kopf unmittelbar zusammenhängen.

KARL: Bleibt nur die Frage: Wie?

OTTO: Natürlich kausal. Ursache und Wirkung, Junge!

KARL: Aber das in Erregung versetzte Gehirnsegment setzt nur wieder etwas anderes in Erregung. Was ist dieses andere?

OTTO: Unser Gehirnsegment: es wandelt die physikalischen Signale in Sinnesqualitäten um.

KARL: So kleistert man das Problem mit Worten zu. Das Wort „umwandeln" suggeriert das Überschreiten der Grenze zwischen dem quantitativen Bereich bzw. der „objektiven Realität", und dem qualitativen Bereich bzw. dem „Bewußtsein", zwischen Physischem und Psychischem, Signal und Wahrnehmung.

OTTO: Wie diese Umwandlung physikalischer Erregungszustände in Sinneswahrnehmungen vonstatten geht, ist noch ein Geheimnis.

KARL: Seltsam: Um sicheres Wissen zu erlangen, zweifelte Descartes an allem, auch an der Wahrnehmung. Und was ist das Ergebnis? Ein Geheimnis. Dabei liegt des Rätsels Lösung doch auf der Hand.

OTTO: Jetzt bin ich aber gespannt.

KARL: Ganz einfach: Die Annahme, daß der Klang im Kopf entsteht, ist falsch. Im Kopf gibt es nur Gehirnmasse, Knochen, Flüssigkeiten.

OTTO: Mit „Kopf" meine ich Innenwelt, Bewußtsein. Klang ist der subjektive Widerschein einer Gehirnerregung. Der berühmte Physiker Heinrich Hertz (1857-94) meinte:

> Wir machen uns innere Scheinbilder oder Symbole der äußeren Gegenstände, und zwar machen wir sie von solcher Art, daß die denknotwendigen Folgen der Bilder stets wieder die Bilder seien von den naturnotwendigen Folgen der abgebildeten Gegenstände.

KARL: „Wir machen"! Machen wir? Das ist ja das Problem. Wie machen wir aus Gehirnerregungen das, was Hertz „Scheinbilder" nennt?

OTTO: Wie wir es machen, wissen wir nicht. Aber wir machen. Und ich kann nur staunen, daß wir uns anhand der Scheinbilder in der Realität orientieren können.

KARL: Es gibt keine Scheinbilder. Es gibt weder Urbilder noch Abbilder. Wozu eine Schattenwelt bemühen, deren Dasein man sich nicht erklären kann? Hinter die Wahrnehmungen können wir nicht zurück, etwas anderes haben wir nicht.

OTTO: Doch, den Verstand zu ihrer Interpretation. Und der Verstand beweist uns, daß uns die Sinne täuschen, daß sie uns Scheinbilder vorgaukeln.

KARL: Nein, der Verstand gaukelt uns nur vor, daß uns die Sinnesorgane täuschen.

OTTO: Ach so, dann ist es also keine optische Täuschung, wenn ein ins Wasser getauchter Bleistift geknickt aussieht, sondern er ist wirklich geknickt?

KARL: Dieser Knick im Bleistift ist ein besonderer Knick, man könnte ihn „Knack" nennen. Der Knack entsteht dort, wo der Bleistift die Wasseroberfläche durchstößt. Wenn ich diese Stelle abtaste, fühle ich den Übergang von Trockenheit zu Nässe. Der wissenschaftliche Verstand deklariert den Knack als täuschenden Knick. Das liegt an der wissenschaftlichen Metaphysik.

OTTO: Das hört sich beknackt an. Du mußt zwischen objektiven und subjektiven Sinneswahrnehmungen unterscheiden. Schon 2000 Jahre vor Galilei, Descartes oder Locke lehrte Demokrit:

> Süß und bitter, kalt und warm und ebenso alle Farben existieren nur in der Vorstellung und nicht in der Wirklichkeit. Wirklich sind nur unveränderliche Teilchen, die Atome, und deren Bewegung im Raum.

KARL: Ist es nicht eher umgekehrt?

OTTO: Nein. Es geht darum, das Veränderliche vom Unveränderlichen zu trennen, also das Unwesentliche vom Wesentlichen. Wesentlich ist das Beständige, weil es etwas ist, woran man sich halten kann. Galilei nannte dieses Beständige primäre Sinnesqualitäten, weil man keinen Gegenstand beschreiben kann, ohne darauf Bezug zu nehmen. Er sah in ihnen Eigenschaften der Natur. Alles übrige seien Eigenschaften des Beobachters. In seiner Schrift *Il Saggiatore* (1623) heißt es:

> Geschmack, Geruch und Farbe etc., die einem bestimmten Gegenstand eigen zu sein scheinen, sind nichts als bloße Namen und haben ihren Ort einzig und allein im empfindenden Körper; wird dieser entfernt, so werden damit auch alle diese Qualitäten zunichte.

KARL: Interessant! Nur das Geometrische, das Mathematisierbare, genauer: das Quantifizierbare, Meßbare am Wahrgenommenen gilt als real.

OTTO: Ja, denn es ist überlebensnotwendig, das Reale hinter dem Gaukelspiel der Sinne zu erkennen, also zu erkennen, inwieweit das, was wir „vorstellen", existiert, und wie es beschaffen ist. Wenn der ins Wasser gehaltene Bleistift sich nach dem Hinausziehen nicht wie ein geknickter Bleistift verhält, ist die Annahme einer Sinnestäuschung plausibel. Die Sinne gaukeln uns einen Knick vor, der real nicht existiert.

KARL: Das Wort „existieren" ist wohl ein Adelsprädikat, das du für ganz bestimmte Phänomene aufsparst.

OTTO: Ja, für handfeste Phänomene. Für Dinge und ihre Eigenschaften, für Tatsachen und Sachverhalte.

KARL: Also für das, was man feststellen bzw. festnageln kann. Den Knick des eingetauchten Bleistifts kann man nicht festnageln, er bleibt nicht erhalten, wenn man den Stift aus dem Wasser zieht. Also hat er keine Existenzberechtigung, kann also nur eine Täuschung sein.

OTTO: Du sagst es. Die Erfolgsgeschichte der neuzeitlichen Naturwissenschaft begann mit der konsequenten Ausschaltung der Sinnesqualitäten und ihres Täuschungspotentials. Der Pate dieser Sichtweise ist die Mathematik, deren Gegenstand ja Quantitäten sind. An ihr orientieren sich die naturwissenschaftlichen Methoden.

KARL: Mit anderen Worten: Existenz kommt nur Quantitäten zu, dem, was man zählen und messen kann. Alles, was wir nicht mit den Mühlen naturwissenschaftlicher Methoden mahlen können, gilt als nicht-existent, zumindest als dubios, so wie die Sinnesqualitäten.

OTTO: Sinnesqualitäten sind subjektive Einkleidungen objektiver Geschehnisse.

KARL: Komisch: erst werden Außenwelt und Innenwelt erfunden und streng voneinander getrennt, dann gibt man die selbstgemachte Trennung als Geheimnis aus. Wenn das keine Selbsttäuschung ist!

OTTO: So simpel ist die Sache nicht. Das Phänomen der Wahrnehmung hat nun mal zwei Seiten: auf der einen Seite der physikalisch-physiologische Bewegungsvorgang, auf der anderen Seite das subjektive Erlebnis. Einerseits Außenwelt, andererseits Innenwelt. Beides läßt sich gedanklich nicht ineinander überführen.

KARL: Stimmt. Weil Descartes die Welt in zwei Substanzen aufgeteilt hat, die keine Schnittstelle aufweisen. Ich halte das für eine ideologische, interessengesteuerte Konstruktion, denn sie gibt dem wissenschaftlichen Subjekt Macht über die Natur. Was in diese quantitative Welt nicht hineinpaßt, gilt als Geheimnis, das irgendwann irgendjemand lüften wird - oder als Täuschung, als Irrtum.

OTTO: Und worinbesteht deine Alternative?

KARL: Ich bestreite, dass es keine Sinnestäuschungen gibt. Überlegt doch mal: jede Wahrnehmung ist eine Erkenntnis des Subjekts, z.B. „Das ist ein Baum". Das erkennende Subjekt erkennt im Akt der Wahrnehmung das, was sich ihm vorstellt, also das Objekt. Seine Erkenntnis kann wahr oder falsch sein. Ist sie falsch, liegt die Schuld beim Subjekt.

OTTO: Aber die Erkenntnis hängt ab von den übermittelten Sinnesdaten, d.h. von der Beschaffenheit der Sinnesorgane.

KARL: Damit gibst du zu, daß Sinnestäuschungen eine Konsequenz des Außen-Innen-Schemas sind. Nur wenn man glaubt, die Wahrnehmungen noch von etwas anderem ableiten zu können, als Wirkungen einer Welt an sich, einer „objektiven Realität", hat der Begriff der Sinnestäuschung einen Sinn.

OTTO: Ja, ich gebe es zu. Na und?

KARL: Die Sinnesorgane sind aber selbst Wahrnehmungen.

OTTO: Ja, Wahrnehmungen der Sinnesorgane.

KARL: Umgekehrt: du nimmst ein Objekt wahr, erkennst es als Sinnesorgan und interpretierst es als Instrument der Wahrnehmung. Dann behauptest du, diese Wahrnehmung des Sinnesorgans sei von dessen Beschaffenheit beeinflußt. Aber das spielt keine Rolle.

OTTO: Aber wir können die Sinnesorgane verändern, sogar zerstören.

KARL: Eingriffe in die Sinnesorgane sind Veränderungen in der Objektwelt, die ständig passieren. Die Wahrnehmung ist immer so, wie sie sich dem Subjekt darbietet. Wie du sie interpretierst, kannst du nicht den Sinnesorganen anlasten.

OTTO: Dann eben dem Gehirn.

Die kleinen schlauen Zellen

LEO: Wenn ich das Wort „Hirnforschung" höre, sträuben sich mir die Haare. Es ist verrückt: früher fragte man bei alltäglichen Problemen den Lehrer, den Pfarrer, den Richter, also Leute mit Lebenserfahrung. Heute fragt man den Hirnforscher. Was Leute, die sich für aufgeklärt halten, von den „kleinen grauen Zellen" erwarten, läßt tief blicken!

OTTO: Ich weiß nicht, was du zu meckern hast. Die Erforschung des Gehirns, der letzten *terra incognita* der Naturwissenschaft, hat zur Entstehung ganz neuer Wissenschaften geführt. So wie die Astronomie aus der Astrologie oder die Chemie aus der Alchimie hervorgegangen ist, lösen Neuro-Pädagogik, Neuro-Theologie, Neuro-Ethik, Neuro-Philosophie aufgrund ihrer naturwissenschaftlichen Exaktheit die alten Fächer ab.

KARL: Ja, das Gehirn hat Konjunktur. Sogar die Geisteswissenschaften beeilen sich, Anschluß an die Gehirnforschung zu gewinnen, indem sie in vorauseilendem Gehorsam ihre Begriffe neurowissenschaftlich umformulieren, um nicht altmodisch zu erscheinen. Man lernt nicht mehr, sondern programmiert sein Gehirn. Man ist nicht mehr glücklich, sondern erlebt eine Dopamin-Ausschüttung des Gehirns. Man ist nicht mehr verliebt, sondern hat einen erhöhten Testosteron- oder Östrogenspiegel.

LEO: Und wenn der eigene Sprößling an Konzentrationsschwäche und Zappeligkeit leidet, dann liegt das nicht an fehlender Zuwendung und Geborgenheit, sondern an einer Stoffwechselstörung im Gehirn, die mit Pillen bekämpft wird.

OTTO: Sicher gibt es fragwürdige Entwicklungen, aber im Vordergrund steht doch das Streben nach Erkenntnis. Sowohl die Hirnforschung als auch die Evolutionsforschung haben sich - gleichsam in einer konzertierten Aktion - die Chance nicht entgehen lassen, Bewußtsein, Geist und Ich unter die Lupe zu nehmen. Insbesondere Kants transzendentales Subjekt, angeblich kein Gegenstand möglicher Erkenntnis, kann jetzt entweder im Gehirn dingfest gemacht oder als Schein entlarvt werden.

KARL: Ja, das Ich soll endlich vom Sockel gestürzt, Geist und Bewußtsein in ihrem letzten Schlupfwinkel, dem Gehirn, ausgeräuchert werden.

OTTO: Unsinn. Ausgeräuchert werden sollen tradierte Vorurteile und Selbsttäuschungen, auch wenn die Wahrheit häßlich sein sollte. Und da das Gehirn an allem, was wir erleben, beteiligt ist, können die Hirnforscher und Evolutionsbiologen beanspruchen, die eigentlichen Experten für die Grundlagen der Erkenntnis zu sein.

KARL: Mir scheint es eher darum zu gehen, Phänomene wie Geist, Ich oder Gott zu entsorgen, weil sie quer zur Naturwissenschaft stehen.

OTTO: Es geht um eine objektive, unvoreingenommene Prüfung.

KARL: Was dabei herauskommt, ist nicht schwer zu erraten.

OTTO: Du hast sicher davon gehört, daß die Hirnforscher das Gehirn ihrer Versuchsperson mittels sogenannter bildgebender Verfahren in seiner Tätigkeit beobachten. Wahrnehmungen, Emotionen, Gedanken, Handlungen zeigen sich als Hirnaktivitäten. Aber trotz intensiver Suche fanden sie, soviel ich weiß, kein

Gehirn-Areal, in dem das Ich lokalisiert werden konnte. Ähnlich verhält es sich mit dem Bewußtsein: es läßt sich im Gehirn nicht lokalisieren. Das, was wir Ich, Selbst, Subjekt, Seele nennen, ist also nur eine Begleiterscheinung, ein Nebenprodukt neuronaler Prozesse.

KARL: Ich hoffe, es stört dich nicht, dich als Illusion deiner selbst zu begreifen.

OTTO: Wir müssen die Fakten akzeptieren. Die Forscher streiten noch, ob das Bewußtsein womöglich durch die elektrische Aktivität einer Gruppe von Nervenzellen entsteht, die über die ganze Großhirnrinde verstreut sind.

KARL: Das Bewußtsein, das Ich, die Seele lokalisieren zu wollen, halte ich für Unsinn, weil weder das Bewußtsein noch das Ich Gegenstände sind, sondern Tätigkeiten. Was heißt es denn, etwas bewußt zu erleben? Es heißt: „wahrnehmen von", „sich erinnern an", „sprechen mit", „reflektieren über".

OTTO: Aber es ist doch das Gehirn, das unsere Wahrnehmungen, Emotionen, Gedanken, Handlungen produziert. Unsere ganze Erlebniswelt ist ein Konstrukt des Gehirns.

KARL: Die Behauptung, das Gehirn produziere unsere subjektive Wirklichkeit, ist schon deshalb reichlich abwegig, weil Gehirnaktivitäten keine Wahrnehmungen, Emotionen, Gedanken oder Handlungen sind, sondern Bewegungen neuronaler Art. Das haben wir doch schon durchexerziert.

OTTO: Aber die Gehirnaktivitäten sind deren Ursache, produzieren sie, wie das eine Maschine tut: ein *input* - z.B. Sinnesreizungen, Blutkreislauf, Nervensystem, Hormonsystem - wird zu einem *output* verarbeitet: zu unserer subjektiven Erlebniswelt.

KARL: Aus dem neuronalen Hin und Her von Gehirnströmen, den Veränderungen elektromagnetischer Felder, sollen Farben, Klänge, Empfindungen, Gedanken entstehen, also die Welt, in der wir leben? Wer die Unmöglichkeit dieser Vorstellung nicht einsieht, bei dem ist Hopfen und Malz verloren.

OTTO: Woher bitte soll denn unsere Erlebniswelt kommen, wenn nicht aus der Tätigkeit des Gehirns? Aus dem Weltall, per Funkübertragung?

LEO: Euer Streit ist eine Neuauflage des sogenannten Materialismus-Streits aus dem 19. Jahrhundert. Damals sorgte Carl Vogt, ein bekannter Naturwissenschaftler und Bürgerrechtler, für Aufsehen, als er behauptete:

> Die Gedanken stehen in demselben Verhältnis zu dem Gehirn, wie die Galle zur Leber oder der Urin zu den Nieren. [Carl Vogt: *Physiologische Briefe für Gebildete aller Stände* (1845-46)]

KARL: Da hat er sicher viel Hohn und Spott geerntet.

LEO: Ja, aber Ludwig Büchner, der Bruder des Dichters Georg Büchner, verteidigte ihn in seinem Bestseller *Kraft und Stoff.* Er war überzeugt, daß dem Ausspruch Vogts eine wahre Idee zugrunde liegt:

> Diese Idee erblicken wir ... in dem Gesetz, daß Geist und Gehirn sich wechselseitig aufs notwendigste bedingen, daß sie in einem untrennbaren kausalen Verhältnis zueinander stehen. Wie es keine Galle ohne Leber, wie es keinen Urin ohne Nieren gibt, so gibt es auch keinen Gedanken ohne Gehirn; die Seelentätigkeit ist eine Funktion der Gehirnsubstanz. Diese Wahrheit ist einfach, klar, leicht

mit Tatsachen zu belegen und riecht nicht „urinös", wie fade Witzlinge behaupten. [Ludwig Büchner: *Kraft und Stoff* (1855)]

KARL: Ob es Gedanken ohne Gehirn gibt, läßt sich nicht in Erfahrung bringen. Das Gehirn ist ja selbst ein Gegenstand unserer Erlebnis- und Erfahrungswelt, müßte daher ein Konstrukt seiner selbst sein. Das ist verrückt - im wörtlichen Sinne.

OTTO: Wie bitte?

KARL: Du behauptest, daß das physikalisch beschreibbare, lokalisierbare Etwas namens Gehirn die Fähigkeit hat, die Welt der objektiven Realität - also die sogenannte Wirklichkeit wissenschaftlicher Erkenntnisse – hervorzubringen. Aber dieses physikalisch beschreibbare, lokalisierbare Gehirn kommt ja selbst in der objektiven Realität vor.

OTTO: Äh - da gibt es tatsächlich eine Schwierigkeit. Deshalb nehmen Gehirnforscher, zumindest einige, ein reales „Gehirn an sich" jenseits unserer Erlebniswelt an, das auch die Erkenntnis seiner selbst in unserer Erlebniswelt produziert. Das würde den Zirkel auflösen.

KARL: Ein unerkennbares, empirisch nicht zugängliches Ding an sich, von dem man nichts sagen kann? Das nennst du Aufklärung? Da kann man nur sagen: In der Not frißt der Teufel Fliegen.

OTTO: Es ist dasselbe Denkmuster, das wir in Filmen wiederfinden, in denen unsere Welt als Computerprogramm aus einer anderen, übergeordneten Welt der Programmierer dargestellt wird. Das ist doch recht plausibel.

LEO: Damit sind wir wieder beim teleologischen Gottesbeweis gelandet, bei dem man aus dem Da- und Sosein der Welt auf einen Schöpfer derselben schließt. Ich weiß, dass du diesen Gottesbeweis ablehnst. Wie kannst du dann an ein unerkennbares, empirisch nicht greifbares Über-Gehirn oder an einen quasi-göttlichen Programmierer glauben?

KARL: Ja, es ist zum Lachen. Man glaubt Illusionen, Selbsttäuschungen, Vorurteile zu entlarven, aber in Wirklichkeit verstrickt man sich in neue Illusionen.

OTTO: Wieso?

KARL: Na, z.B. beharrt das Ich des Hirnforschers streitbar auf seinem Nichtsein und nimmt sich die Freiheit, seine Determiniertheit durch die neuronalen Prozesse des Hirns zu verteidigen. Dabei merkt er nicht, daß seine Verteidigung kein Argumentieren ist, sondern nur das automatische Plappern eines Computers, der sein Programm abspult.

LEO: Er merkt auch nicht, daß die Phänomene Gott, Ich, Geist, die er zu entsorgen trachtet, weil sie die Naturwissenschaft relativieren, die Voraussetzung für das Betreiben von Wissenschaft sind. Er glaubt sie durch den banalen Mechanismus des Überlebensprozesses ersetzen zu können.

OTTO: Banal oder nicht: im Lichte der Evolutionstheorie, der Genetik und der Gehirnforschung erweist sich der Mensch als Gen-Maschine.

KARL: Ja, aber nur in im Lichte dieser Wissenschaften.

OTTO:Das genügt auch.

KARL: Seltsam, daß so viele Leute bereit sind, ihre Selbsterfahrung als Täuschung zu negieren und ihr Erleben einem Gegenstand namens Gehirn zuzuschreiben.

LEO: Die Erklärung ist einfach: Damit sind sie die Bürde der Selbstverantwortung los. So etwas wie „Ich" und „Freiheit" anzuerkennen bedeutet ja Zumutung und Anstrengung, die man sich gern abnehmen läßt. Schuld hat immer der andere, z.B. „das Gehirn".

KARL: Dann wird allerdings die Krankheit zum Systemfehler, das Krankenhaus zur Reparaturwerkstatt, die Leiche zum Ersatzteillager, der Friedhof zum Schrottplatz. Das gefällt den Leuten auch nicht.

LEO: Es ist paradox! Wer nicht selbst denkt, fühlt, handelt, sondern sein Gehirn denken, fühlen, handeln läßt, spricht wohl auch nicht selbst, sondern läßt seine Zunge sprechen, schreibt nicht selbst, sondern läßt seine Hand schreiben.

OTTO: Aber auf Anweisung seines Gehirns.

KARL: Sein Ich befindet sich offenbar nicht im Körper, nicht im Gehirn, wo man es bis heute nicht gefunden hat, sondern in einem Nirgendwo.

OTTO: Ja, es ist utopisch. Das Ich gibt es nicht, es ist eine Illusion.

KARL: Wer sagt das?

OTTO: Ich - äh - mein Gehirn.

KARL: Und du glaubst deinem Gehirn?

OTTO: Das muß ich ja wohl.

KARL: Ich glaube nicht, daß du das kannst. Aber du kannst widersprechen.

OTTO: Wie denn, wenn ich eine Illusion bin!? Es wäre auch nicht ratsam, daran zu zweifeln, weil sich die Illusion, ein Ich zu sein, als Überlebensvorteil erwiesen hat.

KARL: Tatsächlich?

OTTO: Ja, schließlich hat sich die Ich-Illusion bis heute gehalten.

KARL: Und worin könnte dieser Vorteil bestehen?

OTTO: In der Illusion, aus eigener Kraft Entscheidungen treffen zu können.

KARL: Die Neuro-Maschine täuscht sich also selbst? Dann müßte es in ihr ein Ich geben, eine Instanz, die bestrebt ist, Schein von Sein zu unterscheiden, denn

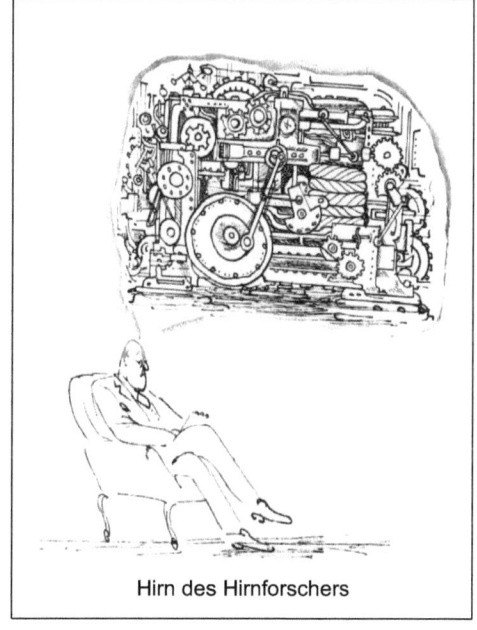

Hirn des Hirnforschers

nur eine solche kann getäuscht werden. Die wird aber gerade geleugnet.

OTTO: Gerade diese Ich-Instanz ist doch eine Illusion.

KARL: Eine Illusion ohne eine Instanz, die getäuscht werden kann, ist keine Illusion, sondern Unsinn.

LEO: Die Neuro-Maschinen, die wir Hirnforscher nennen, sind also zufällig durch Mutation und Selektion so programmiert worden, dass sie das Ich als Illusion erkannten. Nun weiß es das Gehirn - und mit dem Überlebensvorteil ist es vorbei.

KARL: Und die Ich-Instanz in der Neuro-Maschine weiß, daß sie einer Illusion aufgesessen und gerade deshalb doch keine Illusion ist, haha. Sie hat sich durch den Akt des Erkennens selbst erlöst.

LEO: Das kommt mir vor wie ein Schuß von hinten durch die Brust ins Auge. Langsam wird es absurd.

KARL: So sind eben die Diskussionen ums Hirn: hirnverbrannt!

Künstliche Intelligenz

LEO: Descartes war überzeugt, daß der menschliche Körper ein kompliziertes Uhrwerk sei. Aber ebenso klar und deutlich wußte er sich als ein denkendes Wesen.

KARL: Sonst hätte er seinen Körper ja nicht als Maschine erkennen können.

LEO: Das heißt: seine Methode des systematischen Zweifelns hatte ihn in eine Sackgasse geführt: zu zwei einander ausschließenden Substanzen, Körper und Geist, die erfahrungsgemäß dennoch aufeinander einwirken. Dabei wird das Verhältnis zwischen Geist und Materie ganz ingenieurmäßig aufgefaßt, so als seien Geist und Materie zwei Gegenstände, die konstruktiv verbunden werden können und kausal aufeinander einwirken.

OTTO: Da das menschliche Gehirn als Teil des menschlichen Körpers selbst eine Maschine ist, entspricht das Verhältnis Körper-Geist dem Verhältnis von Hardware und Software in einem Computer. Der Geist wirkt in analoger Weise auf die Materie ein wie die Software auf die Hardware in einem Computer. Das heißt: der Geist ist die Software des Gehirns.

KARL: Das nenne ich geistige Klarheit! Der Geist ist gar kein Geist, sondern Materie – im Sinne von Quantität.

OTTO: Das springt einem doch ins Auge! Wir müssen nur wie Naturwissenschaftler an das Objekt Geist herangehen, nämlich empirisch.

KARL: Und wie bekommen wir Geist bzw. Denken empirisch zu fassen?

OTTO: Als Sprache.

KARL: Und was ist Sprache? Sprich!

OTTO: Sprache ist ein Zeichensystem, das dem Austausch von Nachrichten dient. Dabei werden die Zeichen in geordneten Signalfolgen - z.B. akustisch - von Hirn zu Hirn bzw. von einem kybernetischen System zum anderen übertragen. Nachrichten nennt man sie, wenn sie für den Empfänger Bedeutung haben.

KARL: Das Versteckspiel geht also weiter: der Geist wird in die Besenkammer der Bedeutung verbannt.

OTTO: Hier wird nichts verbannt, sondern etwas einsichtig gemacht. Ob ein kybernetisches System eine empfangene Signalfolge als Nachricht verstanden hat, zeigt sich an seinem Verhalten. Das gilt für Computer ebenso wie für Menschen.

KARL: Ich verstehe: Geist schrumpft zum rechnenden Verstand, Denken ist, grob gesagt, das Rechnen mit den Zeichen, also Kalkulieren.

OTTO: Ja, wenn du unter einem Kalkül eine durch Regeln festgelegte Methode verstehst, welche die Zeichen zweckmäßig miteinander verknüpft. Denken ist der Ablauf eines Computerprogramms im Arbeitsspeicher des Gehirns, das seine Fakten aus dem Festspeicher Gedächtnis abruft.

LEO: Aber dieses Kalkulieren ist ein rein formaler Akt, in dem vorgegebene Elemente an- und umgeordnet werden. Wo bleibt ihre Bedeutung?

OTTO: Ob eine Nachricht richtig verstanden worden ist, können wir an den Konsequenzen erkennen, die gezogen werden.

LEO: Ach so – ob Geist in einer Maschine ist, hängt davon ab, ob ich ihr Verhalten verstehe. Wenn ja, dann ist sie Geist von meinem Geist.

KARL: Oder die Vortäuschung von Geist.

OTTO: Wenn es Computerprogramme gibt, mit dem man sich unterhalten kann wie mit einem Menschen, dann können wir Geist in der Maschine, also künstliche Intelligenz annehmen. Das berühmteste dieser Programme wurde von seinem Erfinder Joseph Weizenbaum auf den Namen *Eliza* getauft, weil man ihm - wie der Eliza im Musical *My fair Lady* - Sprechen beibringen kann. Und Lernfähigkeit ist ein klassisches geistiges Merkmal.

KARL: Mit solchen Vokabeln ist man schnell und gern bei der Hand. Es gibt auch künstliche Mäuse, Schildkröten, Hunde, die weder Mäuse, Schildkröten oder Hunde sind, und man billigt ihnen Merkmale des Lebens zu - Stoffwechsel, Reizbarkeit, Wachstum, Fortpflanzung - die sie nicht haben, sondern nur simulieren.

OTTO: Fazit: Der Dualismus ist aufgehoben, die naturwissenschaftliche Vorgehensweise hat sich mal wieder bewährt.

KARL: Nein, der Dualismus ist nicht aufgehoben. Geist und Materie, Innenwelt und Außenwelt stehen keineswegs im gleichen Verhältnis zueinander wie Software und Hardware. Software ist flexible Hardware, also Bestandteil der Körperwelt. Software stellt die Hardware so ein, daß sie ihren Zweck erfüllen kann - sie legt die Hebel um. Aber wer soll dieser Jemand im Gehirn sein?

LEO: Was sich da wieder mal bewährt hat, ist die Selbsttäuschung: erst wird eine Mechanik entwickelt, die man in die Sprache und damit ins Denken implementieren kann. Dann wird der Geist auf diesen mechanisierbaren, also berechenbaren Aspekt reduziert, den man nun für das eigentliche Phänomen ausgibt. Alles Störende wird als unwesentlich, als „subjektiv" abgetan.

KARL: Simsalabim.

OTTO: Laßt das nicht die Enthusiasten der künstlichen Intelligenz (KI) hören, die mit der Digitalisierbarkeit des Geistes Großes vorhaben, sogar die technische Realisierbarkeit der menschlichen Unsterblichkeit.

LEO: Wie bitte?

OTTO: Naja, Software ist regelgeleitete Symbol- und Informationsverarbeitung und damit Sprache, Sprache ist digitalisierter Geist. Also steht einer Loslösung des Geistes vom Körper – der Software von der Hardware - nichts im Wege.

LEO: Abstrus! Alles, was wir wissen und denken, woran wir uns erinnern und wovon wir träumen, soll in Robotergehirne kopiert werden können? Das sind doch Sciencefiction-Phantasien.

OTTO: O nein, das ist die feste Überzeugung vieler KI-Enthusiasten. Einer von ihnen, Ray Kurzweil, schluckt täglich 150 Pillen, läßt sich regelmäßig intravenös auffrischen, stählt seinen Körper im Sportstudio und nimmt nur fettarme, gemüsereiche Kost zu sich, um die Zeit zu überleben, die man braucht, um Maschinen zu bauen, die den hinfälligen menschlichen Körper ersetzen können. Das wird, wenn seine Berechnungen aufgehen, noch zwei, drei Jahrzehnte dauern.

LEO: Wer oder was wird denn da weiterleben? Was heißt „Leben"? Daß ein Computerprogramm läuft, von dem er glaubt, daß e r es ist? Meint er, daß er dann durch Roboter-Kameras sehen, durch Roboter-Mikrophone hören und mit dem Computerprogramm denken kann?

OTTO: Warum nicht! Lebewesen sind ja auch Maschinen. Der Evolutionstheoretiker und Soziobiologe Richard Dawkins nennt sie in seinem Buch *Das egoistische Gen* „Gen-Maschinen", weil ihre evolutionäre Weiterentwicklung durch Mutation und Selektion der Gene bestimmt wird. Die Gene sorgten für das Entstehen der Gehirne, also besonders effektiver Maschinen, denen nach und nach die Fähigkeiten des Lernens, des Gedankenexperiments, des Simulierens erfolgversprechenden Verhaltens einprogrammiert wurden. In den Gehirnen, so Dawkins, entstand schließlich ein neuer Code, den er „Mem" nannte. Im Unterschied zu den körperlichen Genen sind Meme abstrakte „kulturelle" Informationsmuster, die sich von Gehirn zu Gehirn fortpflanzen bzw. durch Kopieren vervielfältigen, z.B. durch Bücherlesen. Dabei können sie sich verändern, so wie sich ja auch die Gene durch Mutation verändern können.

KARL: Mem – plemplem!

LEO: Ich habe das Buch von Dawkins auch gelesen. Er erzählt, daß sich die Gene durch die Entwicklung der Meme selbst ausgetrickst hätten. Denn die Meme sähen ihr Überleben nicht mehr wie die Gene durch organische Körper gesichert, sondern durch anorganische digitale Maschinen.

KARL: In einer Welt der Maschinen gibt es keine Teilchen, die nach etwas streben, und auch keine, die sich absichern.

OTTO: Das weiß Dawkins auch. Seine metaphorische Redeweise hat aber immer einen Rückbezug auf Selektionsvorteile.

LEO: Dann soll das wohl heißen, daß sich in der Tätigkeit des Menschen die Zukunft der Evolution vorbereitet, d.h. die organische Maschine Mensch wird durch den robusteren anorganischen Roboter überwunden.

KARL: Mit den Worten Lecs:

> Die Technik ist auf dem Wege, eine solche Perfektion zu erreichen, daß der Mensch bald ohne sich selbst auskommt. [Lec: *Das große Buch der unfrisierten Gedanken,* 1971]

LEO: Angenommen, die Software eines Gehirns kann auf einen Computer übertragen werden: Wo bleibt die Erlebnissphäre, die sogenannte Innenwelt? Wird die ebenfalls auf den Roboter übertragen?

OTTO: Selbstverständlich.

LEO: Im zukünftigen Roboter wird also ein bestimmter Erregungszustand des ehemaligen Gehirns simuliert, der z.B. mit der Vorstellung einer gebratenen Ente verbunden war. Entsteht diese Vorstellung dann auch in dem Roboter?

OTTO: Ja, natürlich.

KARL: Was ist daran natürlich? Wo ist das erkennende Subjekt, das Ich, das diese Vorstellung oder Wahrnehmung haben könnte?

OTTO: Wenn du damit so etwas wie eine Leib-Seele-Einheit meinst - die ist pure Romantik. Kybernetik, Automatentheorie und KI haben uns eines Besseren belehrt. Das Ich ist definiert durch die Struktur seines Körpers und die Prozesse, die in ihm ablaufen, und nicht durch ein Substrat, in dem sich dieser Prozeß manifestiert. Bleibt der Prozeß erhalten, so bleibt auch das Ich erhalten. Und das reicht, um den Geist des Herrn Kurzweil auf einen Roboter zu übertragen.

LEO: Warum nicht gleich auf zehn Roboter. Dann verzehnfacht sich das unendliche Leben! Jeder Roboter kann sagen: „Ich bin Ray Kurzweil", haha.

KARL: Wonach haben denn die Hirnforscher auf der Fahndung nach dem Ich überhaupt gesucht?

OTTO: Natürlich nach empirischen Hinweisen, nach etwas Lokalisierbarem, Meßbarem. Etwas anderes als Struktur und Prozeß haben die Hirnforscher aber trotz genauester Suche nicht finden können. Das ominöse Ich scheint ein metaphysisches Phantom zu sein. Für Evolutionstheoretiker wie Dawkins ist es eine subjektive Täuschung.

KARL: Man kann doch das organische Substrat nicht von der geistigen Struktur und dem Prozeß trennen, denn wir wissen von Zenon, daß sich das Kontinuum – d.h. das Organische - nicht ins Diskrete auflösen läßt. Wenn die Forscher bei ihrer empirische Suche nach einem Ich erfolglos blieben, dann deshalb,weil sie das Gesuchte so definiert hatten, daß sie es gar nicht finden konnten: als etwas Maschinenhaftes.

OTTO: Moment mal! Dawkins hat Erkenntnis als Außenweltsimulation definiert. Daraus leitet er ab, was er unter Bewußtsein versteht. Wenn nämlich Erkenntnis Außenweltsimulation sei, dann entstehe Bewußtsein,

> wenn das Gehirn die Welt so vollständig simuliert, daß diese Simulation ein Modell ihrer selbst enthalten muß. [Richard Dawkins: *Das egoistische Gen.*]

KARL: In dem Modell der simulierten Welt ist auch das Gehirn eine Simulation, eine, welche die Welt simuliert, und zwar so vollständig, daß diese Simulation einer Simulation ein Modell ihrer selbst enthalten muß. Und so weiter. Ein Denkabsturz! *Regressus in infinitum!*

LEO: Ist Erkenntnis wirklich Außenweltsimulation? Dann hätten Kameras oder Tonaufnahmegeräte die Fähigkeit der Erkenntnis. Das ist purer Unsinn.

KARL: Aberwitzig! Deswegen sollten wir die Denkebene wechseln.

OTTO: Es ist aber immer das gleiche Gehirn, das denkt.

KARL: Du vergißt, daß wir uns in der Descarteschen Zwickmühle befinden. Auf der materiellen Ebene erblicken wir ein Gehirn, in dem elektrochemische Prozesse ablaufen, aber von einer Simulation der Welt ist nirgends etwas zu finden. Erkenntnis, etwa ein Bild der Welt, finden wir nur auf der geistigen Ebene.

OTTO: Außenweltsimulation besagt, daß die Außenwelt Sinnesreize auslöst, die innerhalb des Systems von einem Programm verarbeitet, d.h. in Reaktionen umgesetzt werden. Daß Maschinen ihre Außenwelt erkennen und entsprechend reagieren können, steht fest. Als Roboter könnte Herr Kurzweil seine fleischlichen Erkenntnisfähigkeiten sogar übertreffen, denn man könnte ihm neue Sinneswerkzeuge zur Verfügung stellen, z.B. solche, die radioaktive Strahlung oder Ultraschall wahrnehmen.

KARL: Simulation ist Vortäuschung oder Nachahmung zu einem bestimmten Zweck. Aber wem soll etwas vorgetäuscht werden? In Dawkins' Definition fehlt gerade das Entscheidende, eben das Ich.

OTTO: Es wird nichts vorgetäuscht. Das Gehirn erstellt ein Bild von der Außenwelt, um in ihr überleben zu können. Ein Ich ist überflüssig.

KARL: Tja - wer aus dem Gegensatz Geist-Materie den Gegensatz Software-Hardware macht und ihn damit materialisiert, der muß das Ich negieren, da es sich nicht objektivieren läßt. Das Ich ist aber unverzichtbar. Selbst wenn man es als Täuschung deklariert, bleibt die Frage, wer da getäuscht werden soll, und das kann ebenfalls nur ein Ich sein. Das Ich ist keine subjektive Täuschung, sondern der Inbegriff der Subjektivität. Darum kann man es auch nicht kopieren.

LEO: Wenn man es nicht kopieren kann, dann gibt es keine Hoffnung auf technische Unsterblichkeit.

KARL: Es wäre ja auch ein schlechter Witz, wenn das Ergebnis des descartesschen Unternehmens die Negierung des Ich wäre. Dann müßte man tatsächlich an einen *deus malignus*, den boshaften Gott des Descartes glauben. Dem wäre das Kunststück gelungen, dem Ich einzureden, daß es gar nicht existiert. Und ohne Ich als erkennendes Subjekt können wir nicht von Objekten sprechen, ja überhaupt nicht von einer raumzeitlichen materiellen Welt.

Zufall oder Absicht

Subjekt

LEO: Die Annahme einer objektiven Realität jenseits der subjektiven Wahrnehmung ist doch überflüssig. Warum die Welt verdoppeln?

KARL: Pst! Das macht Ärger bei den Philosophen, wie das Gedicht „*Philosophie-Geschichte*" von Robert Gernhardt (1937-2006) zeigt:

> Die Innen- und die Außenwelt,
> die war'n mal eine Einheit.
> Das sah ein Philosoph, der drang
> erregt auf Klar- und Reinheit.
>
> Die Innenwelt, dadurch erschreckt,
> versteckte sich in dem Subjekt.
> Als dies die Außenwelt entdeckte,
> verkroch sie sich in dem Objekte.
>
> Der Philosoph sah dies erfreut:
> indem er diesen Zwiespalt schuf,
> erwarb er sich für alle Zeit
> den Daseinszweck und den Beruf.

LEO: Nicht nur der Daseinszweck des Philosophen hängt vom Außen-Innen-Schema ab, sondern auch seine Existenz als Subjekt, denn das Auseinandertreten von

Außen- und Innenwelt ist ein Akt der Reflexion, der Distanzierung von den wahrgenommenen Phänomenen, sogar von sich selbst.

OTTO: Das ist ja lustig. Du hältst das Außen-Innen-Schema aus philosophischen Gründen für eine falsche Konstruktion. Aber wer es abschafft, schafft auch den Philosophen ab.

KARL: Aber der Philosoph erwacht immer wieder zu neuem Leben, wenn sich das Ich zu einem Subjekt zusammenzieht und sich etwas entgegenstellt.

OTTO: Dann ist das Subjekt Innenwelt und das, was es sich entgegenstellt, Außenwelt. Das Außen-Innen-Schema erwacht also zugleich mit dem Philosophen zu neuem Leben. Dann ist das Philosophieren selbst ein falsches Konstruieren.

KARL: Nein, „außen" ist ein Wort für das, worauf sich die Aufmerksamkeit des Subjekts richtet, „innen" ein Wort für das Subjekt, dessen Aufmerksamkeit erregt wurde.

OTTO: Momentan ist meine Aufmerksamkeit als Subjekt durch das Wort „Subjekt" erregt worden.

LEO: Das Wort „Subjekt" ist die lateinische Übersetzung von griech. *Hypokeimenon*: „das Darunterliegende". Gemeint ist aber nicht das unter mir Stehende, der Untertan, sondern das Zugrundeliegende. Und *antikeimenon*, lateinisch „Objekt", ist das „Entgegenliegende", der Gegen-Stand.

OTTO: Dann ist ein Naturwissenschaftler ein Subjekt, das sich die Außenwelt als Objekt gegenüberstellt und sie nach wissenschaftlichen Kriterien analysiert. Und diese Kriterien haben uns die Natur erschlossen.

KARL: Andererseits schränken sie die Erkenntnismöglichkeiten ein. Denn da sie sich hervorragend dafür eignen, dem Menschen die Natur dienstbar zu machen, wurden sie verabsolutiert.

OTTO: Das nennst du Einschränkung? Es ist gerade umgekehrt: sie weiten den Horizont. Ihnen verdanken wir den Zugang zur objektiven Realität: zur Welt, wie sie wirklich ist.

KARL: Daß die objektive Realität nicht die wirkliche Welt ist, folgt bereits daraus, daß sie keine Subjekte enthält - wie schon ihr Name sagt. Die Prämissen, mit denen der Mensch die Natur auf die Menge aller maschinenartigen Prozesse zurechtgestutzt hat, um Macht über sie zu gewinnen, erfassen also nicht die gesamte Natur.

OTTO: Die „objektive Realität" ist nicht eine Welt ohne Subjekte, sondern die Welt unabhängig vom menschlichen Bewußtsein, von subjektiven Einflüssen. Selbstverständlich gehört der Mensch ebenfalls zu objektiven Realität, auch als erkennendes Subjekt.

KARL: Wenn sich das erkennende Subjekt die Außenwelt bzw. objektive Realität entgegenstellt, kann sein Standort nur außerhalb derselben sein.

OTTO: Und wo sollte das sein? Jedenfalls nicht in Raum und Zeit.

LEO: Es kommt nur eine göttliche Sphäre in Frage. Das Subjekt simuliert den Schöpfergott oder Weltgeist. Es sitzt in der Herrscher-Loge des Welttheaters und glaubt das Spiel durchschauen zu können, in der Annahme, der menschliche Geist sei Teil des göttlichen Geistes, der die Welt konzipiert hat.

OTTO: Das mag früher geglaubt worden sein. Heute beginnt die Welt mit dem Urknall. Und wenn sich der Mensch selbst als ein Produkt dieses Ereignisses sieht, kann er keine geistige Konzeption der Welt voraussetzen.

LEO: Auch keine Naturgesetze?

OTTO: In der Urknall-Welt erkundet das Erkenntnissubjekt die Welt anhand von Hypothesen, die es durch Experimente überprüft. Die Regelmäßigkeiten, die es dabei entdeckt, nennen wir Naturgesetze, wobei als Gesetzgeber die Natur angenommen wird.

LEO: Dem Begriff „Naturgesetz" wird also ein anderer Sinn untergeschoben: statt eines Gesetzes, das der Natur auferlegt ist, haben wir nun ein Gesetz, das die Natur auferlegt.

KARL: Und zwar sich selbst. Sie ist so frei, sich zu fesseln.

OTTO: Was wollt ihr eigentlich? Mit dem Experiment als Wahrheitskriterium hat doch die Natur das letzte Wort.

KARL: Aber das erste Wort hat der Mensch. Er muß nämlich bestimmen, was Erkenntnis ist und wie sie gewonnen werden soll.

OTTO: In der Theorie von der Urknall-Welt, die als evolutionärer Prozeß aufgefaßt wird, ist Erkenntnis ein Werkzeug zur Selbstbehauptung im Überlebenskampf.

KARL: Und wo befindet sich das Subjekt, wenn es sich die Urknallwelt zum Objekt macht? Eine göttlichen Sphäre kommt ja nicht mehr in Frage.

OTTO: Nun, in dem Körper, an den es gekettet ist.

KARL: Aber dieser Körper gehört zur Urknallwelt, d.h. zur Welt der Objekte.

OTTO: Sich die Welt zum Gegenstand zu machen, ist ein geistiger Akt, und geistige Akte sind Produkte des menschlichen Gehirns: sie sind neuronale Prozesse.

KARL: Soso, das Erkenntnissubjekt erkennt sich selbst als Produkt seines Gehirns. Das heißt: das Subjekt stellt sich die Natur in Gestalt von Gehirnakten gegenüber. Es befindet sich also außerhalb derselben.

OTTO: Unsinn. Das Erkenntnissubjekt ist ein Mensch von Fleisch und Blut und daher Teil der Natur. Und da die ganze Welt Natur ist, kann es keinen Standpunkt außerhalb derselben geben.

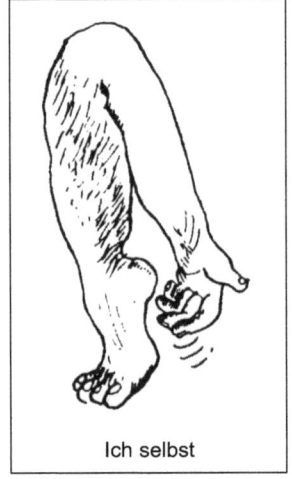

Ich selbst

KARL: Du behauptest also, dass der Mensch doppelt vorhanden ist: als Erkenntnissubjekt und als Erkenntnisobjekt. Das Erkenntnissubjekt, das sich die Natur in Gestalt seiner selbst gegenüberstellt, erkennt sich als Objekt, das sich die Natur gegenübergestellt hat und sich in ihr als ein Objekt erkennt, das sich die Natur gegenübergestellt hat usw. - da ist er wieder, der unendliche Regreß!

LEO: Ein Spiegelkabinett.

OTTO: Aber wo kann sich das Subjekt befinden? Außerhalb der Außenwelt jedenfalls nicht, da gibt es nichts.

KARL: In der „Innenwelt" läßt es sich auch nicht verorten, weil es keine Verbindung zwischen Innen- und Außenwelt gibt, also auch keine Erkenntnisse. Gäbe es nämlich eine Verbindung zwischen Außen- und Innenwelt, zwischen quantitativem und qualitativem Bereich, dann wäre Qualität gleich Quantität, z.B. wäre die Wahrnehmung „Glockenklang" identisch mit einem Bewegungsvorgang. Und das ist Unsinn.

OTTO: Eine unmögliche Situation!

KARL: Nein, es bleibt noch ein Ausweg: Das Erkenntnis-subjekt befindet sich jenseits von Außen- und Innenwelt: in einer Welt höherer Ordnung.

OTTO: Die gibt es nicht.

KARL: Doch, denn das Erkenntnissubjekt ist ja nicht nichts.

OTTO: Aber was kann das für eine Welt sein? Was hat sie, was die naturwissenschaftliche Welt nicht hat?

KARL: Es ist eine Welt, in der es Selbstbewegung gibt.

LEO: Ist das deine Alternative zur naturwissenschaftlichen Welt?

KARL: Ja. Der Mensch als Ich, als Subjekt, ist Insasse der Selbstbewegerwelt. Das „Zugrundeliegende", also das Subjekts, ist Kraft. Das Subjekt ist Tätigkeit!

LEO: Aber als Objekt ist der Mensch Insasse der wissenschaftlichen Fremdbewegerwelt.

KARL: Im Alltag wechseln wir ständig die Perspektive zwischen beiden Welten, die unvereinbar sind wie Kontinuum und Diskretum.

OTTO: Das kann nicht sein! Es gibt nur eine Welt.

KARL: Es gibt aber Erfahrungen, die du nur in der Selbstbewegerwelt machen kannst, zum Beispiel die folgende von Eduard Mörike (*Er ist's*):

> Frühling läßt sein blaues Band
> wieder flattern durch die Lüfte;
> süße, wohlbekannte Düfte
> streifen ahnungsvoll das Land..

OTTO: Das ist Nonsens.

Zwei Naturen

KARL: Zuerst hat die neuzeitliche Wissenschaft den Naturdingen die Selbst-bewegung - damit Leben, Seele, Geist - abgesprochen, aber sie waren immerhin noch Bestandteil eines göttlichen Schöpfungsplanes. Dann hat sie ihnen ihre Qualitäten - Farbe, Geräusch, Geruch, Wärme usw. - genommen und zum Gaukelspiel der Sinnesorgane erklärt, und die Dinge waren nur noch Material.

LEO: Kein Wunder, daß auch der Weltenkonstrukteur verzichtbar wurde. Nietzsche verkündete die Ermordung Gottes in seiner *Fröhlichen Wissenschaft*. Er hätte, vielleicht weniger fröhlich, durch Hinweis auf Spinozas Überzeugung, daß Gott und Natur zwei Seiten derselben Medaille seien, zugleich die Ermordung der Natur verkünden können.

KARL: Material ist degradierte Materie. Erst wenn die beseelte Natur als totes Material begriffen wird, steht sie dem Menschen voll zur Verfügung. Die Verfügbarkeit erstreckt sich auch auf das Ding Mensch, auf das Menschenmaterial: als Arbeitskraft, Lustobjekt, Organspender, Betreuungsobjekt, Massenpartikel.

LEO: Für die degradierte Natur prägte der Soziologe Max Weber eine Vokabel, die seither in aller Munde ist: die Natur sei durch die neuzeitliche Wissenschaft „entzaubert" worden.

OTTO: Die Vokabel trifft ins Schwarze!

KARL: In meinen Augen ist sie grundfalsch. Ihr Gegenteil ist richtig: statt „entzaubert" müßte es „verzaubert" heißen.

OTTO: Ach nee! Und wer hat die Natur verzaubert?

KARL: Gegenfrage: Wer hat sie denn entzaubert?

OTTO: Natürlich die Wissenschaft mit ihrem scharfen Blick hinter die Kulissen der Anschauungswelt.

KARL: Das ist eine Verschwörungstheorie. Der sollten wir mißtrauen.

LEO: Moment mal: Verschwörungstheorien erklären Vorgänge durch das Handeln geheimer „Drahtzieher", deren Ziele meist illegitim sind.

OTTO: Davon kann hier keine Rede sein. Das wissenschaftliche Weltbild ist Allgemeinwissen. Es wird in den Schulen gelehrt.

KARL: So wie einst das biblische Weltbild.

OTTO: Dieser Vergleich ist eine Beleidigung!

KARL: Beide Weltbilder haben aber etwas gemeinsam: ihr Verhältnis zur Wirklichkeit ist von tiefem Mißtrauen bestimmt - eine Voraussetzung jeder Verschwörungstheorie. Unsere Lebenswelt gilt als bloßer Schein, als Täuschung.

OTTO: Das sind aber die einzigen Gemeinsamkeiten.

KARL: Mal sehen. Wie steht es mit Drahtziehern? Im biblischen Weltbild sind es Gott und der Teufel. Sie haben die Wirklichkeit in einen Spießrutenlauf zum Jüngsten Gericht verwandelt, bei dem der einzelne verzweifelt um sein Heil kämpfen muß.

OTTO: Das wissenschaftliche Weltbild stützt sich nicht auf Buchwissen und Autoritäten wie das biblische, sondern auf die Praxis und auf die Ratio. Da gibt es keine Drahtzieher.

KARL: Warum fürchten dann die Wissenschaftler Anthropomorphismen?

LEO: Anthropomorph nennt man ein Naturverständnis nach menschlichen Maßstäben. Anscheinend hat man im Haus der Wissenschaft immer noch Angst vor Descartes' bösem Geist, dem *deus malignus*, der die Macht hat, uns in die Irre zu führen.

KARL: Na bitte, da haben wir ja den Drahtzieher hinter den Kulissen des wissenschaftlichen Weltbilds.

OTTO: Quatsch. Der böse Geist ist längst gebannt. In der modernen Wissenschaft verschränken sich Empirie und Theorie und kontrollieren sich gegenseitig.

KARL: Um so stärker wirkt der Zauber! Nein, dem *deus malignus* ist es gelungen, die wissenschaftsgläubige Menschheit in die cartesische Sackgasse zu führen, aus der sie nicht mehr herausfindet.

OTTO: Ich weiß nicht, was du meinst.

KARL: Ich meine, daß die raffinierteste Täuschung des bösen Geistes dasjenige ist, was Descartes als Gegenmittel gegen die Täuschung ansah: das methodische Zweifeln. Als Descartes merkte, daß er im Saft des eigenen Denkens schmorte, war es zu spät. Auch die Notbremse, der Gottesbeweis, half nicht heraus. Seitdem herrscht die wissenschaftliche Weltanschauung.

LEO: Du glaubst also, daß wir von Jugend auf daran gewöhnt wurden, die Wirklichkeit, wie wir sie erleben, für bloßen Schein zu halten, hinter dem die wahre Wirklichkeit der elementaren Teilchen im leeren Raum wabert.

KARL: Ja, wir sind auf den bösen Geist hereingefallen. Er hat die bunte, lebendige Wirklichkeit in farbloses, totes Material verzaubert, weil wir unseren Theorien mehr trauen als unseren Wahrnehmungen. Dabei steckt im Wahrnehmen das Denken schon immer mit drin! Beides getrennt zu haben, ist ja gerade der Trick des *deus malignus*.

OTTO: Die Wahrnehmungen für bare Münze zu nehmen und zu leugnen, daß sich die eigentlichen Geschehnisse, die Naturprozesse, hinter den Theaterkulissen der Sinnenwelt abspielen, ist doch naiv.

KARL: Naiv ist es, ins Theater zu gehen wegen des technischen Apparats hinter den Kulissen. Dann verfehlt man nämlich den Sinn des Theaters.

OTTO: Nun ja, die einen lassen sich gern verzaubern, die anderen nicht.

KARL: Ohne den „schönen Schein", ohne das, was auf der Bühne zur Erscheinung kommt, sind die Requisiten nur Gerümpel ohne Bedeutung.

LEO: Da sprichst du Goethe aus der Seele. Er meinte nämlich (in *Wilhelm Meisters Wanderjahre*):

Man suche nur nichts hinter den Phänomenen; sie selbst sind die Lehre.

KARL: Der Satz paßt nicht nur aufs Theater, sondern auch auf die Natur.

LEO: Darauf war er auch gemünzt. Für Goethe war Natur sich zeigende Gestalt. Deshalb dürfe die Theorie die Ebene der Phänomene nicht überschreiten. Auch dem Philosoph F.W.J. Schelling genügte das wissenschaftliche Weltbild nicht, er hielt die Natur für ein lebendiges Ganzes, das durch eine „Weltseele" organisiert und in Gang gehalten wird.

OTTO: Das ist Romantik pur!

KARL: Apropos Romantik: Neulich las ich bei ETA Hoffmann eine Art Standpauke an die Naturwissenschaftler aus romantischem Geist:

Ihr trachtet die Natur zu erforschen, ohne die Bedeutung ihres innersten Wesens zu ahnen. Ihr wagtet es, einzudringen in ihre Werkstatt und ihre geheimnisvolle Arbeit belauschen zu wollen, wähnend, daß es euch gelingen werde, ungestraft die furchtbaren Geheimnisse jener Untiefen, die dem menschlichen Auge unerforschlich, zu erschauen. Euer Herz blieb tot und starr, niemals hat die wahrhafte Liebe euer Wesen entzündet, niemals haben die Blumen, die bunten leichtgeflügelten Insekten, zu euch gesprochen mit süßen Worten. Ihr glaubtet die hohen heiligen Wunder der Natur in frommer Bewunderung und Andacht anzuschauen, aber indem ihr in freveligem Beginnen die Bedingnisse jener Wunder bis in den innersten Keim zu erforschen euch abmühtet, vernichtetet ihr selbst jene Andacht, und die Erkenntnis, nach der ihr strebtet, war nur ein Phantom, von dem ihr getäuscht wurdet, wie neugierige, vorwitzige Kinder. [ETA Hoffmann: *Meister Floh*]

OTTO: Mit Goethe und den Romantikern kannst du bei neuzeitlichen Naturwissenschaftlern keinen Blumentopf gewinnen. Francis Bacon hätte Goethe entgegnet, seine Art von Erkenntnis sei „unfruchtbar wie eine gottgeweihte Jungfrau" - sie gebäre nichts.

LEO: Er empfiehlt also, die gottgeweihte Jungfrau um der Fruchtbarkeit willen zu vergewaltigen?

OTTO: Wozu diese Vergleiche, sie sind auch nur Verzauberungen. Bacon fordert zum Experimentieren auf, um der Natur ihre Geheimnisse zu entreißen.

LEO: Goethe lehnte Zwangsmittel gegenüber der Natur ab. In seinem Aufsatz *Recht und Pflicht* widerspricht er Bacons Forderung:

> Wenn der Naturforscher sein Recht einer freien Beschauung und Betrachtung behaupten will, so mache er sich zur Pflicht, die Rechte der Natur zu sichern; nur da, wo sie frei ist, wird er frei sein, wo man sie mit Menschensatzungen bindet, wird auch er gefesselt werden.

OTTO: Goethe tut gerade so, als hätten wir es mit einem Lebewesen zu tun.

KARL: Er bescheinigt der Natur Leben, also Selbstbewegung. Er propagiert eine Erkenntnismethode, welche die Natur nicht manipuliert, sondern sie zur Selbstdarstellung anregt. Also Beobachtung und Darstellung statt Präparierung und Eingriff.

OTTO: Mit diesem Konzept kann man sich die Natur nicht dienstbar machen.

KARL: Goethe hatte eine andere Sicht auf die Natur. Wer sich für ein lebendiges, denkendes, handelndes Wesen hält, geht von der Annahme aus, die Naturdinge ebenfalls als lebendig vorauszusetzen, statt als Zusammenballungen von Explosionstrümmern eines Urknalls.

OTTO: Unter einer selbstbewegten Natur kann ich mir nichts Rechtes vorstellen. Verrate mir mal, wie die Selbstbewegung eines Körpers funktionieren soll.

KARL: Sie funktioniert jedenfalls. Sie läßt sich allerdings nicht in ein Diskontinuum von Einzelschritten zerlegen wie die Fremdbewegung.

LEO: Die Natur gleicht einem Wesen, das sich vorantastet und sich in stabilen Einheiten etabliert, indem sie der Materie Form gibt. Form haben heißt: begrenzt sein, sich vom Umfeld abheben - geistig wie physisch. Die Formen sind das eigentlich Wirkende in der Natur, sie geben den Dingen ihre Identität, ihre Seele. Sie organisieren und steuern die Körper.

KARL: Das klingt sehr nach Aristoteles.

LEO: Ja, der alte Aristoteles veraltet nicht.

OTTO: Aber seine Begriffe sind nicht praktikabel.

KARL: Ich halte mich an Goethes „freie Beschauung und Betrachtung" - also an eine lebendige Natur.

OTTO: Da kann ich nur sagen: Selbstbewegung - nein, danke! Das ist das genaue Gegenteil der modernen Naturwissenschaft. Und die ist schon deshalb unverzichtbar, weil sie dem Menschen Macht verschafft.

KARL: Aber sie ist nicht die einzige Blickweise auf die Natur.

Sichtweisen

OTTO: Es kann nicht verschiedene wahre Sichtweisen auf die Welt geben. Die Welt ändert sich nicht uns zuliebe. Sie ist und bleibt ein und dieselbe.

KARL: Ob sie ein und dieselbe ist und bleibt, ist doch sehr fraglich, denn sie ändert sich ja dauernd.

OTTO: Ja, aber nur vordergründig. Der Veränderlichkeit liegt etwas Unveränderliches zugrunde, und wer das erkannt hat, der hat die richtige Sichtweise.

KARL: Das einzig Unveränderliche an der Welt ist ihre Veränderlichkeit.

OTTO: Aber die Veränderlichkeit vollzieht sich nicht chaotisch, sondern geordnet, also unveränderlich.

KARL: Ja? Bist du sicher, daß du in einem Kosmos und nicht im Chaos lebst?

LEO: Erfahrungsgemäß leben wir in beidem.

Vase oder Gesichter

KARL: Dieses Veränderliche, das wir Welt oder Natur nennen und zu dem wir gehören, ist entweder zusammenhängend oder unzusammenhängend, Kontinuum oder Diskretum.

LEO: Erfahrungsgemäß ist sie beides.

KARL: Kontinuum und Diskretum gleichen einem Vexierbild: e i n Bild aus zwei unvereinbaren Bildern.

LEO: Sie sind unvereinbar, aber wir können für ihre Vereinbarkeit sorgen.

OTTO: Richtig. Wir können einerseits das Kontinuum unbegrenzt teilen und so zum Diskretum machen, andererseits das Diskretum unbegrenzt vermehren und so zum Kontinuum machen. Wir können also das Kontinuum als Diskretum auffassen und umgekehrt.

KARL: Eben nicht! Das Teilen oder Vermehren kommt ja nie an ein Ende.

LEO: Descartes löste das unlösbare Problem wie Alexander der Große den gordischen Knoten: gewaltsam. Alexander zerhieb den Knoten, Descartes erklärte das geometrische Kontinuum zum arithmetischen Diskretum.

OTTO: Der Gewaltakt hat sich bewährt: er ermöglichte die Erfindung der Differential- und Integralrechnung, die für das Aufblühen der neuzeitlichen Naturwissenschaft unverzichtbar war.

KARL: Ja, weil sich die Auffassung durchsetzte, die Natur als Diskretum zu behandeln. Pierre Gassendi holte die antike Atomtheorie aus der Mottenkiste, und die Zahlen oder Punkte der Mathematik wurden in der Physik zu Atomen, die sich im leeren Raum bewegen.

OTTO: Damit wurde alle Veränderung zu Ortsbewegung.

KARL: Aber Zenon hat bewiesen, daß sich die Atome gar nicht bewegen können, weil alle Bewegung zum Stillstand kommt, wenn man sie diskontinuierlich, als Abfolge von Schritten, versteht.

OTTO: Über diesen Umstand hilft uns ja die Differentialrechnung hinweg.

KARL: Dabei wird etwas Entscheidendes verschwiegen: in der Mathematik die Tätigkeit des Mathematikers, der den jeweils nächsten Punkt errechnet, in der Physik die Kraft, durch die der Körper von einem Ort zum anderen gelangt.

LEO: Die Begriffe „Kraft" und „Tätigkeit" stammen aus der menschlichen Erfahrung: die Fähigkeit, Veränderungen zu bewirken.

OTTO: Um von der Tätigkeit eines Subjekts absehen zu können, setzte man das Prinzip der Kraft einfach voraus: als Bewegung. In der Mathematik als Maschine, die Schritt für Schritt die Werte einer Formel - möglichst einer „Weltformel" - berechnet. In der Physik als Urknall, der die Welt in Raum, Zeit und Materie erzeugt.

LEO: Der Urknall tut genau das, was bei Descartes Gott tat: er teilt der Welt eine bestimmte Portion an Bewegungsenergie zu.

KARL: Für die Naturwissenschaft ist der Urknall die Ursache aller Bewegungen, sein Energiequantum bewegt das tote Weltmaterial. Denkbar ist aber auch eine Welt, die von selbstbewegten, lebendigen Körpern bevölkert ist.

LEO: Aber nicht in einer Urknall-Welt.

KARL: Wohl nicht, denn die wurde als atomares Diskontinuum entworfen. Aber der Weltanfang, falls es einen gegeben hat, muß ja kein Urknall gewesen sein.

OTTO: Es kann der Naturwissenschaft egal sein, ob die Körper selbstbewegt oder fremdbewegt sind. Das läßt sich nicht unterscheiden.

KARL: Die Körper in der naturwissenschaftlichen Welt bewegen sich nicht, sondern werden bewegt - weil es die Wissenschaft so will. In ihren metaphysischen Voraussetzungen schließt sie selbstbewegte Körper von vornherein aus.

OTTO: Nur seltsam, daß das niemanden stört.

KARL: Nun, mich stört es jedenfalls. Und unsere Diskussionen über den rätselhaften Zusammenhang von Subjekt und Objekt, Geist und materiellem Körper weisen auf ihr Fehlen hin.

LEO: Du glaubst mittels Selbstbewegung Geist und Materie vereinigen zu können?

KARL: In selbstbewegten Körpern ist das, was wir Geist und Materie nennen, von vornherein vereint. Wir müssen ja nicht die Veränderlichkeit in der Welt pauschal als notwendiges, determiniertes Geschehen voraussetzen, wie es die Wissenschaft tut.

LEO: Sondern?

KARL: Wir können Tätigkeit nicht ausschließen. Mit Tätigkeit meine ich im Gegensatz zum passiven Geschehen, also dem Bewegtwerden, eine aktive Bewegung, in der Beweger und Bewegtes nicht getrennt sind.

LEO: Du verstehst also unter „Selbstbewegung" eine Bewegung, die auf ein Ziel ausgerichtet ist, die etwas bezweckt, die Absichten verfolgt.

KARL: Ja. Selbstbewegung ist eine Bewegung „um zu", und das „Um-zu" nennen wir Geist.

OTTO: Absichten, Ziele, Zwecke sind subjektive Zusätze, die von der Naturwissenschaft ausgeschlossen werden.

KARL: Ja, weil sie voraussetzt, daß Bewegungen Fremdbewegungen und damit bedeutungslos sind.

LEO: Zum selbstbewegten Körper gehört zwingend eine Seele. Platon definierte sie als Prinzip der Selbstbewegung, also als Lebenskraft. Die Seele ist kein Ding, kein Körper im Körper, sondern eine eigenständige Kraft, die den Körper organisiert und steuert.

OTTO: Solche Begriffe haben in der neuzeitlichen Wissenschaft nichts zu suchen. Leben gibt es auch ohne die Annahme der Selbstbewegung. Leben ist eine bestimmte Organisationsform der Materie.

KARL: Was die Naturwissenschaft als „Leben" deklariert, ist ein Etikettenschwindel. Das Lebendige wird zu etwas Totem in Gestalt eines komplexen kybernetischen Systems umdefiniert.

OTTO: Die Wissenschaft definiert um, indem sie die Begriffe schärft, abgrenzt, zu Werkzeugen macht, um, wie es das Wort „Begriff" sagt, die so bezeichneten Phänomene in den Griff zu bekommen. Ich kann vor der Selbstbewegerwelt nur warnen. Sie zieht einen ganzen Rattenschwanz alter, ausgekauter metaphysischer Begriffe hinter sich her: Seele, Leben, Geist, Freiheit usw.

KARL: Du hast die Moral vergessen! Auch die ist ohne das Postulat der Selbstbewegung nicht zu haben.

LEO: Ja, es ist direkt komisch, welche geistigen Verrenkungen Evolutionstheoretiker oder Soziobiologen unternehmen, um die Moral zu retten. Einerseits bemühen sie sich um den Nachweis, daß der Mensch ein fremdbewegter Roboter ist, total determiniert durch Gene und Umwelteinflüsse. Andererseits aber halten sie ihn für fähig, Entscheidungen zu treffen. Ein krasses Beispiel für diese Haltung bietet Richard Dawkins:

> Wir sind als Genmaschinen gebaut und werden als Mem-Maschinen erzogen, aber wir haben die Macht, uns unseren Schöpfern entgegenzustellen. Wir allein - einzig und allein wir auf der Erde - können uns gegen die Tyrannei der egoistischen Replikatoren auflehnen. [Richard Dawkins: *Das egoistische Gen* (1978)]

KARL: Ja, das ist wirklich komisch. Denn nach Dawkins eigener Lehre ist ja der im Zitat formulierte Gedanke selbst ein „Mem", das uns, den Gen-Maschinen, vortäuscht, wir hätten Handlungsfreiheit. Die Gene werden sich amüsiert haben, als sie Herrn Dawkins diesen Appell einflüsterten. Solche Ungereimtheiten sind bei Evolutionsbiologen keine Seltenheit.

OTTO: Sie bieten offenbar einen Überlebensvorteil.

KARL: Oder auch nicht. Vielleicht zeigt sich in 100 Jahren, daß sie ein Überlebensnachteil sind. Mit Moral hat das nichts zu tun.

LEO: Wie sollte es auch! In der naturwissenschaftlichen Welt, also einer Welt der Sachlichkeit, der Fakten, des Materials kann es kein Sollen geben. Es gibt nur „Zufall und Notwendigkeit".

KARL: Außerdem kann etwas Gesolltes nur erreicht werden, wenn es auch gewollt wird, also setzt Sollen Wollen, also Selbstbewegung voraus.

Fehler

OTTO: Was hat die Selbstbewegerwelt, das der Fremdbewegerwelt fehlt?

KARL: Der Fremdbewegerwelt fehlt die Sphäre des Handelns, der zielgerichteten, zweckbestimmten Tätigkeit.

OTTO: Tätigkeiten können ihre Ziel auch verfehlen. Sie sind fehleranfällig. Das heißt: Selbstbewegerwelten sind unvollkommen.

KARL: Dir schwebt wohl die Utopie des wissenschaftlichen Weltbilds vor Augen. Es ist fremdbewegt: alle Bewegungen sind Folge des Urknalls, vollziehen sich daher mit Notwendigkeit, sind also keine Handlungen, sondern Geschehnisse. Da kann es natürlich keine Fehler geben.

LEO: Fehler setzen Intelligenz, also Geist voraus. Deshalb finde ich es seltsam, dass es intelligente Menschen gibt, die glauben, wir lebten in einer Fremdbewegerwelt.

KARL: Zwar ist das wissenschaftliche Weltbild Fremdbewegerwelt, aber die Wissenschaft selbst ist Bestandteil der Selbstbewegerwelt und deshalb auch fehleranfällig.

OTTO: Sie hat ihre Fehleranfälligkeit aber durch methodisches Vorgehen begrenzt. Sie überläßt die Entscheidung darüber, welchen Gesetzen die Natur gehorcht, dem Experiment und damit der Natur selbst.

KARL: Irrtum! Es ist einzig und allein die Wissenschaft, die entscheidet. Erstens hat sie sich dafür entschieden, das Experiment zum Kriterium der Wahrheit zu machen. Zweitens entscheidet sie darüber, ob ein Experiment erfolgreich oder womöglich ein Zufall war. Und drittens dient das Experiment einem Zweck, letztlich dem menschlichen Nutzen.

OTTO: Hältst du diese Entscheidungen für Fehler?

KARL: Nein, aber sie machten den Fehler zu einer wichtigen Größe in Wissenschaft und Technik.

LEO: Nicht nur dort. Mir ist aufgefallen, daß man neuerdings a l l e Verfehlungen als Fehler verniedlicht. Jemand betrügt oder bringt einen anderen um, und wenn er sich erwischen läßt, räumt er ein, das sei ein Fehler gewesen. Das klingt besser, als eine Schuld zuzugeben.

KARL: Man denkt heute eben technisch. Von einem Fehler kann man nur sprechen, wenn etwas Technisches, etwas vom Menschen Gemachtes, etwas Gebautes, Geplantes, Konstruiertes, nicht funktioniert wie es soll.

OTTO: Und so etwas passiert nicht gerade selten. Der Fehler ist das „täglich Brot" in Wissenschaft und Technik, aber sie setzen der Fehlerseuche eine komplexe Fehlererkennungs- und -vermeidungsstrategie entgegen...

KARL: ...die natürlich nicht fehlerfrei ist.

OTTO: Man entdeckte erstaunlich viele Fehlerarten: absolute und relative, zufällige und systematische, Fehler der ersten und der zweiten Art sowie mittlere Fehler, die in einfacher und quadratischer Spielart vorkommen. In der Theorie der Meß- und Beobachtungsfehler werden die Fehlerarten mathematisch gegeneinander abgegrenzt und wie Krankheiten klassifiziert. Daß Fehler sogar gesetzmäßig auftreten, beweist das „Fehlernormalverteilungsgesetz", auch „Gaußsche Glockenkurve" genannt.

KARL: Meßfehler sind eigentlich keine Fehler, da es keine „wahren" Meßwerte gibt. Wiederholt man nämlich ein Experiment, erhält man andere Werte, die aber meist innerhalb bestimmter Schranken liegen. Aus ihnen bestimmt man dann statistisch einen imaginären „wahren" Wert.

LEO: Und dieser Wert hat keinen Wert ohne Angabe eines Fehlerintervalls.

OTTO: Richtig. Mit Hilfe des Fehlerintervalls, der sogenannten ε-Umgebung, versucht die Naturwissenschaft – so wie die Mathematik das Unendliche - die veränderliche Natur in den Griff zu bekommen, sie mit Messungen reproduzierbar und damit nutzbar zu machen.

Fehler

KARL: Sieh an! Die Erfindung des Meßfehlers ermöglicht der Wissenschaft das Zauberkunststück, das Einmalige, Unwiederbringliche zu wiederholen, d.h. das Veränderliche unveränderlich zu machen.

OTTO: So wie du es formulierst, ist das natürlich unmöglich. Aber die Natur ist ja in unterschiedlichem Maße veränderlich: nicht alles verändert sich gleich schnell. Wenn man alles Einmalige, Qualitative eliminiert, bleibt – innerhalb der Fehlergrenzen - etwas Gleichbleibendes übrig: das Quantitative, das für Experimente in Frage kommt.

KARL: Der Meßfehler, überhaupt die ganze Fehlerrechnung, ist anscheinend der Zügel, mit welcher der Techniker die Natur lenkt.

LEO: Vielleicht bildet er sich das tatsächlich ein. Aber je stärker er die Natur domestiziert, also die Welt technisiert, desto größer die Fehlermöglichkeiten. Die meisten Fehler sind harmlos. Aber bei potenzierten Fehlern, bei Fehlern im Fehlerfall, kann es richtig gefährlich werden. Die führen oft zu Katastrophen. Man spricht dann von der Verkettung unglücklicher Umstände. Beispiele gibt es zur Genüge, für eines der schlimmsten steht der Name Tschernobyl.

OTTO: Die Wissenschaft bekämpft die „Fehlerfortpflanzung" durch die sogenannte „Fehlerausgleichsrechnung".

KARL: Fehler mögen ja für diejenigen, die sie gemacht haben, etwas Schlechtes sein. Aber viele Menschen sehen das anders, denn ihre Berufe florieren von den Verfehlungen anderer, z.B. Rechtsanwälte und Reparaturwerkstätten, Sargtischler und Ärzte, Polizei, Sicherheitsdienste, Pharmaindustrie und Versicherungsanstalten. Sogar Verkehrstote werden nicht nur beklagt, sondern als „Organspender" begrüßt.

LEO: Und da die Vernetzung der Technik voranschreitet, dürfte die Katastrophenwahrscheinlichkeit steigen. Schadensbehebungsberufe können mit einer goldenen Zukunft rechnen.

OTTO: Katastrophen eröffnen aber auch neue Erkenntnisse, neue Ziele, neue Bedürfnisse, neue Produkte und Märkte.

KARL: Wissenschaft, Technik, Industrie, Bürokratie und Sozialdienste werden stets die Nutznießer sein, komme was da wolle. Sollte einst z.B. die Luft so vergiftet sein, daß wir sie nicht mehr atmen können, würden uns Wissenschaft, Industrie und Handel mit eleganten und modisch-feschen Gasmasken und Schutzanzügen erfreuen.

LEO: Fehler haben eben auch ihr Gutes.

KARL: ja, vielleicht sollen wir denen dankbar sein, die Fehler machen, der Dummheit huldigen.

LEO: Niemand macht mit Absicht Fehler, denn das wären keine Fehler. Aber warum macht der Mensch Fehler?

KARL: Die Antwort kann nur sein: es gibt außer ihm noch andere Akteure in der Natur, die ihn ablenken, ohne dass er es merkt, oder seinen Sachverstand in die Irre leiten.

LEO: Erhart Kästner, ein Altphilologe, Schriftsteller und Bibliothekar, geht sogar noch weiter:

> Experimente und Technik - das sind Maschinen, die auf Erfahrungen mit dem Verhalten der Dinge und mit Kraftquellen beruhen. Sie könnten Zwangsmittel darstellen, welche die Dinge zwingen, sich in der gewünschten Weise zu verhalten. Wenn Experimente oder Techniken, also Maschinen, nicht funktionieren, so spricht man von Fehlern, von menschlichem Versagen usw., es könnte aber auch ein Aufstand der Dinge vorliegen. [Erhart Kästner: *Der Aufstand der Dinge*]

OTTO: Aufstand der Dinge? So weit kommt's noch, daß wir unsere Fehler den Dingen, womöglich unseren eigenen Erzeugnissen, zuschieben.

KARL: Aber etwas, das uns vom Weg abbringt, uns blind macht, die Richtung unserer Gedanken beeinflußt, unser Bewußtsein trübt, kann nur ein zweiter Akteur sein, einer, der uns demonstriert, daß wir uns nie in der Gewißheit sonnen können, Herr der Lage oder der Dinge zu sein.

LEO: Auch F. Th. Vischer (1807-1887) befaßte sich in seinem Roman *Auch Einer* mit diesem Problem anhand einer verschwundenen Brille:

> [Der Romanheld] schoß wütend im Zimmer hin und her und ergoß eine Flut von Schimpfwörtern auf die arme Brille. Ich suchte inzwischen am Boden herum;... und mein Blick fiel auf ein Mausloch in einem Bretterspalt;... ich nahm den schwer geärgerten Mann leicht am Arm und deutete schweigend auf die Stelle. Er stierte hin, erkannte die vermißten Gläser und begann: „Sehen Sie recht hin! Bemerken Sie den Hohn, die teuflische Schadenfreude in diesem rein dämonischen Glasblick? Heraus mit dem ertappten Ungeheuer!"... Er hielt sie in die Höhe, ließ sie fallen, rief mit feierlicher Stimme: „Todesurteil! Supplicium!" hob den Fuß und zertrat sie mit dem Absatz, daß das Glas in kleinen Splittern und Staub umherflog.- „Ja, jetzt haben Sie aber keine Brille," sagte ich nach einer Pause des

Staunens. - „Wird sich finden, diese Teufelsbestie wenigstens hat ihre Strafe für jahrelang unbeschreibliche Bosheit...

OTTO: Grotesk!

LEO: Du lachst. Aber wie erklärst du dir, daß Dinge sich zeigen, sich geradezu anbieten, aber auch verschwinden, um irgendwann wieder aufzutauchen?

OTTO: Das liegt an unserer Aufmerksamkeit.

KARL: Ich kann meine Aufmerksamkeit auf ein Ding richten, Aber ein Ding kann auch meine Aufmerksamkeit erwecken. Un ebenso wie ich ihm meine Aufmerksamkeit entziehen kann, kann es sich meiner Aufmerksamkeit entziehen.

OTTO: Die moderne Psychologie erklärt solche Einflüsse ganz anders. Es ist dein Unterbewußtsein, daß dir einen Streich spielt.

KARL: Wird die Sache dadurch einleuchtender? Klingt es nicht reichlich schizophren, daß ich mir selbst, ohne es zu merken, einen Streich spielen kann?

OTTO: Das Ich ist eben nicht Herr im eigenen Hause.

KARL: Blödsinn! Es kann nur e i n e Entscheidungsinstanz geben, und die heißt „Ich". Daß Entscheidungen falsch oder unvernünftig sein können, spricht doch nicht dagegen.

OTTO: Also freie Bahn den Fehlerteufeln und anderen Geistern? Haha.

KARL: Wir sollten sie nicht ignorieren. Ich habe ebenfalls ein Beispiel auf Lager. In der Erzählung *Als das letzte Feuer erlosch* schildert Jack London, wie ein Fehler im Fehlerfall zur Katastrophe führt:

> Es war ein eisig kalter, grauer Morgen, als der Mann vom Trail auf dem Yukon abwich und einen Uferhang hinaufkletterte, wo eine schwach erkennbare Spur ostwärts durch dichte Fichtenwälder führte. Die geheimnisvolle, in der Ferne verschwindende Schlittenspur, der verhangene Himmel, die beißende Kälte und die lastende Drohung, die von allen Dingen ringsherum ausging, machte dem Mann überhaupt keinen Eindruck. Er hatte eine schnelle Auffassungsgabe für die Dinge des Alltags, aber er sah nur das Vordergründige und nicht, was sich dahinter verbarg. Auf einmal geschah es. An einer völlig unauffälligen Stelle brach der Mann ein. Bis zu den Unterschenkeln stand er im Wasser, bevor er sich seitwärts auf das tiefgefrorene Eis warf. Wütend fluchte er laut über sein Pech. Er hatte gehofft, um sechs im Lager zu sein, aber dieses Mißgeschick würde ihn um eine Stunde zurückwerfen, denn nun mußte er erst ein Feuer machen und Mokassins und Socken trocknen, das war bei dieser Kälte unumgänglich. Er durfte keinen Fehler machen. Bei dieser Temperatur wurde kein Fehlgriff verziehen, das Feuer mußte gleich beim ersten Ansatz gelingen. Macht ein Mann mit trockenen Füßen einen Fehler, kann er eine halbe Meile den Trail entlang laufen, um seinen Blutkreislauf wieder in Gang zu bringen. Aber mit nassen Füßen kann er bei dieser Kälte laufen so lange und so schnell er will, seine Füße werden unweigerlich zu Eisklumpen gefrieren.
>
> Das Feuer war ihm gelungen. Er war gerettet. Man mußte eben nur die Ruhe bewahren, dann war alles in Ordnung. Da geschah es. Er war selber schuld. Er hätte sich kein Feuer unter einer Fichte machen dürfen. Aber es war natürlich einfacher gewesen, die Zweige aus dem Unterholz zu ziehen und gleich von dort aufs Feuer zu legen. Nun hatte die Fichte über ihm eine gehörige Schneelast getra-

gen. Immer, wenn er einen Zweig hervorgezogen hatte, war eine kleine Erschütterung davon ausgegangen, scheinbar unmerklich, aber letztlich ausreichend, um die Katastrophe herbeizuführen. Ein Ast ganz oben im Baum hatte sich seiner Last entledigt, und diese fiel auf die Äste darunter, und zum Schluß kam es ohne Vorwarnung wie eine Lawine über den Mann, und das Feuer war ausgelöscht. Der Mann erschrak. Es war, als hätte er gerade sein Todesurteil gehört [gekürzt].

LEO: Zweimal heißt es: „da geschah es", so als könnte es mehr als ein bloßes Geschehen gewesen sein.

OTTO: Was hätte es denn sonst sein können?

LEO: Eine Verlockung. Der Anblick der Schlittenspur gaukelte ihm Zeit- und Kraftersparnis vor, und er folgte der Spur, ohne die „lastende Drohung" zu beachten.

OTTO: Willst du im Ernst behaupten, bei der Verlockung gehe es nicht mit rechten Dingen zu, dahinter verberge sich eine Absicht, eine Intelligenz, eine Naturmacht?

KARL: Das läßt sich jedenfalls nicht ausschließen. Solche Ahnungen schleichen sich bei jedem ein, der in der Natur unterwegs ist. Wer hat sich nicht schon dabei überrascht, daß er der Sonne dankbar ist, wenn sie bei kaltem Wetter hervorkommt und ihn wie eine gute Mutter wärmt!

OTTO: Ich kenne dieses Gefühl auch, plötzlich in einer lebendigen Beziehung mit den Dingen zu stehen, z.B. beim Radfahren: der ewige Gegenwind wird zum persönlichen Feind.

KARL: Eine schlimme Sünde wider den heiligen wissenschaftlichen Geist!

OTTO: O nein, denn ich weiß ja, daß dieses Gefühl eine anthropomorphe Anwandlung ist, die keinen realen Bezug hat.

KARL: Das ist das Dilemma des modernen Menschen: einerseits erlebt er am eigenen Leibe die Wirkung lebendiger Naturmächte, andererseits hat er gelernt, die Natur als totes Material aufzufassen.

Täuschung

KARL: Ein Fehler ist eine Unstimmigkeit innerhalb eines Systems. Du kannst dich aber auch im System irren, und dann geht es nicht mehr um richtig oder falsch, sondern um wahr oder falsch: der Fehler hat eine existentielle Note, wir sprechen von Täuschung. Sich täuschen heißt also: das System selbst ist der Fehler.

LEO: Täuschen und getäuscht werden kann nur ein intelligentes Wesen...

OTTO: ...also nur der Mensch.

KARL: Du täuschst dich. Es gibt harmlose Fliegen, die sich das giftgelbe Ansehen von Wespen geben, die ihrerseits so giftgelb aussehen, damit man sie von weitem erkennt und meidet. Es gibt Fische, die haben eine flache Gestalt angenommen und machen sich unkenntlich, indem sie sich von Sand und Schlamm überspülen lassen. Das Hermelin hat eine Tarnfarbe: im Winter weiß, im Sommer erdfarbig. Das sind nur wenige Beispiele.

OTTO: Dazu sage ich nur: Mutation und Selektion!

KARL: Und was sagst du zu der afrikanischen Variante der „Gottesanbeterin"? Sie hat die Gestalt einer hängenden, farbigen Orchideenblüte angenommen und lauert inmitten vieler wirklicher Orchideenblüten auf Beute. Ein Insekt auf Nektarsuche, das diese besonders schöne Blüte aufsucht, schwirrt genau vor ihr hungrige Maul, die langen, als Blütenblätter getarnten Fangarme greifen mit ihren Krallen blitzartig zu. Oder unser Kuckuck: er legt ein, zwei Eier in fremde Nester, nachdem er dort vorher ein, zwei Eier entfernt hat. Seine Eier sind etwas größer als die der Wirtsvögel, aber ebenso gefärbt. Na, was sagst du?

OTTO: Das ist das Ergebnis von Zufall, Notwendigkeit und viel, viel Zeit.

KARL: Wenn das keine Ignoranz ist!

OTTO: Ich stehe auf dem Boden der Naturwissenschaft, die erfunden wurde, um Sein und Schein unterscheiden zu können. Gib ruhig zu, daß man sich auch darin täuschen kann, sich zu täuschen bzw. getäuscht worden zu sein.

KARL: Deine Unterscheidung von Sein und Schein ist nichts anderes als Descartes' Unterscheidung von Materie und Geist, wobei der Geist die undankbare Rolle des Scheins einnimmt.

LEO: Allerdings hatte Descartes noch den göttlichen Geist in Reserve.

OTTO: Ihr redet von Intelligenz in der Natur,

Sein und Schein

von Selbstbewegung, Absichten, Zwecken. All diese Fähigkeiten müßtet ihr auch einer Uhr zubilligen, wenn ihr nicht wüßtest, daß sie von Menschen hergestellt wurde. Und die Uhr ist nur ein Beispiel. Aus dem 18. Jahrhundert wissen wir, daß geschickte Uhrmacher künstliche Schreiber, Flötenspieler, Orgelspieler und sogar eine künstliche Ente herstellten und sie gegen Geld sehen ließen.

LEO: Das stimmt. ETA Hoffmann ließ sich 1815 von diesen Simulationen zu seiner Erzählung *Der Sandmann* inspirieren, in der sich der junge Nathaniel in die schöne Olimpia verliebt, ohne zu erkennen, daß sie ein Automat ist. Sein Freund redet ihm gut zu:

> Wunderlich ist es doch, daß viele von uns über Olimpia ziemlich gleich urteilen. Sie ist uns ... auf seltsame Weise starr und seelenlos erschienen. Ihr Wuchs ist regelmäßig, so wie ihr Gesicht, das ist wahr!- Sie könnte für schön gelten, wenn ihr Blick nicht so ganz ohne Lebensstrahl, ich möchte sagen, ohne Sehkraft wäre. Ihr Schritt ist sonderbar abgemessen, jede Bewegung scheint durch den Gang eines aufgezogenen Räderwerks bedingt. Ihr Spiel, ihr Singen hat den unangenehm richtigen geistlosen Takt der singenden Maschine, und ebenso ist ihr Tanz. Uns ist diese Olimpia ganz unheimlich geworden, wir mochten nichts mit ihr zu schaffen haben, es war uns, als tue sie nur so wie ein lebendiges Wesen...

Nathaniel ist unzugänglich, nennt seine Verlobte Klara sogar ein „lebloses, verdammtes Automat!" In Olimpia aber erkennt er ein „poetisches Gemüt":

> Wohl mag euch, ihr kalten prosaischen Menschen, Olimpia unheimlich sein. Nur dem poetischen Gemüt entfaltet sich das gleich organisierte! - Nur mir ging ihr Liebesblick auf und durchstrahlte Sinn und Gedanken, nur in Olimpias Liebe finde ich mein Selbst wieder. Euch mag es nicht recht sein, daß sie nicht in platter Konversation faselt wie die andern flachen Gemüter. Sie spricht wenig Worte, das ist wahr; aber diese wenigen Worte erscheinen als echte Hieroglyphe der innern Welt voll Liebe und hoher Erkenntnis des geistigen Lebens in der Anschauung des ewigen Jenseits. Doch für alles das habt ihr keinen Sinn, und alles sind verlorne Worte.

KARL: Olimpia ist – wie die Uhr - die Simulation eines Lebewesens.

LEO: Eine Lüge zum Anfassen.

KARL: Nur wenn die Simulation, das Bild, für das Original ausgegeben wird.

LEO: Das Thema ist nicht neu, ist sogar das beherrschende Thema der Gegenwartsliteratur, ich denke an die unzähligen Krimis und Agentenromane.

OTTO: Das ist klassische Aufklärungsliteratur: Nur der Mensch täuscht und wird getäuscht, und allein der Mensch durchschaut und entlarvt die Täuschung, die sich stets als etwas Menschengemachtes entpuppt.

KARL: Aber wie gelingt es ihm, die Täuschung zu durchschauen, das Rätsel zu lösen? Der Entlarver vom Dienst kommt nicht ohne eine plötzliche, ihn selbst überraschende Eingebung zum Ziel, in der blitzartig alle Fakten zu einem sinnvollen Ganzen zusammenschießen. Das bedeutet, daß in jeder Täuschung Intelligenz steckt. Auch in der Natur.

LEO: Wenn derartige Spekulationen über Intelligenzen in der Natur Schule machen, wäre die Menschheit in ihrer Blödigkeit imstande, das Kind mit dem Bade auszuschütten und einen Geisterkult zu etablieren.

OTTO: Keine Sorge, es gibt einen Gegenzauber: die Lehre vom Unbewußten.

KARL: Auch ein Gegenzauber ist ein Zauber.

Irrtum!

OTTO: Glücklicherweise haben wir die Aufklärung.

KARL: Du machst wohl Witze. Sachlichkeit und Nüchternheit haben Descartes und viele andere Intellektuelle dazu verführt, Tiere für Automaten zu halten, deren technische Herstellung nur eine Frage der Zeit sei. Die Folge war, daß man lebenden Tieren seelenruhig heißes Blei und Wachs in die Arterien und Herzkammern spritzte. Tierversuche macht man bis heute. Und so, wie Descartes das Original mit einem selbsterdachten Konstrukt verwechselte, verwechselt die Aufklärung - vor allem die der Naturwissenschaftler - ganz allgemein das Original, also die Natur, mit seinem Bild einer Weltmaschine.

OTTO: Die Weltmaschine ist keine Täuschung, sondern eine Idee. Und ist sie nicht objektiv geprüft und immer wieder bestätigt worden?

KARL: Das genügt nicht. Du mußt dich auch von der objektiven Prüfung distanzieren und die zugrundeliegende Metaphysik ins Auge fassen, die mit der Idee der Weltmaschine verbunden ist. Aber hier kommt die existentielle Note der Täuschung ins Spiel. Metaphysische Überzeugungen, also Philosophien, Ideologien, Religionen, lassen sich nicht weiter relativieren.

LEO: Und wie läßt sich die wahre Auffassung ermitteln? Jedenfalls nicht durch Experimente oder durch Mehrheitsentscheid.

KARL: Es bleibt nur eine Alternative: Abmetzeln oder Aussterben der Gegner.

Zufall

KARL: Das Ziel der Naturwissenschaft, die Welt bzw. die Natur in ein atomares Diskontinuum zu verwandeln, ist ebenso zum Scheitern verurteilt wie in der Mathematik das Ziel, die Geometrie zu arithmetisieren.

OTTO: Wie bitte? Dieses Ziel wurde doch erreicht: durch die Erweiterung des Zahlenbegriffs.

KARL: Nein, es gibt nur Annäherungen der Zahlenwelt an die geometrische Welt. Die sogenannten irrationalen Zahlen sind ja eigentlich unendliche Zahlenfolgen. Eine Irrationalzahl, die einem Punkt auf einer Geraden entspricht, läßt sich nur „angenähert" aussprechen oder hinschreiben.

OTTO: Das als Kontinuum aufgefaßte Diskretum ist ein Prozeß, der jedem Punkt des Kontinuums eine Zahl zuordnen kann. Nach diesem Vorbild wird die Welt von der Naturwissenschaft als ein Kontinuum aufgefaßt: als etwas Unbestimmtes, Vages, das sie bestimmt, festgestellt, greifbar macht, also in ein Diskretum verwandelt. Schon um des Überlebens willen.

KARL: Die Welt wird potentiell atomisiert bzw. digitalisiert. Das Ergebnis: unsere Faktenwelt, Tatsachenwelt, Sachverhaltswelt, Wenn-dann-Welt. Aber auch die verändert sich im Lichte neuer Erkenntnisse. So wie das Diskretum nie das vollständige Kontinuum sein kann, erfaßt die naturwissenschaftliche Welt nie die ganze Welt und das naturwissenschaftliche Weltbild kann nie ihr wahres Abbild werden.

OTTO: Warum nicht? Was tut denn die Naturwissenschaft? Sie hat die Welt mit Hilfe eines geeigneten Koordinatensystems wie mit einem Netz überspannt, deren Gitterpunkte das bereits Festgestellte sind. Durch die wissenschaftliche Erkenntnisarbeit wird dieses Netz immer engmaschiger, so daß das wissenschaftliche Weltbild der wahren Welt immer mehr entspricht.

KARL: Es wird aber immer das nicht Festgestellte geben. Denn zwischen den Netzpunkten des schon Festgestellten gibt es keine Brücken, sondern nur die Lücken des nicht Festgestellten. Und je engmaschiger das Netz, desto mehr Maschenlöcher.

OTTO: Aber je zahlreicher die Maschenlöcher, desto kleiner, und je kleiner, desto besser beherrschbar.

KARL: Es gibt keine großen oder kleinen Maschenlöcher, sondern nur Maschenlöcher. Stichwort: Zenon, unendliche Teilung. Und die Maschenlöcher können nicht verschlossen, nicht abgedichtet werden. Sie sind Einfalltore für die Kontingenzen, die unvermeidbare Zufälle. Und der Zufall ist der Feind der Notwendigkeit, die dem Ideal der Naturwissenschaft, der Weltmaschine, zugeschrieben wird.

OTTO: Was verstehst du denn unter einem Zufall?

KARL: Das, was das Wort sagt: Zufall ist das, was uns unvermutet an-, auf- und zufällt.

OTTO: Das hört sich nach Schicksal an: etwas, was uns zugemessen ist. Aber ehe wir magische Mächte ins Spiel bringen, sollten wir es mit einer nüchternen Analyse versuchen. Aus wissenschaftlicher Sicht heißt ein Ereignis zufällig, wenn es unter gegebenen Bedingungen entweder eintreten oder nicht eintreten kann.

LEO: Ein Beispiel, bitte!

OTTO: Ein Standardbeispiel ist das Würfelspiel. Wenn man die Anzahl der Ereignisse kennt, die eintreten können, dann läßt sich die Wahrscheinlichkeit eines Ereignisses abschätzen. Die Wahrscheinlichkeit, daß beim Würfeln eine bestimmte Zahl oben liegt, ist ⅙.

KARL: Das ist ein sehr eingeschränkter Zufallsbegriff, den die Wahrscheinlichkeitsrechnung berechenbar gemacht hat, so daß er nicht mehr ganz so zufällig ist.

LEO: Auch ein Ereignis, das uns verblüfft, ist ein Zufall, weil es einen Zweck zu erfüllen scheint, obwohl unser Verstand sagt: das kann nicht sein. Sein Eintreffen sprengt den Rahmen dessen, was wir für erwartbar ansehen.

OTTO: Dann gibt es eigentlich keinen Zufall, sondern nur Unwissen und Naivität.

LEO: In antiken Zeiten sah man im Zufall das Wirken unbekannter Mächte.

OTTO: Heute weiß man, was das für Mächte sind: die Naturkräfte.

KARL: Tatsächlich? Es könnten intelligente Wesen sein, die bestimmte Absichten verfolgen: Götter, Dämonen, Kobolde.

OTTO: In der Selbstbewegerwelt muß man anscheinend mit allem rechnen, sogar mit Märchengestalten, haha.

KARL: Wenn man Welt und Mensch verstehen will, muß man mit willentlich wirkenden Mächten rechnen.

OTTO: Wirklich?

KARL: Aus Erfahrung wissen wir doch, daß uns psychische Kräfte - Haß, Liebe, Neid, Zorn – jederzeit heimsuchen können. Wir erzeugen sie nicht. Woher kommen sie? Wir können nicht ausschließen, daß nicht-menschliche, vielleicht sogar übermenschliche Intelligenzen – um irgendwelcher Ziele willen - uns zu steuern versuchen. Auch physische Kräfte, wie z.B. ein Gewitter, können zweckbestimmte Handlungen sein.

OTTO: Verrückt! Der reinste Aberglauben!

KARL: Du nennst es Aberglauben, ein lebendiges, kommunikatives, nicht nur instrumentelles Verhältnis zur Natur zu haben? Wenn du dich außerhalb der Zivilisation aufhältst, kommst du nicht darum herum, die Dinge für lebendig zu halten, und hinter allem, was passiert, eine Absicht zu wittern.

LEO: Auch in der Dichtkunst ist die Natur oft ein Kraftfeld numinoser Mächte.

KARL: Als ich mal auf einer Wanderung an einem Bächlein rastete und vor mich hin döste, hörte ich plötzlich Stimmen, konnte aber nicht verstehen, was sie sagten. Dann erkannte ich, daß es keine Stimmen waren, sondern das Gluckern und Plätschern des Wassers.

OTTO: Da haben wohl Nymphen geplaudert.

KARL: Wer weiß, was ich versäumt habe.

LEO: Früher versuchten die Leute aus solchen Erlebnissen oder bestimmten Naturereignissen die Absichten der Götter zu erraten.

KARL: Sind Experimente nicht ähnliche Versuche? Die Götter, die man da befragt, sind die Titanen.

OTTO: Hört auf mit dem Quatsch. Glücklicherweise leben wir nicht in der Antike. Wir kapitulieren nicht vor dem Zufall, indem wir ihn zum Schicksal aufblähen, sondern versuchen ihn auszurotten, indem wir ihn auf Ursachen zurückführen. Die Annahme von Intelligenzen in der Natur verführt nur zu Fatalismus, zu demütiger Hinnahme von Schicksalsschlägen. Hat nicht die Religion die Menschen jahrhundertelang mit Teufeln, Dämonen und Hexen terrorisiert, um sie bei der Stange zu halten? Hat man nicht Krankheiten oder Misserfolge als Strafen Gottes interpretiert?

KARL: Deswegen muß man nicht das Kind mit dem Bade ausschütten und Intelligenz in der Natur bestreiten. Man sieht es einem x-beliebigen Vorgang nämlich nicht an, ob er ein passives Geschehen oder ein aktives Tun ist.

OTTO: Aber man sollte es sich auch nicht zu leicht machen und sich als ohnmächtiges Objekt eines göttlichen Willens verstehen. Schon aus Gründen der Selbstbehauptung sollte man lieber das Unerwartete, den Zufall, als Ergebnis eines gesetzmäßigen Vorgangs erklären, wie es die neuzeitliche Wissenschaft tut. Das heißt: aus wissenschaftlicher Sicht gibt es keinen Zufall, sondern nur unbekannte Ursachen.

KARL: Dann versteht man sich doch erst recht als ein ohnmächtiges Objekt: nämlich als Objekt eines notwendigen Prozesses. Denn wenn man den Zufall für das Ergebnis unbekannter Ursachen hält, dann setzt man die Welt als determiniert voraus. Hält man dagegen den Zufall für das Ergebnis einer verborgenen Absicht göttlicher Wesen, dann hat man die Chance, sich zu wehren.

LEO: Der Zufall ist eben eine metaphysische Angelegenheit, eine Deutungssache.

OTTO: Deshalb ist es wichtig, ihn wissenschaftlich zu erklären, um die Deutungshoheit der Aufklärung zu behaupten, denn hinter ihm lauert der Aberglauben.

KARL: Da jeder Zufall einmalig ist, kann die Erklärung bestenfalls eine plausible Spekulation sein. Und plausibel ist die Spekulation, wenn ihre metaphysischen Voraussetzungen akzeptabel sind.

OTTO: Und das trifft – jedenfalls in unseren Breiten – für die Sichtweise der Aufklärung und damit der Wissenschaft zu.

KARL: Ach nee! Und wie steht es denn mit der Evolutionstheorie? Die hat den Zufall sogar zu einem notwendigen – haha – Prinzip gemacht, um am Monopol der Fremdbewegung festhalten zu können. Nicht das zufällige Ereignis wird erklärt, sondern der Zufall erklärt das Ereignis. Und das soll plausibel sein?

LEO: Man könnte die Sicht- und Handlungsweise der Naturwissenschaften selbst als abergläubisch, als magisch verstehen, denn es geht ihnen ja um Herrschaft über die Naturmächte, über gute oder böse Geister, mittels bestimmter Rituale.

OTTO: Also jedem Tierchen sein Pläsierchen?

KARL: Das Problem ist nur, daß es diese Geister wirklich geben kann. Und falls es sie gibt, merken die Leute nicht einmal, daß sie von bösen Geistern infiltriert worden sind, oder daß die Heinzelmännchen ihnen etwas Gutes getan haben. Die Alten waren da klüger.

OTTO: Ich sag's ja, solche abseitigen Gedanken handelt man sich ein, wenn man die Selbstbewegerwelt ernst nimmt.

Im Lichte der Vernunft

Experiment Mensch

LEO: Die Aufklärung kam nicht wie ein Blitz aus heiterem Himmel. Schon seit dem 16. Jahrhundert mehrten sich die Stimmen, die eine radikale Neuordnung der menschlichen Verhältnisse für nötig hielten. Das zeigen philosophische Entwürfe wie *Utopia* von Thomas Morus (1478-1535), *Città del sole* von Thomas Campanella (1568-1639) oder *Nova Atlantis* von Francis Bacon (1561-1626).

KARL: Daß die Aufklärung im 18. Jahrhundert zur tonangebenden Geistesströmung wurde, könnte aber auch etwas mit Heilserwartungen zu tun gehabt haben. Damals erwarteten viele Menschen den Anbruch des Tausendjährigen Reiches für das Jahr 1700.

OTTO: Das Tausendjährige Reich? Das brach meines Wissens erst 1933 an und dauerte zwölf Jahre.

LEO: Die Lehre vom Tausendjährigen Reich des Friedens am Ende der Weltgeschichte, stammt, so wie sie heute bekannt ist, von dem kalabrischen Zisterzienserabt Joachim von Fiore (1130-1202). Er deutete die Menschheitsgeschichte als Heilsgeschichte, in der sich die Trinität stufenweise enthüllt: dem 1000jährigen „Reich des Vaters", d.h. des Alten Testaments, folgt das 1000jährige „Reich des Sohnes", d.h. des Neuen Testaments, also die christlichen Ära, bis diese abgelöst wird vom „Reich des Geistes".

OTTO: Die Aufklärer hatten vom „Reich des Geistes" allerdings eine andere Vorstellung.

LEO: Ja, es gab einen großen Unterschied zwischen den Pietisten und den Aufklärern: erstere e r w a r t e t e n die Zeit des Heils, letztere wollten die Ära des Heils selbst herbeiführen. Die neue Wissenschaft, die am Experiment ausgerichtet war, kam da gerade recht. Denn die Aufklärer sahen sich als Experimentatoren: mit der Natur, mit den menschlichen Verhältnissen.

KARL: Dann war ihnen die Zukunft selbst ein Experiment. Und da man mit Experimenten Erfahrung „macht" und Wahrheit „herstellt", glaubte man Herr der Zukunft zu sein.

OTTO: Und sie sahen ihre Erwartungen durch die Revolutionen von 1776 in Amerika und 1789 in Frankreich bestätigt.

LEO: Ja. Der englische Schriftsteller und Politiker Thomas Paine (1737-1809) verglich die amerikanische Revolution sogar mit einer zweiten Sintflut, nach der die Menschheit von vorn anfangen, alles neu schaffen, den Traum vom neuen Menschen und einer neuen Gesellschaft realisieren könne. Antoine Marquis de Condorcet (1743-94), der die erste Verfassung der Französischen Republik entwarf, sah in ihr den Beginn der Vernunftherrschaft:

> Sie wird also kommen, die Zeit, da die Sonne auf Erden nur noch auf freie Menschen scheint, die keinen Herrn über sich als ihre Vernunft anerkennen, da es Tyrannen und Sklaven, Priester und ihre stumpfsinnigen und heuchlerischen Werkzeuge nur noch in den Geschichtsbüchern oder auf den Theaterbrettern geben wird. [Condorcet: *Esquisse d'un tableau historique des progrès de l'esprit humain*]

KARL: Heilserwartungen verheißen nichts Gutes, denn jedes Heil verlangt nach Opfern. Es dauerte auch nicht lange, bis die Revolution begann, ihre Kinder zu fressen. Unter ihnen Condorcet.

OTTO: Die Revolution war ein Experiment. Wo gehobelt wird, da fallen Späne.

KARL: Genau das versuchte der Chefideologe der Revolution, St. Just, zu rechtfertigen. In Georg Büchners Theaterstück *Dantons Tod*, das Originalreden aus der französischen Revolution verwendet, sagt er:

> Wir [sind] nicht grausamer als die Natur und als die Zeit. Die Natur folgt ruhig und unwiderstehlich ihren Gesetzen; der Mensch wird vernichtet, wo er mit ihnen in Konflikt kommt. Eine Änderung in den Bestandteilen der Luft, ein Auflodern des tellurischen Feuers, ein Schwanken in dem Gleichgewicht einer Wassermasse und eine Seuche, ein vulkanischer Ausbruch, eine Überschwemmung begraben Tausende. Was ist das Resultat? Eine unbedeutende, im großen Ganzen kaum bemerkbare Veränderung der physischen Natur, die fast spurlos vorübergegangen sein würde, wenn nicht Leichen auf ihrem Wege lägen. Ich frage nun: soll die geistige Natur in ihren Revolutionen mehr Rücksicht nehmen als die physische? Soll eine Idee nicht ebenso gut wie ein Gesetz der Physik vernichten dürfen, was sich ihr widersetzt? Soll überhaupt ein Ereignis, was die ganze Gestaltung der moralischen Natur, das heißt der Menschheit, umändert, nicht durch Blut gehen dürfen? Der Weltgeist bedient sich in der geistigen Sphäre unserer Arme ebenso, wie er in der physischen Vulkane und Wasserfluten gebraucht. Was liegt daran, ob sie an einer Seuche oder an der Revolution sterben? [Rede von St. Just aus „Dantons Tod" von Georg Büchner]

LEO: Das Eigenartige an diesen Argumentationen ist die Umkehrung der Blickrichtung. Der Aufklärer St. Just spricht nicht aus der Perspektive des Experimentators, der neue Lebens- und Verhaltensweisen erfindet, um sich und die menschliche Gesellschaft zu vervollkommnen. Er sieht den Menschen vielmehr als Objekt eines Experiments, als Werkzeug des Weltgeistes. Man verstand Revolutionen als Naturereignisse, so wie Vulkanausbrüche oder Erdbeben.

KARL: Nach naturwissenschaftlichem Dogma vollziehen sich Naturprozesse mit Notwendigkeit, also galt das auch für die Geschichte. Der Mensch ist diesem Prozeß unterworfen, er ist Objekt eines Experiments der Natur.

LEO: Großen Einfluß auf diese neue Sichtweise hatten Darwins Werke *Über den Ursprung der Arten* (1859) und *Ursprung des Menschen* (1871): der Mensch erscheint als das Ergebnis eines natürlichen Ausleseprozesses. Der Biologe und Schriftsteller Julian Huxley (1887-1975) hält die Menschheit sogar für ein Experiment des Weltalls zur Entstehung eines vernünftigen Selbstbewußtseins.

OTTO: Nun, der Mensch ist ja ein Naturwesen. Er wird durch seinen genetischen Code bestimmt, natürlich auch von seiner Umwelt geprägt. Indem er sich ändert, verändert er sie. Die veränderte Umwelt wiederum verändert ihn. Er lernt sie immer besser kennen und nutzen. Aufklärung ist Fortschrittsgeschichte in Richtung einer besseren Zukunft.

KARL: Dann ist Fortschrittsgeschichte Heilsgeschichte.

OTTO: Muß es gleich Heilsgeschichte sein, nur weil die Zukunft der Menschheit in rosiges Licht getaucht wird?

LEO: Wenn sich der Mensch schon als Versuchskaninchen höherer Mächte versteht, dann möchte er wenigstens an ein gutes Ende glauben können. Und das tat er auch. Während des 19. Jahrhunderts breitete sich ein allgemeiner Fortschrittsoptimismus aus, der sich vor allem aus wissenschaftlich-technischen und ökonomischen Erfolgen speiste. Der Dichter Stefan Zweig (1881-1942) hat die allgemeine Stimmung zu Beginn des 20. Jahrhunderts beschrieben:

> [Man war] ehrlich überzeugt, auf dem geraden und unfehlbaren Weg zur „besten aller Welten" zu sein. Mit Verachtung blickte man auf die früheren Epochen mit ihren Kriegen, Hungersnöten und Revolten herab als auf eine Zeit, da die Menschheit eben noch unmündig und nicht genug aufgeklärt gewesen. Jetzt aber war es doch nur eine Angelegenheit von Jahrzehnten, bis das letzte Böse und Gewalttätige endgültig überwunden sein würde, und dieser Glaube an den ununterbrochenen, unaufhaltsamen „Fortschritt" hatte für jenes Zeitalter wahrhaftig die Kraft einer Religion; man glaubte an diesen „Fortschritt" schon mehr als an die Bibel, und sein Evangelium schien unumstößlich bewiesen durch die täglich neuen Wunder der Wissenschaft und der Technik. [Stefan Zweig: Aus *Die Welt von gestern*]

KARL: Und dann brach der Erste Weltkrieg aus. Wie schon gesagt, wo das Heil im Spiel ist, muß man stets mit dem Schlimmsten rechnen.

LEO: Man hatte wohl vergessen, daß große wissenschaftlich-technische Fortschritte auch auf dem Gebiet des Tötens zu verzeichnen waren. Hinterher war der Katzenjammer groß und man fragt sich bis heute: Wie konnte es geschehen?

KARL: Das fragen sich nur die Gelehrten. Der Fortschrittsglauben blieb jedenfalls ungebrochen, auch wenn er eine Delle bekommen hatte. Exemplarisch für ihn ist der Marxismus, der die Menschheit auf dem Weg zu den Sternen sah – *per aspera ad astra*. Und dieser Weg war naturgesetzlich festgelegt.

LEO: Aber der Weg begann wie in der Bibel mit einem Sündenfall: dem Privateigentum an Produktionsmitteln. Denn am Anfang der Geschichte gab es das Paradies der Urgesellschaft.

KARL: Der Motor, der die Menschheit vorantreibt und erst in der klassenlosen Gesellschaft zum Stillstand kommt, ist der Klassenkampf um die Produktionsmittel, bis das Paradies wiederhergestellt ist.

LEO: Bis zum nächsten Sündenfall?

KARL: Nein. Marx behauptet, daß

> die sogenannte Menschheitsgeschichte nichts anderes ist als die Erzeugung des Menschen durch die menschliche Arbeit... [K. Marx: *Nationalökonomie und Philosophie*]

Dieser „eigentliche" Mensch, den die Produktionsverhältnisse der vergangenen Klassenkämpfe geformt haben, ist immun gegenüber den Versuchungen des Privateigentums:

> Der kommunistische Mensch ist kein Egoist, kein Individualist, er wird sich durch bewußten Kollektivgeist, durch Sorge um das gemeinsame Wohl auszeichnen. Die feste Grundlage der Moral dieses Menschen ist die Treue zum Kollektiv, die Bereitschaft und die Fähigkeit, die gesellschaftlichen Interessen gewissenhaft zu wahren. [Lehrbuch: *Grundlagen des Marxismus-Leninismus*]

LEO: Der Kommunismus ist demnach - wie das Jüngste Gericht - das Ende der Menschheitsgeschichte.

KARL: Ja, dann ist die absolute Funktionalisierung und Instrumentalisierung des Menschen erreicht. Nietzsche hat diesen Menschen in seinem Werk *Also sprach Zarathustra* den „letzten Menschen" genannt:

> Seht! Ich zeige euch den letzten Menschen... Die Erde ist dann klein geworden, und auf ihr hüpft der letzte Mensch, der alles klein macht. Sein Geschlecht ist unaustilgbar wie der Erdfloh; der letzte Mensch lebt am längsten... Ein wenig Gift ab und zu: das macht angenehme Träume. Und viel Gift zuletzt, zu einem angenehmen Sterben. Man arbeitet noch, denn Arbeit ist eine Unterhaltung. Aber man sorgt, daß die Unterhaltung nicht angreife. Man wird nicht mehr arm und reich: beides ist zu beschwerlich. Wer will noch regieren? Wer noch gehorchen? Beides ist zu beschwerlich. Kein Hirt und eine Herde! Jeder will das Gleiche, jeder ist gleich: wer anders fühlt, geht freiwillig ins Irrenhaus... [Nietzsche: *Also sprach Zarathustra*, Vorrede]

OTTO: Das soll die klassenlose Gesellschaft sein? Das ersehnte Ziel all der blutigen Kämpfe? Das kann nicht sein. Das ist reiner Zynismus!

LEO: Nietzsche hatte für das Paradies offensichtlich nichts übrig.

KARL: Das Volk aber schon, denn im Text heißt es weiter:

> Und hier endete die erste Rede Zarathustras,.... denn an dieser Stelle unterbrach ihn das Geschrei und die Lust der Menge. „Gib uns diesen letzten Menschen, oh Zarathustra", so riefen sie, „mache uns zu diesen letzten Menschen!"

Ist dieser Zustand nicht zum Greifen nahe oder sogar schon der unsere?

LEO: Die Antike sah den Weg der Menschheit ähnlich wie Nietzsche: nämlich als Weg zunehmender Entartung. Sie erwartete keine Morgenröte, sondern Finsternis: den Abstieg vom goldenen über das silberne und bronzene zum eisernen Zeitalter.

KARL: Sie kannten noch nicht das Plastikzeitalter.

Mündigkeit

KARL: Der angebliche Fortschritt der Menschheit, wie er im Marxismus oder im reinen Wissenschaftsglauben als sicher angenommen wird, hat mit Aufklärung nichts zu tun.

LEO: Selbstverständlich hat er das! Es ist doch unbestreitbar, daß der von St. Just beschriebene Weltgeist eine Höherentwicklung im Sinn hat, der sich ja in der Evolution des Universums und des Lebens auch zeigt.

OTTO: Ganz offensichtlich hat die Menschheit im Fortgang der gesellschaftlichen, ökonomischen und wissenschaftlich-technischen Prozesse ihr Wissen enorm erweitert und erkennt immer besser, wie die Welt funktioniert.

KARL: Wenn ein Weltgeist oder ein Naturgesetz diese Prozesse vorantreibt, dann sind die Menschen nur ausführende Organe, keine selbständigen Akteure, also auch nicht aufgeklärt. Aufgeklärt wäre er, wenn er die Kraft hätte, gegen den Trieb, gegen die eigene Natur anzukämpfen. Aber diese Kraft, Geist oder Vernunft genannt, wäre dann eigenständig und könnte nicht aus der Natur stammen.

LEO: Dann hätte die Natur den Menschen aus der Natur entlassen, auch wenn sie in ihm präsent bleibt. Und dann tritt ein Konflikt zu Tage, der in Philosophie und Theologie ungelöst schwelt: das Verhältnis von Natur und Geist, von göttlicher Gnade und Freiheit. Oder, als Frage formuliert: Wieweit kann ein Mensch für seine Handlungen verantwortlich gemacht werden?

KARL: Die Natur kann nichts und niemanden entlassen. Oder willst du behaupten, die Natur könne etwas Unnatürliches schaffen?

LEO: Aber der Mensch als Individuum zeigt doch Vernunft – jedenfalls ab und zu – und muß darum kämpfen, seine Begierden zu zügeln.

KARL: Wenn seine Vernunft gegen die eigene Natur ankämpft, dann ist sie etwas Widernatürliches. Und da es Widernatürliches im wissenschaftlichen Weltbild nicht geben kann, gibt es auch keinen Geist, keine Vernunft, keine Moral, kein Sollen, also auch keine Aufklärung.

OTTO: Die gibt es aber.

KARL: Mit anderen Worten: die Wissenschaft macht sich ein falsches Bild von der Natur. Sie ist kein totes Geschehen, das durch die Energie des Urknalls bewegt wird. Vernunft kann es nur in einer lebendigen Natur geben, d.h. die Dinge, aus denen sie besteht, haben die Fähigkeit der Selbstbewegung.

OTTO: Dann landen wir wieder im Mittel-alter, denn Dinge, welche sich selbst bewegen können, müssen Ziele anstreben. Wir müßten ihnen also Intelligenz und einen freien Willen zugestehen, d.h. wieder Finalursachen zulassen. Das würde die moderne Wissenschaft massiv beeinträchtigen.

KARL: Wir sind also an die Grenzen der modernen Wissenschaft gestoßen. Oder anders gesagt: wir haben uns über die Wissenschaft aufgeklärt.

OTTO: Es ist doch gerade umgekehrt: Wissenschaft ist der Inbegriff von Aufklärung. Sie gab und gibt uns das Wissen, das uns zu einer aufgeklärten Gesellschaft gemacht hat.

KARL: Aufklärung als Wissenszuwachs? Dann wäre derjenige, der sich das Wissen des wissenschaftlichen Weltbildes zu eigen gemacht hat, aufgeklärt. Das ist naiv.

OTTO: Ich verstehe dich nicht.

Aufgeklärt

KARL: Ich meine die Verwechselung von Aufklärung und Wissensbesitz. Die hat schon Friedrich Nietzsche aufs Korn genommen:

> [Der Bildungsphilister] fühlt sich, bei ... Mangel jeder Selbsterkenntnis, fest überzeugt, daß seine „Bildung" gerade der satte Ausdruck der rechten ... Kultur sei: und da er überall Gebildete seiner Art vorfindet und alle öffentlichen Institutionen, Schul-, Bildungs- und Kunstanstalten gemäß seiner Gebildetheit und nach seinen Bedürfnissen eingerichtet findet, so trägt er auch überallhin das siegreiche Gefühl mit sich herum, der würdige Vertreter der jetzigen ... Kultur zu sein, und macht dementsprechend seine Forderungen und Ansprüche... Aber die systematische und zur Herrschaft gebrachte Philisterei ist deshalb, weil sie System hat, noch nicht Kultur und nicht einmal schlechte Kultur, sondern immer nur das Gegenstück derselben, nämlich dauerhaft begründete Barbarei.
> [Nietzsche: *Unzeitgemäße Betrachtungen*]

LEO: Das Problem ist uralt. Schon der alte Sokrates hatte seine Mitbürger bis aufs Blut gereizt, indem er ihnen nachwies, daß sie zwar wüßten, wie man etwas macht oder etwas erreicht, aber mehr auch nicht.

OTTO: Reicht das nicht?

KARL: Nein. Es geht bei der Aufklärung um mehr: um einen souveränen Umgang mit Wissen, um ein Wissen vom Wissen. Nur wenn ich seine Voraussetzungen, seine Grenzen, seine möglichen Konsequenzen kenne, kann ich eine vernünftige Entscheidung treffen und entsprechend handeln.

LEO: Worauf es letzten Endes ankommt, hat Immanuel Kant in einem Aufsatz gesagt. Ihr kennt sicher diese berühmten Sätze:

Aufklärung ist der Ausgang des Menschen aus seiner selbst verschuldeten Unmündigkeit. Unmündigkeit ist das Unvermögen, sich seines Verstandes ohne Leitung eines anderen zu bedienen. Selbstverschuldet ist diese Unmündigkeit, wenn die Ursache derselben nicht am Mangel des Verstandes, sondern der Entschließung und des Mutes liegt, sich seiner ohne Leitung eines andern zu bedienen. [Kant: *Beantwortung der Frage: Was ist Aufklärung?*]

OTTO: Wer kennt diese Sätze nicht! Sie werden ja gebetsmühlenhaft zitiert.

KARL: Aber nimmt man sie auch ernst? Johann Gottfried Seume (1763-1810), ein Mann, der weit herumkam, machte die Erfahrung:

Die meisten Menschen haben überhaupt keine Meinung, viel weniger eine eigene, viel weniger eine geprüfte, viel weniger vernünftige Grundsätze. [Joh.G. Seume: *Apokryphen*]

LEO: Dem würde Kant nicht widersprechen. Im selben Aufsatz schreibt er:

Daß der bei weitem größte Teil der Menschen ... den Schritt zur Mündigkeit außer dem, daß er beschwerlich ist, auch für sehr gefährlich halte: dafür sorgen schon jene Vormünder, die die Oberaufsicht über sie gütigst auf sich genommen haben.

KARL: Ja, allzu viele Leute finden es viel bequemer, unmündig zu sein, sich betreuen zu lassen, Ansprüche an Vater Staat zu stellen. Der fördert das Betreuungswesen, der abhängig macht. Auch die Wirtschaft tut alles für die Bequemlichkeit ihrer Kunden. Selbst für das Denkenlassen wird gesorgt.

LEO: Man kann sich vieles, aber nicht alles vorkauen lassen. Zweifeln kann und muß man selbst. Descartes hat es uns vorgeführt: das einzig Sichere ist der Zweifel.

KARL: Ganz schön paradox!

LEO: Wieso paradox?

KARL: Weil der Aufklärer nach sicherem Wissen strebt, zugleich aber weiß, daß alles wissenschaftliche Wissen ein Verfallsdatum hat.

OTTO: Wenn du nicht einmal den Urknall für sicheres Wissen hältst – warum strebst du dann noch nach Wissen?

KARL: Weil Wissen Macht ist! Das Wissenschaftswissen ist ein „Gewußt-wie": ein Orientierungs- und Macherwissen.

LEO: Prima. Dann wissen wir jetzt über das Wissen bescheid und haben uns über die Aufklärung aufgeklärt.

OTTO: Tatsächlich? Haben wir jetzt den Mut, Aufklärung „ohne Leitung eines anderen", nämlich Kants, zu denken?

Selbstwiderlegung

KARL: Es gibt zwei Sichtweisen auf die Aufklärung: Aufklärung als Fortschrittsgeschichte und Aufklärung als individuelle Bemühung um Klarheit, um Erkenntnis. In der ersten erkennt sich der einzelne als Objekt, in der zweiten als Subjekt des Geschehens.

OTTO: Daß die Aufklärung eine Fortschrittsgeschichte ist, bezeugt besonders anschaulich die Zeit nach dem 30jährigen Krieg: politische Köpfe erkannten die Notwendigkeit, den Staat auf eine neue Grundlage zu stellen: seine Aufgabe sei es nicht, für den wahren Glauben zu sorgen, sondern für Sicherheit, Recht und Ordnung. Die oberste Autorität müsse die Vernunft sein, nicht der Glauben.

KARL: Ja, die Religion der Liebe hatte sich selbst demontiert. Nun klammerte man sich an die Vernunft, unter deren Schirm man sich neue Sicherheit erhoffte.

LEO: Man berauschte sich geradezu an der Vernunft. Während der Französischen Revolution gab es in Paris sogar einen Vernunftkult. Die Kathedrale *Notre Dame* wurde in einen „Tempel der Vernunft" umgewidmet. Der Nationalkonvent verabschiedete ein Gesetz, das alle Pariser Gotteshäuser zu Tempeln machte, in denen alle 10 Tage das Fest der Vernunft gefeiert werden sollte.

KARL: Ja, man hielt große Stücke von der Vernunft. Man sah in ihr nicht nur eine natürliche Fähigkeit des Menschen, sondern eine, die ihn überhaupt erst zum Menschen machte.

LEO: In diesem Sinne äußerte sich auch Kant:

> Unser Zeitalter ist das eigentliche Zeitalter der Kritik, der sich alles unterwerfen muß. Religion, durch ihre Heiligkeit, und Gesetzgebung durch ihre Majestät, wollen sich gemeiniglich derselben entziehen. Aber alsdann erregen sie gerechten Verdacht wider sich und können auf unverstellte Achtung nicht Anspruch machen, die die Vernunft nur demjenigen bewilligt, was ihre freie und öffentliche Prüfung hat aushalten können. [Kant: Vorrede zur *Kritik der reinen Vernunft*]

OTTO: Auf diesen Voraussetzungen beruhen die großen Erfolge der Aufklärung, besonders in den Naturwissenschaften, von deren technischen und ökonomischen Früchten wir heute leben.

KARL: Kant spricht nicht von der Vernunft des Weltgeistes, also nicht von der Aufklärung als Fortschrittsgeschichte, sondern von der Vernunft des Individuums.

OTTO: Das ist mir klar. Aber das kann man doch nicht trennen!

KARL: Das muß man trennen. Denn die Erfolge verführten die Aufklärung zur Wissenschaftsgläubigkeit: eine unverzeihliche Sünde, denn damit verriet sie die Vernunft wieder an den Glauben, kehrte gleichsam ins Mittelalter zurück.

OTTO: Wieso denn? Wissenschaft und Fortschritt sind legitime Bestandteile der Aufklärung. Und die Erfolge geben ihr recht.

KARL: Die Aufklärung als Fortschrittsgeschichte versteht sich anscheinend selber nicht. Anstatt über die Grenzen des naturwissenschaftlich-technischen Wissens aufzuklären, markiert sie die Wissenschaft als Grenze der Aufklärung.

LEO: Kein Wunder, daß dieser Verrat etliche Ungeheuer hervorbrachte: die Aufklärungsbewegung mutierte nämlich zu Politbewegungen, die das Heil der Menschheit herbeiführen wollten. Wir kennen sie unter Namen wie „Nationalismus", „Nationalsozialismus", „Marxismus".

OTTO: Der Nationalsozialismus ein Kind der Aufklärung? Soll das ein Witz sein?

LEO: Immerhin gehörte zu seinem Kerngehalt der Sozialdarwinismus. Und Darwinismus und Rassenlehre waren – sind? - anerkannte wissenschaftliche Disziplinen, von denen man glaubt, daß ihre Erkenntnisse auch auf die menschliche Gesellschaft zutreffen.

KARL: Das tun sie aber nicht, wie schon Karl Marx bemerkte. Er schrieb in einem Brief an Friedrich Engels:

> Es ist merkwürdig, wie Darwin unter Bestien und Pflanzen seine englische Gesellschaft mit ihrer Teilung der Arbeit, Konkurrenz, Aufschluß neuer Märkte... und Malthusschem Kampf ums Daseins wiedererkennt.

Darwin übertrug also nicht naturwissenschaftliche Erkenntnisse auf die menschliche Gesellschaft, sondern interpretierte die Gesellschaftstheorie des englischen Sozialphilosophen Thomas Robert Malthus (1766-1834) in die Natur hinein. Das Ergebnis war seine Evolutionstheorie.

LEO: Der Nationalsozialismus übernahm jedenfalls diese darwinsche Deutung. Er verstand die menschliche Geschichte als „Kampf ums Dasein" und erklärte die menschlichen Verhältnisse aus biologischen Thesen. Aus denen leitete er sein politisches Programm ab, nämlich das deutsche Volk vor dem Untergang zu retten und als „nordische Herrenrasse" fit zu machen.

KARL: Daß der Nationalsozialismus eine moderne Heilslehre war, hat Adolf Hitler in einer Rede klipp und klar gesagt:

> Wer den Nationalsozialismus nur als politische Bewegung versteht, weiß fast nichts von ihm. Er ist mehr als Religion: er ist der Wille zur neuen Menschenschöpfung. [aus Joachim C. Fest: *Hitler* (1973)]

Als wichtigste Maßnahme war die Züchtung reinrassiger Arier vorgesehen.

LEO: Menschenschöpfung? Makellose Menschen konnte ja nicht einmal der liebe Gott schaffen!

OTTO: Woher wollte man überhaupt wissen, was ein reinrassiger Arier ist?

KARL: Man hatte gewisse Wunschvorstellungen, und aus der Schäferhund-Zucht wußte man, wie man vorzugehen hat. Eine weitere wichtige Maßnahme war die Vernichtung sogenannten „lebensunwerten Lebens", die sogenannte „Euthanasie". Schließlich hielt Hitler die Ausrottung der Juden wegen deren Erbanlagen für unerläßlich. In derselben Rede sagte er:

> Die Entdeckung des jüdischen Virus ist eine der größten Revolutionen, die in der Welt unternommen worden sind. Der Kampf, den wir führen, ist von derselben Art wie im vergangenen Jahrhundert derjenige von Pasteur und Koch. Wie viele Krankheiten gehen auf den jüdischen Virus zurück! Wir werden die Gesundheit nur wiedererlangen, wenn wir den Juden ausrotten.

OTTO: Ich verstehe nicht, wie du einen derartigen Unsinn mit der Aufklärung in Zusammenhang bringen kannst.

KARL: Dieses Programm zur Verbesserung des Menschen galt als wissenschaftlich untermauert und wurde weithin geglaubt.

LEO: Denselben blinden Glauben finden wir bei den Anhängern des Marxismus. Überall, wo sie an die Macht kamen, trachteten sie danach, den „wahren Glauben" durchzusetzen und den Heilsweg in die Zukunft zu organisieren. Das hat mit Aufklärung nichts zu tun, das ist die Rückkehr zum mittelalterlichen Staatsverständnis.

KARL: Man hatte wohl den 30jährigen Krieg vergessen.

LEO: Nein, man hatte nicht vergessen, sondern glaubte es besser zu können. Man hatte ja die Wissenschaft. Die eigene despotische Herrschaft galt als Aufklärung pur. Aber die Despoten waren nur jene von Kant beschriebenen „Vormünder" der Bürger, „die die Oberaufsicht über sie gütigst auf sich genommen haben".

KARL: Es ist schon eigenartig, welche Monster gerade die marxistische Bewegung hervorbrachte: Leninismus, Stalinismus, Vietcong, Rote Khmer, Maoismus.

LEO: Der Philosoph Peter Sloterdijk (*1947) erklärt das so:

> Die eigenartige Doppelstruktur des Marxschen Wissens ist ein Kompositum aus emanzipierender und verdinglichender Theorie. Verdinglichung zeichnet jedes Wissen aus, das Herrschaft über die Dinge anstrebt. In diesem Sinn war das Marxsche Wissen von vornherein Herrschaftswissen. Lange bevor der Marxismus theoretisch oder praktisch irgendwo an der Macht war, taktierte er schon, in perfekt „realpolitischem" Stil, als Vormacht vor der Machtergreifung. Er war schon immer ein allzu genaues Diktat der „richtigen Linie". Schon immer hat er jede praktische Alternative jähzornig vernichtet. Schon immer hat er zum Bewußtsein der Massen gesagt: Ich bin dein Herr und Befreier, du sollst keine anderen Befreier haben neben mir! Jede Freiheit, die du dir anderswo nimmst, ist eine kleinbürgerliche Abweichung. Die intellektuellen Studienkader des Marxismus haben sich verhalten wie die Zensurabteilungen bürgerlicher Innen- und Polizeiministerien, die zwar alles studierten, was die nichtmarxistischen Aufklärer hervorbrachten, jedoch alles zensierten, was auch nur den Verdacht des Nonkonformismus nährte. [Peter Sloterdijk: *Mein Frankreich* (2013)]

KARL: Das Übel liegt in der unheiligen Allianz von vermeintlichem Wissen und Machtanspruch, die allen Fortschrittslehren – auch theologischen Heilslehren – eigentümlich ist.

OTTO: Diese enge Verbindung zwischen Wissen und Macht ist ganz normal, sie ist das A und O der Politik. Und indem wir das begriffen haben, ist die Lage erkannt und die Aufklärung rehabilitiert.

KARL: Ja, aber nur als individuelle Anstrengung. Die Aufklärung, die sich dem Wissenschafts- und Fortschrittsglauben auslieferte, hat sich selbst widerlegt.

LEO: Der Philosoph Max Horkheimer (1895-1973) hat das Schlamassel, das die Aufklärung als Geistesströmung verursacht hat, so zusammengefaßt:

> Alle die Begriffe, die in den vorhergehenden Jahrhunderten der Vernunft innewohnen oder von ihr sanktioniert sein sollten, haben ihre geistigen Wurzeln verloren. Sie sind noch Ziele und Zwecke, aber es gibt keine rationale Instanz, die befugt wäre, ihnen einen Wert zuzusprechen und sie mit einer objektiven Realität zusammenzubringen. Wer kann sagen, daß irgendeines dieser Ideale enger auf die Wahrheit bezogen ist als sein Gegenteil? Nach der Philosophie des durchschnittlichen modernen Intellektuellen gibt es nur eine Autorität, nämlich die Wissenschaft, begriffen als Klassifikation von Tatsachen und Berechnung von Wahrscheinlichkeiten. Die Feststellung, daß Gerechtigkeit und Freiheit an sich besser sind als Ungerechtigkeit und Unterdrückung, ist wissenschaftlich nicht verifizierbar und nutzlos. [Horkheimer: *Kritik der instrumentellen Vernunft*]

OTTO: Warum regt sich Horkheimer auf? Er sollte sich freuen: Die Begriffe, die ihre geistigen Wurzeln verloren hatten, wurden umdefiniert, in technische Begriffe verwandelt, die zum Handeln geeignet sind.

KARL: Ja, unsere wissenschaftsgeile Aufklärung sieht nur noch das, was die Wissenschaft dingfest machen kann.

OTTO: Und was ist das?

KARL: Wittgenstein würde sagen: Alles, was der Fall ist. Sie verliert alles aus dem Blick, was n i c h t der Fall ist, was also, nach Wittgenstein, keine Tatsache, kein Bestehen eines Sachverhalts ist, also alles, was sich nicht messen und damit prüfen, objektivieren, konstruieren, manipulieren läßt.

LEO: Mit den Worten von Adorno und Horkheimer: die Aufklärung habe sich dem Mythos dessen ergeben, was der Fall sei, d.h. der Identität von Intelligenz und Geistfeindschaft.

KARL: Der Dichter Günter Kunert (*1929) bringt diese Verkümmerung in seinem Gedicht *Substitutionen* auf den Punkt:

> Wo blieb das Leben, von der Existenz ersetzt,
> und wo die Güte, eingetauscht für ein Sozialverhalten.
> Jedwede Qualität wird immer unterschätzt
> und stark verdünnt durch Schalten und Verwalten.
>
> Statt Freiheit Freizeit. Statt der Welt: die Zeitung.
> Es stiehlt Fiktion der Wirklichkeit den Platz.
> Das Volk als Folie und historische Begleitung.
> Dem Volk: die Wissenschaft. Als Opiumersatz.

Antikunst-Kunst

LEO: Daß die sogenannten „kulturellen Werte" sich verflüchtigt hatten, wollte das Bildungsbürgertum nicht wahrhaben, aber sensible Gemüter meinten im geistigen Klima um 1900 herum ersticken zu müssen. Die Jungen begannen zu rebellieren: gegen Stagnation und Langeweile, gegen Konvention, Klassendünkel und Philistertum.

OTTO: Und wie machten sie das - rebellieren?

KARL: Die einen kehrten der Schlips-und-Kragen-Gesellschaft den Rücken und flüchteten sich an den Wochenenden in die Natur, um einen neuen Lebensstil zu erproben. Stichwort: Wandervogel-Bewegung. Sie hielten den Geist technischer Rationalität für ein Übel, der das gesamte Leben in ein totes Maschinenwesen verwandele und suchten ein sinnerfülltes Dasein im Freundeskreis.

LEO: Andere waren kampflustiger. Sie wollten die verspießerte bürgerliche Welt demaskieren, ihre Hohlheit entlarven. Sie empfanden das Alte, Konventionelle, Traditionelle als unerträglich. Einige von ihnen wählte die den Stützen der Gesellschaft geheiligte Kunst als geeignetes Angriffsziel. Sie gaben sich den Namen „Dada" und nutzten den Reiz des Neuen, um das Publikum zu verblüffen, zu schockieren, zu provozieren.

OTTO: Dann war „Dada" eine Art Aufklärung. Denn das Prinzip Aufklärung ist ja selbst eine Provokation. Hat nicht Sigmund Freud den modernen Menschen mit seinen drei Kränkungen provoziert? Ist die Wissenschaft – Evolutionstheorie,

Gentechnik, Molekularbiologie, Astronomie - nicht stolz darauf, das alte Menschenbild destruiert zu haben?

LEO: „Dada" betrieb seine Provokationen, um die geheiligten Werte des verhaßten Bildungsbürgertums, nämlich objektive Erkenntnis und Moralismus, mit Hohn und Spott zu unterminieren. Hier eine Kostprobe des Dadaisten Francis Picabia:

> Die Erkenntnis und die Moral sind nur eine Fliegenfalle, ich rate den Fliegen, in den Beichtstühlen zu leben, da Sünden viel besser schmecken als Kacke. [Aus: *Die Dadaisten* von Hermann Korte.]

KARL: Ich dachte, „Dada" wäre eine Kunstrichtung.

LEO: Im Gegenteil! Die Dadaisten attackierten die Kunst: weil sie den Bildungsphilistern lieb und teuer war.

OTTO: Und wie machten sie das?

LEO: Mit Anti-Kunst. Durch Bruch mit den Verfahren und Stilen der Kunst.

KARL: Anscheinend glaubten sie wie alle Revolutionäre, daß das Bestehende die Verhinderung des Neuen sei und deshalb zerstört werden müsse.

LEO: Ihr Rezept war einfach: sie verdrehten die gewohnten Rahmenbedingungen: in der Literatur die Geschlossenheit, in der bildenden Kunst die Gegenständlichkeit, in der Musik die Tonalität.

OTTO: Und was kam dabei heraus?

KARL: Na, was schon: eine andere Kunst. Antikunst-Kunst!

LEO: Ja. Ihre Kennzeichen waren Abstraktion, Atonalität, Aufhebung von Sinn. In der Musik z.B. ersetzte Dada die traditionellen Klänge durch Geräusche. Wir haben, posaunte der Dadaist Luigi Russolo (1885-1947), die alten Meister satt und

> verspüren einen weit größeren Genuß, wenn wir im Geist die Geräusche der Straßenbahn, des Explosionsmotors der Wagen und der lärmenden Menge kombinieren, als zum Beispiel beim nochmaligen Anhören der *Eroica* oder der *Pastorale*.

KARL: Das könnte auch ein heutiger Komponist gesagt haben. Kein Wunder, dass „Dada" sehr bald als neue Kunst-Avantgarde wahrgenommen wurde.

LEO: Das Pißbecken, das 1917 von Marcel Duchamp unter dem Titel *Fountain* für eine New Yorker Kunstausstellung eingereicht, aber nicht angenommen wurde, gilt heute unter der Bezeichnung *Ready-made* als eines der bekanntesten Kunstwerke und der erste Gag unserer Zeit.

OTTO: Ein Pißbecken ist doch kein Kunstwerk.

LEO: Es ist Anti-Kunst, also Kunst.

KARL: Das ist echt „Dada".

OTTO: Entweder Kunst oder keine Kunst, etwas Drittes gibt es nicht. Ein Pißbecken ist jedenfalls keine Kunst.

LEO: Und was sind dann diese Verse (von Kurt Schwitters: *An Anna Blume*)?

> Anna Blume, Anna, A N N A !
> Ich träufle Deinen Namen.
> Dein Name tropft wie weiches Rindertalg.
> Weißt Du es Anna, weißt Du es schon,
> Man kann Dich auch von hinten lesen.

Und Du, Du Herrlichste von allen,
Du bist von hinten wie von vorne:
A N N A .

OTTO: Das ist Unsinn.

KARL: Oder Antikunst-Kunst – so wie die gesamte moderne Kunst. Denn was siehst du, wenn du in ein Museum für moderne Kunst gehst? Bestenfalls Kuriositäten: Bilder, die auf den Kopf gestellt sind, Bilder, die von Messerstichen durchlöchert sind, Collagen, Ready-makes, Fettecken, zusammengedrückten Schrott, sogenannte „Installationen". Alles *Dada*.

LEO: Ja. Die destruktiven Ideen von „Dada" machten die Grenzüberschreitung zum Hauptthema moderner Kunst.

OTTO: Soweit ich weiß, hat die *Dada*-Bewegung die 1920er Jahre nicht überlebt.

LEO: Als organisierte Bewegung nicht. Aber inhaltlich ist *Dada* bis heute lebendig. Welche Bedeutung *Dada* hat, kann man beim Blättern in Ausstellungskatalogen und Zeitschriften erahnen. An der ersten Ausstellung 1917 in Zürich beteiligten sich neben Hans Arp und Max Ernst auch Feininger, Klee, Kokoschka, Chirico, Kandinsky, Modigliani, Picasso, also die wichtigsten Künstler des 20. Jahrhunderts. In den *Dada*-Zeitschriften wurden Notenbeispiele von Schönberg, Berg und Webern veröffentlicht, der Einfluß von *Dada* im Surrealismus, in der Literatur, im Film ist unübersehbar.

OTTO: Das sollen alles *Dada*-Künstler sein?

LEO: Nicht im engen Sinne natürlich. Der Kunstbegriff öffnete sich dank *Dada* für die Suche nach neuen Ausdrucksmöglichkeiten.

OTTO: Soll das heißen, daß nun jede Blödelei, die sich gegen die Kunst wendet, Kunst ist? Dann weiß keiner mehr, was Kunst ist.

KARL: Das ist eben Dada! Die neuen Ausdrucksmöglichkeiten sind ja nichts anderes als Gags. Indem der Gag – etwa in Gestalt eines Pißbeckens – den Rang eines Kunstwerks erhält, wird Anti-Kunst zur Antikunst-Kunst.

OTTO: Ein Gag ist ein überraschender Einfall. Seine Wirkung kann er nur in einer gaglosen Umgebung entfalten. Er ist als Kontrast zum Altgewohnten konzipiert, also setzt er das Alte als Maßstab voraus. Die Antikunst-Kunst zehrt folglich vom Gegensatz zur alten Kunst.

KARL: Inzwischen hat sie sich längst emanzipiert. Irgendwann überrascht oder schockiert ja die Verhöhnung des Alten nicht mehr, Neues muß her. Eine überraschender Einfall muß den anderen überbieten.

LEO: Aber sobald das Alte vergessen ist, von dem sich das Neue abstößt, versteht man das Neue nicht mehr.

KARL: Muß man es verstehen? Es veraltet doch selbst schnell und wird durch neues Neues abgelöst. Und so weiter.

OTTO: Dann ist Gag-Kunst eine permanente Revolution, die unentwegt die eigenen Kinder frißt. Gag-Kunst ist Fortschrittskunst.

LEO: Kurt Schwitters, der Dichter von *Anna Blume*, war der Meinung, daß Dada, so wie die gute, alte Kunst, die geistige Situation der Zeit widerspiegele:

Nicht *Dada* ist Nonsens, sondern das Wesen unserer Zeit ist Nonsens.

OTTO: Dann hat der Unsinn einen Sinn bekommen.

KARL: Nur ist dieser Sinn Unsinn. Er hebt sich selbst auf.

LEO: Da ist der Philosoph Adorno ganz anderer Ansicht. Er adelt die Antikunst-Kunst zur Wahrheit unserer Zeit. Mit Blick auf die neue Musik meint er:

> Die Schocks des Unverständlichen, welche die künstlerische Technik im Zeitalter ihrer Sinnlosigkeit austeilt, schlagen um. Sie erhellen die sinnlose Welt. Dem opfert sich die neue Musik. Alle Dunkelheit und Schuld der Welt hat sie auf sich genommen. All ihr Glück hat sie daran, das Unglück zu erkennen, all ihre Schönheit, dem Schein des Schönen sich zu versagen. Keiner will mit ihr etwas zu tun haben... Sie verhallt ungehört, ohne Echo. [Adorno: *Philosophie der neuen Musik.*]

OTTO: Der Mann ist ja sehr rigoros.

LEO: Er wird noch drastischer:

> Die Unmenschlichkeit der Kunst muß die der Welt überbieten um des Menschlichen willen.

OTTO: Das hört sich selbst wie Dada an.

Nee, das stammt noch von den Bauarbeitern, aber da man uns
immer nach dem Künstler fragt, haben wir's liegengelassen

KARL: Ist es nicht eher so, daß der moderne Künstler vergeblich nach einem Publikum lechzt, dem er einheizen kann? Er befindet sich doch in der absurden Lage, daß der verhaßte Bildungsphilister seine Kunst subventioniert. Die Ausstellungen, Konzertsäle, Theater sind gut besucht, der moderne Kunstfreund genießt die Qualen des Häßlichen: modernes Regietheater, Lärm, schrille Töne, vulgäre Szenen, monströse Gebilde.

LEO: Das eben ärgert die Künstler! Der Bildungsphilister genießt es, ein Avantgardist zu sein! Der Künstler und seine Provokationen sind heute Teil des Systems, das er bekämpft.

OTTO: Echt Dada!

KARL: In Klartext: die Antikunst-Kunst hat ihre Funktion und damit ihre Legitimation eingebüßt. Wir werden es wohl über kurz oder lang erleben, daß die Künstler die „schöne Kunst", wiederentdecken, sie als das Allerneueste präsentieren und damit neue Schocks auszulösen versuchen.

LEO: Bis jetzt verdammen die Kunstrichter die „schöne Kunst" allerdings als langweilig, unschöpferisch, philisterhaft.

OTTO: Vielleicht tun sie das aus philiströser Existenzangst, denn sie leben ja davon, dem Unsinn bzw. dem Unverständlichen einen Sinn zu verleihen oder, dadaistisch gesprochen, aus Scheiße Gold zu machen, was man exemplarisch an den Kunstauktionen sehen kann. KARL: Wenn Dada zur Routine geworden ist, wird es Zeit für eine Anti-Dada-Avantgarde, welche der Antikunst-Kunst von Dada eine neue Kunst entgegenstellt: eine Anti-Antikunst-Kunst.

Diesseits und Jenseits

Verwunderung

KARL: Soeben las ich in der Zeitung von Wunderheilungen. Glaubst du an Wunder?

LEO: Wunder sind, was man dafür hält.

OTTO: Und für was hält man sie?

LEO: Für das außerplanmäßige Eingreifen göttlicher Mächte.

OTTO: Und woran will man das göttliche Eingreifen erkennen?

LEO: Daran, dass es überraschend ist.

OTTO: Soso.

KARL: Aber eines ist klar: wer nach Wundern sucht, um zu beweisen, dass es sie gibt oder nicht gibt, der wundert sich nicht.

LEO: Heutzutage wundert man sich über gar nichts mehr.

KARL: Solche Zeiten besang schon Otto Reutter (1870-1931):

> De Zeiten sind heute recht sonderbar,
> det Wundern verlernt man janz und jar.
> Drum denk' ick een für alle Mal,
> wat ooch passiert, is mir ejal.
> Und jeht ooch allet kreuz und quer,
> Ick wunder mir über jar nischt mehr!

LEO: Das ist fatal, denn das Staunen und Sichwundern ist Ausgangspunkt der Frage „warum?", also des Denkens. Der Philosoph Aristoteles muß es wissen:

> Staunen veranlaßte zuerst wie noch jetzt die Menschen zum Philosophieren... Wenn sie also philosophierten, um der Unwissenheit zu entgehen, so suchten sie die Wissenschaft offenbar des Erkennens wegen, nicht um irgend eines Nutzens willen... [Aristoteles: *Metaphysik, Erstes Buch, 1. Kapitel*]

OTTO: Die Menschen wollen doch gar nicht staunen. Staunen provoziert Wissenwollen, und Wissenwollen zielt darauf ab, das Staunen zu beseitigen.

KARL: Wir wundern uns aber nicht über alles, sondern nur über Ungewöhnliches. Nur dann fragen wir: „Warum?"

OTTO: Dann frage ich mal spaßeshalber: „Warum ist die Banane krumm?" Wundere ich mich dabei über etwas Außergewöhnliches?

KARL: Ja, denn du hältst es offenbar für kurios, daß Bananen krumm sind.

LEO: Und wer dumm fragt, bekommt eine dumme Antwort:

> Wenn die Banane gerade wär,
> dann wär es keine Banane mehr.

KARL: Wieso ist die Antwort dumm? Es ist eine philosophische Antwort. Sie behauptet, die Krummheit gehöre zur „Natur" der Banane.

OTTO: Es gibt eine bessere Erklärung: Bananen wachsen im Schutz großer Blätter nach unten. Krümmen tun sie sich erst, wenn die Blätter abfallen. Dann werden sie von der Sonne beschienen und wachsen, wie alle Pflanzen, der Sonne entgegen.

KARL: Dann gehört nicht die Krummheit zur Natur der Banane, sondern ihr Bestreben, dem Licht entgegenzuwachsen.

LEO: Diese Erklärung verwandelt die Krümmung der Banane in einen Vorgang: Wachstum, Schwerkraft und Licht erzeugen zusammen die gekrümmte Banane, so als wäre die gekrümmte Banane der Zweck der Übung.

KARL: Das heißt: die Frage „Warum ist die Banane krumm?" verwandelt sich in die technische Frage: „Wie kommt es zur Krümmung der Banane?" Wie funktioniert das?

LEO: Das ist die Methode der modernen Wissenschaft, der es um Macht über die Natur geht. Sie klammert aus, daß die Banane ein Ziel hat, nämlich das Licht.

KARL: Sie blickt eben mit technischen Augen auf die Natur. Sie wundert sich nicht, sondern untersucht Material in Hinblick auf seinen Nutzen.

LEO: Aber alle, die sich damit nicht zufriedengeben wollen, dürfen sich weiter wundern.

KARL: Das sind die, die über Sinn und Zweck nachgrübeln. Die, die verstehen wollen.

OTTO: Die, die nichts Besseres zu tun haben.

LEO: Das ist das Beste, was sie tun können, wenn Aristoteles recht hat. Der setzt nämlich seine Erläuterung von oben fort:

> ... Das bestätigt auch der Verlauf der Sache; denn als so ziemlich alles zur Bequemlichkeit und zum Genuß des Lebens Nötige vorhanden war, da begann man diese Art der Einsicht zu suchen. Daraus erhellt also, daß wir sie nicht um irgendeines anderweitigen Nutzens willen suchen, sondern, wie wir den Menschen frei nennen, der um seiner selbst, nicht um eines andern willen ist, so ist auch diese Wissenschaft allein unter allen frei; denn sie allein ist um ihrer selbst willen.

KARL: Auch Aristoteles dürfte seine Wissenschaft nicht nur um um i h r e r selbst willen betrieben haben, sondern ebenso um s e i n e r selbst willen. Denn ihn trieb ja etwas an.

LEO: Da könntest du recht haben. Wer staunt, der kommt nicht um die Frage herum, was es mit der Welt auf sich hat und was er in ihr zu suchen hat:

Ich bin und weiß nicht wer.
Ich komm' und weiß nicht woher.
Ich geh', ich weiß nicht wohin.
Mich wundert, dass ich so fröhlich bin!

OTTO: Und was hat er davon? Dahinter steckt die abgedroschene Frage nach dem Sinn des Daseins.

KARL: Abgedroschen?

LEO: Der Philosoph Fichte spricht von der Bestimmung meines Seins und allen Seins.

OTTO: Solche Fragen machen nur Ärger.

Etwas oder nichts

LEO: Es gibt eine Frage, welche das Staunen auf die Spitze treibt: Warum ist überhaupt etwas und nicht nichts?

OTTO: Über eine solche Frage kann man wirklich nur staunen.

LEO: Auf diese Frage aller Fragen sind die Philosophen stolz, die Verwunderung darüber halten sie für die tiefste Verwunderung.

OTTO: Von wegen! Noch tiefer ist meine Verwunderung über diese Verwunderung. Ist es nicht absurd, dieses sich Verändernde, das wir „Natur", „Wirklichkeit" oder „Welt" nennen, wegzudenken?

KARL: Mich wundert eher, wonach die Frage fragt, nämlich, warum es überhaupt etwas gibt. Gibt es denn überhaupt etwas?

OTTO: Das läßt sich nun wirklich nicht bestreiten.

KARL: Aber es verändert sich doch alles, und was sich verändert, ist nicht.

LEO: Aber was sich verändert, ist nicht nichts.

KARL: Wenn das sich Verändernde weder nichts noch „etwas" ist, dann geht die Frage „Warum ist überhaupt etwas und nicht nichts?" ins Leere.

OTTO: Nein. Das, was sich verändert, ist ein Etwas, was denn sonst.

KARL: Ein Etwas ist begrenzt, sonst wäre es kein Etwas. Durch seine Begrenzung unterscheidet es sich von allem anderen. Aber das, was sich verändert, kennt keine Begrenzungen.

OTTO: Doch. Sonst könnten wir gar keine Veränderungen wahrnehmen.

KARL: Was dir als Begrenzung erscheint, verändert sich ebenfalls.

LEO: Das sich Verändernde ist jeden Augenblick etwas anderes, ist also zugleich nichts und alles.

KARL: Mit anderen Worten: das sich Verändernde ist unser alter Bekannter: die Einheit aus Kontinuum und Diskretum, die keine Einheit sein kann.

OTTO: Das sich Verändernde ist einfach ein Chaos. Damit kann man nichts anfangen.

LEO: Chaos? Das griechische Wort bedeutet „Kluft" oder „Gähnen". Die alten Germanen nannten es „Ginnungagap". In den alten Schöpfungsmythen bezeichnet es den ungeformten, ungeordneten Urzustand, oder den Schoß, aus dem alles hervorgegangen ist.

OTTO: Aha. „Kluft" deutet auf „Nichts" als Urzustand hin.

LEO: Nein, das Chaos unterscheidet sich von „nichts" dadurch, dass es gleichsam darauf wartet, ein „Etwas" zu werden. „Nichts" hingegen ist nichts. Aus ihm kann nichts entstehen: *Ex nihilo fit nihil.*

OTTO: Du meinst also, „Chaos" sei das Mögliche, „nichts" das Unmögliche. Aber wie kann aus dem Möglichen das Wirkliche, das „Etwas" werden?

KARL: Du fragst nach dem, was du täglich tust?

OTTO: Wieso?

KARL: Na, du bist doch tätig.

LEO: Platon hat zur Erklärung einen Mythos parat: Ein Demiurg, also ein göttlicher Handwerker, entnimmt dem Chaos ein Stück Kontinuum, also Urstoff, Urmaterie, und ein Stück Diskontinuum, also Idee bzw. Form, und zwingt beides zu einem Etwas zusammen.

KARL: Das klingt recht aristotelisch.

LEO: Aristoteles war 20 Jahre lang Mitglied der platonischen Akademie.

KARL: Das Mögliche wird also durch Krafteinwirkung zum Wirklichen? Dann verkörpert der Demiurg ein drittes, ein dynamisches Grundprinzip: die Kraft, die Stoff und Form zusammenbringt und zusammenhält. Nach demselben Denkmuster erklärt man ja auch das „Erkennen": einerseits Sinnesreize, andererseits Begriffe. Mittels Geisteskraft wird daraus Wahrnehmung.

LEO: Auch Goethes Faust greift auf diesen unentbehrlichen Begriff zurück, wenn er über den Anfang nachgrübelt:

> Ist es der Sinn, der alles wirkt und schafft?
> Es sollte stehn: Im Anfang war die Kraft!...

OTTO: Aber was ist „Kraft"?

KARL: „Kraft" ist Wirkungsfähigkeit, auch Widerstandsfähigkeit. Wir erklären jede Veränderung und jedes Widerstehen mit Krafteinsatz. Und wo eine Kraft wirkt, können wir Absichten und Zielstrebigkeit nicht ausschließen. Das lehrt uns die eigene Erfahrung.

LEO: So denkt auch Faust. Er gibt sich nicht mit der Kraft als solcher zufrieden, sondern geht noch einen Schritt weiter:

> ...Doch auch indem ich dieses niederschreibe,
> schon warnt mich was, dass ich dabei nicht bleibe.
> Mir hilft der Geist! auf einmal seh ich Rat
> und schreib getrost: Im Anfang war die Tat!

KARL: Im Anfang war die Tat, aber auch jede Tat ist ein Anfang.

OTTO: Und jede Tat setzt einen Täter voraus, einen, der handeln kann.

KARL: Also jemanden, der die Fähigkeit der Selbstbewegung hat, d.h. den Willen und die Intelligenz, Ziele zu erreichen.

OTTO: Dann hatte das sich Verändernde also einen Anfang.

KARL: Bist du immer noch auf einen Anfang aus dem Nichts fixiert?

OTTO: Allerdings! Unsere Raum-Zeit-Welt, deren dauernd wechselndes Erscheinungsbild die Natur, die Wirklichkeit, die Welt ist, hat ja eine Geschichte, die zurückverfolgt werden kann. Und die legt die zwingende Vermutung nahe, dass sie mal angefangen hatte.

KARL: Du läßt dich zu etwas Undenkbarem zwingen? An einen Täter in einem Jenseits von Raum, Zeit, Materie, der einen Anfang macht?

OTTO: Gegenfrage: Wie willst du ohne Anfang auskommen? Das ist auch undenkbar.

KARL: Das sich Verändernde ist ja selbst ein unaufhörliches Anfangen, ein Entstehen und Vergehen, mal schneller, mal langsamer. Und da es sich selbst bewegt, ist es – mit Platon – beseelt, also lebendig.

OTTO: Aha, die berüchtigte Weltseele!

KARL: Ja, das sich Verändernde ist gleichsam die Mutter alles Seienden. Alles, was entsteht und vergeht, ist von ihr gezeugt und ebenfalls selbstbewegt. Auch die Dinge können entsprechend ihren Möglichkeiten handeln, also selbst Anfänge produzieren.

OTTO: Eine skurrile Vorstellung. Und du traust ihnen zu, Ziele und Zwecke zu verfolgen?

KARL: Klar – jedem nach seinen Möglichkeiten. Diese Auffassung ist uralt, man nennt sie „Animismus". Sie ist nicht skurril, nur ungewohnt.

LEO: Sogar der junge Johannes Kepler (1571-1630) vergleicht in seinem Werk *Weltharmonik* den irdischen Mikrokosmos mit dem menschlichen Körper, was ihm von Galilei Hohn und Spott eintrug:

> Wie der Körper Tränenflüssigkeit, Nasenschleim, Ohrenschmalz, bisweilen auch eine klebrige Flüsigkeit aus Pusteln im Gesicht ausscheidet, so die Erde Bernstein und Erdpech. Wie die Blase den Urin fließen lässt, so die Berge Flüsse. Wie der Körper ein Exkrement von schwefligem Geruch und laute Winde, die entzündbar sind, von sich gibt, so die Erde Schwefel und unterirdisches Feuer unter Donner und Blitz. Wie in den Adern des Tieres Blut entsteht und damit auch der Schweiß, der aus dem Körper ausgeschieden wird, so in den Adern der Erde Metalle und Kristalle sowie Regendampf.

OTTO: Aber der alte Kepler ersetzte die Weltseele durch die Uhr als treibende Kraft der Planetenbewegungen. Die Weltseele hatte ausgedient.

KARL: Es gibt aber heute noch Leute, die eine Ahnung von der Lebendigkeit des Dinge haben, z.B. Erhart Kästner:

> Die Dinge für grenzenlos unterdrückbar, rechtlos, willenlos, fühllos und unbedürftig der Selbst-Bestimmung zu halten, das kann bloß, wer meint, daß sie weder Leben noch Macht hätten. Sie haben sie. Wovon sonst hätten die Gedichte, die Bilder, Verse, die Geschichten, die Träume von jeher gesprochen als eben von ihrer Gewalt? Es ist der Herren-Wahn der Neuzeit, zu meinen, man könne die Dinge ohne Maß, ohne Grenze ausspähen, ausforschen, ausbeuten, und es werde schon keine Rechnung deswegen ins Haus kommen. Sie täuscht sich, die Neuzeit. [Erhart Kästner: *Aufstand der Dinge*]

OTTO: Eine seltsame Argumentation, sich auf Gedichte oder Träume zu stützen. Darüber zu diskutieren ist sinnlos, uferlos.

KARL: Es geht hier nur um unser Vor-Urteil gegenüber den Dingen: sind sie tot oder lebendig? Verkörpert ein Gewitter eine blinde Kraft, die sich austobt, weil sie nicht anders kann, oder eine, in der ein Wille wirkt? Verfolgen psychische

Kräfte, Krankheiten, die dich heimsuchen, Ziele? Was bedeuten „Zufälle"? Woher kommen Gedanken, die dir – oder in dich - „einfallen", oder fixe Ideen, z.B. Verschwörungstheorien, die deine Urteilskraft beeinflussen und so dein Tun und Lassen bestimmen?

OTTO: Ich seh' schon: du witterst überall in der Wirklichkeit Täter, willengesteuerte Mächte, also Götter, Geister und Dämonen. Du bist doch nicht etwa religiös?

KARL: Gibt es Menschen, die nicht religiös sind? Wir können nun mal nicht ausschließen, dass hinter Kraftwirkungen, die wir wahrnehmen, Absichten stecken, von wem auch immer.

LEO: Der Theologe Friedrich Schleiermacher (1768-1834) nennt das Religiöse „ein Gefühl „schlechthinniger Abhängigkeit". Er erklärt es so:

> Das Universum ist in einer ununterbrochenen Tätigkeit und offenbart sich uns jeden Augenblick. Jede Form, die es hervorbringt, jedes Wesen, dem es nach der Fülle des Lebens ein abgesondertes Dasein gibt, jede Begebenheit, die es aus seinem reichen, immer fruchtbaren Schoße herausschüttet, ist ein Handeln desselben auf uns; und in diesen Einwirkungen und dem, was dadurch in uns wird, alles einzelne nicht für sich, sondern als einen Teil des Ganzen, alles Beschränkte nicht in seinem Gegensatz gegen anderes, sondern als eine Darstellung des Unendlichen in unser Leben aufnehmen und uns davon bewegen lassen, das ist Religion. [Friedrich Schleiermacher: *Über die Religion*]

KARL: „Schlechthinnige Abhängigkeit" klingt mir zu passiv. Besser finde ich „Eingebundenheit" oder „Zusammengehörigkeit".

LEO: Ja, zum Religiösen gehört auch der Glaube, einwirken zu können, z.B. durch Gebete oder Opfergaben.

OTTO: Das kommt davon, wenn man der Wissenschaft mißtraut: man wird anfällig für Magie, Religion, Aberglauben.

LEO: Das wissenschaftliche Weltbild ist nicht das Maß aller Dinge, auch wenn unsere Alltagswelt von Wissenschaft und Technik bestimmt wird wie von einer zweiten Natur. Den Rahmen des wissenschaftlichen Weltbilds für die Grenze des Denkens zu halten, ist naiv und gefährlich.

KARL: Das Schlimme ist: diese „zweite Natur" ist dabei, der ersten, der eigentlichen Natur – durch Umwandlung in eine Maschinerie - den Garaus zu machen. Dabei wird nämlich auch unserer Lieblingsnatur, der sogenannten Umwelt, einer Natur ohne Mücken, Flöhe, Kreuzottern, Unwetter, der Garaus gemacht.

Anfang und Ende

OTTO: Wir sollten uns von der Veränderlichkeit nicht ins Bockshorn jagen lassen. Meine Vernunft sagt mir, dass dieses sich ständig Verändernde einen Anfang gehabt haben muß. Denn es ist doch klar: alles, was jetzt ist, ist geworden, stammt also von etwas anderem ab, das ebenfalls von etwas anderem abstammt.

KARL: Du berufst dich auf einen Stammbaum wie die Adelsgeschlechter, die ja ihre Macht seit altersher dadurch legitimierten, dass sie ihre Abstammung auf einen Gott, einen göttlichen Stammvater zurückführten. Sie regierten „von Gottes Gnaden". Dir reicht das nicht, du willst überhaupt alles auf einen Stammvater zu rückführen.

OTTO: Ich habe kein Wort von einem Stammvater gesagt, sondern nur auf das Kausalgesetz verwiesen: Alles, was ist, ist die Wirkung einer Ursache.

KARL: Ja, wir haben diese Art der Legitimation zum Gesetz erhoben.

OTTO: Und das Gesetz schafft Ordnung und Übersicht.

KARL: Das bezweifle ich.

OTTO: Wieso?

KARL: Es gibt ja nicht nur den Stamm-Vater, sondern notwendigerweise auch eine Stamm-Mutter. Also müßten wir das sich Verändernde auf zwei Erstursachen zurückführen. Aber welche Bestandteile gehören zu welcher Erstursache?

OTTO: Stamm-Vater und Stamm-Mutter sind mythologische Vorstellungen, von denen wir abstrahieren müssen. Logisch gesehen, kann es nur eine Erstursache geben.

KARL: Es mag ja logisch befriedigen, alles auf eine einzige Erstursache zurückführen zu können. Aber können wir das wirklich? Warum sollte es nicht verschiedene, voneinander unabhängige Erstursachen geben können? Sie könnten womöglich das Kuddelmuddel in der Welt besser erklären als eine einzige Erstursache.

OTTO: Aber für die Annahme mehrerer Erstursachen sollte es zwingende Gründe geben. Ich kenne keine.

KARL: Das gilt auch für die Annahme einer einzigen Erstursache. Immanuel Kant hat in seiner *Kritik der reinen Vernunft* gezeigt, dass wir weder einen Anfang noch keinen Anfang der Welt begründen können.

LEO: Wir befinden uns noch in derselben Lage wie Timaios, der in Platons Dialog *Timaios* sagt:

> [Wenn wir] angesichts der zahlreichen Erörterungen, die über die Götter und über die Entstehung des Weltalls bereits vorliegen, außerstande sein sollten, eine in jeder Beziehung mit sich selber übereinstimmende und genau zutreffende Darstellung zu geben, so wundere dich nicht; vielmehr muß es schon genügen, wenn unsere Darstellung es an Wahrscheinlichkeit mit der jedes anderen aufnehmen kann. Denn man darf nicht vergessen, daß wir alle ... nur Menschen sind; wenn wir also über diese Dinge eine Dichtung zu hören bekommen, die auf Wahrscheinlichkeit Anspruch hat, so können wir ganz zufrieden sein und brauchen nichts weiter zu verlangen.

OTTO: Wir wollen aber keine Erdichtungen, sondern tatsachengesättigte wissenschaftliche Theorien. Und da sind wir mit unserer Annahme einer Erstursache auf dem richtigen Weg.

KARL: Das einzige, was wir damit erreicht haben, ist die Verdoppelung der Welt.

OTTO: Wie bitte?

KARL: Die Erstursache setzt ja, sobald sie in Aktion tritt, eine Grenze: es gibt ein Jenseits, das der Erstursache vorbehalten ist, und das von ihr geschaffene Diesseits, also die Raum-Zeit-Welt mit ihren Körpern.

OTTO: Nein, die Raum-Zeit-Welt ist unbegrenzt. Für ein Jenseits bleibt da kein Platz.

KARL: Das Jenseits braucht keinen Platz. Das Diesseits ist zwar unbegrenzt, aber nicht unendlich. Mathematisch gesprochen, ist es potentiell unendlich wie z.B.

die Zahlen 1,2,3... Das Jenseits - Ewigkeit, aktuale Unendlichkeit - denken wir uns „jenseits" des Bereichs von Raum, Zeit und Körper. Der Gegensatz Jenseits-Diesseits entspricht dem Gegensatz Einheit-Vielheit oder Kontinuum-Diskretum.

LEO: Und wir müssen uns fragen: Wie kann aus Einheit Vielheit werden?

OTTO: Durch den Urknall, die von der Wissenschaft sanktionierte Erstursache.

KARL: Ja, der Gegensatz Einheit-Vielheit muß dynamisiert werden, dazu dient der Kraftbegriff. Kraft zertrümmert Einheit, es entsteht Vielheit.

LEO: Unverständlich bleibt es trotzdem.

KARL: Der Urknall kann nicht die Erstursache sein, die Diesseits und Jenseits erzeugt. Im Gegenteil: der Urknall generiert Raum-Zeit-Materie, und mit ihm verschwindet auch das Jenseits. Was bleibt, ist das Diesseits.

LEO: Ja, Erstursache kann nur der Täter sein, der den Urknall gezündet hat. In der ewigen Geschehnislosigkeit der Ewigkeit muß etwas geschehen sein, das ihn dazu veranlaßt hat.

OTTO: Aber der „Urknall" gehört auch nicht zum Diesseits.

KARL: Stimmt. Mathematisch gesprochen ist er eine Singularität. Verfolgt man nämlich die Entwicklung des Universums rückwärts in Richtung Weltanfang, dann schrumpft die Raum-Zeit-Welt immer weiter zusammen, die Abstände benachbarter Elementarteilchen gehen gegen Null, die Energiedichte wächst ins Unendliche. Man kommt dem Urknall theoretisch immer näher, kann ihn aber nie erreichen, er ist ein imaginärer Punkt jenseits der Theorie, außerhalb der Raum-Zeit-Welt.

LEO: Wir stehen vor der absurden Frage: Wie konnte in der ewigen Geschehnislosigkeit so etwas wie der „Urknall" geschehen?

KARL: Und wie konnte die Erstursache „etwas" aus „nichts" machen? Die Erstursache konnte ja auf nichts zurückgreifen – außer auf sich selbst.

OTTO: Na, ist doch klar: gerade weil die Erstursache auf nichts zurückgreifen konnte, konnte sie aus nichts etwas machen.

LEO: Spaßvogel!

OTTO: Oder die Erstursache, die ja nicht „nichts" ist, hat auf sich selbst zurückgegriffen und daraus das geschaffen, was wir Diesseits nennen.

KARL: Die Erstursache ist aber auch nicht „etwas", denn sonst wäre sie ein Ding, etwas Begrenztes,und somit Bestandteil des Diesseits.

OTTO: Trotz alledem: die Raum-Zeit-Welt ist nun mal da – und wir auch. Also muß sie mal angefangen haben.

KARL: Sie muß gar nicht.

LEO: Selbst wenn die Raum-Zeit-Welt mal angefangen haben sollte: Wie steht es mit dem Aufhören? Muß es dann nicht auch eine Letztursache geben?

OTTO: Selbstverständlich! Die Wissenschaft vermutet, dass auf den „Big Bang" ein „Big Crunch" folgt: ein Zusammenkrachen. Wenn die Explosionskraft des Urknalls verpufft ist, kommt das Auseinanderdriften des Diesseits zum Stillstand und kehrt sich unter dem Einfluß der Gravitationskraft um. Das Diesseits schrumpft zusammen und verschwindet schließlich in demselben Mauseloch des

Nichts, aus dem es einst hervorgeschossen kam. Aber bis dahin haben wir noch viel Zeit.

LEO: Der berühmte Physiker, Mathematiker und Astronom Sir Isaac Newton glaubte nicht, dass die Welt noch viel Zeit hat. Auf Grund magischer Studien sagte er, wie eine Anekdote berichtet, das Ende der Welt für das Jahr 2000 voraus.

OTTO: Die Wissenschaft diskutiert noch zwei weitere Möglichkeiten, wie das Universum verenden könnte: Entweder in einem „Big Whimper", einem großen Wimmern und Zähneklappern. Die Bewegungsenergie erlahmt, die Materie dehnt sich immer langsamer immer weiter aus und kühlt dabei immer mehr ab. Die Temperatur nähert sich allmählich dem absoluten Nullpunkt, das Diesseits erstarrt. Oder das Ende ist ein „Big Rip", ein großes Zerfetzen. Die Ausdehnungsgeschwindigkeit nimmt immer mehr zu, die Rede ist von wachsender Phantom-Energiedichte, bis das Diesseits schließlich auseinanderreißt.

KARL: „Big Whimper" und „Big Rip" beenden das Universum aber nicht. Es bleibt. Eher läßt sich sagen: So endet viel Lärm um nichts.

Gott und Mensch

LEO: Das Entstehen und Vergehen der Welt ist kein „Lärm um nichts", denn die Erstursache kann nur als Gottheit gedacht werden, und Götter machen keinen „Lärm um nichts".

KARL: Woher willst du das wissen? Wenn die Erstursache eine Gottheit ist, dann ist der Urknall das Rülpsen eines göttlichen Idioten. Denn was ist dabei herausgekommen? Nur ein Herumwirbeln toten Materials.

LEO: Mir scheint, du siehst die Welt aus einem falschen Blickwinkel: chaotisch, farblos, geräuschlos, geruchlos, gefühllos, gestaltlos.

KARL: Das ist nun mal das von Naturwissenschaft, Technik und Ökonomie propagierte Bild der „wahren" Welt.

LEO: Es ist seltsam: Früher schloß man aus dem Dasein der Welt und ihrer Einrichtung auf einen weisen Schöpfergott: Im Überfluß und in der Art der geschaffenen Dinge erkannte man seine Güte, in der Zweckmäßigkeit des Geschaffenen seine Weisheit, in der raumzeitlichen Größe des Universums seine Macht. Heute, nach Abschaffung der Finalursache und der Frage „Warum", ist es umgekehrt: man schließt aus dem Dasein und der Beschaffenheit der Welt auf ihre Zufälligkeit.

KARL: Es gibt natürlich nicht nur die naturwissenschaftliche Perspektive. Wir kennen die Welt auch als „Jammertal" oder als einen Kosmos, eine „schöne Ordnung". Das hängt davon ab, was wir unter einer Schöpfergottheit verstehen wollen.

OTTO: Das ist doch klar: die Erstursache, der erste Täter. Eine Kraftquelle, die zur Welt gerinnt.

KARL: Dann ist die Welt, besser gesagt: das Diesseits, selbst göttlich. Und so scheinen auch einige Philosophen gedacht zu haben, z.B. Spinoza, der Gott und Natur als eine Einheit bestimmte.

LEO: Das Diesseits eine Verkörperung der Gottheit? Das ist Pantheismus.

KARL: Dann gäbe es keinen klaren Schnitt zwischen Jenseits und Diesseits, Erstursache und Welt, Ursache und Wirkung.

LEO: Die Christen lehnen den Pantheismus ab. Sie bestehen auf der strikten Trennung von Jenseits und Diesseits, von Gott und Natur.

KARL: Aber sie halten Jesus für eine Inkarnation Gottes und behaupten, Jesus sei ganz Gott und ganz Mensch gewesen. Ein Widerspruch.

LEO: vielleicht betrachten sie Jesus als Ausnahme.

KARL: Das macht die Sache auch nicht besser. Wenn Jesus Gott, d.h. der Schöpfergott ist, dann hätte er sich selbst geschaffen, nachdem er die Welt schuf. Das kann nur jemand ernst nehmen, der mit dem heiligen Geist begabt wurde.

LEO: Einem allmächtigen, allwissenden, allgütigen Gott traut man eben alles zu.

OTTO: Mich wundert vor allem, dass man der Erstursache, ob Gott oder nicht, diese drei All-Eigenschaften zutraut. Welche Gründe sprechen dafür?

KARL: Ich kann keine erkennen. Die Erstursache in Gestalt des biblischen Schöpfergottes war sich beispielsweise keineswegs sicher, ob seine Schöpfung gut sein würde. Sonst hätte er nicht mehrfach gesagt: „Und er sah, dass es gut war" - sogar „sehr gut". Er wußte also vorher nicht, ob das, was er tat, gut werden würde. Später stellte sich heraus, dass es nicht gut genug war. Er versuchte alles mit einer Sintflut rückgängig zu machen. Selbst das gelang nicht.

LEO: Die Gründe für die drei All-Eigenschaften des Schöpfergottes sind doch klar: seine Allmacht und Allwissenheit sind die Voraussetzung dafür, daß wir ihn für allgütig halten können.

KARL: Aber gerade da gibt es Zweifel. Der Philosoph Pierre Bayle (1647-1706) hat dieses „Theodizee-Problem" in einer Diskussion mit Leibniz so formuliert:

> Wenn der Mensch das Werk eines einzigen Prinzips ist, das im höchsten Maße gut, im höchsten Maße heilig, im höchsten Maße mächtig ist, wie kann er dann all dem ausgesetzt sein: den Krankheiten, der Kälte und Hitze, Hunger und Durst, Schmerz und Kummer? Kann er dann so viele böse Neigungen haben? Kann er dann so viele Verbrechen begehen? Kann das heiligste Wesen ein kriminelles Geschöpf hervorbringen? Kann die höchste Güte ein unglückliches Geschöpf hervorbringen?

OTTO: Und wie reagierte Leibniz?

LEO: Der Optimist Leibniz antwortete mit einer Theorie der prästabilierten Harmonie. Er argumentierte: Gott hätte die Wahl unter unendlich vielen möglichen Welten gehabt. Um die beste zu verwirklichen, mußte er die Beschaffenheit der unendlich vielen möglichen Dinge in bestmöglicher Weise aufeinander abstimmen. Was dabei herauskam, ist unser Diesseits.

KARL: Dabei setzt Leibniz allerdings voraus, was er beweisen will: dass Gott allgütig ist. Als allmächtiger und allwissender Gott konnte er die beste aller möglichen Welten schaffen. Aber hat er sie auch geschaffen? Ist das Diesseits diese Welt? Sie ist es nur, wenn er auch allgütig ist.

OTTO: Daß nach der Verantwortung für das Böse überhaupt gefragt wird, zeigt, dass es mit Gottes Allgüte nicht weit her sein kann. Wenn das Diesseits wirklich die beste aller möglichen Welten ist, dann wäre es gütiger gewesen, sie gar nicht erst zu schaffen.

LEO: Die Theologen fanden einen anderen Dreh, Gott zu entlasten: Sie schoben die Schuld am Bösen dem Menschen in die Schuhe.

KARL: Dann müßte der Mensch ein schuldfähiges Wesen sein, was Willensfreiheit, also letztlich Selbstbewegung voraussetzt. Aber dann kann Gott nicht allwissend, also auch nicht allgütig sein, denn die Handlungen eines Wesens mit freiem Willen kann er nicht im voraus wissen. Andernfalls wäre die Zukunft bereits vorbestimmt.

LEO: Aber in der Bibel steht, dass Gott den Menschen aus einem Erdenkloß formte und ihm eine Seele einhauchte (1.Mose 2,7). Er ist also schuldfähig.

KARL: Was die Bibel schildert, ist die Herstellung eines Roboters, dessen Batterie aufgeladen wird. Selbstbewegung kann man nicht herstellen.

LEO: Auch nicht der allmächtige Gott?

KARL: Auch dem Allmächtigen ist das Unmögliche unmöglich. Selbstbewegung ist die Fähigkeit, anfangen zu können, sie ist selbst Erstursache. Eine Erstursache läßt sich nicht herstellen, weil sie keine Voraussetzungen hat. Erstursache und Herstellen schließen einander aus.

OTTO: Dann schließen sich auch Allmacht und Allwissenheit aus. Denn wenn Gott als Allwissender die Zukunft kennt, kann er als Allmächtiger nichts Neues schaffen und nicht einmal etwas Geschaffenes verändern. Also ist er nicht allmächtig.

KARL: Die hochherrschaftlichen All-Prädikate haben sich also als unwirksam erwiesen. Kein Wunder, dass Zweifel am allgütigen Gott um sich greifen. Das zeigt ein Gedicht von Georg Neumark[3], das von einem Skeptiker verfremdet wurde:

> **Wer nur den lieben Gott läßt walten**
> und hat nischt
> **Und hoffet auf ihn alle Zeit**
> und kricht nischt
> **Den wird er wunderbar erhalten**
> det kost nischt
> **Von nun an bis in Ewigkeit**
> det schad't nischt.

LEO: Mir scheint, wir begeben uns auf seltsame Abwege. Die Religion hat doch gar keinen Sinn ohne die menschliche Willens- und Denkfreiheit.

KARL: Diese Fähigkeit setzt den göttlichen Kraftstoff der Selbstbewegung, Seele genannt, voraus. Und die Beseelung der Dinge ist nur als Zeugung bzw. Schöpfung durch die Gottheit denkbar.

LEO: Aber dann wäre die Trennung zwischen Gottheit und Geschöpf, Diesseits und Jenseits aufgehoben. Wir sind zu unserem Ausgangspunkt, dem sich Verändernden, zurückgekehrt.

KARL: Das ist der Preis für die Selbstbewegung, und er ist nicht zu hoch. Die Selbstbewegung ermöglicht Eigenständigkeit – auch Göttern gegenüber.

---

[3] Georg Neumark. *Fortgepflantzter musikalisch-poetischer Lustwald* (1657)

Deus absconditus

OTTO: Mich wundert, dass sich die Eingott-Religion durchgesetzt hat, obwohl sie in sich widersprüchlich ist. Das Theodizee-Problem, das in der christlichen Version des Eingottglaubens eine wichtige Rolle spielt, ist ja eine logische Absurdität. Wahrscheinlich sind machtpolitische Interessen im Spiel: der Eingott als absoluter Herr über das Diesseits und wir seine Sklaven.

LEO: Der deutscher Schriftsteller Martin Mosebach sprach es kürzlich aus (in SZ-Magazin, Nr. 35 (28.8.2015):

> Wenn es Gott gibt, ist das einzig Vernünftige, sich vor ihm niederzuwerfen.

KARL: Und warum soll das vernünftig sein?

LEO: Das erklärt uns der Philosoph Odo Marquard (1928-2015):

> Solange viele Götter mächtig waren, hatte der Einzelne seinen Spielraum dadurch, daß er jedem Gott gegenüber immer gerade durch den Dienst für einen anderen entschuldigt und somit temperiert unerreichbar sein konnte... Sobald nur ein einziger Gott regiert mit einem einzigen Heilsplan, muß der Mensch in dessen totalen Dienst treten und total parieren... [in *Abschied vom Prinzi-piel-len*]

KARL: Es ist unbegreiflich, aber viele Menschen wünschen sich den allmächtigen Führer im Himmel — um nicht zu sagen: den himmlischen Stalin, der ihnen sagt, wo es langgeht und jeden Zweifel verbietet.

LEO: Das Verhältnis zum allmächtigen Gott kann man auch freundlicher beschreiben: als Bedürfnis nach Sicherheit, nach Behütetsein, nach väterlichem Wohlwollen. In jedem Gottesdienst wird gebetet: „Und erlöse uns von dem Übel".

KARL: Aber es ist doch absurd, den Schöpfergott darum zu bitten, den Menschen von den Auswirkungen seiner eigenen Schöpfung zu erlösen. Ist das nicht eher eine Provokation?

LEO: Das sollte man meinen. Aber dieser Gott ist mit seiner Schöpfung — genauer gesagt: mit der Menschheit - nicht zufrieden: zuviel Schrott.

OTTO: Vielleicht ärgert er sich über eigene Konstruktionsfehler.

LEO: Er will daher in einem sogenannten „Jüngsten Gericht" alle unfolgsamen Menschen aus dem Wege räumen und für die übrigen das Reich Gottes errichten.

KARL: Und warum läßt er sich mit diesem Ereignis so viel Zeit?

LEO: Vielleicht will er den Menschen Gelegenheit zur Besserung geben.

OTTO: Und wann ist der Tag des Gerichts zu erwarten?

LEO: Darüber wurde und wird viel gerätselt. Der erste, der sich dazu äußerte, war derjenige, der es am besten wissen müßte, nämlich Jesus von Nazareth. Er versprach die ersehnte Erlösung schon seinen Zeitgenossen:

> Wahrlich, ich sage euch: Es stehen einige hier, die werden den Tod nicht schmecken, bis dass sie das Reich Gottes sehen (z.B. Lk. 9,27).

OTTO: Aber die Zeitgenossen warteten vergeblich.

KARL: Seitdem wurde der Zeitpunkt des „Jüngsten Tages" oft prophezeit. Keiner der Propheten hat sich durch die Blamagen seiner Vorgänger davon abhalten lassen, sich ebenfalls zu blamieren.

LEO: Eine berühmte Prophezeiung war die von Papst Sylvester II. Er sagte den Weltuntergang für Mitternacht des 31. Dezember 999 voraus. Als sich die Welt am 1. Januar des Jahres 1000 immer noch drehte, behauptete er, nur seine Gebete hätten den drohenden Weltuntergang verhindert.

OTTO: Eigenartig! Gott hat also auf seinen Wunsch den Termin verschoben, den die Gläubigen, zu denen er doch wohl gehörte, herbeisehnten?

KARL: Auch Martin Luther soll dreimal den nahen Weltuntergang angekündigt haben: für 1532, 1538 und 1541. Danach wollte er keinen genauen Termin mehr nennen.

OTTO: Naja, typisch Mittelalter.

KARL: Durchaus nicht. Wir kennen viele Beispiele aus der Neuzeit, die sich ja für aufgeklärt hält. So prophezeite William Miller, ein amerikanischer Babtistenprediger und Gründer der Adventisten im Jahre 1818, dass die Welt am 22. März 1844 untergehen werde. Diesen Termin hatte er aus Wörtern und Zahlen der Bibel errechnet. Eine Million Menschen glaubten ihm und verschenkten Hab und Gut, was sie am 23. März 1844 schwer bereut haben dürften. Joseph Smith, der Gründer der Mormonensekte, wollte ihm nicht nachstehen. 1835 verkündete er, das Kommen des Herrn sei nahe, es sollten nur noch 56 Jahre bis dahin vergehen. Doch der Herr läßt noch immer auf sich warten. Natürlich mußten auch die „Zeugen Jehova" ihren Senf dazu geben: nach Ansicht ihres Gründers Charles Taze Russell sollte die Welt 1874 untergehen. Als sie das nicht tat, verlegte er den Termin auf den 1. Oktober 1914. Als sie danach immer noch existierte, verkündeten die Oberen, dass Christus unsichtbar gekommen sei und nur von wahren Gläubigen gesehen werden könne.

LEO: Es gab sogar eine Warnung der Wissenschaft vor dem Weltuntergang. Im Mai 1910 raste nämlich der Halleysche Komet auf die Erde zu. Es ist kaum zu glauben, aber tausende von Menschen in Europa versammelten sich in den Kirchen und beichteten ihre Sünden, hunderte begingen Selbstmord, viele verschenkten Hab und Gut oder gaben sich einem Vergnügungstaumel hin. Doch die ganze Aufregung war umsonst.

KARL: Die Leute hätten auf Mark Twain hören sollen. Der meinte, wenn er im Paradies nicht rauchen könne, wolle er gar nicht hinein.

LEO: Ein besonderes Schmankerl lieferte die US-Zeitschrift *Weekly World News* im Jahre 2000: sie berichtete allen Ernstes, der US-Geheimdienst CIA sei im Besitz eines außerirdischen Raumschiffs, das in der Wüste von New Mexico notlanden mußte. Dessen einziger Überlebender habe erzählt, dass Gott von seinen Kreaturen enttäuscht sei und wie eine Furie im Universum wüte. Er arbeite sich systematisch durch das Universum, um alle bewohnten Planeten zu zerstören.

OTTO: Tja, und nun haben die Gläubigen 2000 Jahre gewartet und gebetet. Vielleicht dämmert ihnen jetzt, wovon sie tatsächlich erlöst wurden: Gott erlöste sie von seiner Existenz.

LEO: Theologen und Philosophen sprechen lieber von einem Wandel des sich offenbarenden Gott zum verborgenen Gott, zum *deus absconditus*.

KARL: Diese Form der Erlösung wünsche ich auch den Anhängern der islamischen Version des Eingott-Glaubens.

OTTO: Aber was ist die Alternative?

LEO: Odo Marquard setzt auf eine aufgeklärte Vielgötterei, denn die gewährleistet ihm Gewaltenteilung und damit die Freiheit des Einzelnen:

> Die Gewaltenteilung ... beginnt schon im Polytheismus: als Gewaltenteilung im Absoluten durch Pluralismus der Götter. Es war der Monotheismus, der ihnen den Himmel verbot und damit auch die Erde streitig machte. Weil sich aber der eine Gott, der die vielen Götter negierte, zu Beginn der Neuzeit aus der Welt in sein Ende zurückzog, liquidierte er nicht nur den Himmel; denn er machte dadurch zugleich die Erde frei für eine entzauberte, entgöttlichte Wiederkehr der vielen Götter... Dort richten sie sich ein als die zu Institutionen entgöttlichten Götter Legislative, Exekutive, Jurisdiktion; als institutionalisierter Streit der Organisationen zur politischen Willensbildung; als Föderalismus; als Konkurrenz der wirtschaftlichen Mächte am Markt; als unendlicher Dissens der Theorien, der Weltsichten und maßgebenden Werte. [Odo Marquard: *Abschied vom Prinzipiellen*]

OTTO: Das ist der Mythos der (neo)liberalen Welt.

LEO: Er macht den Weg frei für die vielstimmige repräsentative Demokratie, die einzige Utopie, welche die Freiheit des Einzelnen berücksichtigt.

KARL: Aber sie schmeckt nicht jedem. Vielen ist sie lästig, oder sie ängstigen sich vor ihr. Sie haben nichts Eiligeres zu tun, als wieder unter die Fittiche eines Absolutismus zu flüchten: ob Nationalismus, Sozialismus, Rassismus, Evolutionismus oder alles zusammen. Sie träumen von Einheit, von „Identität": ein Gott, ein Reich, ein Führer, eine Rasse.

LEO: Marquard warnt vor solchen neuen „Monomythen":

> Fasziniert durch den neuen Mythos der Alleingeschichte bleibt er dann auf jener Strecke, die nur vermeintlich die Strecke zum Himmel auf Erden ist..

Daseinsbestimmung

KARL: Mit dem Verschwinden des Schöpfergottes bzw. der Erstursache ist auch das Jenseits verschwunden. Wir sitzen wieder inmitten der großen Veränderlichkeit.

LEO: Und irgendwann ist es soweit und du fragst dich: Was soll das? Zielen die Veränderungen auf etwas ab? Haben sie einen Sinn?

OTTO: Keine Ahnung. Selbst wenn die Veränderlichkeit einen Sinn haben sollte, wüßten wir nicht, welchen, und ob wir ihn fassen könnten.

LEO: Wir können es wenigstens versuchen.

OTTO: Damit möchte ich nicht meine Zeit vergeuden.

LEO: Der Sinn-Frage kannst du nicht entkommen.

OTTO: Übertreibst du nicht ein bißchen?

LEO: Nur wenn du die Situation des Menschen, wie sie der Philosoph Johann Gottlieb Fichte (1762-1814) schildert, für Übertreibung hältst:

> Ich äße und tränke, damit ich wiederum hungern und dürsten, und essen und trinken könnte, so lange, bis das unter meinen Füßen eröffnete Grab mich ver-

schlänge, und ich selbst als Speise dem Boden entkeimte? Ich zeugte Wesen meinesgleichen, damit auch sie essen und trinken, und sterben, und Wesen ihresgleichen hinterlassen könnten, die dasselbe tun werden, was ich schon tat? Wozu dieser unablässig in sich selbst zurückkehrende Zirkel... Dieses Ungeheuer, unaufhörlich sich selbst verschlingend, damit es sich wiederum gebären könne, sich gebärend, damit es sich wiederum verschlingen könne? [J.G.Fichte: *Die Bestimmung des Menschen*.]

OTTO: Das ist doch das ganz normale Leben. Wir finden uns in ihm vor und müssen es eben leben, möglichst nach dem Motto: „Mein idealer Lebenszweck/ist Borstenvieh und Schweinespeck".

KARL: Nicht jeder kann sich mit dem Stumpfsinn des Alltags abfinden. Berühmt ist der Fall eines englischen Adligen, dem sein Lebenszweck bei Hofe in der täglichen Umzieherei zu bestehen schien, also im Auf- und Zuknöpfen seiner Kleidungsstücke: Knöpfe an der Unterwäsche ein halbes Dutzend, am gestärkten Hemd ebenfalls, an Kragen und Manschetten dito. An Weste, Hose, Jacke und Überzieher ein Dutzend, an Stiefeln, Gamaschen und Handschuhen zwei Dutzend. Fazit: Er erschoß sich.

OTTO: Der Ärmste! Er kannte noch nicht die Eintönigkeit des Achtstunden-Tags.

LEO: Fichte versprach sich mehr vom Leben. Er fügte hinzu:

Nimmermehr kann dies die Bestimmung sein meines Seins, und alles Seins.

OTTO: O doch, es kann!

KARL: Aber du mußt es nicht hinnehmen wie das unabänderliche Schicksal.

OTTO: Na gut. Die meisten derer, die sich mit der Sinn-Frage herumschlagen, haben etwas vor mit ihrem Leben: die Welt erlösen, zum Fortschritt der Menschheit beitragen, ins Guiness-Buch der Rekorde kommen.

LEO: Aber bitte nicht so wie jener Hirte, der im Jahre 356 v. Chr. den Artemis-Tempel in Ephesos, eines der sieben Weltwunder, in Brand setzte, um seinen Namen unsterblich zu machen.

KARL: Sie haben alle etwas Gemeinsames: das Streben nach Ruhm, nach Unsterblichkeit.

OTTO: Was habe ich davon, eine Notiz, eine nützliche Erfindung oder einen Grabstein zu hinterlassen? Nicht ich selbst bin unsterblich, sondern höchstens die Erinnerung an mich.

KARL: Na, immerhin! Mehr kann der Mensch kaum erlangen.

LEO: O doch.

OTTO: Was denn?

LEO: Individuelle Unsterblichkeit. Die erhofft er sich jedenfalls.

KARL: Ein frommer Wunsch! Sogar die unsterblichen Götter sind nur unsterblich, weil sie Zugang haben zu Unsterblichkeit verleihenden Drogen: zu Nektar und Ambrosia oder zu den Äpfeln der Iduna. Nur der Bibel-Gott scheint von Natur aus unsterblich zu sein.

LEO: Aber sicher sein können wir nicht. Nietzsche behauptet, Gott sei tot, die Menschen hätten ihn ermordet.

KARL: Das war wohl nur ein Rufmord. Denn nach wie vor verstehen viele Menschen ihr Leben als einen Hindernis-Parcour zur Erringung von Bonus-Punkten, die den Zugang zur ewigen Seligkeit ermöglichen.

OTTO: Arme Schweine! Sie stehen ihr Leben lang unter Druck.

LEO: Aber diese Geschichte vom Weltgericht und vom Wiedererlangen des Paradieses ist die einzige Geschichte, die ich kenne, die dem menschlichen Leben, ja dem Weltgeschehen einen Sinn gibt.

OTTO: Aber was für einen! Dafür hatte der Philosoph Arthur Schopenhauer (1788-1860) nur Spott übrig:

> Wem man sagt, daß das Leben von einem Ende zum andern nichts sein soll als eine fortgesetzte Lektion, deren Resultate noch dazu meist negativ ausfallen, der könnte antworten: so wollte ich schon dieserhalb, daß man mich in der Ruhe des allgenugsamen Nichts gelassen hätte, wo ich weder Lektionen noch sonst etwas nötig hatte.

KARL: Der Bibel-Gott will die Spreu vom Weizen trennen. Mit den einen will er eine neue Welt errichten, der Rest ist Abfall für das „allgenugsame Nichts".

OTTO: Auch der „Abfall" ersehnte eine neue, bessere Welt, nur nicht als fata morgana am St. Nimmerleinstag, sondern ganz ordinär in Gestalt besserer Lebensbedingungen, denen man Schritt für Schritt näherkommen konnte. Sie haben dem allmächtigen und allwissenden Gott einen Gegengott namens „Menschheit" entgegengestellt. Wissenschaft und Technik haben ein Gutteil der göttlichen Allwissenheit und Allmacht abgezweigt, auch die Omnipräsenz ist weit gediehen, und sogar Unsterblichkeit scheint nicht mehr unmöglich.

KARL: Leider sind auch die negativen Aspekte des Patriarchengottes auf den Gegengott „Menschheit" übertragen worden: seine Grausamkeit, Unversöhnlichkeit, Rechthaberei.

LEO: Nein, die gehören zur menschlichen Natur.

KARL: Aber woher hat sie der Mensch? Die Bibel selbst, Gottes Wort, dokumentiert doch Gottes Grausamkeit, Unversöhnlichkeit, Rechthaberei. Es heißt ausdrücklich (Mose 1,27):

> Und Gott schuf den Menschen ihm zum Bilde, zum Bilde Gottes schuf er ihn.

Du brauchst nur vom Abbild Mensch aufs göttliche Urbild zurückzuschließen.

OTTO: Warum geben wir uns überhaupt noch mit diesem Autokraten ab?

KARL: Du hast recht. Das Heil bzw. eine befriedigende „Bestimmung meines Seins und alles Seins" werden wir bei ihm nicht finden. Wenden wir uns lieber den Göttern zu, die der Bibel-Gott verdrängt hat.

LEO: Die finden wir nur noch in der Kunst oder am Himmel, einige auch in der Natur, wo sie ein kärgliches Dasein fristen.

KARL: Nein, die Götter sind präsent wie eh und je, nur haben sie ihren göttlichen Status eingebüßt. Sie sind Mächte, die nicht mehr als Götter erkannt werden.

OTTO: Dann wissen viele Leute gar nicht, dass sie religiös sind.

LEO: Wie meinst du das?

Das Ebenbild

OTTO: Na etwa Leute, die um ihrer Gesundheit willen Sport treiben. Ihre Fitness-Stunde ist ein Gottesdienst für den Gott, den die Griechen Asklepios nannten, und sie bringen ihm sogar Opfer dar: ihren Schweiß.

KARL: Ein wahres Wort! Diese Leute bestimmen ihr Sein, indem sie sich dem Gott anzunähern versuchen – auch wenn ihnen das nicht klar ist.

LEO: Du meinst, die „Bestimmung meines Seins" sei Vergöttlichung?

KARL: Ja. „Vergöttlichung" ist Annäherung an Gott oder Teilhabe am Göttlichen. Ich bevorzuge letzteres.

LEO: Zwischen Göttern und dem Göttlichen wird nicht unterschieden. Götter sind sowohl Herrscher über einen bestimmten Bereich als auch der Bereich selbst. Eine Nymphe ist Herrscherin über eine Quelle und die Quelle selbst. Gerechtigkeit ist eine Tugend und eine Göttin.

OTTO: Es gibt sehr wohl einen Unterschied: Götter verhalten sich zum Göttlichen wie Individuen zur Gattung, also z.B wie Hunde zur Gattung „Hund": die Hunde sind real, die Gattung „Hund" nicht. Demnach ist das Göttliche nichts Reales, sondern ein logischer Ordnungsbegriff.

KARL: Oho, da zeigt sich wieder mal der Gegensatz Diskretum-Kontinuum bzw. digital-analog.

OTTO: Ja, und das Diskrete hat gesiegt.

LEO: Nein. Das Göttliche ist mehr als ein Oberbegriff für die Menge aller Götter, es hat eine eigene Realität, die man allerdings nicht anfassen oder messen kann. Götter sind keine wohldefinierten, abzählbaren Einheiten, sondern Manifestationen des Göttlichen.

KARL: Als religöser Praktiker hat man die Götter im Blick, als Philosoph das Göttliche.

OTTO: Daß ein religiöser Mensch Götter verehrt, kann ich ja noch verstehen, denn er muß sich mit ihnen gut stellen – in seinem eigensten Interesse. Aber was ist „das Göttliche" und was hat es zu bieten?

LEO: Das Göttliche ist die Dreifaltigkeit des Guten, Wahren und Schönen mit seiner Anziehungskraft.

OTTO: Und wie steht es mit dem Bösartigen, Verlogenen und Häßlichen?

KARL: Wenn es die eine Dreifaltigkeit gibt, muß es auch die andere geben. Man wird also weder die eine noch die andere jemals los.

OTTO: Doch, denn es gibt auch die neutrale Sphäre der Sachlichkeit.

KARL: Ja, ich weiß, eine Sphäre, in der es höchstens Fehler gibt, aber keine Schuld. Diese technische Sphäre ist eine Illusion.

LEO: Platon hielt das Bösartige, Verlogene, Häßliche für einen Mangel an Kraft zum Guten, Wahren, Schönen.

KARL: Andernfalls wäre eine Vergöttlichung auch nicht möglich.

OTTO: Und wie soll der Prozeß der Vergöttlichung vonstatten gehen? Als Hindernis-Parcour?

LEO: Nein, Antrieb ist Sehnsucht nach dem Guten, Wahren, Schönen. Platon erzählt davon in einem eigenen Mythos. Aus dem göttliche Jenseits, das sich auf der Rückseite des Diesseits befindet, stürzen die Seelen, göttliche Kraftquellen, durch eigene Schuld ins Diesseits und werden verkörpert. Aber ein schwacher Abglanz der göttlichen Sphäre bleibt in ihnen lebendig und bewirkt bei denen, die eine philosophische Ader haben, den Versuch der Wiederannäherung.

KARL: Ist diese Annäherung nicht das alte Bildungsideal? Lebenslange Selbst-Formung vom *animal rationale* zum *homo sapiens*, vom plappernden Tier zum Vernunftwesen?

OTTO: Also doch ein Hindernis-Parcour.

KARL: Nein. Über das Gute, Wahre, Schöne stolpern wir doch auf Schritt und Tritt, wenn wir die Augen offen halten. Es geht nicht darum, Bonus-Punkte zu sammeln, sondern am Göttlichen teilzuhaben. Momente einer solchen Teilhabe kann jeder erlebt: einen Zustand des Außersichseins, z.B. der Begeisterung oder Begeistung, in dem ich – paradox, aber wahr - gleichsam in ein zeitloses Jenseits des Jetzt eintauche, ich komme zu mir, indem ich von mir absehe.

LEO: Ja. Gutes tun, Wahrheit erkennen oder Schönheit bewundern – das kannst nur du selbst, das läßt sich nicht delegieren.

OTTO: Gut gebrüllt! Aber Teilhabe am Göttlichen ist Verewigung, also Ort- und Zeitlosigkeit, Auflösung des Ich. Das Ziel ist demnach Nichtsein, also Totsein.

LEO: Göttlichsein ist nicht Totsein - falls Totsein überhaupt ein Sein ist -, sondern für Platon allerseiendstes Sein.

KARL: Aber Lebendigsein kann man es wohl auch nicht nennen.

LEO: Tatsächlich sprach Platon vom Philosophieren als dem Einüben ins Sterben.

OTTO: Jetzt sehe ich klar: für den Philosophen ist die „Bestimmung seines Seins" das Brüten über die Frage nach der „Bestimmung seines Seins und alles Seins". Da kann ich nur sagen [Fritz Graßhoffs *klassischer Halunkenpostille*]:

> Und darum, frage ich dich, rührst du deine Grütze?
> Verströmst die Helle deines Lichts?
> Wozu ist dieses ganze Brüten nütze?
> Zu nichts!

KARL: Nützlichkeit ist nicht alles.

> So ist sie mal, du kennst sie ja,
> die alte Philosophia!

Epilog

Wir, die Dachkammergesellschaft, wollen nicht versäumen – auch wenn es schwer-
fällt -, eine Aufzeichnung des Dichters Lukian (ca. 125-180) wiederzugeben, der
Kenntnis von einer Götterversammlung hatte:

> Als der Morgen graute, erhob sich Zeus und ließ die Einberufung einer Götter-
> versammlung bekanntmachen. Als sich alle eingefunden hatten, hob er an: ...
> Ich hatte schon lange die Absicht, mich mit euch über die Philosophen auszu-
> sprechen. Es handelt sich um eine Sorte Menschen, die vor nicht langer Zeit in
> der menschlichen Gesellschaft aufgetaucht ist, eine faule, streitsüchtige, ruhm-
> redige, gallige, verfressene, alberne, aufgeblasene, überhebliche Bande, die —
> um mit Homer zu reden — eine unnütze Last der Erde ist. Diese Burschen sind
> in Sekten gespalten, haben sich die verschiedenartigsten Irrgänge von Lehren
> ausgedacht und nennen sich Stoiker, Akademiker, Epikureer, Peripatetiker... Sie
> hüllen sich in den ehrfurchtgebietenden Mantel der Tugend, laufen mit hochge-
> zogenen Augenbrauen und herabhängenden Bärten herum... So sind diese Men-
> schen, die alle andern mit Verachtung strafen, über die Götter unerhörte Mär-
> chen verbreiten, vor urteilslosen jungen Leuten, die sie um sich versammeln,
> mit tragischem Pathos ihre sattsam bekannte Tugend agieren und ihnen heillose
> Spitzfindigkeiten beibringen. [Lukian: aus: *Vergnügliche Gespräche und burleske Szenen*]

Dazu sagen wir: Es ziemt sich nicht, dem großen Gott zu widersprechen, aber die
Gedanken sind frei.

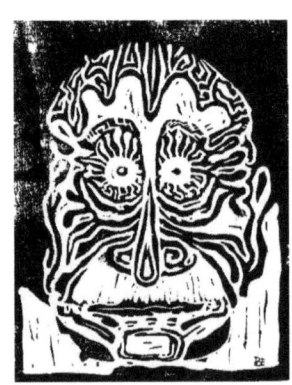

Anhang
Etwas Literatur zum Thema

Blumenberg, Hans: *Die Genesis der kopernikanischen Welt* (1981),
 Der Prozeß der theoretischen Neugierde (1984), Suhrkamp
Feyerabend, Paul: *Wider den Methodenzwang*, Suhrkamp 1976
Geier, Manfred: *Fake*, rowohlts enzyklopädie 1999
Günther, Gotthard: *Das Bewußtsein der Maschinen*, Agis 1957
Heisenberg, Werner: *Das Naturbild der heutigen Physik*, Rowohlt 1956
Hübner, Kurt: *Kritik der wissenschaftlichen Vernunft*, Karl Alber 1986
Illies, Joachim: *Der Jahrhundert-Irrtum*, Umschau 1983
Janich, Peter: *Grenzen der Naturwissenschaft*, Beck 1992
Jünger, Georg Friedrich: *Die vollkommene Schöpfung*, Klostermann 1969
Keßler, Eckhard: **Philosophie des Mittelalters, Philosophie der Renaissance** , Vorle-
 sungsmitschriften an der Ludwig-Maximilian-Universität München (1995-2000)
Kondylis, Panajotis: *Die Aufklärung im Rahmen des neuzeitlichen Rationalismus*,
 dtv/Klett-Cotta 1986
Kuhn, Thomas S.: *Die Struktur wissenschaftlicher Revolutionen,*
 Die Entstehung des Neuen, Suhrkamp
 Die kopernikanische Revolution, Vieweg & Sohn 1981
Lem, Stanisław: *Robotermärchen*, Suhrkamp 1973, *Summa technologica*, Insel 1978
Lorenzen, Paul: *Methodisches Denken*, Suhrkamp 1968
Pietschmann, Herbert: *Phänomenologie der Naturwissenschaft*, Springer 1996
Shapin, Steven: *Die wissenschaftliche Revolution*, Fischer 1998
Schwarz, Gerhard: *Raum und Zeit als naturphilosophisches Problem*, Herder 1972
Spaemann, Robert: *Philosophische Essays*, Reclam 1983
Spaemann, Loew: *Die Frage Wozu*, R. Piper & Co.1981

Karrikaturen

Seite	Autor	Seite	Autor
23	Claude-Bernard Gay	194	Jules Stauber
41	Roland Searle	205	Paul Porges
68	Angelo Olivieri	213	Rober Gernhardt
103	?	222	Bosc
118	Jürgen Bertheau	226	Stefan Schüch
140	Jean Jaques Sempé	228	G. Pasteur
182	Szymon Kobylinski	237	Jules Stauber
186	Al Ross	246	Sepp Arnemann
189	Roland Searle	263	Robert Gernhardt
190	Milen Radev		

Bildunterschriften (außer S.140,186,246): Rosenke

Andere Rosenke-Bücher

(in allen Buchhandlungen und als E-Books erhältlich)

Eberhard & Reinhard Rosenke: Wildniswandern in Kanada und Alaska. Zu Fuß und im Kanu. Karte, 172 S., Berlin/München 2002.

Eberhard & Reinhard Rosenke: Australisches Radabenteuer
Über Queenslands Rüttelpisten bis zur Nordspitze.
Karte, 204 S., Berlin/München 2002.

Eberhard Rosenke: Ein Rucksackdeutscher tippelt von München nach Berlin
Karte, 218 S., zahlreiche Abbildungen (sw), München 2002.

Reinhard Rosenke: Rund um die Ostsee. 10.000 Kilometer auf dem Fahrrad
Karte, 220 S., Berlin/München 2007.

Reinhard Rosenke: Berlin – Wolgograd. Eine Radreise
Karte, 128 S., Berlin/München 2009.

Reinhard Rosenke: Berlin – Königsberg. Mit dem Rad nach Russisch-Ostpreussen
Karte, 188 S., Berlin/München 2010.

Reinhard Rosenke: Meine Wanderung von Zittau nach Rumänien.
Sudeten Beskiden Karpaten. Karte, 168 S., Berlin/München 2011.

Reinhard Rosenke: Mit dem Fahrrad im Südmeer. Neuseeland Tasmanien Samoa
Karte, 196 S., Berlin/München 2013.

Reinhard Rosenke: Lockruf Feuerland. Mit dem Fahrrad ans Ende der Welt.
Karte, 164 S., Berlin/München 2016.

Reinhard Rosenke: Gerade noch davongekommen. Das freie Leben eines Berliner Grundschullehrers 1963-2001. 458 S. , Berlin/München 2022.

Rosenke & Co.: Unterwegs.
Fünfzig meist unnötige Betätigungen aus mehr als 50 Jahren.
Karte, 284 S., München 2015.

Eberhard Rosenke: Aquarelle von unterwegs. 124 S., davon 119 farbig, München 2015.

Eberhard Rosenke: Sackgassengespräche.
Über naturwissenschaftliche Ungereimtheiten, philosophische Denkfallen und die Folgen
252S., München 2024